『十四五』安徽省重点出版物规划项目

当代徽学名家学术文库

贾而好儒
明清徽商特色研究

王世华◎主编

张海鹏◎著

安徽师范大学出版社

·芜湖·

图书在版编目（CIP）数据

贾而好儒：明清徽商特色研究 / 张海鹏著.—芜湖：安徽师范大学出版社，2024.6
（当代徽学名家学术文库 / 王世华主编）
ISBN 978-7-5676-5331-3

Ⅰ.①贾… Ⅱ.①张… Ⅲ.①徽商—研究—明清时代 Ⅳ.①F729

中国国家版本馆CIP数据核字（2023）第015899号

贾而好儒：明清徽商特色研究

张海鹏◎著

GU ER HAO RU MINGQING HUISHANG TESE YANJIU

总 策 划：戴兆国

责任编辑：舒贵波　　　　　　责任校对：胡志立

装帧设计：张 玲 姚 远　　　责任印制：桑国磊

出版发行：安徽师范大学出版社

　　　　　芜湖市北京中路2号安徽师范大学赭山校区　　邮政编码：241000

网　　址：http://www.ahnupress.com/

发 行 部：0553-3883578　　　5910327　　　5910310（传真）

印　　刷：江苏凤凰数码印务有限公司

版　　次：2024年6月第1版

印　　次：2024年6月第1次印刷

规　　格：700 mm×1000 mm　　1/16

印　　张：22.5　　　插页：1

字　　数：335千字

书　　号：ISBN 978-7-5676-5331-3

定　　价：180.00元

凡发现图书有质量问题，请与我社联系（联系电话：0553-5910315）

总　序

　　任何一门学科的诞生和发展都是不寻常的，无不充满了坎坷和曲折。徽学也是一样，可谓走过了百年艰辛之路。尽管徽州历史文化的研究从清末就开始了，但徽学作为一门学科，却迟迟没有被"正名"，就好像婴儿已出世，却上不了户口一样。在徽学成长的过程中，总伴随着人们的怀疑和否定，甚至在20世纪末，还有专家发出"徽学能成为一门学科吗"的疑问。其实，这并不奇怪。因为新事物总有这样那样的缺陷和不完善之处，但新事物的生命力是顽强的，任何力量也难以阻挡。难能可贵的是，前贤们前赴后继，义无反顾，孜孜不倦地研究，奉献出一批又一批的研究成果，不断刷新人们对徽学的认识。

　　"到得前头山脚尽，堂堂溪水出前村。"1999年，教育部拟在全国有关高校设立一批人文社会科学重点研究基地，促进有关学科的发展。安徽大学在安徽师范大学的支持、参与下，申报成立"徽学研究中心"，经过专家的评审、鉴定，获得教育部的批准。这标志着"徽学"作为一门学科，迈入一个全新阶段。

　　新世纪的徽学研究呈现出崭新的面貌：老一辈学者壮心不已，不用扬鞭自奋蹄；中年学者焚膏继晷，勤奋耕耘；一大批后起之秀苗壮成长，新竹万竿，昭示着徽学研究后继有人；大量徽学稀见新资料相继公之于世，丰富了研究的新资源；一大批论著相继问世，在徽学的园地里，犹如百花盛开，令人神摇目夺，应接不暇，呈现出一派勃勃生机。2015年11月29

日，由光明日报社、中国社会科学院历史研究所、中共安徽省委宣传部、中共江西省委宣传部联合举办的"徽商文化与当代价值"学术座谈会在安徽省歙县召开。2019年6月18日，由中共安徽省委宣传部、光明日报社指导，安徽大学主办的首届徽学学术大会在合肥市召开。2021年10月19日，由中共安徽省委宣传部、光明日报社联合主办，中国历史研究院学术指导，中共黄山市委、黄山市人民政府、安徽大学、安徽省社会科学界联合会承办的第二届徽学学术大会在黄山市召开。国内很多高校的学者都参加了大会。更令人欣喜的是，日本、韩国、美国、法国等很多外国学者对徽学研究也表现出越来越浓厚的兴趣，新时代的徽学正阔步走向世界。可以说，这是百年来徽学迎来的最好的发展时期。这一切都昭示：徽学的春天来了。

在这徽学的春天里，安徽师范大学出版社和我们共同策划了这套"当代徽学名家学术文库"。我们约请了长期从事徽学研究的著名学者，请他们将此前研究徽学的成果选编结集出版。我们推出这套文库，是出于以下几点考虑：

首先是感恩。徽学研究能有今天这样的大好形势，我们不能忘记徽学前辈们的筚路蓝缕之功。这些学者中有的已归道山，如我们素所景仰的傅衣凌先生、张海鹏先生、周绍泉先生、王廷元先生，但他们对徽学的开创奠基之功，将永远铭记在我们心中。这套文库就是对他们最好的纪念。文库还收录了年近耄耋的耆宿叶显恩先生、栾成显先生的研究文集，两位我们敬仰的先生，老骥伏枥，壮心不已，继续为徽学做贡献。这套文库中的作者大多是年富力强的中坚，虽然他们的年龄还不大，但他们从事徽学研究却有数十年的时间，可以说人生最宝贵的年华都贡献给了徽学，堪称资深徽学研究者。正是上述这些前辈们在非常困难的条件下，骈手胝足，荷锄带露，披荆斩棘，辛苦耕耘，才开创了这片徽学园地。对于他们的拓荒之劳、奠基之功，我们能不感恩吗？我们正是通过这套文库，向徽学研究的先驱们表达崇高的敬意！

其次是学习。这套文库基本囊括了目前国内专门从事徽学研究的大家的论著，展卷把读，我们可以从中受到很多启迪，学到前辈们的很多治学方法。他们或以世界的视野研究徽学，高屋建瓴，从而得出更新的认识；或迈进"历史现场"，走村串户，收集到很多资料，凭借这些资料探究了很多历史问题；或利用新发现的珍稀资料，在徽学研究中提出不少新见；或进行跨区域比较研究，得出的结论深化了我们对徽州历史文化的认识；或采用跨学科的方法研究问题，使我们大开眼界；或看人人可以看到的材料，说人人未说过的话。总之，只要认真阅读这些文章，我们就能感受到这些学者勤奋的治学精神、扎实的学术根柢、开阔的学术视野、严谨的治学态度、灵活的治学方法，可谓德识才学兼备，文史哲经皆通。我们为徽学有这样一批学者而庆幸，而自豪，而骄傲。这套文库，为我们后学提供了一个样板，细细品读这些文章，在选题、论证、写作、资料等方面确实能得到很多有益的启示。

最后是总结。这套文库是四十年来徽学研究主要成果的大展示、大总结。通过这套文库我们可以知道，几十年来，学者们的研究领域非常广泛，涵盖社会、村落、土地、风俗、宗族、家庭、经济、徽商、艺术、人物等等，涉及徽州的政治、经济、文化、社会等各个方面，既有宏观的鸟瞰综览，又有中观的探赜索隐，也有微观的专题研究。通过这套文库，我们能基本了解徽学研究的历史和现状、已经涉及的领域、研究的深度和广度，从而明确今后发力的方向。

总结过去，是为了把握现在，创造未来。这就是我们推出这套文库的初心。徽州历史文化是个无尽宝库，徽学有着光明的未来。如何使徽文化实现创造性转化、创新性发展，如何更生动地阐释徽学的理论价值，更深入地发掘徽学的时代价值，更充分地利用徽学的文化价值，更精彩地展示徽学的世界价值，通过文化引领，促进经济与社会发展，服务中华民族复兴伟业，这是我们每一位徽学研究者的光荣使命。"路漫漫其修远兮，吾将上下而求索。"但愿这套文库能成为新征程的起点，助推大家抒写徽学研究的新篇章。

另外要特别声明的是，由于各种原因，国内还有一些卓有建树的徽学研究名家名作没有包括进来，但这套文库是开放的，我们乐于看到更多的学者将自己的成果汇入这套文库之中。我相信，在众多"园丁"的耕耘、浇灌下，我们的徽学园地一定会更加绚丽灿烂。

王世华

二〇二三年六月

目　录

徽商研究

中国史研究

徽学及历史学序跋

徽商研究

徽学漫议

在20世纪70年代末到80年代中期，随着"科学的春天"的到来，学术园地百花齐放，异彩纷呈。其中，"徽学"也在群芳争妍中绽开了蓓蕾，成为地域文化中的一枝新秀。在海内外学人的共同努力下，徽学研究取得了可喜的成果，已经掀起的"徽学热"，大有"升温"之势。

什么是徽学？徽学即徽州学，或曰徽州文化。它是在原徽州（府）下属六县（歙、黟、休宁、祁门、绩溪、婺源）所出现的既有普遍性又有典型性并且具有一定学术含量的各种文化现象的整合。它植根于本土，伸展至各地，即由"小徽州"和"大徽州"文化融合形成的内容丰富、品位较高的一座文化宝藏。

其实，在徽州文献中，"徽学"一词早已有之，所谓"文公为徽学真传"，即是其例。不过，以往文献中的"徽学"，是指以朱熹为开山祖的新安理学，和今天所称"徽学"的概念及涵盖的内容不一样。前一"徽学"是单一的学科，属于学术史；后一"徽学"，包含了多种学科，属于地域文化。作为地域文化的徽学，其主要内容有：新安理学、新安医学、新安文献、新安画派、新安宗族、新安商人（徽州在晋代为新安郡，后人常沿用这一郡名），以及徽州书院、方言、礼俗、戏剧、民居、谱牒、土地制度、佃仆制度、契约文书以及徽派朴学、版画、篆刻、建筑、盆景，乃至徽墨、徽砚、徽笔、徽纸……这些以"新安"或"徽"为标志的文化"特产"，反映了当时的徽州是商成帮、学成派，并由此构筑了"徽学"这座地域文化大厦。

徽州这个"山限壤隔""地狭人稠"的偏僻山区，为什么竟能形成如此斑斓驳杂的地域文化？考其缘由，主要有以下两点：第一，中原文化是徽学形成的"基因"；第二，徽州商帮是"徽学"发展的"催化剂"。下面，拟就此略作阐述。

关于"徽学"形成的"基因"，其来有自。从社会史的角度考察，昔日的徽州大体是一个移民的社会，其移民多是来自中原地区。古代的中原是华夏文明的发祥地，也是全国政治、文化中心。与此同时，她又是战乱发生频率最高的地带。历史上改朝换代的战争，统治阶级内部争权夺利的战争，军阀割据之间的战争，民族矛盾引发的战争，农民革命的战争，经常发生于这一地域。每一次较大的战乱，都促使中原人口被迫南逃。其流徙的走向，大多是越过黄淮平原，渡过长江，而徽州这个"川谷崎岖，峰峦掩映"的"四塞之地"，恰似"世外桃源"，这正是南迁人避难的理想之境。据方志载，徽州"各大族，半皆由北迁南，略举其时，则晋、宋两南渡及唐末避黄巢之乱，此三朝为最盛"。此外，也还有在各个历史时期星散的由中原直接南来或辗转迁移到这里的，人数也还不少。他们"又半皆官于此土，爱其山水清淑，遂久居之，以长子孙焉"（民国《歙县志》卷一）。据明代嘉靖时人程尚宽纂修的《新安名族志》所载：到明代中期，新安"名族"共84个，追本溯源，大约有80%以上是来自中原地区。这些移民，与由中原迁徙到闽、粤、赣山区"客家人"的移民大抵相同。

上述由中原迁到徽州的移民，或为世家大族，或为缙绅冠带，或为硕学鸿儒，亦有黎民百姓。他们定居于徽州后，便将比较进步的中原文化带进了这个山区，并逐渐在社会生活中起着支配作用。

迁到徽州的移民，首先带来了中原儒风。徽州这个古山越人居住的山区，《汉书·地理志》"黝（黟）"县条注中，犹称为"南蛮夷"之地。六朝以前，这里"武劲之风"很盛，其人不识诗书礼乐。随着中原人口的迁入，才"渐染儒风"。最明显的是读书和尚礼的风气传到徽州之后，社会习俗为之一变。读书之风逐渐兴起，所谓"山间茅屋书声响"，"后渐户诵家弦矣"(康熙《祁门县志》卷一)。明清时期,徽州更是"儒风独茂"。由是"'人文辈出,鼎盛辐臻,理学经儒,在野不乏',以致'四方谓新安为东南邹鲁'"(道光《重修徽州府志·序》)。与"诵读"之风吹拂这个山区的同时,中原的崇礼义、明人伦、务俭朴的习俗也给徽州以广泛的影响。文献谓:"新安自昔礼义之国,习于人伦,即布衣编氓,途巷相遇,无论期功强近,尊卑少长以齿。此其遗俗醇厚,而揖让之风行,故以久特闻贤于四方"(《太函集》卷一)。这"醇厚"的"遗俗",正是"遗"自古代的中原,而且还延及后世。我们只要读几副黟县西递村的旧楹联,曩时这里的社会风尚,犹恍如在目:"几百年人家无非积善,第一等好事只是读书";"传家礼教惇三物,华国文章本六经";"事业从五伦做起,文章自六经得来";"凛遗绪于前人克勤克俭,善贻谋于后世学礼学诗"。"读书""礼教""文章""五伦""六经""勤俭"本为中原"旧物",唐宋以后,则在徽州生根、开花、结果了。

其次,徽州的移民还带来了中原的宗族文化。那些"由北迁南"的移民,大多举族而来。迁到徽州后,依然聚族而居,这既有利于抗御外姓的欺侮,又能保持在宗法制度影响下形成的"家(族)风"。所以一些大姓的村落,"绝无一姓搀入者"。徽州的名族,莫不"家多故旧,自六朝唐宋以来,千百年世系比比皆是。人们重宗谊、修世好,村落家构祖祠,岁时合族以祭"(《歙事闲谭》第十八册)。这种宗族制度,一直顽固地保存下来。明末清初之际,徽人赵吉士在他的《寄园寄所寄》中对徽州的风俗作了如下介绍:"父老尝谓新安有数种风俗胜于他邑,千年之冢,不动一抔;千丁之族,未尝散处;千载之谱系,丝毫不紊;主仆之严,数十世不改。"这些经过"数十世"传承下来而且"胜于他邑"的习俗,不啻是昔日中原地区宗族文化的活标本。

这里值得提到的是,南宋时期在徽州出了一位大儒朱熹,他的"朱子之学"或称"紫阳道学",在徽州的影响极深。而朱子的"学系"是上继北宋二程的,二程的"河洛之学"亦是中原文化。所谓"朱子得河洛之心传,以居敬穷理启迪乡人,由是学士争自濯磨以冀闻道,风之所渐,田野小民亦皆知耻畏义"（光绪《婺源县志》卷三）。自南宋以后，徽州人多是"读朱子之书，取朱子之教，秉朱子之礼，以邹鲁之风自持，而以邹鲁之风传之子若孙也"（雍正《休宁茗洲吴氏家典·序》）。在"朱子之学"的倡导下，徽州的人伦教化，不仅与中原儒风一脉相承，并又有所发展了。诚如曾国藩所言："徽州为朱子父母之邦，典章文物，固宜非他郡所敢望"（《曾文正公全集》卷四）。确实，自朱子之后，徽州乃是名副其实的"彬彬乎文物之乡也"，其"典章文物"莫不抹了一道"朱子之学"的光环。

由于上述中原文化在徽州的长期积淀，从而生成这一地域文化亦即"徽学"的"基因"。同时，在社会历史演变过程中，又不断吸纳融合外界的文化"因子"，这更为"徽学"的形成加厚了底蕴。

关于"徽学"发展的"催化剂"，则是这一地域的商帮所创造的大量财富。唯物史观告诉我们，经济是文化的基础。没有雄厚的经济实力，是难以酿造出高品位的文化的。徽州本是"地隘斗绝，厥土骍刚而不化"的贫瘠山区。随着外地人口不断迁入，兼以"生齿日繁"，当地所产不足以自给。为生计所迫，徽州人不得不寄命于商。到了明代以后，"出贾既多，土田不种"，形成"贾者十之七，农者十之三"的局面。在一个地区之内，从商人数的比例如此之大，则为其他地域所罕见。徽商"业儒"出身的人较多，他们在商场角逐中，能够审时度势，精于筹算，善于取予，并以"徽骆驼"精神，不辞艰辛，所以有不少人便很快"家业隆起"，即所谓"五年而中（贾），十年而上（贾）矣"。在徽商中，"藏镪"二三十万、百万者不乏其人，甚有以千万计者。从明代中期起，徽商凭其群体人数之众，财力之强，活动范围之广，经营规模之大，成为"称雄"于江南的一大商帮。他们在商业经营中获得了丰厚的商业利润，便逐渐改变了山区原来贫穷的面貌，于是呈现出"江南称饶，首推新安"的富庶景象。

徽商是商界的一支"儒商"，他们"贾而好儒"，在其获得丰厚的利润之后，便积极资助桑梓"振兴文教"事业。明清两朝的徽州馆塾、斋舍、书院大多是由商人出资兴建或重修的。尤其是讲读层次较高的书院，其规模和数量都大大超过了往昔。据道光《重修徽州府志》卷三载："书院凡数十，以紫阳为大。"尤其是在两淮经营盐业的歙县商人，为了重修紫阳书院，有人竟一次资助白银三万两；黟县有位商人因"邑人议建书院"，便"存二千四百金助之"。类似的例子其他各县皆有。因之"书院之人才日盛"，每逢"大比之年"，各县"应试者，多至千人"。

徽州商人更重视培养子弟"业儒"，他们在"家业饶裕"之后即不惜重金"延师课子"。歙商鲍柏庭有句话反映了徽商"望子成龙"的心情："富而教不可缓也，徒积资财何益乎"（歙县《新馆鲍氏著存堂支谱》卷三）。所以明清两朝徽州出身的名儒名宦很多，如汪道昆、许国、金声、曹文埴、曹振镛、戴震、程晋芳、程瑶田、凌廷堪、王茂荫均是商人的后代。

"徽学"的发展在于这"学"。一个地域，有如此多的读书学习场所，有如此多的负笈入学生员，才能培养出一批批各类较有成就的饱学之士。他们在各不相同的文化领域，志同道合，施展才能，守成创新，形成特色，"派"也就由此而生了。况且，"徽学"中一些有特色的文化现象，诸如绘画、戏剧、篆刻、建筑、园林，甚至医学都是徽商直接或间接地参与才形成"派"的。我们翻开徽州的地方史乘，便不难发现，徽商的兴盛之日，也正是徽学发展之时。

徽学中的"派"犹如皎洁的星辰，从研究的角度来看，它涉及哲学、历史学、社会学、经济学、语言学、艺术学、教育学、谱牒学、建筑学、医药学、民俗学以及一些交叉学科。无论是为了弘扬传统文化，还是为了开发地方文化资源，其学术价值和应用价值都是难以估量的，到目前为止，徽学的大门只是刚刚打开，若欲登堂入奥，尚有待于同仁们的继续努力。

原载《光明日报》2000年3月24日，有改动

论徽商"贾而好儒"的特色

　　明清时期的徽州，是一个"以贾代耕"、商人足迹"几遍禹（宇）内"的经济活跃之区[①]；又是一个人才辈出、"十家之村，不废诵读"[②]的文风昌盛之地。因之，徽州商帮的一个重要特色是："贾而好儒"。这既促进了徽州的儒学之盛，而儒学对徽商从事商业经营又产生了一定的影响。本文拟对徽州商帮与徽州儒学的相互作用，进行粗略探讨，不妥处，敬希史学界同仁不吝指教！

一

　　徽州地处山区，剩余劳动力舍"从贾"与"业儒"，则又别无谋生之路。所以，"大抵徽俗，人十三在邑，十七在天下"[③]。这些"从贾"和"业儒"的徽人，有的"先贾后儒"，有的"先儒后贾"，还有的"亦儒亦贾"。歙人汪道昆云："新都（徽州）三贾一儒……贾为厚利，儒为名高，夫人毕事儒不效，则弛儒而张贾；即侧身飨其利矣，及为子孙计，宁弛贾而张儒。一弛一张，迭相为用，不万锺则千驷，犹之能转毂相巡，岂其单

---

　　① 民国《丰南志》第五册《行状·从叔一彦公状》。
　　② 康熙三十三年《婺源县志》卷二《疆域·风俗》。
　　③ 王世贞：《弇州山人四部稿》卷六十一《序·赠程君五十叙》。

厚计然乎哉！"①他既对邑人"张贾"与"张儒""迭相为用"的原因、目的作了合乎实际的分析，又揭示了这里贾与儒之间相互作用的关系。

恩格斯说："政治、法律、哲学、宗教、文学艺术等的发展，是以经济为基础的。"②明清时期，徽州文化学术的发展，也是与这里的经济比较富足有密切的关系。在明代，即有人称"徽州富甲江南"③。顾炎武甚至说："新都勤俭甲天下，故富亦甲天下。"④徽州的富，除因山区自然资源丰富外，主要是"徽俗多行贾"⑤。这里，"有以计然起家者，有以盐筴起家者"⑥。巨商富贾，多热心于"振儒业"，以期名利兼收。所谓"贾者力生，儒者力学，克尔家有日矣"⑦。而在实际生活中，可行的途径，大多是先贾而后儒。这就是汪道昆说的："古者右儒而左贾，吾郡或右贾而左儒。"⑧所以，徽州以一个商贾之乡，竟又成为"东南邹鲁"。

那么，徽人在"张贾"获利之后，是怎样"张儒"求名的呢？徽商之家，多延师课子，这是徽商"张儒"的一个重要方式。"夫养者非贾不饶，学者非饶不给。"如鲍柏庭，"世居歙东新馆……家初以贫，奉养未能隆，后以业渐骔，家颇饶裕。""其教子也以义方，延名师购书籍不惜多金。尝曰：'富而教不可缓也，徒积资财何益乎'。"⑨柏庭从事商业活动是在万历年间，其时正是徽商走向发展的阶段，他提出"富而教不可缓也"的思想，在徽商中是具有代表性的。再如：潘涟，"（婺源）坑头人……始业儒，后念贫无以养，遂服贾。家稍裕，延师课子，倡兴文会。""堂弟申郡

---

① 汪道昆：《太函集》卷五十二《海阳处士仲翁配戴氏合葬墓志铭》。

② 《马克思恩格斯选集》第四卷第520页。

③ 《魏叔子文集》卷七十。

④ 顾炎武：《肇域志·江南十一·徽州府》。

⑤ 汤宾尹：《睡庵集》卷二十三。

⑥ 曹叔明：《休宁名族志》卷一。

⑦ 汪道昆：《太函集》卷五十《明故礼部儒士孙长君墓志铭》。

⑧ 汪道昆：《太函集》卷五十四《明故处士溪阳吴长公墓志铭》；卷四十二《明故程田汪孺人行状》。

⑨ 歙县《新馆鲍氏著存堂宗谱》卷二《柏庭鲍公传》。

庠生，境亦困乏，涟时恢助，届时给以资斧。"①

徽州商人之所以如此急不可待地延师课子，是向往子弟擢高第，登仕籍。汪道昆说："吾乡……喜厚利而薄名高。"②这不过是表面现象。其实，徽商既"厚利"又"厚名"。请看事实：

凌珊，隆庆时人，"早失父，弃儒就贾"，"恒自恨不卒为儒，以振家声，殷勤备脯，不远数百里迎师以训子侄。起必侵晨，眠必丙夜，时亲自督课之。每日外来，闻咿唔声则喜，否则嗔。其训子侄之严如此。""一日语室人曰：'儿辈虽幼，已为有司赏识，吾与尔教子之心当不虚。异日者尔随任就养，必教儿为好官，以不负吾志乃可。"③凌珊望子成名之心如此之切，责其为学如此之严，目的是望儿为"好官"，这正说明徽商"张儒"是为了以光门楣。

清代江肇岷，字源长，子练如，"性颖悟，好读书，以家事浩繁，服贾瓜渚。（肇岷）公思振家声……复命归读，名振胶庠。康熙戊寅（1698年）贡成均，克付公期望之意。"④

许万竹，有四子，"功课以儒业，宾名师以训之"，目的也是"擢高第有俟焉"⑤。

有些商人，到了晚年，乃至临终之际，仍念念不忘勉励子弟著儒服，"大吾门"。歙商汪名镗，曾"去海上业贾"，终之前，对诸子曰："吾家世着田父冠，吾为儒不卒，然簏书未尽蠹，欲大吾门，是在尔等。"⑥类似上引材料，在徽人文集以及方志、谱牒中，俯拾可得。

在徽商后代中以"业儒"而成名者代不乏人。例如歙人汪道昆，是嘉靖、万历时期文坛上的"后五子"之一，他与当时的文坛巨擘王世贞先后

---

① 《婺源县采辑·孝友、义行》抄本，安徽省图书馆藏。
② 汪道昆：《太函集》卷十八《蒲江黄公七十寿序》。
③ 凌应秋：《沙溪集略》卷四之《义行》。
④ 《济阳江氏族谱》卷九《清候选经历肇岷公传》。
⑤ 《新安歙北许氏东支世谱》卷五。
⑥ 《汪氏族谱·处士镗公传》抄本，歙县博物馆藏。

官兵部，时称"天下两司马"①。汪道昆就是出身于商人家庭，据他自己说："由吾曾大父而上历十有五世，率务教悌力田，吾大父、先伯父始用贾起家，至十弟始累巨万，诸弟子业儒术者则自吾始。"②休宁金声，幼时随父远贾江汉间，即在客居之地延师受教，中崇祯元年进士，授庶吉士。后在抗清斗争中英勇不屈，以身殉难，著有《金太史集》行世③。入清以后，徽商后代的名儒高士更多。乾隆时期，汉学的皖派首领戴震，即出身于一个商贩之家。乾（隆）嘉（庆）时期的凌廷堪，系歙县的著名文学家，他父亲曾经商于海州，父殁后，自己还当过"朝奉"。道（光）咸（丰）间经济学家王茂荫，也是世代经商之家的子弟。客籍扬州的徽商中，更是"世族繁衍，名流代出"。李斗《扬州画舫录》所记的高人雅士，有不少就是徽商或他们的子弟。

在徽商中，有的人在"从贾"之前就曾知晓诗书，粗通翰墨，"从贾"之后，还是好学不倦，"蔼然有儒者气象"。如：明代休商江遂志，行贾四方，"虽舟车道路，恒一卷自随，以周览古今贤不肖治乱兴亡之迹"④。程淇美，"年十六而外贸……然雅好诗书，善笔札，虽在客中，手不释卷"⑤。程锁，是休宁巨商，他于"暇日乃召宾客，称诗书，其人则陈达甫、江氏莹、王仲房，其书则《楚辞》《史记》《战国策》《孙武子》"。汪道昆评论他："迄今遗风具在，不亦翩翩乎儒哉！"⑥程长者，在金陵"以质剂代耕"，"常屈首抱几，自《六经》以及百氏无所不窥，凡金石古文、名家法帖，手摹指画务得其真，无所不习；绘事则自皇唐以迄胡元，名品则自宗器以迄玩物，无论百金之价，什袭之珍，无所不购。"⑦这些所谓"贾名而儒行"的人，既已成为富商，又欲挤入儒者之林，这在一定程度

① 《明史》卷二百八十七《王世贞传》附《汪道昆传》。
② 汪道昆《太函集》卷十七《寿十弟及耆序》。
③ 《明史》卷二百七十七《金声传》。
④ 《济阳江氏族谱》卷九《明光禄丞乡饮大宾应公原传》。
⑤ 《旌阳程氏宗谱》卷十三《淇美程君传》。
⑥ 汪道昆：《太函集》卷六十一《明处士休宁程长公墓表》。
⑦ 汪道昆：《太函集》卷五十九《明封徵仕郎莆田程长者墓志铭》。

上也有助于壮大士人的队伍。

徽州商人，无论令子弟"业儒"，抑是自己"雅好诗书"，"老而归儒"，都不单纯是他们个人的志趣和爱好所致。因为个人意愿是受一定的历史环境和阶级关系所支配。正如马克思、恩格斯在评述食利者和资本家的个性时所指出的："他们的个性是受非常具体的阶级关系所制约和决定的。"①我们对于徽商的志趣和爱好要进行具体的阶级分析，过去即有人把徽商分为"上贾""中贾""下贾"三等："藏镪百万"者为"上贾"，二三十万则"中贾"，再次则为"下贾"。从有关材料中可以看到，在下贾中拥有三五万金以上资本的也大有人在。现实的经济地位决定了他们的思想意识必然依附于地主阶级。列宁说过：马克思主义者"必须到生产关系中间去探求社会现象的根源，必须把这些现象归结到一定阶级的利益。"②因此，我们认为，徽商在"家业隆起"之后，急欲"张儒求名"，从而"大吾门""亢吾宗"，实质上也是"大"了地主阶级，适应了这个阶级的利益需要。

正是由于这种阶级的利益所支配，所以那些富商之家，在"富而教不可缓"的同时，竟又毫不吝惜地输金资助"振兴文教"，这对徽州的"儒学之盛"，也是很大的促进。

我国书院之设，始于唐代，宋元以来日益增多。明清两朝"天下书院最盛者，无过东林、江右、关中、徽州"③。而徽州书院之盛，主要是徽商慷慨资助的结果。明代，徽州书院勃兴，到了清初，徽属六县计有书院五十四所④。尤其在乾隆年间，两淮盐商中的徽商，积极在徽州、扬州两地兴办或修建书院。《两淮盐政全德记》云及徽州府治所在地的歙县情况："歙在山谷间，垦田盖寡，处者以学，行者以商，学之地自府、县学外，多聚于书院。书院凡数十，以紫阳为大；商之地海内无不至，以业盐于两淮为著，其大较也……大之郡邑，小之乡曲，非学，俗何以成；非财，人

---

① 《马克思恩格斯选集》第一卷第84页。
② 《列宁全集》第一卷第480页。
③ 道光《徽州府志》卷三《营建志·学校》。
④ 康熙《徽州府志》卷七《营建志·学校》。

何以聚。即立之师；则必葺其舍宇，具其赍粮，及夫释菜之祭，束修之礼，是不可以力耕得之也。"①书院的经费来源既然不能靠"力耕"得来，那只有赖"以贾代耕"者的资助了。就以紫阳书院为例：

歙之紫阳书院，系明正德十四年（1519年）由知府张芹主持创建于紫阳山阿，又称"山间书院"。乾隆五十五年（1790年），出身于盐商之家的曹文埴另在原"文公祠旧址，复建书院，名曰'古紫阳书院'，于是两院并存"②。古紫阳书院全是两淮盐商捐资重建起来的。据道光《徽州府志》的材料统计，乾（隆）嘉（庆）数十年间，扬州歙商共捐两书院银计七万余两，其中两淮总商鲍肯园两次独捐银一万一千两。王铁夫所撰《中宪大夫肯园鲍公行状》云："（肯园）生平好施，独不喜建佛堂道院。其乡有两书院，一在城内曰'紫阳'，一在城外曰'山间'，并垂废矣（按：紫阳书院系指原文公祠），公慨然与乡士大夫作新之。以状白盐使，请援扬州安定书院例，出库金增诸生膏火，自以私财白金三千两益之，于是（古）紫阳书院成；又出白金八千两置两淮生息。（据《两淮盐政全德记》载：按月一分起息，每年应缴息银九百六十两，遇闰月加增八十两），以复城外之山间书院。"③纪晓岚在《鲍肯园先生小传》中亦云："肯园捐金三千复紫阳书院，捐金八千复山间书院，功在名教。"鲍肯园是一位"由困而亨"的大盐商，竟如此热心于兴修书院，徽商之"功在名教"，振兴儒学，于此可见一斑。

徽州其他各邑，商人助修书院的事例，亦所在多有：祁门商人马禄，家初贫，"长力商，客旅常州……嘉靖戊午（1558年），县修儒学，禄自投牒输三百金佐其费"④。方南滨"商于吴梁间"，因"家业益以丕振"乃"肇建书屋于金山隈，俾后嗣相聚相观，以振儒业"⑤。黟县舒大信，经商江右，乾隆间，"修东山道院，旁置屋十余楹，为族人读书地。邑人议建

① 道光《徽州府志》卷三《营建志·学校》。
② 民国《歙县志》卷二《营建志·学校》。
③ 《棠樾鲍氏宣忠堂支谱》卷二十一。
④ 万历《祁门县志》卷三《人物志·民行》。
⑤ 《方氏会宗统谱》卷十九《明故处士南滨方公行状》。

书院，大信捐二千四百金助之"①。绩溪章必泰"经商吴越间……（绩溪）东山书院鼎建，（必泰）自备资斧，襄葳其事，邑建考棚，捐银二百两以助"②。婺源绅商于嘉庆九年（1804年）一次便合力捐助县内紫阳书院银共三万多两③。有些大商的佣人，对于兴修书院亦能慷慨解囊。婺源江溶，"佣于木商，跋涉江湖，远及苗洞，中年稍裕……道光年间，创立湖山书院。振兴文教，溶与有力焉"。道光五年（1825年），黟县议建考棚，不两月绅商集资三万余金。

徽商不仅热心于原籍建书院、设考棚，同时，在一些寄籍之地，也同样如此。世居扬州的歙商汪应庚，在乾隆元年（1736年）见扬州府学——江甘学宫"岁久倾颓，出五万余金亟为重建，辉煌轮奂，焕然维新。又以二千金制祭祀乐器，无不周到，以一万三千金购腴田一千五百亩，悉归诸学，以待岁修及助乡试资斧"④。祁门马曰琯亦于扬州筑梅花书院，延名儒主讲其中。清代的扬州文人雅士蜂起一时，在其培育过程中，徽商是"与有力焉"。曾经有人说："扬州之盛，实徽商开之。"这虽然有点夸张，但也不无所据。尤其是在两淮改纲为票以前，徽商大姓著籍于扬州者众多，故"徽扬学派，亦因以大通"⑤。这确系事实。

明清时期，徽州商业贸易的发展，商人重视和资助"振兴文教"，自然收到出人才、出成果之效。在这几百年中，徽州人才济济，儒林文苑，百态千姿，从而产生了"新安学派""新安医派"和"新安画派"，它们在不同的领域里自树一帜。徽州科举及第者亦多。据朱彭寿《旧典备征》统计，有清一代（自顺治至光绪）各省状元人数，安徽居第三位，计有九人。安徽有八府五州，其中仅徽州一府便占四人，他们是休宁黄轩（乾隆戊戌）、歙县金榜（乾隆壬辰）、休宁吴锡龄（乾隆乙未）、歙县洪莹（嘉庆己巳）。徽州状元人数与广西、直隶相同，比江西、福建、湖北、湖南、

① 嘉庆《黟县志》卷七《人物志·尚义》。
② 绩溪《西关章氏族谱》卷二十四。
③ 道光《徽州府志》卷三《营建志·学校》。
④ 《汪氏谱乘》载彭启丰撰：《光禄寺少卿汪公事实》，乾隆写本。
⑤ 陈去病：《五石脂》。

河南、陕西、四川、广东、贵州、山西、甘肃、云南各省均多。这从一个侧面说明了商人好儒是促进文化学术发达的原因之一。在徽郡六邑中，歙人多经营盐业，富商巨贾甚多。据有关资料统计，歙县的进士数，在明代为184人，占明代徽州进士数的45.53%；清代（道光六年前），为235人，占同时期徽州进士数的45.45%。以一邑而几乎占全府进士数之一半，进一步说明了徽州经济的发达以及商人重视"业儒"，是这里人才辈出的重要原因。明清两朝，徽州文人学士的著作也是蔚为大观。据道光《徽州府志·艺文志》载，明时经一百六十二部，史一百八十五部，子三百三十七部，集五百一十四部；清时经三百一十部，史一百二十一部，子二百七十八部，集五百七十九部；两朝著述总计为两千四百八十六部，其中有不少的作者就是商人本身及其子弟。

二

恩格斯说："当一种历史因素一旦被其他的、归根到底是经济的原因造成的时候，它也影响周围的环境，甚至能够对产生它的原因发生反作用。"①明清时期的徽州，儒学对商业所产生的这种"反作用"，也是非常明显的。

首先，徽州由于"儒学之盛"，因而在徽商中有许多人受过儒学教育。他们掌握了一定的文化知识，这对开展商业活动是非常有利的。在明代，就曾有人把徽商分为"儒贾"和"贾儒"两种："贾名而儒行者"谓之"儒贾"，"以儒饰贾者"谓之"贾儒"。不论"儒贾"还是"贾儒"，都是具有不同文化程度的商人。他们在经商活动中，大多善于审时度势，决定取予；运以心计，精于筹算。

在我国封建社会后期，社会分工不断发展，商业联络网日益扩大，商品与货币的运动错综交织，社会矛盾也越来越趋于复杂化。当时，市场上

---

① 《马克思恩格斯选集》第四卷第520页。

商品供求关系变化多端，乃至"每日都有许多单方面的商品形态变化同时进行"①。这种瞬息万变的情况是较难预测的。商人掌握一定的文化知识，有助于在商业活动中分析市场形势，分析自然和社会诸因素对供求关系的影响，从而在取予进退之间不失时机地作出正确的判断，以获得厚利。同时，随着商业经营规模的不断扩大，同行业之间以及行业之间的交往联系日益密切，这又需要一定的管理和组织才能。有不少人正是因具备这些经商才能，所以能在商业活动中大显身手。

如明嘉靖时的曹演，因家贫"舍儒而贾"。开始本是资本微薄的"下贾"，由于他在商业活动中"辄操心计"，故"骎骎乎五年而中，十年而上矣"②。歙人黄镛，少时"绩学业举，志存经世"，后来弃儒从商，转贩于闽、越、齐、鲁之间。他"克洞于天人盈虚之数，进退存亡之道"，所以获利甚多，"赀大丰裕"③。清代的绩溪章策，是一位见识超人的商人。幼时，父贾兰溪，即随父延师"习举子业"，后父殁，遂弃儒承父业学贾，往来兰、歙间，"精管（仲）刘（晏）术，所亿辄中，家日以裕"。其所以如此，乃是他在经商中，犹能阅读"先儒语录，取其益于身心以自励，故其识量有大过人者"④。与章策同族的章健德，幼"业儒"，"弱冠偕仲叔二兄贾于宣城。君慷慨有大略，节驵侩，贵出贱取，居数年遂以起其家"⑤。歙人叶天赐，"性聪颖，嗜学工诗，擅书法，家贫为人行贾"。他在"行贾"中"料事十不失一，晚业盐策于扬"⑥，一跃而为独立经营于扬州的一家富商。休宁程声玉弃儒经商，他"寓经济于废著之地"，以致"获利如操左券"，甚至"所求无不遂，所欲无不得"⑦。这些有文化的商人，易于学得计然术，所以往往能全操胜算，生意越做越活，资本越积越

① 《资本论》第一卷第97页。
② 汪道昆：《太函集》卷三十三《赠奉政大夫户部贵州清吏司郎中曹公传》。
③ 《潭渡黄氏族谱》卷九。
④ 《西关章氏族谱》卷二十六《绩溪章君策墓志铭》。
⑤ 《西关章氏族谱》卷二十六《章君健德墓志铭》。
⑥ 民国《歙县志》卷九《人物志·义行》。
⑦ 《旌阳程氏宗谱》卷十三《程声五公赞》。

多，在商界的名声也日益煊赫。

还有一些有文化的徽商，因善于操持生财之道，竟成为众商赖以经营的智囊。万历时，在两淮经营盐业的歙商吴彦先，有暇辄浏览史书，与客纵谈古今得失，即宿儒自以为不及，因而博得群商的拥戴，一切营运必奉其筹画。他既膺众望，便能"权货物之轻重，揣四方之缓急，察天时之消长，而又知人善任，故受指而出贾者利必倍"[①]。吴彦先这种运筹分析的才能，很大一部分是来自他的文化程度。再如：汪尚信，早年"刻意经史"，后因科场失意而弃儒从商，"有商于四方者亦奉公筹画，为时良贾，以是家益振"[②]。歙商潘汀州，"家世用陶，公独与时逐，或用盐鹾，或用橦布，或用质剂，用游江淮吴越，务协地宜。邑中宿贾若诸汪、诸吴悉从公决策受成，皆累巨万。"潘汀州早年"习儒"，从商之后"虽托于贾人而儒学益治。"他曾自矜："吾能事无虑累百，其可市者三：以儒则市甲第，以贾则市素封，以奕则市国手。"[③]除去自我夸张的成分之外，表现在他身上儒、贾、奕三方面的才能是相得益彰的。

在徽商中，以"业儒"出身者居多，这是徽商异乎其他商帮之处，也是徽商迅速发展的一个重要原因。考察一下明清时期山西商帮和徽商势力的消长情况，更能说明问题。

在明代，山西商帮和徽州商帮势均力敌。万历时人谢肇淛曾说："商贾之称雄者，江南则称新安，江北则称山右。"[④]但从明代后期到清代嘉（庆）道（光）之际，在两淮盐业中，山西商每况愈下，徽商却迅猛发展。究其原因，论者一般都认为是地理因素所致，也就是说，由于开中折色和开中制废除，边商竞争不过内商。这虽是一个原因，但并非是唯一的。我们根据有关材料得出的看法是，山西商人不重视读书，这同徽商恰是鲜明的对照，也是这两个商帮此起彼落的原因之一。清人刘于义曾在一份奏折

① 民国《丰南志》第五册《行状·明处士彦先吴公行状》。
② 《汪氏统宗谱》卷三十一。
③ 汪道昆：《太函集》卷三十四《潘汀州传》。
④ 谢肇淛：《五杂俎》卷四。

中说："山右积习，重利之念甚于重名，子弟俊秀者多入贸易一途，至中材以下，方使之读书应试。"雍正帝在批谕中也指出："山右大约商贾居首，其次者犹肯力农，再次者入营伍，再下者方令读书。"①他们将子弟中的俊秀者"从贾"，庸才"业儒"，其结果必然是"从贾"者多没有文化知识，因而对他们的商业经营必然会有影响，这怎能与那些贾儒结合而"练达明敏"的徽商相比呢！"多才善贾"，历来如此。清代戏剧家李渔在谈到"学技"与"学文"的关系时，曾提出过精妙的见解，他说："学技必先学文……通天下之士农工贾、三教九流，百工技艺皆当如是观……明理之人学技与不明理之人学技，难易判若天渊。然不读书不识字，何由明理？故学技必先学文。"②我们如果把李渔"学技必先学文"的看法改为"学商必先学文"，那么，儒学对促进商业的发展，正是一种反作用力。

其次，"业儒"者出身的商人，在经营活动中，多以儒道经商。这是他们舍小利而谋大利，从而迅速起家的一个"奥妙"所在。有的学者在研究徽商中也曾提出过"徽人的商业道德"③问题。徽人的商业道德，实际上就是儒道。徽州的一些大商人（除少数被人目为"徽狗"者外），由于自幼受到儒道的熏陶，能"本大道为权衡，绝无市气，协同人于信义，不失儒风"。嘉靖时，歙商黄长寿就"以儒术饰贾事，远近慕悦。不数年，赀大起"。乾隆时，休宁程模贾于闽，"时人咸谓公有儒者气度"。清末婺源程执中，善于以儒学教育子弟，"故门下多端士，诸弟及期功子弟虽营商业者亦有儒风"④。休宁的唯物主义思想家戴震也曾说过："吾郡少平原旷野，依山为居，商贾东西行营于外以就口食……虽为贾者，咸近士风。"⑤商人而有儒风，是徽商在商业经营中的一个特色，而这个特色的形成却又不是偶然的。

在我国封建社会里，儒家思想长期占据统治地位。徽州素称"文献之

---

① 《雍正朱批谕旨》四十七，雍正二年九月条。
② 李渔：《闲情偶寄》寄一《词曲部·结构第一》。
③ 傅衣凌：《明清时代商人及商业资本》第66页。
④ 《婺源县志稿》（抄本）。
⑤ 《戴震集》上编，卷十一《戴节妇家传》。

邦""礼让之国",儒家的思想道德在人们的心目中更占有崇高的位置。徽商生长在这样的环境中,自然受到儒道的影响;再加上他们当中,有不少人自幼就曾接受儒学教育,儒家的一些道德说教,也就成了他们后来立身行事的指南。因此,徽商的经营活动,在一定程度上便受到儒家思想的支配。其表现:

(一)所谓"以诚待人"。如:明代休商张洲,"少潜心举业,蜚声成均,数奇弗偶,抱玉未售……挟资游禹航,以忠诚立质,长厚摄心,以礼接人,以义应事,故人乐与之游,而业日隆隆起也"①。歙商鲍雯,自幼习儒,后业盐于两浙,他"虽混迹廛市,一以书生之道行之。一切治生家智巧机利悉屏不用,惟以诚待人,人亦不君欺,久之渐致盈余"②。歙商许宪,在总结自己的经商经验时说:"惟诚待人,人自怀服;任术御物,物终不亲。"他把"诚"付诸实际行动中,故"其经商也,湖海仰德","出入江淮间,而资益积"③。道光间,黟商胡荣命贾于江西吴城五十余年,童叟不欺,名声大著。晚年,罢业还乡,有人要"以重价赁其肆名",胡荣命拒绝了。他说:"彼果诚实,何藉吾名?欲藉吾名,彼先不诚,终必累吾名也。"④这就是说,要创出一块"金"字招牌,非"以诚待人"不可;如果待人不诚,即使借别人的招牌也是无益的。徽商所谓的"诚",也就是儒家所宣扬的"诚笃""诚意""至诚""存诚"的道德说教,在其经商活动中的具体应用。

(二)所谓"以信接物"。如:歙商吴南坡重视经商信誉,他曾说:"人宁贸诈,吾宁贸信,终不以五尺童子而饰价为欺。"他以这种思想指导经商,以致"四方争趣坡公。每入市视封,识为坡公氏字,辄持去,不视精恶短长"⑤。讲究商业信誉,既有利于商品的销售,也易于资本的筹集。休商程伟贸易于江浙一带,由于他"信义远孚",故"富商大贾之赀本咸

① 曹叔明:《休宁名族志》卷一。
② 歙县《新馆鲍氏著存堂宗谱》卷二《鲍解占先生墓志铭》。
③ 《新安歙北许氏东支世谱》卷三。
④ 同治《黟县三志》卷一《人物·尚义》。
⑤ 《古歙岩镇镇东石勘头吴氏族谱·吴南坡公行状》。

欲委托于公，自是公之财日益丰，公之名亦益著"①。以信经商，有时虽不能立刻致富，但持久下去，必会获得厚利。休商程家第和他的儿子程之珍的一段经商历程，就是一个很好的例证。初，程家第设铺于宁邑河口。他"一以信义服人"，但未能获利。有人对他说："经商本大道，亦须运以心计。"程家第不以为意，应之曰："世之以废著起家者多矣……岂尽由智巧得耶？使由智巧得，陶朱、猗顿后，何以不闻皆为陶朱、猗顿也？吾敦吾信义而已，赢余之获否，亦听之而已。"后来，他的儿子程之珍"承公遗谋"，仍在河口开张，"信洽遐迩，大焕前猷，丰亨豫大，迥异寻常。亦信义之报，公平之效，未得于其身，正以取尝于其后也"②。这则材料说明，"信义之报"迟早都是会得到的。徽商恪守的"信"，自然也是从儒家所谓"立信""笃信""言而有信""讲信修睦"中来的。

（三）所谓"以义为利"。徽州商人大多标榜重义轻利，非义之财不取。清代的凌晋，便是徽商中"以义为利"的一个典型。他家居歙邑，"虽经营阛阓中，而仁义之气蔼如。与市人贸易，黠贩或蒙混其数，以多取之，不屑屑较也；或讹于少与，觉则必如其数以偿焉。然生计于是乎益殖"。道光间，黟商舒遵刚从商人角度对义、利关系进行了淋漓尽致的阐述。他说："生财有大道，以义为利，不以利为利。"并设喻说："钱，泉也，如流泉然，有源斯有流，今之以狡诈求生财者，自塞其源也；今之吝惜而不肯用财者，与夫奢侈而滥于用财者，皆自竭其流也……圣人言'以义为利'，又言'见义不为，无勇'。则因义而用财，岂徒不竭其流而已，抑且有以裕其源，即所谓大道也。"③这就是说，"因义用财"才能开辟财源，使之流而不竭，用此生财之大道，可以收到赚大利、发大财之效。舒遵刚这种"义中取利"的思想，在徽商中是有代表性的。"（孔）子罕言利"④。孟子曰："王何必曰利，亦有仁义而已矣。"⑤徽商所津津乐道的

① 《旌阳程氏宗谱》卷十三《子原程君传并赞》。
② 《旌阳程氏宗谱》卷十三《公擢程君传》。
③ 同治《黟县三志》卷十五《艺文·人物志·舒君遵刚传》。
④ 《论语·子罕》。
⑤ 《孟子·梁惠王（上）》。

"以义为利"其源盖出于此。

徽州的富商大贾，在经商中所标榜的"诚""信""义"，不过是他们求得"快快发财""一本万利"的一种手段。这种以儒术建立起来的商业道德，其本质是奸巧虚伪的；但在当时的历史环境中，却能用以发财致富。这就告诉我们，那些"习儒业""慕儒风"，以"儒术"谋利的"儒贾"对于商业的发展，曾经起过一定的特殊作用。

再次，明清时期的徽州，儒学对商业的"反作用"，还可以从徽籍学者的经济思想对商业发展的影响来加以说明。

在我国封建社会后期，社会生产方式和人们的思想意识都开始发生变化，徽商的经营方式及其性质在部分行业和商人的经商活动中，也表现出某些变化的苗头。马克思主义告诉我们：人们的意识，是随人们的生活条件，人们的社会关系，人们的社会存在的改变而改变的。生活于这个商贾之乡的名儒，必然产生与这里的生活条件、社会关系、社会存在相联系的思想意识，并作用于产生它的社会存在。最明显的便是他们所提出的某些经济理论，冲破了传统思想樊篱，有益于徽商的发展。其中较突出的便是商、农"交相重"的思想。

重农抑商，是我国封建统治者长期以来所实行的一项政策。朱元璋建立明王朝后，对于这一传统政策，仍然恪守不变。洪武十八年（1385年），他曾谕户部臣曰："人皆言农桑衣食之本，然弃本逐末鲜有救其弊者。先王之世，野无不耕之民，室无不蚕之女，水旱无虞，饥寒不至。自什一之涂开，奇巧之技作，而后农桑之业废。"接着又说："朕思足食在于禁末作，足衣食在于禁华靡。"[①]他把"什一之涂开"看作是"农桑之业废"的原因，于是把商与农对立起来，重申要重农抑商。从明到清，这种抑商政策一直无大更改。如果说在我国封建社会前期，重农抑商政策，对于"商人兼并农人，农人所以流亡者也"，还有某些积极作用的话，那么，在我国封建社会后期，这一政策，对于商业资本的发展和资本主义萌芽的发

---

① 《明太祖实录》卷一百七十五。

生，都只能起着抑制作用。尤其是徽州境内各县，山多田少，"其地瘠，其土骍刚，其产薄，其种不宜稷粱"，"则事无常业而多商贾，亦其势然也"[①]。在这里，要是继续"禁末作"，不仅商业无由发展，且大多数人便失去生活之源。从徽商的发展史来看，到明清时期，徽人经商已有上千年的历史。自五代到南宋，随着经济重心南移，徽州商贾贸易也逐渐活跃。明清是徽商的鼎盛时期，在这样的社会环境和历史条件下，某些出身于商贾之家的名宦，提出商农"交相重"的理论，既是为了维护商人的利益，也是对传统"重农抑商"政策的挑战。其代表人物便是明嘉靖时期出身于富商之家的汪道昆。收集在他的《太函集》里的一系列关于经济思想方面的论述，是值得我们一读的。

汪道昆对传统的"重本抑末"进行了有力的批判。他说："窃闻先王重本抑末，故薄农税而重征商，余则以为不然，直壹视而平施之耳。日中为市肇自神农，盖与末耝并兴，交相重矣。耕者什一，文王不以农故而毕蠲；乃若讥而不征，曾不失为单厚。及夫垄断作俑，则以其贱丈夫也者而征之。然而关市之征，不逾什一，要之各得其所，商何负于农？"[②]在这里，他明确反对传统的"重本抑末"政策，主张"壹视而平施"。这种商、农"交相重"的思想，是直接受徽商思想影响的。明弘治、正德间，歙商许大兴就曾说过："予闻本富为上，末富次之，谓贾不若耕也。吾郡保界山谷间，即富者无可耕之田，不贾何待？且耕者什一，贾之廉者亦什一，贾何负于耕？古人非病贾也，病不廉耳。"从许大兴这席话里可以看出：汪氏所言，道出了徽商的心声，是为维护商贾利益而发的。

汪道昆的商、农"交相重"的思想，过去从不为人所注意。应该说，他的这一经济思想既超越前人，又启迪来者。南宋的叶适曾经说过："夫四民交致其用而后治化兴，抑末厚本非正论也。"[③]不过，他只是认识到"抑末厚本"有片面性，即所谓"偏"。汪道昆则进一步否定了农为"本"、

---

① 洪玉图：《歙问》。
② 汪道昆：《太函集》卷六十五《虞部陈使君榷政碑》。
③ 叶适：《习学记言序目》卷十五《史记一》。

商为"末"的观念，认为商与农不存在"轻""重"之分，而应当是"交相重"。这比叶适的思想前进了一步。明末思想家黄宗羲明确提出："工商皆本"，但这比汪道昆要晚约一百年。

汪道昆为了说明他的"交相重"的思想是正确的，又把商贾对国家的贡献作了具体的阐述。他说："今制大司农岁入四百万，取给盐筴者什二三。淮海当转毂之枢，输五之一；诸贾外饷边，内充国，戮力以应度支"，[①]因此，他认为封建国家不能"抑商"，而应该"便商"。他针对当时盐业专榷制度的弊病，提出要给商人一些便利："且也盐之急，不急于粟，粟价不在官而在民；盐之急不急于钱，钱法不在上而在下，何以故？从其便故也。从民之便则乐其食而安其居，从商之便则愿出其涂而藏其市，此不易之道也。"[②]徽州的富商巨贾，盐商居多。汪道昆希望封建政府"从商之便"，无疑是代盐商向官府进言，以期谋得更大的利润。

徽商子弟以"业儒"成名而居高位者，莫不关心商贾的利益，认为国家不应当以重税困农商。康熙时，歙商子弟许承宣官工科给事中，针对当时农商赋税负担繁重的情况，他在一则奏疏中提出：

"请禁赋外之赋，差外之差，关外之关，税外之税，以苏农困，以拯商病。"他认为"天下之大无逾四民……士仅处十之一耳，而农与商贾则大半天下"[③]。在许承宣的奏折里，"苏农困"与"拯商病"是相提并论、等量齐观的，说明他把商放在农的同等重要地位。这对重农轻商的传统观念，也是一种否定。康、乾之后，随着商业经济的发展，货币在商品流通中的媒介作用愈益重要。而货币的铸造、交换、流通是与国计民生以及商人的利益有密切联系的。咸丰间，出身于歙商世家的王茂荫，官至户部右侍郎，他从"利于商"出发，提出钞币发行办法，陈述了他的经济思想。鉴于当时商品流通中货币的需要量大，他主张发行钞币，以辅助金属币的不足；但发行的钞币应能兑取现银，不宜滥发。他认为："现行银票钱钞，均属天

---

① 汪道昆：《太函集》卷六十六《摄司事裴公德政碑》。

② 汪道昆：《太函集》卷六十四《督课黄明府政绩碑》。

③ 许承宣：《赋差关税四弊疏》，《清经世文编》卷二十八。

下通行，而行速要以银票为宜。欲求行远，必赖通商，欲求通商，必使有银可取。"如能"准其兑取现银，则商人用钞便"①。另外，他又反对滥铸大钱，以防止通货膨胀。当时，清王朝正处在内外交困之中，财政也濒临崩溃边缘。为了解决用度不足，清政府拟发行不能兑取现银的钞币和滥铸大钱，其结果，必使商贾百姓受害。王茂荫有鉴于此，指出"宝钞不能易银，即不能置货。此虽强令行用，将来货物日尽，宝钞徒存，市肆必至成空"，则将导致商业萧条，尤其是典商最先破产。他说："查现在典铺取赎者用钞不敢不收，而当物者给钞率多不要，使典铺之钞有入无出，将来资本罄而钞仅存，不能周转，必至歇业，典铺歇业，贫人亦无变动之方。"王茂荫的意见，竟致惹得咸丰帝的恼怒，斥责他"专为商人指使"②。但从这里却可看出，被马克思称为"中国财政大员"的王茂荫，确实关心商贾的利益。尽管他受到皇上的斥责，后来，他仍然针对官府对商民的捐税过多，又一次奏报："大江南北捐局过多，官私错杂，扬州以下沿江各府州县设有十余局，苛敛行商过客，假公济私，包送违禁货物，甚至聚众敛钱，以钱聚众……商民无不受害。"③这也是从商人的利益着想的。

汪道昆、许承宣、王茂荫等人，有的是商人子弟，有的本身就是富商。他们能够提出这些"便商"的理论和主张，正是贾儒结合在经济理论领域里的反映。

三

徽商"贾而好儒"，虽然对商业的发展起着一定的促进作用，但是，儒学毕竟是维护封建制度的一种思想武器，徽商的视野和经商活动，也必然因此被禁锢在封建主义的栅栏里。在我国封建生产方式和政治制度处于变革之际，像这样的封建商帮，最后也不可避免地伴随着我国古老的封建

---

① 王茂荫：《王侍郎奏议》卷六《再议钞法折》。
② 《东华续录》（咸丰）卷二十六。
③ 《东华续录》（咸丰）卷三十。

社会一同归于衰落。这里，我们根据历史事实从以下两方面稍加说明。

首先，徽商"贾而好儒"，促使自身直接攀援封建政治势力。徽州商人也同其他封建商帮一样，只有得到封建政权的支持才能求得发展；所不同的是，徽州商人，特别是那些富商，由于贾儒结合，也就易于与封建政治势力相结合。徽籍盐商的事例，比较典型。

徽商活动的内容多种多样，所谓"其货无所不居"，其中"以盐、典、茶、木为最著"①。近人陈去病也说："徽郡商业，盐、茶、木、质铺四者为大宗。"②而在这"四大宗"中，盐业居于首位。最富者为两淮盐商。诚如万历《歙志》所云：徽商"举其大者，则莫如以盐策之业贾维扬之者而已。"③在扬州的徽籍盐商，既是明清时期两淮盐商中的主要势力，也是整个徽商的中坚力量，他们执徽商之牛耳。我们就两淮盐商与封建官府之间的关系加以剖析，这对于了解徽商与封建政治势力的结合，足以管中窥豹。

食盐向为国家专营。明清两朝，盐法几经变更。明初实行开中制，万历间改行纲法，清道光间实行票法。无论如何更革，盐商与官府之间的关系都是较为密切的。尤其是实行纲法的两百多年中，既是两淮盐商利途通坦的兴盛阶段，也是他们同封建政治势力打得最火热的时期。所谓纲法，是一种在官府监督下的商收、商运和商销的盐法制度。就商贾而言，"贱买贵卖，无过盐斤"④。而他们要取得专卖特权，则必须投靠封建官府；就封建国家而言，明代"国家财赋所称盐法，居半者盖岁计所入"⑤；到了清代，"两淮岁课，当天下租庸之半"⑥。清政府从财政收入考虑，曾采取"恤商裕课"政策以扶持商人。明清两代的盐场，以两淮盐场产盐最多，盐利最厚，因之淮盐的专卖权便成为许多商帮竞相追逐的目标。然而，在许多商帮之中，唯独徽商受到官府的特别宠遇，从而取得优势地

① 民国《歙县志》卷一《舆地志·风土》。
② 陈去病：《五石脂》。
③ 万历《歙志》传卷十《货殖》。
④ 《清经世文编》卷五十《户政》二十五。
⑤ 《明经世文编》卷四百七十四《户部题行十议疏》。
⑥ 嘉庆《两淮盐法志》卷一百五十九。

位。究其原因自是多方面的，但其中一个重要因素则是徽商善于利用儒学作为与官府的黏合剂，他们的这一手是其他商帮所望尘莫及的。特别是在清代康乾"盛世"时期，两淮盐业亦兴旺发达，盐政事务繁多，于是官府经常聘请有文化的盐商充当盐政官员的助手，这些商人无不受到官府的器重和礼遇。如弃儒从商的江人龙，"谙于盐法，利弊周知，督运观察使朱公闻公贤，一切有关盐政事，必礼请面商"。寄籍扬州的江世栋，因"两踬场屋"而舍儒从贾，"银台曹公视鹾两淮，以品行经术见重，邀共事"①。同时，盐政衙门的官员，尤其是历届的巡盐御史，多是封建文人，盐商攀援他们也必须有一定的文化知识，这在两淮总商与封建权贵的交往中最为明显。

两淮总商始设于康熙年间。据许承尧《歙县志》载："两淮八总商，邑人恒占其四。"总商是半官半商，堪当其任者应具备两个条件：其一，"于商人中择家道殷实者"②，即"资重引多"③的富商；其二，"于各商中择明白晓事者"④，即"推淮商之干敏者以录有司之事"⑤，那就是要有一定的文化知识。由此可知，在两淮盐业经营中，商—儒—政相通，儒是中间环节。我们从歙籍总商江春、歙籍总商鲍志道和婺籍总商施德栾的一些事实中，便可知道他们是如何同封建政治势力结合的。

江春"少攻制举业"，且长于诗文。他嗣父业任总商四十年，并在扬州筑"秋声馆"以结纳名士，著有《黄海游录》《随月读书楼诗集》。他通过金钱和学识竟"以布衣交天子"。乾隆帝"御宇"五十年，他送贺礼一百万两；乾隆南巡扬州，"自赐宴加级外，拜恩优渥，不可殚述，"并"钦赏布政使秩"衔⑥。可见江春是由于"贾而好儒""亦贾亦儒"才攀上了封

---

① 《济阳江氏族谱》卷九《江公人龙传》;《栋公原传》。
② 张茂炯：《清盐法志》卷一百一十四《两淮》十五，《运销门》二，《商运》。
③ 乾隆《两淮盐法志》卷十四《课入》八，《奏销》。
④ 蒋兆奎：《河东盐法备览》，《运商》，《改置年季商首》。
⑤ 汪岂孙：《中宪大夫肯园鲍公行状》，《棠樾鲍氏宣忠堂支谱》卷二十一。
⑥ 李斗：《扬州画舫录》卷十二《桥东录·江寿》，又见民国《歙县志》卷九《人物·义行》。

建地主阶级的总代表。

鲍志道也是一位"业儒"出身的盐商。他任总商二十年，名重淮扬。他以雄厚的财力培养子弟读书，均学有所成。长子鲍漱芳继承父业，次子鲍勋茂官至内阁中书加一级兼军机行走。鲍家总商子弟，通过"业儒"的道路，便径直跻进封建士大夫的行列了①。

此外，还有婺源施德栾"终身服贾三十年"，曾"客金陵督理会馆，以朴诚著誉。守江宁者屡举总商，务多有成。劳暇则寄情诗酒，著《北山诗稿》为袁太史所赏识，采入《同人集》；大司寇熊赠额曰'北山华棣'"②。施德栾也是因善诗属文而结好于封建士大夫。

总商为盐商之首，他们通过"业儒"的道路，与封建政治势力相结合，既取得较高的社会地位，又获得较多的经济利益。这条攀援封建政治势力的道路，不仅为徽籍诸盐商所追求，即使经营其他行业的徽商，也莫不方式有异而道路相同。在商—儒—政这条道上，徽商既然找到了封建政治势力作为自己的靠山，于是他们便可凭借特权在流通领域谋取厚利，而不必向生产投资。这就堵塞了商业资本可能向产业资本转化的渠道，使其封建性更加牢固。反过来，他们的资本越是局限在流通领域之内，也就越是需要封建政治势力的支持与保护。这种状况，便决定了在徽商及其子弟中，只能产生一批商人地主和封建官僚，却不能像欧洲中世纪末期那样，"从这个市民等级中发展出最新的资产阶级分子"。

其次，徽商"贾而好儒"，也进一步促使他们与封建宗族势力粘合得更加紧密。明清时期，在徽州六邑中，人们的宗族观念极强。据明代嘉靖《徽州府志》介绍，这里"家多故旧，自唐宋来，数百年世系比比皆是。（人们）重宗义，讲世好，上下六亲之施，无不秩然有序"。清初休宁赵吉士也说："新安有数种风俗胜于他邑：千年之塚，不动一抔；千丁之族，未尝散处；千载之谱系，丝毫不紊；主仆之严，数十世不改，而宵小不敢

---

① 鲍琮：《棠樾宣忠堂支谱》。
② 光绪《婺源县志》卷二十九《人物九·孝友》。

肆焉。"①徽人的宗族观念之所以"胜于他邑",是古这里的"儒风""儒道"也"胜于他邑"是分不开的。

徽州素称"东南邹鲁"之邦,东晋、南朝以来,由于北方士族纷纷南迁,加深了人们的宗族观念。南宋而下,朱熹的理学和封建宗法思想对这里的影响,更是"胜于他邑"。因为"新安为朱子阙里",加上这一层乡土观念,徽人对朱熹几乎是顶礼膜拜,其中商人和士人尤为突出。由商人和士人共同建立起来的汉口、芜湖、杭州等地的徽州会馆都"崇祀朱子"便是明证②。徽人既然视朱子为"圣人",因之,朱子的思想和言论,便成了人们思想和行动的准则。

"徽州各姓聚族而居"。族有"族规",氏有"家典",朱熹所制订的《家礼》,成为各族"族规"或"家典"的依据。清雍正间,窦容恂在为休宁《茗洲吴氏家典》写的"序言"中即指出:吴氏"族规"乃"推本紫阳《家礼》,而新其名曰《家典》。"③而朱子的《家礼》是以"三纲五常为大体",目的是"明君臣父子夫妇之伦","序亲疏贵贱之仪"。各族的"缙绅先生"把朱子《家礼》搬到"族规"中,从而维护与加强了宗族统治。徽商仰慕儒风,他们与族内的"缙绅先生"——宗族势力的代表情投意合,于是不惜捐助资金,为本族修宗祠、立族规、续宗谱、置族田及从事其他"义举",这便为维护封建宗族制提供了物质基础。徽州商人和士人既共同维护了封建政治制度,又共同维护了封建宗族制度,难怪明人王献芝说:徽州"士商异术而同志"④了。

事物之间的作用往往是相互的。徽州的封建宗族势力对徽商的发展和衰落,也起着一定的作用。徽商在经商活动中,常有同族的家贫无以为生者前来投靠,听其役使。万历时,在两淮从事内商的汪显,便是一位宗人

---

① 赵吉士:《寄园寄所寄》卷十一《泛叶寄·故老杂记》。
② 民国《歙县志》卷九《人物·义行》;又民国《芜湖县志》卷十三《建置志·会馆》。
③ 雍正《休宁茗洲吴氏家典·窦容恂序》,。
④ 休宁《汪氏统宗谱》卷一百一十六,王献芝撰《弘号南山行状》。明刻本,安徽省博物馆藏。

"掌计"①；歙人叶天赐经营盐业于扬州，"族党戚里间待举火者甚多"②；汪道昆的曾祖父治盐策，"客东海诸郡中，于是诸昆弟子姓十余曹皆受贾"③。这些同族的"掌计""伙计"与主人之间实际上也是主仆关系，他们经常遭到主人的凌辱乃至鞭打。宗族对于这些从事"掌计""伙计"的贫苦"宗人"，则有权协助其主人对他们进行管制。例如：这些宗人掌计"脱有稍紊主仆之分，始则一人争之，一家争之，一族争之，并通国（邑）之人争之"④。我国封建社会中的商人，一向是"以末致财，用本守之"，徽商也不例外。他们有的在经商致富之后，"堂构田园，大异往昔"；"田连阡陌，富甲一方"⑤；有的竟至"田地万亩，牛羊犬马称是，家奴数十指"⑥。这些商人地主也同样役使佃仆劳动，而"所役属佃仆不得犯，犯者正诸（宗族）公庭"⑦。宗族利用这种"特别法庭"保护了富商地主的利益，并又加强了宗族统治。

徽商由于在儒风的熏拂下，封建宗族观念极深，他们乐意将其一部分商业利润资助于维护宗族统治的各种事业，这势必消耗了一部分可以用于扩大商业经营的资本，使其输入封建性的非流通领域。这样，徽商资本的出路，也就多了一条刻着封建印记的管道。同时，那些为商人役使的宗人"掌计""伙计"同主人既是主仆关系，也是封建的依附关系，从这个侧面也可看出，徽商所采取的是封建的经营方式。诚如有的同志所说，这"是地方封建关系牢固地反映于商业经营制度上的表现"⑧。其所以如此，是与这里聚族而居、人们的封建宗族观念极强分不开的。

综上所述，徽商"贾而好儒"，这在一定的时间里虽有助于商业的发

① 汪道昆：《太函集》卷五十六《明故新安卫镇抚黄季公配孺人汪氏合葬墓志铭》。
② 民国《歙县志》卷九《人物志·义行》。
③ 汪道昆：《太函副墨》卷一之《郡中集·先大父行状》。
④ 康熙《徽州府志》卷二《舆地志下·风俗》。
⑤ 歙县《济阳江氏族谱》卷九《明处士祥公传》。
⑥ 歙县《济阳江氏族谱》卷九《处士�公传》。
⑦ 康熙《祁门县志》卷一之六《风俗》。
⑧ 李龙潜：《明代盐的开中制度与盐商资本的发展》，《明清资本主义萌芽研究论文集》第506页。

展，同时，却又加强了这个商帮的封建性。所以，到了清代嘉（庆）道（光）之后，我国封建社会已走向它的末日，而维护封建统治的儒术也更趋于腐朽，于是徽商也就在外来资本和民族资本这两股潮流的冲击下跌落下来。它所留下的这个踪迹，对于我们探索我国封建社会晚期资本主义萌芽发展缓慢的原因，从一个侧面，提供了颇有价值的材料。

原载《中国史研究》1984年第4期，与唐力行合作，有改动

徽商进入两淮的几个阶段

——"明清徽商与两淮盐业"研究之一

从元末明初开始，徽商——这支商界劲旅，便陆续到达两淮经营盐业。明中叶以前，徽商还是零星、分散地来到这里，在明中叶和清康乾之际，徽商有几次联袂而来两淮。要考察他们"挟资去维扬"的轨迹，必须与各个时期社会政治环境与盐法变革结合起来。

徽商进入两淮的初期阶段

徽商最早进入两淮的时间，学者们说法不一。一曰明初，即"开中法"行，徽人乃有"客燕代"而寓居扬州者；二曰明中叶，即陈去病在《五石脂》中所言："徽人在扬州最早，考其年代，当在明中叶。"这两种说法，似都有重新斟酌的必要。从史志谱牒的记载来看，徽商来到两淮是在明中叶以前，这点可以肯定。但是否在明初实行"开中法"后，徽商才开始到两淮呢？我们根据有关材料的分析，觉得还可提前一些。这是因为：第一，"开中法"并非始于明初而是初行于宋。据《文献通考》载："雍熙（984—987年）后，以用兵乏馈饷，今商人输粟塞下，增其置令江淮、荆、湖给以颗末盐。"《古今鹾略》云："此边商中盐之始。"端拱二年（989年），"置折中仓，以商人输粟京师，优其值给江淮茶盐。"丘浚在《大学衍义补》中指出：此即商人"入中"或称"中纳"之始。其后，在康定元年（1040年）、庆历二年（1042年）几次招商人输粟于边境以领取东南盐茶或香药，听其所欲。"东南盐利厚，商旅皆愿得盐。"① "输粟塞下"在两淮领盐，山、陕商人较为便利，故他们来两淮最早。元至元十四年（1277年），设立两淮盐运司，规定了行盐之法："客商买引，关给勘合，赴仓支盐……运至扬州东关，俟候以次通放。"②

宋、元时期在两淮的"客商"中，是否有徽州商人，史无明载，不得其详。但从嘉庆《两淮盐法志》中，我们见到了有关徽商在两淮的零星记载。如该志《行谊》传中，记述歙商"鲍元凤，字叔和，歙人"。至正十二年（1352年），蕲黄红巾军打到徽州，元凤"挈家避乱刘村，会贼将项奴儿纵掠；元凤语妻子曰：'事亟矣，尔等自为计。'""乃弃家独负母吴裹粮入深山。翌日，妻子踪迹至，若有导之者，兵寝还乡，家竟无恙。"③这条材料虽只是叙述鲍元凤的懿行美德，而未提及其经商事实，但既载入"盐法志"，足见他是歙籍鹾于两淮的商人无疑。否则，盐志决不会为其立传④。鲍元凤系元末人，说明至少在元朝末年，即有徽州商人在两淮从事盐业经营。该志在卷七《人物六》载："郑道同，字好问，歙人，登洪武二十年（1387年）丁卯科举人，辛未科（1391年）进士，后官山东道监察御史。"经查明刻《新安名族志》，在"郑"姓条下，亦载有郑道同其人，并述其原籍在歙县长龄里。郑道同的前辈也一定经商两淮，所以盐志才将这位盐商后代载于《科第表》中。如果这一看法不错的话，那么，郑道同于洪武二十年中举，时年当在20岁上下，其前辈来两淮经商至迟也在元末。这就说明：徽商初来两淮不一定与明初"开中法"有直接联系；徽商

① 《宋史·食货志下四》。

② 《元史·食货志五》。

③ 嘉庆《两淮盐法志》卷四十三《行谊》。鲍元凤侍母至孝的事迹，亦见于徽州方志中。

④ 嘉庆《两淮盐法志》卷四十六《人物》后有编者的一个按语，内云："两淮商人籍隶徽、西，各为善于其乡……各有郡邑者可考，入之盐志，则不胜书，且恐挂漏。故凡不在两淮产盐之乡与行盐之地者，事虽善皆略弗道。"由此更可证明鲍元凤必是两淮盐商，且籍隶两淮，否则，不可能"入之盐志"。

进入两淮的时间，当在明代之前。

元末政治腐败，社会紊乱，两淮盐业的凋敝可以想象。朱元璋在称吴王时，即"立盐法，置局设官，令商人贩鬻，二十取一"。其后，在称帝前二年，即1366年，"始置两淮盐官"①。这说明在朱元璋称帝之前，就注意对两淮盐务的管理。明朝建立后，百废待举，为了充实国库，自然重视盐课的收入。为此，在诸产盐地，一方面令其增加产量，一方面招徕商贾，从事转输贩卖。随着"开中"制的实行，作为全国六大都转运盐使司之首的两淮运司，便有一大批盐业商人聚集于此，那么在两淮的盐商中，是否有徽州商人呢？经查阅有关志乘，明成化以前，徽商在两淮的人数不多，但也并非没有。就是在明王朝建立之初，即有婺源商人许达商于两淮。据载："公讳达，字忠善（明初婺源人），其先世以孝友闻。大父讳天祥，讲学谈道，人所宗师。考讳寿，文艺渊邃。公风度嶷峻，恬淡寡欲，以勤俭教家，非其有不取。业商于江淮，时天下草创，盐课未盈，公率诸商宣力以资国榷。后赀饶，业甲于乡。"②看来，许忠善既是明初在两淮的一位大盐商，同时还是新王朝的一位积极维护者呢！另据歙县《丰南志》载，嘉靖时期歙商吴彦先，其先辈"七世业盐策，客于淮海"③。从吴彦先上溯七世，其先最早来两淮的大约在洪武、永乐年间。除此以外，我们则很少见到成化以前徽州商人在两淮的记载，有些徽籍两淮盐商虽生于成化，而经商则在弘治、正德、嘉靖间。但据嘉庆《两淮盐法志》中的《科第表》所列从洪武到成化徽商子弟登科榜的情况，则可以推知在这段时期里，徽商在两淮的梗概。现将该志《科第表》所列徽籍登科士子表列于下（见下表）：

① 《明史·食货志四》。
② 《许氏统宗世谱·处士忠善公行状》。
③ 民国《丰南志》第五册《行状·明处士彦先吴公行状》。

徽籍登科士子表

姓名	籍贯	登科等第	登科时间	官职
郑道同	歙县	进士	洪武二十四年	御史
汪善	歙县	进士	永乐四年	永州府同知
郑安	歙县	举人	永乐十二年	惠州府同知
马锡	祁门	举人	永乐十二年	南雄府通判
吴宁	歙县	进士	宣德四年	兵部右侍郎
方贵文	歙县	进士	正统元年	御史
许仕达	歙县	进士	正统十年	贵州布政使
吴绅	歙县	举人	景泰元年	福建盐运同知
洪宽	歙县	举人	景泰元年	郑州同知
程熙	歙县	举人	景泰四年	汀州同知
吴真	歙县	进士	天顺元年	河南道御史
马嘉	祁门	举人	天顺六年	兵部员外郎
詹熙	歙县	举人	天顺六年	
程仪	歙县	举人	成化七年	大同府知府
曹观	歙县	举人	成化七年	
江昌	歙县	举人	成化十年	岳州府知府
程宽	歙县	举人	成化十年	漳州府知府
郑庄	歙县	举人	成化十年	赵城县知县
徐相	歙县	举人	成化十六年	
黄华	歙县	进士	成化十七年	参议
郑时	歙县	举人	成化十九年	桂东县知县
汪亭	歙县	举人	成化十九年	武义县知县
曹祥	歙县	进士	成化二十年	右副都御史
程珌	歙县	进士	成化二十年	知府
汪濂	歙县	举人	成化二十二年	溧阳县知县
汪侃	歙县	进士	成化二十三年	行人

表中所列共26人，我们从中可知：①两淮徽商的子弟登科第者歙县人居多，说明歙商到两淮最早，且人数较众，这与徽州方志、家谱所载的情况正相吻合；②从明初到天顺的90余年中，盐商子弟登科者仅13人，而从成化七年（1471年）到成化二十三年（1487年）的17年中，登科第的人数就达13人，虽然洪武初有几年"罢科举"，但前后比较，还是成化时为多。这说明自仁、宣以后，徽商来到两淮的人数逐渐增多了；③根据《两淮盐法志》中的《科第表》粗略统计，从弘治二年（1489年）到崇祯十五年（1642年）这150余年中，徽籍盐商子弟在两淮登科第者计116人。因此，从整个明朝的情况来看，成化以前两淮徽商子弟登科第的人数比之弘治以后要少得多，而且比较零散，这与徽州有关文献材料的记载也相一致。当然《科第表》所列徽商子弟人数，不等于徽商人数，但我们可以从这个侧面窥见从洪武到成化年间徽商在两淮的大概情况。

明代成化以前徽州商人何以来两淮经营盐业的较少，这是有其缘由的。

首先，徽州是一个众山环绕之地，交通闭塞，即所谓"其山川复阻，风气醇凝，世治则诗书、什一之业足以自营；世乱则洞壑、溪山之险足以自保"①。这里的百姓"不染他俗，勤于山伐，能寒暑恶衣食"②，不愿意离开故土外出营生，自然也不愿远涉江湖从事盐业经营。

其次，徽州俗尚诗书，敦崇礼教，向慕朱子之学。在传统贱商思想的影响下，徽人耻于经商，更羞于外出。据徽州方志载，嘉靖以前，"人有终其身未入城郭者……有少与外事者，父兄羞之，乡党不齿焉"③。他们宁可在故里过清贫的生活，也不情愿远游异乡。所以在万历时，"长老称说，成弘以前，民间椎朴少文，甘恬退，重土著，勤稼事，敦愿让，崇节俭"④。生活于这种习俗氛围中的徽州人，很少"牵车牛远服贾"，这是不

---

① 《重修古歙东门许氏宗谱》卷九《城东许氏宗谱·序》。

② 淳熙《新安志》卷一《州郡·风俗》。

③ 康熙《徽州府志》卷二《舆地志下·风俗》。

④ 万历《歙志·序》。

难理解的。

最后，明初，盐业行"开中法"，召商输刍粟于边塞以换取盐引，然后支领淮盐转运贩卖。输粟边塞对于徽州商人来说，自是"路远费烦"，若像山、陕商人那样，就地商屯，徽商则又人生地疏，习俗异殊，垦辟既难，屯种非易。且无论是输粟边塞或就近屯种，都需要较大的资本。可是，在此时期内，徽州的阀阅之家一般还不屑于经商，而寻常百姓又拿不出经营盐业所需要的雄厚资本。因此，成、弘以前，徽州虽有少数商人来到两淮，这不过是徽商进入两淮的起步阶段。

徽商两次联袂而来两淮

明清时期，徽商联袂而来两淮大约有两次。第一次是在明代中叶，第二次是在清康乾之际。

明代中叶，徽人来两淮经营盐业者日益增多，其中，有原在荆、湘、川、黔、齐、鲁、燕、赵经营别的行业"转徙"而来的，有原"业鹾"于两浙后东迁两淮的，而多数是从徽州原籍结伴而来的。到了万历年间，徽州在两淮的"大贾"超过了山、陕商人。故万历《歙志》载："《传》之所谓大贾者……皆燕、齐、秦、晋之人；而今之所谓大贾者，莫有甚于吾邑。虽秦晋间有来贾淮扬者，亦苦朋比而无多。"[①]

考之徽州有关文献，在明代，徽商成批地到两淮是弘治到万历这个时期，而来到这里的又大多是徽州的大姓。这就是陈去病所说的"汪、程、江、洪、潘、郑、黄、许诸氏，扬州莫不有之"。这些寓居扬州的徽籍大姓商人，在两淮亦多成了盐业大贾。这里，仅举几个大姓以见一斑。

黄姓。歙之黄氏多聚居邑之竦塘。据《竦塘黄氏宗谱》载："黄氏世货鹾两淮，甲于曹耦。"如生于成化甲午（1474年），卒于嘉靖庚子（1540年）的黄万安，青年时"乃挟赀治鹾淮阴间，善察盈缩，与时低昂，以累

---

① 万历《歙志》传卷十《货殖》。

奇赢致饶裕"①。生于成化丙午（1486年），卒于嘉靖乙巳（1545年）的黄用韬，先贾于荆襄，后转徙于淮南，遂为大贾。其子黄节斋继承父业，他在"客淮阴日，淮阴当南北要冲之地，士大夫毂击之区，君延纳馆餐，投辖馈遗"②，毫不吝惜。生于成化辛卯（1471年）的黄崇敬，"初游齐、鲁、燕、赵间，既而止淮扬……义入而俭出，赀大裕饶"③。生于弘治己未（1499年），卒于嘉靖庚戌（1550年）的黄莹，"居止于广陵、淮阴"间，"文雅谨密，气直而温，言约而达，见者咸心知其非庸商也"④。歙商黄用礼，生于成化初，"少游广陵淮阴间，以居积起家，家政悉倚孺人（吴氏），子濡继其业，赀益大殖。是时海内平义久，江淮为京南北中，天下所辐辏，擅赢利其间，号素封者林积，而黄氏二世甲乙焉"⑤。据黄氏家谱所载，黄氏家族的盐商，是在明中叶来到两淮的，其富"称甲"的还不少。

汪姓。徽州的汪姓，族衍支繁，散居于徽郡六邑，其中聚居于歙县、休宁的人户最多。明代中期即有不少汪姓商人"业鹾"于两浙和两淮，用以致富。嘉靖、万历时人汪道昆，官兵部左侍郎，世居歙县松明山。他在所著《太函集》中云："吾大父、先伯大父始用贾起家。""始宗盐策"于武林，后来，他的"世叔"因为知道"大司农岁入淮奉什二、浙奉百二，浙仅当淮之仂（零头），故今上贾贾淮，若第徙业于斯，而翁从此归矣。"⑥他的世叔由此乃从武林徙业淮扬。歙县汪姓盐商大多分散于两浙和两淮。而休宁汪姓盐商则多集中于广陵，而且是在弘治叶淇变盐法后来到这里的。据休宁汪氏家谱记载："吾宗著休宁西门，率用盬盐起家。"如生于弘治四年（1491年）的盐商汪福光，"光有远志……乃学陶朱公"，于是

①　《竦塘黄氏宗谱》卷五《处士乐斋黄公行状》。
②　《竦塘黄氏宗谱》卷五《节斋黄君行状》。
③　《竦塘黄氏宗谱》卷五《明处士竹窗黄公崇敬行状》。
④　《竦塘黄氏宗谱》卷五《云泉黄君行状》。
⑤　《竦塘黄氏宗谱》卷五《黄母吴氏孺人行状》。
⑥　《太函集》卷十七《寿十弟及耆序》，又卷三十九《世叔十一府君传》。

"贾盐于江淮间……恒得上算"①。生于弘治十四年（1501年）的汪本戚，年弱冠，"乃起盐业，北游淮扬，南贸迁荆、鄂、洪、鄱诸都会"②。汪本戚贩运食盐之地，均是两淮的行盐区域。由于休宁西门的汪姓盐商较多，故在明代即有"乡人称富者，遂有西门汪氏"之说。

吴姓。徽州的吴姓，亦是望族，族人从商者以歙县溪南人最多。旧谓"其倾县者称三吴"，并非夸张之语。明代正德、嘉靖间，即有一批吴姓商人来到两淮，如太学生出身的吴光，因其父"以盐策客淮扬"，乃克绍箕裘，继承父业。因为他有较深的文化知识，故能精通经商之术，在扬州被奉为盐业祭酒③。还有吴黄谷，"客广陵数十年"④。吴一敬"客广陵淮楚间，受事盐官，修先业而息之"⑤。生于嘉靖时的吴彦先，其先"七世业盐策，客于淮海"⑥，他家成为盐商世家。吴姓盐商从明代起陆续来到两淮，由于子孙繁衍，到了清代，吴姓商人在扬州者，遂各以原籍所居之地分成派别。据《扬州画舫录》载："吴氏为徽州望族，分居西溪南、长林桥、北岸、岩镇诸村，其寓居扬者，即以所居之村为派。"⑦

此外，明代中叶来两淮的徽商，还有郑姓如郑思穆、郑景濂等，潘姓如潘汀州、潘图南等，程姓如程大功、程辅等，许姓如许大兴等。徽州方志、家谱以及徽人文集所记甚多，这里无须赘列了。上述徽州谱乘的记载，与嘉庆《江都县续志》和陈去病《五石脂》中所云"累世居扬"的"诸大姓"正好一致。

以上所列，说明明代中叶是徽州商人联袂而来两淮的第一个时期。

清康乾时期，是两淮盐业的极盛期，也是徽商在两淮的极盛期。当时在两淮的徽商，有的是明代来的，后世子孙继承先业而寓居于此。凡在明

---

① 《休宁西门汪氏宗谱》卷八《益府典膳福光公暨配孺人墓志铭》。
② 《休宁西门汪氏宗谱》卷六《乡善狮公传》。
③ 《大泌山房集》卷七十四《吴公程孺人家传》。
④ 民国《丰南志》第四册《寿序·从父黄谷公六十序》。
⑤ 民国《丰南志》第五册《行状·一敬公状》。
⑥ 民国《丰南志》第五册《行状·明处士彦先吴公行状》。
⑦ 李斗：《扬州画舫录》卷十三。

代便"业鹾"于两淮的时人称之为"旧商";入清以后来的称之为"新商"。康熙四年(1665年)巡盐御史黄敬玑在一份奏疏中提道:"当日(明末清初之际)旧商消乏逃亡","见在新商岁办额课"[①]。事实上,康乾时期的两淮盐商以"新商"居多,徽商更是如此。据歙县方志载,此时在扬州的歙籍盐商,就是"江村之江,丰溪、澄塘之吴,潭渡之黄,岑山之程,稠墅、潜口之汪,傅溪之徐,郑村之郑,唐模之许,雄村之曹,上丰之宋,棠樾之鲍,蓝田之叶皆是也。彼时盐业集中淮扬,全国金融几可操纵。致富较易,故多以此起家"[②]。其时,歙县就有这么多的大姓商人"集中淮扬",这是明代所没有的。清代的两淮,除歙县商人外,徽州其他各县都有商人在这里经营盐业。如休宁的汪、程两姓商人,祁门的倪、马两姓商人,黟县的汪、胡两姓商人,绩溪的章姓商人,等等。可以这样说,康乾时期,徽商在两淮的人数之众、势力之大是空前的。这是徽商联袂而来两淮的第二个时期。

徽商两批涌入两淮的缘由

徽州商人两批涌进两淮,都与封建国家的政治形势和盐法变革有密切的关系。这里,就从这两个方面加以论述。

明初的"开中制",是在海宇翻新、政局稳定、君臣上下励精图治的形势下推行的。为了巩固边防,充实国库,在宋代"中纳"的基础上,实行"开中",以期"盐法边计,相辅而行"[③]。故在洪武、永乐时期,有些边境军卫"粮米充羡",时人誉"开中乃策至良也"。但"开中"法行之未及百年,随着高、成、仁、宣的"盛世"过去,正统之后,政治倾颓已渐明显。具体表现是:明王朝纪纲不振,奸佞擅权,贪鄙成风,吏治腐败。这种污浊的政治局面,不仅影响到"开中"制的顺利推行,而且,这一所

---

① 民国《歙县志》卷一。
② 民国《歙县志》卷一《舆地志·风土》。
③ 《明史·食货志四》。

谓"良法"也和当日的政局一样趋于败坏。

在"开中"制下，"朝中募支""商乐转输"，这是封建国家与商人之间的一种权（盐的专卖权）、粮（纳粮取引）交换，国家不烦转输之劳，而在边境能坐得刍粟，同时又大裕盐课，增加国库收入；商人通过"报中"取得国家发给的盐引，享有对食盐的专卖以获得大利，这于国家于商人两有裨益。那么，政治腐败何以影响"开中"呢？主要是官吏贪婪的触角伸进"开中"制中。首先是豪势"搀中"。在成化初，便有豪富吕铭等"托势要奏中两淮存积盐五万五千引，出中旨允之。户部尚书马昂不能执正。盐法之坏自此始"[1]。其次是"阉宦窃势"，"求讨占窝"[2]。无论豪势"搀中"，还是阉宦"占窝"，无非都凭自己的身份、地位、特权占有盐引，抢得盐的专卖权。他们或是"卖窝罔利"，或是由其代理人凭引支盐，而商人手中的盐引，则不能按时支给。这样，原来根据每年产盐计划由商人"报中""守支""市易"这一套行之有序的运作机制被破坏了，其结果造成"商引壅滞""报中寝怠"。

另外，明初实行"开中"制时，还严禁余盐私卖，违者治罪。即使是灶户的余盐也是由官"出钞收之，下以资灶户，上以揽利柄"。但在仁、宣以后，一些"勋戚""权倖"往往凭借特殊的身份得沾"恩泽"，而"皇上"所赏的则多是"予以余盐，容其夹带"[3]，于是余盐私卖之禁也被打破了。此禁一开，便出现享有盐的专卖权的"内商之盐不能速售，边商之引又不贱售"[4]的两难局面。这样，明初所实行的"开中"制至此走到了末路。

琴瑟不调，改弦而更张之。"开中"制的变革乃是势在必行了。明政府改革的第一步是消除商人转输边境之苦，使边商转为内商，于是乃有弘治间户部尚书叶淇根据内商的意见，实行开中折色。这就是商人由原来纳

---

① 《明史·食货志四》

② 《明史·食货志四》

③ 李廷玑：《盐政考》，《明经世文编》卷四百六十。

④ 《清盐法志》卷二百八十九。

粟边境改为纳银运司以领取盐引，既使商人"无远涉之苦"，而"太仓之银累至百余万"①。商人纳银运司不必远涉边境，"边商"与"内商"之别自然不复存在了。开中折色是明中叶货币经济发展的一个标志，它能否从根本上挽救"开中"法的危机，这里姑且不论。但开中折色的实行，对于徽州商人向往从事盐业经营，特别是走向两淮则不啻是兴奋剂。因为徽州地近两淮，原先经营盐业需要输粟边境，其跋涉之劳自不待言；即使后来可以从边商手里买引，也因"高价"所购而损失了一笔利润。现在既然可以在扬州——两淮盐政衙门所在地纳银取引，徽州商人则方便得多，获利又大。于是，在"开中折色"的吸引之下，徽商来两淮趋之若鹜。从弘治到万历这一段时期，徽商成批地来到仪征、扬州、淮安等地，就连淮安河下这个集镇，也成了一部分徽商的驻足之地。据《淮安河下志》载："明中叶司农叶公（淇）奏改开中之法，盐策富商挟资而来，家于河下，河下乃称盛焉。"②那些"挟资而来"的"盐策富商"，主要是徽州商人。可见"开中折色"之后，遂出现徽商涌入两淮的高潮。

开中法的败坏，主要表现在商引壅滞上，虽然一些盐政大员也曾想到疏理积引的办法，但都无济于事。商人凭引"守支"，"次同鱼贯，累同积薪，有数十年老死不得给，至令兄弟妻子代支者"③。到了万历时期，情况更为严重。于是明政府乃有改革盐法的第二步，即由户部尚书李汝华、盐政大臣袁世振、龙遇奇等于万历四十五年（1617年）创立纲运制。所谓纲运制，是将原来分散运盐的运商组成商纲，结纲行运。由盐院编定纲册，淮南编为十纲，每年以一纲行旧引，九纲行新引。实行纲运制的目的是"行见引"并"疏积引"。"预计十年，则旧引尽行"。纲运制是我国盐法史上的一大变革，它沿袭到清代道光以前。

纲运制的实行，又一次吸引了众多的商人聚集于两淮这个全国最大的盐场，尤其是徽州商人。原因何在呢？因为纲运制必须结帮行运。"商纲

---

① 《续文献通考》卷二十《征榷》。

② 《淮安河下志》卷一《疆域》。

③ 李廷玑：《盐政考》，《明经世文编》卷四百六十。

又称商帮，是承办盐运的基本单位，每个商纲都是合股经营的独立商号。"这样，"盐的承销单位由个体商人转为有组织的商帮"①。事实正是如此。既然盐的承销要结帮，那么一向把"乡谊"和"宗谊"看得最重的徽州商人，当然是把同乡乃至同族人结成纲帮较为理想。所以万历末又有一批徽商来到两淮参与这里的本籍或同宗盐商的结纲行运，于是两淮徽州帮的阵营又进一步壮大了。

叶淇变盐法和李汝华、袁世振实行纲运制，是导致明代中叶徽商涌入两淮的主要原因。

到了明末清初，两淮盐业经历了一段前所未有的衰败时期。其原因是：

第一，在明末，由于魏阉搜刮和"三饷"加派，两淮受害最大。据载："天启元年（1621年），户部侍郎臧尔劝题准每引加盐十五斤，征银一钱以充辽饷。六年，逆阉魏忠贤差中珰大员驻维扬搜刮，运帑八十万金为之一空。又以大工每引加盐十三斤，纳银八分。崇祯三年（1630年），户部尚书毕自严以兵兴饷急题充辽饷。五年，议照辽引摊行之例，于纲外另行新引七万，又题给黔盐五万引。六年，从抚臣唐晖请，又于湖广的武昌、汉阳二府增行淮盐三万引。末年，复派练、剿诸饷，浮课增而商资竭矣。"②这里具体地记述了"运帑空"和"商资竭"的事实。

第二，清王朝定鼎燕京之后，扬州遭受两次洗劫，两淮盐业自亦被害匪浅。先是清兵南下前，南明福王朱由崧的部将刘泽清、高杰纵兵在扬州焚掠，刘泽清在瓜洲、淮安一带大肆抢劫，"村落一空"。接着高杰的部队率兵抵扬，"杀人则积尸盈野，淫污则辱及幼女"③。这是清兵南下扬州经历的第一次兵祸。顺治二年（1645年）四月底，清兵南下，又有惨绝人寰的"扬州十日"。据《焚尸簿》载："全城死亡人数共80余万，而落井投

---

① 薛宗正：《明代盐商的历史演变》，《中国史研究》1980年第2期；《清代前期的盐商》，《清史论丛》第4辑。

② 《古今盐议录要》下，见嘉庆《两淮盐法志》卷三。

③ 《明季南略》卷一。

河，闭门自缢者尚不在其内。"①在清兵屠城前，祁门盐商汪文德偕弟文健还以30万金犒师，"乞（豫）王勿杀无辜"②。其结果，扬州的80万生灵不仅惨遭屠戮，且寸丝粒米亦被搜刮殆尽。在这种大杀戮、大洗劫的过程中，扬州这个两淮的盐业中心，"盐尽商散"，盐业停顿。

第三，清军夺取扬州后，清王朝由于兵饷、国用的需要，亦欲尽快地恢复两淮盐业以收取盐课。可是，当时的两淮行盐区——湖广、江西、湖北等地，还是战事方殷，商旅断绝。在湖广地区，南明军队与清军仍然战斗激烈；另外，明末农民起义军的余部刘体纯、袁宗第、郝摇旗、蔺养成、王进才部在湖南湘阴、新墙一带与清军接火；还有在江西的白旺部，在荆州地区的李过、高一功部也都在与清军继续较量。当此战火纷飞之际，"行盐地方迭罹兵灾，户口逾少"③，食盐的需要量也必然锐减。在这种兵戈扰攘之地，谁敢冒死到这里贩运食盐呢？

在明末清初这短短的20余年中，以扬州为中心的两淮盐业遭逢厄运，盐商纷纷"撤业"而逃，徽商自亦如此。

不过，两淮盐业的厄运很快过去，复苏的好景即将到来。1644年，清王朝定鼎燕京，经过几年的用兵，全国大部分地区"戎衣初定"④。新王朝开国伊始，为了"军国急需"，便着手加强盐政管理以增加盐赋收入，于是一方面禁止私贩食盐，以纠正战争时期所出现的盐业经营中的混乱现象。在顺治三年、四年、五年连续发布了严禁"贩私"的"上谕"，言辞极为严厉⑤。另一方面，实行"恤商裕课"政策以招徕商贾，复苏盐业。从顺治初到康熙时期，盐臣屡上有关优恤商人的奏疏，皇上亦下了不少"恤商"的"上谕"。

顺治二年（1645年），第一任巡盐御史李发元来到"残败"后的扬州，考察之后，便上了一则停止积盐以助军饷的奏疏。疏言："自前朝套搭、

① 《扬州十日记》。
② 康熙《祁门县志》卷四《人物·孝义》，又嘉庆《两淮盐法志》卷四十四《人物》。
③ 崔应弘：《商困当苏疏议》，雍正《两淮盐法志》卷十一。
④ 金镇：《盐法考》，载《皇朝经世文编》卷五十《产政》。
⑤ 光绪《两淮盐法志》卷一《制诰》。

左兵焚劫，商心已散，犹有一线之系者，恃此积盐耳。比臣入淮，见巨舰横流，皆固山助饷之盐，而淮北之盐尽矣。及入扬，四百余船之捆盐已变价开帆，而在桥、在坝、在垣，有主、无主之商盐，又奉尽行充饷之令，而淮南之盐又尽矣。其已经变价者，臣言亦无益。惟垣盐六万引皆商人资本购之场下，备脚运载至扬堆积垣内，各各封识。据道司申详，的系有主，虽云充饷，向未装运。数日以来，情景皇皇。商以此盐与臣决去留，臣亦以此盐与商觇聚散。在助饷不啻稊米，而系商势若万钧。伏乞皇上俯念商资（于）国课关系匪轻，仍将垣盐还商，庶几其心可结，而招徕可施。"①

顺治三年（1646年），户部复准李发元题请蠲免两淮盐课的一则奏疏："查江南底定，恩诏大兵经过地方免征粮一半，归顺地方不系大兵经过者免三分之一，元年，山东、长芦盐课先已蠲免，两淮事同一体，亦应照此征课，以昭朝廷浩荡之恩。"

清王朝开国之际，第一任巡盐御史李发元面对两淮残破的情景，多次上疏建议朝廷采取"惠商"政策，以期"其（指商人）心可结，招徕可施"。这是较为高明的举措。"惠商"的意义虽然如此，但当国家财政匮乏、兵饷急筹之时，当权者们便又在盐课上打主意了。所以，顺治朝虽然"惠商"之旨屡下，可是增课增引之令亦未停，以致"商力惟两淮最困"②。到了康熙年间，除平定"三藩之乱"以外，国内少有战争。再加上康熙是一位精明能干之主，他在位期间，多次下"恤商裕课"诏，并经常派一些"廉干之员"整顿盐政。如：康熙七年，下了一道"惠恤商民，疏通引法，以裕国课"的"上谕"。康熙九年，下了一道较为严厉地斥责各处盐官增加浮课的"上谕"，内称："各处盐差官员因循陋规，巧立名色，额外加派，苦累商民，殊为可恶。据（巡盐御史）席特纳等所奏，淮商六大苦、掣挈三大弊端等项，情节俱实。各盐差积弊作何禁止，官员作

---

① 嘉庆《两淮盐法志》卷四十《优异恤一·恤商》。

② 光绪《两淮盐法志》卷一《制诰》。

何处分，著再严切明白议奏。"①这道"上谕"明确指出"淮商六大苦、掣挚三大弊"都是各级盐政官员对他们敲诈勒索的结果，而且要盐政对他们"处分""明白奏议"。在此"皇威"面前，"各处盐差"不能不感到胆怯。所以，到了康熙中叶，各级盐官的贪婪触角有所收敛，而"商困少苏矣"。当然，在封建社会里，官员的贪污腐败是无法杜绝的。雍正元年（1723年）的一道"上谕"内称："盐道一官尤关国课，迩年盐法弊窦丛生……上下各官需索商人，巧立名色，诛求无已，穷商力竭……尔等运筹盐法，宜将陋例积习情弊禁革，必思何以苏商，何以裕课。"尽管封建社会里的官员勒索商人的情况杜绝不了，但屡犯屡惩，无论于"苏商"还是于"裕课"必有作用。

雍正皇帝在位时间虽然不长，但他实行的"恤商裕课"政策比之乃父康熙帝更加得力，雍正五年有一道"上谕"值得一读："据两淮巡盐御史噶尔泰奏称：乙巳纲商人呈称，感戴抚恤皇恩，盐丰课裕，家足户盈，情愿公捐银二十四万两，以充公用，以达微忱等语。朕轸恤众商，是以减除浮费，加添盐斛。种种施恩之处，无非欲使众商均沾利益，资本饶裕，并不计其感激报效也。伊等上年公捐银两，朕因其既已捐出，难于退还，故令即于本地建立盐义仓，以裕积贮，备地方之用。今伊等又复公捐，大非朕意。但据噶尔泰所奏，众商情愿恳切，着将此项银两令众商各暂行存贮，将来遇有公事运用之处，再候谕旨。或将此项任伊等资生利息，亦从其便。"②像这种"养鸡取蛋"的惠政，对于此后乾嘉时期两淮盐业的发展，盐商资本的充盈当有一定的影响。

由于清王朝采取了一系列"恤商裕课"的措施，不仅恢复和发展了两淮盐业，而且对盐商的招徕也有磁石般的吸引力。因此，原来在战争年代逃匿的商人，纷纷"挟空囊""裹疮痍"③回到两淮。同时，还有一大批"新商"在康乾——清王朝的全盛时期加入两淮盐商之中。其中，徽州六

① 光绪《两淮盐法志》卷一《制诰》。
② 雍正《两淮盐法志》卷一《恩纶》。
③ 李发元：《盐院题名碑记》。

邑就有不少人结伙到了这里，前引民国《歙县志》所载在扬州的歙县那么多大姓，并且几乎操纵了全国的金融，就是明证。而此时徽州新旧商人之所以能云集两淮，正是由于其时政治较为修明，以及"恤商裕课"政策吸引的结果。

原载《徽商研究》，安徽人民出版社1995年出版，有改动

徽商在两淮盐业经营中的优势

——"明清徽商与两淮盐业"研究之二

"鹾客连樯拥巨资，朱门河下锁蔵蕤。乡音歙语兼秦语，不问人名但问旗。"这首《扬州竹枝词》里的几句话，是描写那些"拥巨资"的盐商在扬州的活动情况。操"歙语"的是徽商，操"秦语"的是西商（山、陕商人）。明清时期，两淮盐业的经营，几由徽商和西商所操纵。尤其是在明中叶以后，徽商不仅财力超过了西商，而且寓居扬州的人数，也比西商为众。故万历《扬州府志》载：扬州的盐商，"新都最，关以西、山右次之。"这里所记述的，大约是指从弘治（1488—1505）到万历（1573—1620）这百余年间的事实。到了清代的康、乾时期，两淮盐业达于极盛，而徽商更执诸盐商之牛耳。就以歙县的盐商而论，"两淮八总商，邑人恒占其四"①，徽商在两淮的势力由此可见。

在明清三百多年中，徽商能够在两淮扎下根来，而且同最早进入两淮的西商相比，竟是后来居上。那么，徽商的优势究竟在哪里呢？

一

徽州盐商之能"称雄"于两淮，首先是借地缘优势。徽州相距两淮，

---

① 民国《歙县志》卷一《舆地志·风土》。

虽有崇山之限，大江之隔，但与山、陕之距两淮相比较，尚属近邻。而且从徽州到两淮盐区的中心城市——扬州，水、陆可通，往来便捷。从水路启程由新安江泛舟杭州，转道京杭大运河可达扬州；从陆路启程经宁国、芜湖、南京也就直下扬州了。明代盐法从弘治初实行"开中折色"以后，盐商可以直接纳银于运司换取盐引，不必长途跋涉输粟边境。徽州既然地近两淮，盐商们便从原先"客燕、代"的劣势转为"客广陵"的优势。相反，西商由原来就近输粮塞下的优势转为长途跋涉南下两淮的劣势（弘治以后"开中"制并未全废）。因此，从"开中折色"之后，徽州商人乃借这种地利之便开始成批地涌入两淮，在同西商竞争中，发展了资本，扩大了势力。

徽州商人在两淮经营盐业的地缘优势还不止此，更重要的是，两淮行盐区，大多都是徽州商人原来贸迁有无经常往来的场所。他们不仅了解这些地区的地理交通环境，而且熟谙这里的人情、习俗，这对他们从事商业经营非常必要。这是其他商帮无法与之相比的。

明代两淮行盐区域是："盐行直隶之应天、宁国、太平、扬州、凤阳、庐州、安庆、池州、淮安九府，滁、和二州，江西、湖广二布政司，河南（布政司）之河南、汝宁、南阳三府及陈州。正统中，贵州亦食淮盐。"[①]以后虽小有变化，但终明之世，两淮行盐区域范围大抵如是。入清以后，两淮盐"行销江苏、安徽、江西、湖北、湖南、河南六省"[②]，与明代基本相同。早在明代中期以前，就有不少徽州商人经常往来于荆、湘、河南、江右以及川、黔等地，所谓"出入荆楚""贸迁江右""商游川黔"，"转徙维扬"者不乏其人。有些商人凭自己对足迹所至之地的商路比较熟悉的有利条件，从商旅往来的需要出发，还编纂了一些关于商旅交通路线方面的图书。如徽商黄汴编辑的《天下水陆路程》（原书藏日本山口大学）[③]，详细地记载了二京十三布政司的水陆交通路线道路的起讫分合、

---

① 《明史·食货志四》。

② 《清史稿·食货志》。

③ 《天下水陆路程》原名《一统路程图记》，又名《新刻水陆路程便览》《图注水陆路程图》。此书国内濒于失传。现有杨正泰教授校注本，1992年山西人民出版社版；《明代驿站考·附录》，1994年上海古籍出版社版。

水陆驿站的名称，等等。徽州黄氏家庭，为当地大姓，"多闻人显者"，其中有不少人是"世货鹾两淮，甲于曹耦"①的富商。如盐商黄豹，其先世业盐，后来家业受挫，乃"挟资以游荆襄南楚，堇堇物之所有，贸迁而数致困，公欲更其业……于是辇其资斧之淮南。淮南，东楚都会之地，鱼盐之饶，公绝机诈，一为廉贾。久之，一年给，二年足，三年大穰，为大贾矣"②。黄家的大盐商见于族谱者还有黄万安、黄用礼、黄汝贵、黄元洁、黄国明、黄良和黄晟等人。黄氏盐商早在成、弘之际便已业盐于两淮，黄汴系嘉、隆时人，是休宁的一位大贾。据他自己在《一统路程图记》的《自序》中说："汴弱冠随父兄自洪都至长沙，览洞庭之胜，泛大江，溯淮扬，薄戾燕都……后居吴会，与二京十三省暨远方商贾贸易，得程图数家，于是穷其闻见，考其异同，反复校勘，积二十七年始成帙。"该书成于隆庆四年。从他在《自序》中述及曾经"溯淮扬"的经历来看，他有可能曾是盐商，其足迹所至之洪都、长沙、洞庭区域，恰恰为两淮行盐之地。这部《一统路程图记》，确实如他的好友吴岫在《后序》中所言："商贾得之，可知风俗利害。入境知禁，涉方审直，万里在一目中，大为天下利益。"③徽州商人重视商旅路程图书的编纂，以免"见前途问津者，漫皆迷茫，险夷利害，每犯所讳"④，这正是徽商的过人之处，也是他们往往能化险为夷、避逆就顺从而获得大利的高明之处。天启崇祯间，徽商程春宇，还撰有《士商类要》⑤一书，其中介绍了江南北一百条水陆路引。由于他"甫成童而服贾"，足迹所至之地，"土俗之淳漓，山河之险易，舟车辐辏之处，货物生殖之区"，他非常熟悉。他编辑了这部《士商类要》，首先是有利于"近水楼台"的徽州商人，尤其是那些运盐、贩茶、贩木的大商人，有此一部路程指南，"又奚事停骖问渡，而难取素封之富者乎！"⑥

① 歙县《竦塘黄氏宗谱》卷五《黄公莹传》。
② 同上谱《明故处士黄公豹行状》。
③ 杨正泰：《明代驿站考·附录》，上海古籍出版社1994年版。
④ 吴岫：《一统路程图记·后序》。
⑤ 杨正泰：《明代驿站考·附录二》，上海古籍出版社1994年版。
⑥ 方一桂：《士商类要·序》。

那些离家远出的徽商重视对商旅行程路线、环境的了解，是他们在商业经营中的一条成功之道。清代一位休宁商人编了一本《江湖绘图路程》，载《扬子江直上洞庭湖至衡州府、永州府等处路程图》三十二帧，记述由徽州府通往长江中游及杭州等地路引十一条。有趣的是，其中还载有两首"行路歌"：一是"镇江盐船上楚水歌"，一是"汀潭至镇江路程歌"。这两首歌很像是盐商所作，从题目看就可知道它反映了两淮"盐船"的行盐区域和路线。徽州商人熟悉经商路线，徽州盐商熟悉行盐区域的道路、关津、港湾、滩矶，乃至风土人情、传闻典故①，这对他们经商致富都是非常需要的。

二

　　徽商在两淮之能执诸盐商之牛耳，又是因为占有文化优势。徽商是一支以"儒贾"为特征的商帮，他们虽是商人，但不少人又是文人，具有程度不同的文化知识和儒家的道德修养，这与徽州的社会环境是分不开的。徽州向为"东南邹鲁""文献之邦"。特别是在南宋以后，这里因是集理学之大成的朱熹故里，以致人们对朱子几乎顶礼膜拜。所谓"新安为朱子阙里，而儒风独茂"②。这里人在青少年时，大多"读朱子之书，取朱子之教，秉朱子之礼，以邹鲁之风自待，而以邹鲁之风传之子若孙也"③。因此，在明清时期，徽人毫不掩饰地自矜："大江以南，畿辅为郡九，而以文献称者吾徽为最。"④出身于这种"教泽之长""人文骏起"的社会环境中的商人，文化的教养，道德的熏陶，对他们从事商业经营起着不可估量的作用。正因为如此，所以那些"业鹾于淮南北者"，莫不皆是"则固商而兼士矣"⑤。商人而有文化，自然在审时度势、运筹决算、取与进退乃

---

① 吴敏：《徽商生意经和商路》，载《徽学》总2期。
② 康熙《绩溪县志续编》卷三《硕行》。
③ 雍正《茗洲休宁吴氏家典·李应乾序》。
④ 《新安歙北许氏东支世谱》卷五《寿昌许公八秩序》。
⑤ 《歙事闲潭》第十八册。

至整个经营活动中自能高人一筹。徽州盐商的起家，特别是在两淮盐业中能大显身手，一个重要的原因，便是凭借其文化知识的优势。

早在明代中期就有一批有文化的商人来到两淮，他们以"儒贾"风度在这里艰苦创业，发家致富。

嘉靖时期的歙商黄长寿，"少业儒，以独子当户，父老，去之贾，以儒术饰贾事，远近慕悦，不数年赀大起。驻维扬理盐策，积贮益浩博……翁虽游于贾人，实贾服而儒行，尝挟资流览未尝置"①。可见，黄长寿是因"贾服而儒行"而"赀大起"和"积贮益浩博"的。

与黄长寿同时人汪福光，幼读诗书，心怀远志，及长，"贾盐于淮扬，舻至千只，率子弟贸易往来，如履平地。择人任时，恒得上算，用是赀至巨万"②。汪福光在盐业经营中"恒得上算"，也是与其有一定的文化知识不无关系。

明代休宁商人汪弘，"幼失恃，承父多艰……暨长就学，疏通闻见，弃儒就商，力行干蛊之业。于是北跨淮扬，南游吴越，服贾醎卤之场，积数十年遂有余蓄"③。

婺源商人李大祈，父、祖辈均从事商业。大祈童年聪颖，善记颂，读书过目不忘。其父"延琇公课之制科，业既通，而延琇公捐馆舍（去世），公茕立当户，百端从脞，窘不能支……于是转徙维扬，出入荆楚，醎艘蔽江，业骎骎百倍于前，埒素封矣"④。像李大祈这样富比素封的商人，差不多都是"儒贾"。

经商需要文化，自古皆然。历史上诸如管仲、弦高、范蠡、子贡、白圭、猗顿等这类大富商，无不都有一定的文化知识，他们有的原来就像猗顿那样是一个"穷士"。他们之所以很快能成为富商，道理也很简单，因为文化知识水平同一个人的智能、气质、洞察力与判断力是密切相关的。

① 歙县《潭渡黄氏族谱》卷九《望云翁传》。

② 《休宁西门汪氏宗谱》卷六。

③ 《汪氏统宗谱》卷一百一十六《汪南山行状》。

④ 婺源《三田李氏统宗谱·环田明处士松峰李公行状》。

这些就是马克思所说的商人的"抽象力"。商人的商业活动，诸如购买、运销、积贮、贩卖，都是需要这种"抽象力"的，两淮的徽州盐商，大多是凭其"抽象力"而获厚利。再加上明清两朝两淮盐业达于极盛时期，盐商在盐业经营中的竞争，从某种意义上看，更是一种"抽象力"的竞争，谁的"抽象力"强，谁就能很快发家致富。这说明文化对于商人非常重要。

另外，盐业又是一种特殊的商业，对盐业的生产管理、运销、课税等等，国家都有完整的政策规定，而且又非常详细、具体。因此，从事盐业的经营，必然熟悉盐法，而盐法是有明文颁布的法律文件，它不仅有"本朝"的盐业政策，而且还有前代规定，所以，从事盐业经营的大贾，还要熟悉盐法，这就更要具有文化知识。

还要指出的是，明清时期，我国封建商品经济已发展到高峰阶段，它即将与近代市场经济接轨，在这个"接合点"的历史时刻，市场更为扩大，交易更为复杂。因此，商人更需要与文化知识结缘，所谓"商而兼士"也是时代的需要。美籍华人学者余英时先生曾在美国一家刊物上发表了题为《中国近世宗教伦理与商人精神》一文，他在文章里提到："不但明清以来弃儒就贾的普遍趋势造成了大批士人沉滞在商人阶层的现象，而且更重要的是商业本身必须要求一定的知识水平。商业经营的规模愈大，则知识水平的要求愈高。"①这在盐业的经营中更是如此。

盐商需要文化知识较之其他行业的商人之所以尤为重要，还因为在明清时期，"行盐之法"，主要是"官督商办"。所以，商与官交往甚密。当时的盐政官员，不仅地位较隆，品秩较高，而且多为精通翰墨的饱学之士。以清代为例，两淮盐运使，秩从三品，高于四品的知府；"掌文移往来"的经历，不过是秘书一类的官员，也是秩从七品，仅次于知县。凡任盐运使者又多是科举出身。例如：卢见曾，"山东德州人，进士，乾隆元年官两淮盐运使，礼贤好士，海内名彦多与之游"，"刊有《雅雨堂丛书》

---

① 美国《知识分子》1986年冬季号第33页。

为世所重",并著有诗文集四卷行世。朱孝纯,举人,"乾隆四十一年任两淮盐运使","孝纯工诗好文",与桐城派大家姚鼐为挚友,是一位以文名于时的盐官。曾燠,江西南城人,乾隆四十六年进士,后任两淮盐运使。"公暇与宾从赋诗为乐……燠在扬,提倡风雅,一时才俊毕集,与前运使德州卢见曾同有好士之名,声华籍甚。"①封建王朝的中央政府,之所以委派这些有较高文化水平的人担任盐官,因为盐务动关国计,非鸿儒硕学、干练明敏者莫能担此重任。而盐商尤其是总商或"上贾"要经常与盐官打交道,他们必须有一定的文化知识,才与盐官有共同语言、共同雅趣,甚至有可能成为与盐官唱和往来的诗文之友。从这个角度来看,文化知识是盐商通往盐政的桥梁,是"官督"与"商办"之间一条隐形纽带。

徽州的大盐商,因为文化知识水平较高,且又熟悉盐务,所以盐政衙门有关因革损益事宜,常常请他们参与决策,这对盐商来说,也是一种特殊的宠遇。这里,仅举几例:

明代歙商黄崇德,是一位通经史的商人。"初有志举业,(后)乃挟资商于齐东。齐带山海,沃壤千里,人多文彩布帛。公商其间……一岁中其息什一之,已而升倍之,为大贾矣。于是修猗顿业,治鹾淮海……乃赀累巨万矣……惟鹾国家仰给有法,或沿或革,自汉论鹾以来,至于唐宋《食货志》鹾法之议,纷纭不一,莫能究其指归。公博览多通,上自《春秋》《管子》之书,东汉盐铁之论,唐宋食货之志,明兴《大明会典》,讲求周悉。乃监司下询,则条陈利害,言论侃侃,监司辄可其议,下其法于淮之南北。夫淮海诸贾,多三晋关中人,好唾奇画策,见公言论,皆削稿敛衽从公,推公为纲。"②黄崇德因其"博览多通",才得到了监司的赏识而常常"辄可其议",而三晋、关中的盐商们也不得不"削稿敛衽从公"。

另一位儒商黄莹,字无洁,号云泉,"幼有至性,庄重寡言,訾笑不苟。稍长,沉虑能断,在繁剧中不略动声色。家众咸曰:'是足以起两淮业者',乃降节商游。国家以鹾利充边储,征榷之法甚悉。治其事者鲜自

---

① 光绪《两淮盐法志》卷一百三十八《名宦传》上、下。
② 歙县《竦塘黄氏宗谱》卷五《明故金竺黄公崇德公行状》。

洁，顾独污商，不少假颜色。惟翁同曹耦白事，文雅拔俦等。词气温直，辄中肯綮，闻者往往心异之，言辄听。有所弛张捐予，多其建白。以是数十年两淮称首商，必曰云泉翁云"①。黄元洁在盐业经营中之所以每"白事"而能"辄中肯綮"，且对盐务"多其建白"，原来是因为"翁少读书，通大义"，又能深悟计然经商之术，所以"业饶声起"，且能博得盐官的器重和同曹的爱戴。

入清以后，两淮盐业更加兴盛，而盐务也更为纷繁，一些有文化知识的大盐商，竟成为盐政"大宪"的"顾问"，或者是运使的左右手。

歙人吴钶，"字岘山，号嵩堂，年二十八，受知于督学李公，补邑诸生，每试辄高等……读书问政山中，手披口吟，寒暑无间……府君来扬，犹不忘举子业，往往昼筹盐策，夜究简编……府君自少留心经世之务，经史子集环列几前，至老未尝释卷。遇事辄明于大体，能持公议……两淮之人咸倚以为重，士大夫来扬者，每从而决所疑。事关盐政，大宪偶有咨询，府君亦尽言无隐，时蒙采纳焉。"②尤其是清代的两淮总商，大多是儒雅商人，他们一方面能与盐政官员和广陵高士相与诗文往还，一方面佐理盐务，参与筹划，融官与商于一身。乾隆时的总商江春，号鹤亭，"性警敏，少攻制举"。后来经营盐业于扬州，"练达多能，熟悉盐法，司鹾政者咸引重之，俾综商务，勤慎急公"。他与从弟江昉"同为物望所归，一时广陵风雅之盛，白马氏（马曰琯、马曰璐）后，以二家为坛坫主"③。他在扬州建有"随月读书楼"，"奇才之士，座中常满"④。

总商鲍志道，字肯园，幼时家贫，但夜诵所读书必精熟，母喜，然后敢卧。后在"总司两淮盐筴日"，还不忘披览百家之篇。据载，"公少废书，老而勤学，好接文士著作，颔颏于作者"⑤。鲍肯园也正是凭借自己的文化知识和经商才能，故能出入于盐政衙门，并"赞襄举措，悉中肯

① 歙县《竦塘黄氏宗谱》卷五《黄公莹传》。
② 民国《丰南志》第五册《显考嵩堂府君行述》。
③ 嘉庆《两淮盐法志》卷四十四《人物》。
④ 李斗：《扬州画舫录》卷十二。
⑤ 《鲍氏诵先录》卷五。

紧"的。

还有一些儒商，不仅通晓盐法，而且能以处理政务的才能，为众商兴利除弊。明代歙商江南能，字元表，号彦宣，幼读诗书，后"业鹾淮南，致资累万……明末关津丛弊，九江关蠹李光宇等把持关务，盐舟纳料多方勒索，停泊羁留，屡遭覆溺，莫敢谁何。公毅然叩关陈其积弊，奸蠹伏诛，而舟行者始无淹滞之患"。江南能晚年以"琴书自适，优游以终"①。他之所以能为众商排忧解难，敢与关蠹作斗争，正是因为他具有文人气质和不同寻常的胆略。婺源有一位太学生出生的商人叫潘觐光，家在本县港口，因为港口地"界徽、饶间，淮浙盐商争界，构大讼，官史迭勘"而不能决，潘觐光熟悉两淮、两浙行盐范围，且能"指陈地势"，讲述地域行政沿革一毫不差，经过他的陈述决断，于是"讼且息"②。潘觐光也是由于熟悉盐法，知晓当地行政区划沿革的历史，所以才能据实据理平息了这场纠纷。

徽州商帮的上述文化优势，是在两淮的其他商帮所不及的。

三

徽州盐商之能在两淮拥有雄厚的经济实力，还在于它有一定的政治优势。盐业是一种特殊的行业，商人从事盐业经营是受封建国家控制的。所以，代表封建国家的盐政衙门，不仅有"清厘盐务"、征收盐课的任务，而且还有"管束商人"③之责，这种"管束"不单纯是经济性的，而且也是政治性的。盐商为了求得生意亨通，财源茂盛，就要依附于封建政治势力。具体地说，要投靠盐政衙门，同时，自身也要设法提高政治地位，以有利于与盐政官员乃至封疆大吏直至天子相往还。徽州盐商明白这种政治地位与经济利益之间的关系，于是通过种种手段，以跻身于政治行列。

---

① 歙县《济阳江氏族谱》卷九《明处士南能公传》。

② 光绪《婺源县志》卷三十《人物·孝友》。

③ 嘉庆《两淮盐法志》卷首《制诰》。

徽商要谋求封建官员的青睐，首先要恭顺地接受盐官的"管束"，一切听命于盐政大员。官府有需求，盐商要满足；盐官有索取，盐商要供奉；盐法有变更，盐商要遵从。总之，盐商对盐政衙门和盐官的"效忠"应是不遗余力，对他们的巴结奉承要慷慨解囊。以两淮盐商供给盐政衙门官员的饭食费和其他杂费为例，其数字是惊人的，就连封建皇帝也感到皇宫御膳的开支与两淮盐政相比也是小巫见大巫。乾隆五十九年（1794年）八月，有一道上谕，内称"两淮盐政衙门每日商人供应饭食费50两，又幕友束修笔墨纸张并一切杂费银70两，每日共银120两。是该盐政一切用度皆取给于商人，以一年计算，竟有43000余两之多"。这笔开支确实不小。为此，乾隆帝乃将盐政衙门的开支同御膳用银作了比较，他指出："试思御膳房度支经费，康熙年间需费较多，然比之前明光禄寺所用，减损已不啻倍蓰……现在宫闱只有二妃、二嫔以及诸皇子、皇孙等，并军机大臣、上书房、南书房以及侍卫、章京、拜唐阿等各分例，每年膳房所用，通计只三万余两。以朕玉食四方，其进奉之数不过如此。"[①]而一个盐政衙门的饭食费用比皇家御膳支出高出三分之一还多，足以见其奢侈浪费之严重。但从另一个角度来看，盐政衙门的这笔庞大开支，皆来自"商人供应"。从表面上看，商人是出自"心甘情愿"，实际上自是有苦难言。仅此一例，也可说明盐商是如何巴结、投靠封建势力的。

官与商之间的交际往还总是"互利"的。商人既然对盐政官员以优厚的生活"供应"，毫无疑问，盐政自亦能给予商人格外关照。尤其是徽州盐商善于接交官府，"又善行媚权势"[②]，因而得到的关照则更大。如：乾隆五十八年七月，盐政巴宁阿奏："据两淮（徽州）商人洪箴远等禀称：通河商众额完正杂钱粮之外，有分年带课不入成本计算者，如五十五年统销食盐，五十七年统销纲盐，又节次公捐等项按年带完，与正杂一同交库。带课既多，资本较重，恳念商艰，将两案统引钱粮并节次公捐借拨等银三百六十九万余两，奏乞天恩，统展十纲自甲寅年起作十年带完，以纾

---

① 《清高宗实录》卷一千四百五十八。
② 《大泌山房集》卷六十六《何中丞家传》。

商力。钦奉御旨：嗣后不得援以为例。"①徽商洪箴远请盐运使巴宁阿上了一道奏折，便获得在正杂钱粮之外摊派的并要一次交完的三百六十九万两银子，分作十纲十年完纳的缓交"优惠"，可见盐政官员之关照盐商的利益，也是非常卖力的。他们之间的这种"互利"关系，清人杨钟羲曾一针见血地指出："官以商之富也，而腴之；商以官之可以护己也，而豢之。"②这便是"官以商为利薮"，"商以官为护符"③。而商之"豢"官既是为了投靠政治势力，又是借以得到经济实惠。因此，盐官与盐商的利益往往是捆在一起的，康熙时巡盐御史李煦经常在奏折中出现"奴才与商人共戴万岁天恩"④的颂词就是证明。

　　事实还证明，盐商与盐政官员之间的关系大多拉得很紧，甚至是"牢不可破"。盐官有难，盐商也竭力为之庇护。中国第一历史档案馆馆藏清代《军机处录副奏折·上谕档》，其中收有乾隆末年查办两淮盐政"巴宁阿与徽商交结联宗案"。案中提到两淮盐运使巴宁阿在任职期内犯了四桩过错：第一，与总商汪肇泰（徽州人）联宗；第二，认总商之子洪广顺（徽州人）为门生；第三，离任时收受商人送的盘费银三万两；第四，置买婢女。这是前任盐政全德向乾隆帝奏报的。于是乾隆立下御旨："严厉查办。"先是由现任盐运使董椿就巴宁阿与汪姓商人联宗和洪姓商人拜门生二事"向各商询问"。结果，除联宗外，则称"实无此事"。后又就三万两盘费银事"向众商查问"，也同样是"众商并不应承"。其实，董椿奉御旨查询之事，巴宁阿已经"尽皆承认"，而盐商还为其隐匿包庇。由于乾隆对此案抓得很紧，江苏巡抚奇丰额便亲自找到总商张广德、鲍有恒等"询以巴盐政在任有无别项婪索，尔等不妨详细说知"，他们均缄口不言，只是"俱以此外实无劣款回复"，实际上是为巴宁阿袒护。根据乾隆的分析，巴宁阿接受商人的馈送是不容置疑的："试思汪肇泰系微末商人，巴

---

①　嘉庆《两淮盐法志》卷四十《优恤》。

②　《意园文略》卷一。

③　王守基：《两淮盐务议略》。

④　李煦：《湖广两淮口岸地方官员借端抑勒请饬禁折》，《李煦奏折》第218页，中华书局1976年版。

宁阿若非图其馈遗谢仪，何肯与俯就联宗？即使巴宁阿未经明言，该商希图往来交结，岂有不馈送贽见之理？纵使巴宁阿在任未久，不暇向伊需索，但既与该商认作本家，且自称长辈，安知不望报于异日？巴宁阿（离任）进京后，该商人逢遇年节，或寄送礼物，俱属事之所有。"①上述分析，鞭辟及里、入木三分，而盐商竟以"此外实无劣款回复"了事，足见他们对盐政官员是忠贞不贰的。

徽州盐商在投靠盐政的同时，并设法投靠封建朝廷，乃至上交天子，所以有些大盐商能够急国家之所急，想朝廷之所想。如：凡遇天灾大作、军兴旁午、圣驾南巡、登位庆典、太后寿辰、工程兴修等等大事，徽商特别是大商人便自愿"捐输""报效"，而且都是出手不凡，一掷几十万两，甚至百万两。以雍正、乾隆、嘉庆时期盐商捐助军饷为例，据载："或遇军需，各（盐）商报效之例，肇于雍正年间，芦商（长芦）捐银十万两，嗣乾隆中，金川两次用兵，西域荡平，伊犁屯田，平定台匪，后藏用兵，及嘉庆初川、楚之乱，淮、浙、芦、东（河北）各商所捐，自数十万、百万乃至八百万，通计不下三千万。"②在各盐场中，以两淮盐商捐输极为活跃，且数额最大。据盐志记载："乾隆、嘉庆间，王师征大小金川，荡平台湾，勘定川楚教匪，淮商踊跃输将，称为极盛。然自抒悃忱，不假催索，往往诏书屡却，吁恳再三，群以贡献邀允为至荣。"③而在"淮商"中主要是徽商的"捐输""报效"最为慷慨。乾隆几次南巡扬州，徽商程可正、黄源得、江春、江正大等每次都捐银参与接驾，其数额由三十万两至一百万两。乾隆五十三年，两淮行盐区荆州遭受水灾，江春等自愿捐银赈饥。他在进呈的奏折中称："商等世业淮盐，荆州为行销淮盐纲地，今年堤塍被水冲漫，仰荷圣恩赈恤，频施发帑修筑，灾民固已得所。第商等转运所资，情关休戚，情愿捐银一百万两，稍助工赈之需，于运库应解部银

---

① 《历史档案》1994年第1期。

② 《清史稿·食货志四》。

③ 光绪《两淮盐法志》卷一百四十五《捐输门》。

内借支，乙酉纲起分作五纲归款。"①商人的这种"慷慨解囊"，是为了通过经济手段达到政治目的，亦即是谋取荣衔以抬高政治地位，同时也是为了保持盐的专卖权。商人乐意捐输的结果，都得到了封建朝廷的回报，那就是通过"降旨议叙"，封了空头官阶，如屡屡"报效"，至少"宠加一级"，甚至加了几级。虽然这种赏赐的官衔，无俸禄可拿，无小民可属，但其享有，不惟光宗耀祖，增辉门第，而一旦成了"红顶商人"，则社会地位便大大提高，身价自亦百倍于前了。商人的高额捐助，往往还能博得"殊荣"。例如：乾隆四十九年正月，盐政伊龄阿奏："据淮南北商人江广达等呈称，恭逢翠华南幸六举时巡，商等情愿公捐银一百万两以备赏赍之用。请先于运库拨解，自甲辰纲起分五纲带完归款。"此疏呈上后，"奉硃批：不必复经伊龄阿，于山东泰安行在面奏。"②一位威严赫赫至高无上的大皇帝，约见一个做盐业生意的商人，实属罕有。因此，江春之受宠若惊那是不言而喻的。再如：乾隆"御宇五十年"时，举行千叟大宴，以江春为首的一部分两淮总散各商被邀出席。他们如此沐浴"天恩"，就连一般封建官员也享受不到。商人有此"殊荣"，社会上自是另眼相看。时谓江春"以布衣交天子"，在两淮和徽州一时传为美谈。

商人以自己的商业利润，向国家、向皇上捐输、报效，其实，他们在获得政治利益的同时，经济利益也有所得。因为商人在捐助之后，朝廷大多采取引盐加斤的办法予以弥补。一引有时加十斤、有时加二十斤，甚至更多。在清代两淮每年运销纲、食盐一百六十余万引，每引按上述加斤数计，累计起来，盐商所得便属可观。这种"经济—政治—经济"的循环关系，徽商洞察入微，而且是躬行实践的。

徽商在两淮的政治优势，还在于他们培养子弟步入仕宦之途，利用其政治地位，来保护商业利益。徽州人在家道贫困之时，急切地乐于经商；当经商致富之后，则延师课子，通过科举考试获取功名，从而侧身朝列，用以借势来维护经商事业。这种因商取官、以官护商的想法和做法，在徽

---

① 光绪《两淮盐法志》卷一百四十五《捐输门》。
② 嘉庆《两淮盐法志》卷四十二《捐输门》。

商中比比皆是。明代嘉靖间的一位徽州商人，在同别人的一次谈话中，明白地说出了这种心理。这位商人叫许伯容，经商致富后，乃"隆师课子，冀功见当世。乙卯（嘉靖三十四年），佐举于乡"。有人问他："公有子且赐封，公恶用贾？"许伯容是这样回答的："儿出当为国，吾为家以庇焉。"①其实，他是借儿子"为国"的政治势力"以庇"其家的。《二刻拍案惊奇》中，提到一个徽州商人，在扬州开当（典当）中盐（盐业），收一个叫江爱娘的为义女，"等待寻个好姻缘配着，图个往来……恰好韩侍郎带领家眷上任，舟过扬州，夫人有病，要娶个偏房"。"原来徽州人有个僻性，是乌纱帽、红绣鞋，一生只这两件事不争银子，其余诸事悭吝极了。"听说韩侍郎要娶妾，"徽商不争财物，反赔嫁妆，只贪个纱帽往来，便自心满意足。"后来，韩侍郎的元配死了，江爱娘被册封为夫人，"那徽商被认做干爷，兀自往来不绝"②。这则故事反映了徽州商人不惜财物通过各种渠道与政治势力结缘。所谓"贪个纱帽往来"，也无非是利用"纱帽"来抬高自己的身价，保护商业利益。所以，这位徽商有个韩侍郎做干女婿，自是"心满意足"了。

小说中的故事，虽不能作为信史，但却反映了一种社会现象。这里，我还可以信手举出商人子弟为官维护商人利益和众商望门投靠的两件实例：明代万历年间，太监四处为虐，两淮盐业亦被其害。歙县盐商的后代江东之，"登万历五年（1577年）进士，由行人改官御史"。时司礼监秉笔太监冯保掌权，外出太监多由他派遣。江东之既了解冯保为害全国，更熟知冯保流恶两淮，便因仔肩御史重任，遂对冯保上章弹劾，结果"谪保奉御，安置南京，久之乃死"③。江东之劾死冯保，为朝廷除掉了一个恶贯满盈的"大伴"，也为两淮清除了由冯保派来的一群"吸髓饮血"的豺虎，从而减少了对盐商的压榨。此事《两淮盐法志》和《明史》均有记述。此外，商人家里有子弟为官，则投靠结伙者也就多了。清代歙籍人士曹文埴、曹振镛父子，均官至尚

---

① 歙县《许氏世谱·明故乡士良源许公行状》。
② 《二刻拍案惊奇》卷五。
③ 嘉庆《两淮盐法志》卷四十四《人物》，又《明史·冯保传》。

书,振镛在嘉庆时拜体仁阁大学士、道光时再拜武英殿大学士、军机大臣。曹家累世为歙县盐商,就在曹氏父子居官显贵之际,曹振镛的弟弟曹镇还是"业盐,居扬州"。曹镇因一门有两尚书,政治后台很硬,因之"淮北人多赖之"①。可见政治靠山对于盐业的经营是多么重要。

综上所述,我们不难看出,徽商之所以要攀援政治势力,要争做"红顶商人",要培养子弟走仕进之路,无非是在求得"亢吾门""大吾宗"的同时,进一步发展商业利润,扩大经济实力。这也正是徽州商帮的高明之处。

四

徽州盐商之能在两淮立足,并在经济实力上很快超过其他商帮,还在于这个商帮利用了宗族优势。徽州人一向重视血缘亲族关系,所谓"重宗谊,修世好,村落家构祖祠,岁时合族以祭"②。因之,宗族观念极强。这种宗族观念在两淮盐业的经营中也表现得较为突出。在两淮的徽商,有不少就是父子、兄弟、叔侄在一起"励志营运"的,亦有同里、同乡族人结伙经营的。以血缘宗族关系结伙,从事食盐的运销,这在纲运制下却是盐业经营中的一种优势。

盐业在实行纲运制以前,盐的运销是由个体商人独立承办。他们凭引支盐,然后运至行盐地域出售,这都是"人自为战"。自纲运制实行后,支盐和运销都是以"纲"为单位由众商结伙进行。"纲"有总商有散商,总商上交运司,下统散商,散商根据自愿"附某总商名下"③结纲营运。食盐在运销过程中,从盐场进垣到各处掣验,最后运抵口岸,不知要经过多少次盘诘、检查、抽税,还要办名目繁多的手续,甚至还要打通关节以减少刁难。因此,纲运食盐非个体商人所能承当,而必须是结帮经营不可。徽商本来是地域性的商帮,在徽州这个地域内,商人又多以宗族关系

① 李斗:《扬州画舫录》卷十。
② 许承尧:《歙事闲谭》第十八册《歙风俗礼教考》。
③ 乾隆《两淮盐法志》卷二《转运二》。

结伙。纲运食盐既然要结帮营运，而结帮又当然是亲族同宗结合在一起更为理想。自明代万历间实行纲运制后，两淮的徽州盐商大多利用徽州传统的宗族观念，结伙经营。清初，总商汪汝善，其宗族姻戚在扬州"待以举火者多人"①。乾隆间，总商汪廷璋，"自曾祖镳始以鹾业侨居维扬"，他们家"一门五世同居共爨无间言"②。歙商郑景濂，"始迁扬州以盐策起家，食指千数，同堂共爨，有张公艺、陆子静之风"③。这些"五世同居""食指千数"的盐商之家，是以血缘亲族关系在一起经营盐业，他们同心合办，发家致富。徽州的江氏，"其族多事盐策，聚居扬城"，其中有不少巨贾，有的还担任总商。如江嘉谟"缘是客居邗城，肩任鹾务，凡豫章、饶、吉诸盐埠，公尽司其责无少负托，声誉广播，业日隆起……数十年来，乡党奉为祭酒，即诸宗人居邗上者靡不推诚钦服"④。在扬州的一大批江氏盐商，多是以血缘宗族关系结伙的。最典型的家族结伙在两淮经营盐业者要推歙县程氏家族。

程姓"本新安望族"，在明代即有业鹾于两浙、两淮的商人。入清以后，程氏盐商在两淮者不仅人数众多，且"皆极豪富"。清初程国明，是两淮的大贾，并为淮商办了一件好事。"国明字潜若，歙人。父仲台，业盐。康熙二十七年，河决高宝，诏开河道以泄之。金以泰州串场河为盐艘所经，议自东台抵新兴二百余里责之商人，计费不下数十万。时淮商积困无以应，有弃业而逃者。国明谋之乡人黄家珣（按：黄氏家族业鹾于两淮者人数也很多），家珣曰：'开河重役也，数十万巨费也，此不可以不力争。'于是争之运司崔华，复争之巡盐陶式玉，复争之总河王新命。明年，圣祖仁皇帝南巡，国明率众趋行在，昧死上《通淮商困疏》，上是其言。命侍郎徐廷玺、巡抚于成龙会勘，减十分之八，只令浚三十七里，商力以纾。"⑤程国明为了商人的利益，敢昧死向康熙皇帝上疏，足见其才能与胆

① 康熙《休宁县志》卷六《人物》。
② 歙县《汪氏家谱·奉宸苑卿汪君事实》。
③ 李斗《扬州画舫录》卷八。
④ 歙县《济阳江氏族谱》卷九《清候选主簿嘉霖公原传》。
⑤ 嘉庆《两淮盐法志》卷四十四《人物》。

略之超群。程氏盐商大约在明末清初之际即由徽州迁来两淮，其后，子孙繁衍，遂成为这里的“望族”。《淮安河下志》载有程姓后代写的一篇追述其先祖程莲渡的文章，其中提到程家自程慎吾“由歙迁家于扬”，他有五子，长子程量入等兄弟四人皆在扬州，量入的小弟程莲渡字量越在淮安河下镇，兄弟五人均理盐策，且多有闻名。程量入系清初两淮总商。他在扬州治盐策时，“有裨盐政，尝代众控得带办倒追盐觔银一百四十余万两，又请得衡、永、宝三府复归淮额，其最著者也”[①]。程量入的弟弟程奭，字青来，“事盐策，补扬州府学生。顺治六年（1649年），客于楚，泊舟湘潭，夜闻岸上哭声甚众，晓起见白骨山积，其地盖战垒也，倾囊而瘗之。湘人建亭其上，至今遗迹存焉”[②]。程青来的这一义举，博得了湘人的敬佩。程量入的儿子程牧、程特、程峙在扬州“皆能承其家风”。量入的孙子程渭航“业鹾两淮，以忠信诚悫为一时推重，当事稔其贤，有大事辄以咨之”[③]。程量越在淮安的一支，后来也是“孙、曾蕃衍”，“诸程争以盐策富”。程氏盐商在扬州和淮安之所以能为豪富，且其中有不少人名闻当时，一个很重要的原因，便是利用家族的合力。此外，还有汪氏家族、吴氏家族、叶氏家族等在两淮经商的也很多。这种以血缘家族结成的商帮，彼此更加亲密，更加团结，因而凝聚力大，竞争力强，致富也较快。所以，我们认为，这种传统的宗族观念，在特定的历史时期、特定的环境、特定的营商领域里，是能起着一定的作用的。

徽州商帮的上述优势，实际上乃是他们“称甲”两淮的重要缘由，也是这个商帮的个性之所在。我们根据事实，把这些个性问题揭示出来，通过分析，提出一些粗浅的看法，是为了抛砖引玉，以期把研究的问题引向深入。至于乐山乐水，见仁见智，则有望于方家了！

原载《明史研究》第四辑，黄山书社1994年出版，有改动

① 雍正《两淮盐法志》卷十四《人物》。

② 嘉庆《两淮盐法志》卷四十六《人物》。

③ 雍正《两淮盐法志》卷十四《人物》。

两淮盐商的衰落和徽商门楣的光大

清代康乾时期，是两淮盐业兴旺发展的顶峰，也是盐商特别是徽商的黄金时期。其富商巨贾不仅煊赫于广陵，接交于公卿，而且"全国金融几可操纵"，真可谓隆盛之时了。然而，星移物换，陵谷沧桑，到了嘉道之际，那些往日的豪富之家，讵料"顿成贫户"；旧时的园林别墅，唯剩枯木寒鸦。曾几何时，竟同隔世。故时人钱泳在目睹此种变化之后，不禁发出"抚今追昔，恍如一梦"的感叹！

但是，学者们在论及两淮盐商衰落的时候，只注意到他们裹足不前、破产歇业的一面，却未看到一些徽州盐商尚有辉煌的一面。那就是他们在盐业经营上虽一蹶不振，但一部分商人子弟通过饱读诗书，或衣章服，或入士林，即或任官，或为儒，位尊名高，门楣光大。——这是我们在考察两淮徽商盛衰的时候，必须加以论述的一个问题。

一

徽州商人十分重视令子弟"业儒"，而"业儒"的目的，主要不在于更好地继承家业，而是走"读书—科举—仕宦"这条道路，以期荣宗耀祖、光大门楣。尤其是那些盐商中的富商，在他们家财能满足其奢侈性消费的情况下，便觉得地位比金钱更加重要，因而也就志不在商而在官了。实际上这是中国封建社会长期形成的一种"官本位"思想，而这种思想在徽州人的脑海里更为根深蒂固。其所以如此，那是有历史渊源的。

徽州是一个群山环抱的四塞之地，魏晋以前，人口不多，经济落后，但在战乱年代，却是避乱的"世外桃源"。因此，从公元4世纪初年以后，每当中原动乱，便有一批世家大族、缙绅冠带举家南迁，其中就有一部分人迁到这个静僻的山区，或任官职，或为豪右，或入编户。大批迁来这里的主要是在以下三次动乱时期：一是西晋末年的"永嘉之乱"，二是唐代末年的黄巢起义，三是宋室南渡。那些衣冠之家迁来这里，便是后来一部分"新安名族"的始迁祖。故民国《歙县志》载：明清时期的徽州大姓，"半皆由北迁南，略举其时，则晋宋两南渡及唐末避黄巢乱，此三朝为最盛。又半皆官于此土，爱其山水清淑，遂久居之，以长子孙焉"①。据明刻《新安名族志》载：明清时期"称甲"于两淮的徽州黄姓、鲍姓等大盐商，其始迁祖便是在晋末"永嘉之乱"时避乱来到徽州的。这些"由北迁南"的中原望族，有的原是累世冠盖，有的原是名门世家，因之，无不重仕宦、重门第、重世系、重名分。他们把这种思想观念、社会习俗带到了徽州，其影响极其深远。及至明清时期，徽州人的宗法观念、光宗耀祖思想仍然极其浓厚。再加上徽州又是朱熹的故乡，"朱子之学"所宣扬的纲常伦理以及"读书志在圣贤"的说教，对徽人诲迪尤深。徽州商人对朱熹也是顶礼膜拜，他们在外地市镇建立的会馆，大多供奉朱子，对他敬若神明。由于上述历史原因，所以徽人为学者多，为官者亦多。道光《重修徽州府志·序》云："自晋太康中易名新安（按：此前为新都郡）以来，（徽州）代有伟人，于江左实为望郡。"

有不少学者都认为，徽州人"重贾轻儒"。其实，徽人"重贾"只是为生计所迫，不得不转毂于四方，但从一定意义上讲，他们"重儒"还是甚于"重贾"。所谓"重儒"就是希望子弟走读书做官的道路，盐商于此尤为突出。

盐商多是资产丰厚的商人，他们除受徽州传统的思想影响之外，这些

---

① 民国《歙县志》卷一。

商人因其富有而"交通王侯",常往来于名卿显宦之间,虽自知身附骥尾,然"心窃慕之"。有些商人虽通过"捐输""报效"取得了荣衔,但毕竟不是"正牌"的官职,若欲光耀门第,当然只有寄希望于子弟了。他们的这种心曲,从两淮、两浙盐商强烈要求立"商籍"以便于子弟参加科举考试中,可看得一清二楚。

科举时代,从童子试开始必有籍。明制,籍有儒、官、民、军、医、匠之属,分别流品,在本郡(府)应试,而不得试于他郡。边镇设有旗籍、校籍,都市设有商籍,盐区设有灶籍,等等。徽州盐商主要是"业鹾"两淮和两浙,其子弟则随父兄寄居于上述两地。为了便于子弟的应试,商人强烈要求"以家所业闻,著为籍,而试于是郡"[1]。据嘉庆《两淮盐法志》载:"万历中,(扬州)定商、灶籍",自是盐商子弟因有"商籍",可以在两淮就地应试。不过,其时"且有西商无徽商。"[2]到清康熙间,巡盐御史李煦根据徽商之请上了一道奏折,内称:"窃两淮商人原籍,或系山西、陕西,或属江南之徽州。其西商子侄随父兄在两淮,不能回籍考试,因另立商籍,每逢岁考,童生取入扬州府学,定额十四名。徽商子侄因原籍在本省,不得应商籍之试。但徽商行盐年久,大半家于扬州,故徽州反无住居。且自扬至徽,道途千里,回籍考试甚属艰难。今徽商求将子侄照西商例,亦于扬州府学额十四名,免回籍应考。"康熙帝接到这份奏折后,朱批:"此事甚关尔之声名,不可轻忽,须同运使商量妥当,再具题可也。"不久,李煦又遵照康熙的朱批,上了一份《两淮商籍童生进学及乡试事已与运使商妥折》,在这份奏折里,提出商人要求将"商籍另编字号赏中数名","奴才与运使张应诏商量妥当"[3]。李煦的这两份奏折,反映了徽州商人要求为子弟立"商籍"和定学额的迫切心情;同时,也说明当时的巡盐御史李煦能够为徽商陈言。

自从万历时期两淮的"商籍"建立之后,盐商(主要是西商)子弟便

---

① 《歙事闲谭》第二十九册。

② 嘉庆《两淮盐法志》卷四十七《科第表序》。

③ 《李煦奏折》,中华书局1976年版,第242、243、253页。

可就地应试。可是，这在两浙引起了很大的反响。两浙盐商及其子弟为此向"台臣"力争，发起者为歙人吴宪和汪文演。据嘉庆《两浙盐法志》载："吴宪自新安来钱塘，初试额未有商籍，业鹾之家，艰于原籍应试。宪因与同邑汪文演力请台使（巡盐御史）设立商籍，上疏报可。至今岁科如民籍例，科第不绝。"①该志在《汪文演传》中亦云："（汪文演）与同邑吴凤（宪）兴商籍如河东、两淮例，岁收俊士如额。"吴宪、汪文演在杭州争商籍，还是依赖巡盐御史叶永盛的关照。叶原是安徽泾县人，和吴宪、汪文演是皖南同乡，清人即曾揭其底细：叶永盛"请许商人占籍，或亦维桑梓之私意乎"②！由此可知，两浙之有商籍，当是盐商及其子弟的"力请"和叶永盛维护和关照桑梓的结果。这一事实，反映了盐商及其子弟们的由商而儒、由儒入仕的迫切心情。由于他们把做官看得比经商更为重要，所以才努力争商籍，这是不言而喻的。明代有位盐商的后代汪起英弃商为儒，最后考中进士，这一事实，可以进一步证明盐商是如何希望子弟通过科举之途跻身仕宦行列的。汪起英，休宁人，前辈治盐策于淮扬，"家世饶裕"。后因其父汪新长期卧病，"困顿医药十年，竟堕业"。而此时汪起英仍然发愤读书，准备应科举考试。"一日，公叔父曰：'家道替矣，孺子治经不如治生。'"这就是要他弃儒经商以振家业。但汪起英的父亲坚决不同意，他说："儿读书宁不一试？试不遇，弃之未晚也。"可见他延师课子的目的就是为了使儿子参加科举考试，只有当科场失利之后才可弃儒从贾。结果，汪起英从父命，最后"中进士乙榜"，任应城令，后"迁南（南都，即南京）比（刑）部。"③汪起英父子以读书做官为首位的思想，在徽州的富商及其子弟中是具代表性的。

徽州的富商大贾，不仅希望自己的子弟业儒为仕，而且对族中子弟英俊者，也想方设法予以培植，使其能步入仕宦之途。如徽州吴姓"因多上贾"，而且大多"业盐策"于两淮。《休宁茗洲吴氏家典》就明确提出：

---

① 嘉庆《两浙盐法志》卷二十五《商籍》。

② 《九九清夏录》卷十《浙江商籍》。

③ 《休宁西门汪氏宗谱》卷六《司寇英公传》。

"族中子弟有器宇不凡、资禀聪慧而无力从师者，当收而教之，或附之家塾，或助以膏火，培植一个两个好人，作将来楷模，此是族党之望，实祖宗之光。"[①]"家典"里所谓的"一个两个好人"，实际上是"一个两个好官"的同义语。所以，徽州人虽然从商者众，但他们总是把"好官"看得比富商为重，而其最终所追求的也是能当上大官、好官，唯有如此，方孚"族党之望，祖宗之光"。而商人哪怕是家藏百万，也莫能膺此之誉的。徽州商人希望子弟学成之后能为"好官"，然而，"好官"的标准是什么呢？歙商江大用的一次"庭训"，讲得比较具体明白。

江大用原在钱塘经营杂货，"后游青、齐、梁、宋间，逐什一之利，久之，复还钱塘，时已挟重货，为大贾，已而财益裕"。大用有4子，"即收余资令琇（长子）、珮（次子）北贾淮扬，而身归于歙。教瑾（三子）、珍（四子）读书学文为举子，遂不复出。每自言曰：'吾先世奕华衣冠，今久易业商贾，不可。'无何，瑾与珍并入学为诸生。"后来，江瑾于嘉靖甲辰（二十三年）登进士第，后授江西高安县知县。一次，瑾回歙，其父勉之曰："吾祖宗厚积久不发矣，汝今受命为民司牧，汝其勉哉！吾闻高安财赋之区，而疲瘵之余也。汝毋要名，毋希上官之旨，惟廉惟勤，惟镇之以静，而抚之以宽，勉之行矣。"[②]江大用训子的这一席话，既反映他以有一个做县令的儿子为荣，也表达了他对儿子为官的要求与希望。在江大用看来，在淮扬经营盐业的两个儿子可能家缠万贯，但是能"发"江氏"祖宗厚积"的还是这位考中进士后当上县令的儿子。

从上述事实中，不难看出，徽商虽然也和各地商人一样，希望"快快发财""一本万利"，但有不少商人并不把营商致富作为奋斗的终极目标；有的商人，即使是先儒后贾，从贾终身，亦希望子孙成名，以炫耀门第。这就是所谓"易儒而贾，以拓业于生前；易贾而儒，以贻谋于身后"[③]。这几乎是徽州富商们的共同心愿。他们希望子孙"易贾而儒"，也并非全

---

① 《休宁茗洲吴氏家典》卷一。
② 歙县《溪南江氏族谱·终慕江公墓表》。
③ 婺源《三田李氏统宗谱·环田明处士松峰李公行状》。

是求得做官，若子孙学贯古今，著述宏富，蜚声儒林，名扬海内，自亦能光大门楣。这同样是他们所希望的。

徽州盐商之所以不惜资财培养子弟为官为士，根本原因还是他们有财力为后盾。"富而教"的前提是富。明清时期，商品经济比较发达，流通规模较前扩大，商业利润尤其是盐商的利润极高，因之，富有者多数是商人。故官与士大多出之富商之家，这是很自然的。对此，清人即曾有论及：近世"货殖之事益急，商贾之势益重，非父兄先营事业于前，子弟即无由读书，以致身通显。是故古者四民分，后世四民不分。古者士之子恒为士，后世商之子方能为士，此宋元明以来变迁之大较也"①。这一分析大体上是合乎事实的。徽商中的盐商子弟能为士（包括"仕"），正是因其家富方能由读书而"致身通显"的。

二

徽州商人当其"家业隆起"之后，望子成名的心情便很迫切。因之延名师不惜重金，督课艺不避晨夕。尤其是在进入清朝以后，中国封建社会曾一度呈现"回光返照"的局面，那就是康、雍、乾时期，相对来说，这一百多年间，海宇承平，文物昌盛，莘莘士子由科场入仕途比较通坦，这当然是徽商子弟得以扬名声、显父母的大好时机。一些家资累万的两淮徽商，处在这样形势之下，那种"富而教不可缓也"的心情，自然更加强烈。有的以"生平不习儒业为憾"，而对子弟"属望甚殷"；有的为"复吾家旧业（为儒）"，对子弟严督课艺。于是在两淮的徽州盐商中，培养子弟"习举子业"者蔚成风气。歙商吴岘山的家教，反映了商人训子之严，期望之殷，也是具有代表性的。

吴岘山自幼读书问政山中，"手披口吟，寒暑无间"，后因"家口"之累，来扬州"业盐策"。其时正当乾隆年间，盐业兴隆，家产饶裕，他便

---

① 《落帆楼文集》卷二十四《费席山先生七十双寿序》。

一心要将几个儿子培养成"龙"。据他的儿子们在所撰家父的《行述》中说：（吾父）"训诸侄必以礼，遇臧获宽而有制，而督不孝等则一主于严。为不孝等延名师家塾，谆谆以陶侃惜分阴之义相警。见不孝等所业进，则加一饭；所业退，则减一饭。每呈阅课艺，必掎摭利病，期当于应科法程。"①吴岘山厚望儿子的拳拳之忱自不待言，而且他按"八股取士"的"法程"要求来培训诸子，其希望儿子能金榜题名的心情，又是何等殷切！

据有关志乘记载，从清初到清中叶，两淮徽商子弟登科第和登仕宦者确实不少。仅嘉庆《两淮盐法志》中的《科第表》所列，从顺治二年（1645年）到嘉庆十年（1805年）这160年间，徽商子弟登科者即有256人②，其中，进士85人（包括武进士），举人116人（包括武举人），贡生55人（包括拔贡），这个数字是可观的。

明清两朝，在两淮经营盐业的商人主要有山西帮、陕西帮和徽州帮。这里，我们再以上述盐志所列山、陕商人子弟登科第的人数同徽商子弟登科第的人数，列表作一比较，以见其差异。

表1　顺治二年至嘉庆十年两淮山、陕、徽籍商人子弟科第人数

籍贯 人数 科第别	进　士	举　人	贡　生	合　计
徽州	85人	116人	55人	256人
陕西	11人	25人	9人	45人
山西	6人	11人	5人	22人

在上表所列人数中，从乾隆朝到嘉庆十年这70年间，陕西籍进士仅3人，山西籍举人仅3人，而徽籍则是进士24人、举人30人、贡生11人，两相比较，其差距就更大了。这一方面反映了清代中叶徽商在两淮已居优势；另一方面也证明徽商致力培养子弟走科举仕进之路，而西商确实是

①　《丰南志》第五册《显考嵩堂府君行述》。

②　《科第表》中所列姓名，不包括已登科第而在该志中另有传者，因此，实际人数当不止此。

"重利之念甚于重名"，他们令子弟中的俊秀者经商，"中材以下方使之读书应试"①。因此，在科第榜上自然出现两种结果。

此外，上述盐志对"间有出于科第之外"即非经科举之途而任官者另列一《仕宦表》，其中，徽籍盐商子弟任官的有：京官26人，地方官74人，武职1人，计101人。这里，不妨再与西商子弟任官人数，列表作一比较。

表2　顺治二年至嘉庆十年两淮山、陕、徽籍商人子弟仕宦人数

籍贯　人数　官秩别	京　官	地方官	武　职	合　计
徽州	26人	74人	1人	101人
陕西	2人	3人	—	5人
山西	—	6人	—	6人

从任官（除科举之途以外）情况来看，徽籍商人子弟，无论是"京秩"还是"外任"的人数，都是西商子弟不能与之比拟的。

通过上列两表中的数字比较，可以看出：山、陕商人之在两淮，一心想的是争利；而在徽商中，则大多名利兼争。从一定意义上说，他们是把争利作为手段，而把争名作为归宿。因此，徽商子弟在争得了名之后，声誉远扬，门第生辉，自然不会再继承家业做"盐驮子"了。我们只要留心披阅一些徽籍盐商的家谱，就不难发现，在清代的全盛时期，两淮徽商中的富商之家，经过一两代之后，其子孙大多不是加入儒林，就是荣膺仕宦。他们所追求的不再是"财源茂盛"，而是显名于时，甚至是扬名后世。下面，我们再以两淮的几个徽商大姓之家实例，作一些介绍和分析，以见这些富商之家所走的"经商—读书—科举—仕宦"这条道路的情况。

程姓盐商。程姓商人大约在明代弘治年间就已来到两淮了。清初，程量入为两淮总商，还有程朝宣、程朝聘、程增，都是盐业大贾。但经过一两代之后，除个别的还在"治盐策"做盐商以外，大部分子孙则奔走于仕

---

① 《雍正朱批谕旨》卷四十七雍正二年九月条。

宦之途。例如：康熙年间，程增的长子程銮，任官粮道；三子程釜，进士，任官郎中。此外，程姓盐商子弟程浚，进士，任官大名府知府。程湜、程湄兄弟为同年进士，均任官知县。特别是乾隆时的程晋芳，家本富有，但他却"不理盐策"，"独恂恂好学，服行儒业，罄其资以购书，庋阁之富，至五六万卷，论一时藏书者莫不首屈一指"①。晋芳中乾隆三十六年进士，并参加《四库全书》馆纂修；后在京"招致天下高才博学与共讨论，四方宾客游士辐辏其门，由此交日广，名日高，而家日替"②。程晋芳一生著述宏富，他对《易》《书》《诗》《礼》《春秋》的研究，均得其旨要，撰有专著；另有《诸经问答》12卷、《群书题跋》6卷、《勉行斋文集》10卷、《蕺园诗集》30卷。程晋芳弃盐业经营，所追求的不是仕宦而是名儒，故袁枚讲他"铅椠日富，而囊橐日空"③。他与袁枚、姚鼐为文字交，在文坛上3人齐名，因之3人并入《清史稿·文苑传》。看来，程晋芳的家道是中落了，而他的名声却远扬于后世。此后，在两淮的程氏子孙，为官为仕者代不乏人。嘉庆朝的程赞宁，进士，官编修；程元吉，进士，翰林院庶吉士；道光朝的程恩泽，进士，官户部右侍郎。嘉道之际，两淮盐商已开始衰落，而程家的一部分子孙却名声煊赫，其地位与其先祖之总矗两淮，不可同日而语。

江姓盐商。歙县江氏商人来到两淮大约也在明中叶。万历间，江氏盐商之后江东之、江伯达先后登五年、三十二年进士。清初，江东之侄江国茂复理盐策，到国茂之子江演时，"乃以盐策起家"。演子承瑜，乾隆时任总商，其子江春嗣其业。在两淮的江氏盐商中，论殊荣、论名声，没有人超过江春。他因"捐输""报效""接驾""缉捕逃犯"有功，乾隆皇帝赐给他各种荣衔，以致门楣生辉。江春死后，家业倾颓，两淮盐政为追缴他生前所借的帑银，变卖了他家的大部分家产。因此，江春过继的儿子江振鸿自然生活拮据，经商乏本。乾隆皇帝因轸恤其生计艰难，特为此下了

① 《清稗类钞》第二十册《义侠类》。
② 嘉庆《两淮盐法志》卷四十六《人物》。
③ 袁枚：《小仓山房尺牍》卷上十九《与程原衡》。

一道"上谕",内称:"江广达(春)充当总商有年,办理公务尚为出力。今念伊继子生计艰窘,自当量加轸恤。江广达旧有康山园一处,本家无力修葺,著传谕董椿(巡盐御史)即令众商出银五万两承买作为公产,其银两即赏给江振鸿营运,毋庸起息。又,江广达旧借帑银三十五万两,业经缴还,并著于内务府闲款内拨给银五万两,照例生息。其所借本银,不妨令其从容缴纳。江振鸿得此十万两作为营运资本,伊家生计自必渐次宽裕,以示体恤……"①江振鸿不过是一名盐商,只是由于父亲的关系,竟获得至尊至贵的"皇上"如此关照,如此"体恤",这本身就是无与伦比的"恩荣"了。后来,家渐裕,嘉庆时他还在家乡赈饥,并为候选道,著有《莺花馆诗抄》②。这一切,也可谓重振门户了。此后,江氏盐商的后代,"名流代出"。江廷祥的两个儿子都"连掇高科,莅任开府"③。江嘉谟的"诸弟侄俱得成名入仕"④。此外,江氏盐商的子孙,还有:江兰,在嘉庆朝,任兵部左侍郎;江璧,同治乙丑四年(1865年)进士。事实说明,江氏盐商衰落之后,子孙并未衰落。

吴姓盐商。早在明代嘉靖间,就有"人言诸吴固多上贾"⑤之说。所以,入清以后,吴氏谱乘云:"吾家自前明入国朝,历二百年,世习盐策。"⑥但从清代中叶起,吴氏盐商之后,大多不治盐策,而通过读书或居仕位,或入儒林。前述盐商吴岘山谆谆教子,他七个儿子都显名于时。长子吴绍芳,敕授儒林郎、候选布政司理问;次子吴绍灿,进士,官内阁中书、武英殿行走;三子吴绍波,国学生;四子吴绍浣,进士,翰林院庶吉士;五子吴绍洮、六子吴绍潑、七子吴绍祥均为国学生。乾、嘉间,吴家盐商子弟中进士者,尚有吴以镇、吴玉榕、吴文镕(嘉庆二十四年乙卯榜);还有道光朝进士吴骏昌、咸丰朝进士吴潮、光绪朝进士吴丙湘、吴

① 嘉庆《两淮盐法志》卷十七《转运》十二。
② 《歙事闲谭》第八册。
③ 《济阳江氏族谱》卷九《清候选知州司马廷祥公传》。
④ 《橙阳散志》卷三《人物》。
⑤ 《太函集》卷五十四《溪阳吴长公墓志铭》。
⑥ 《丰南志》第五册《乔太恭人行述》。

筠孙。两淮在改纲为票以后，盐商虽然纷纷歇业了，而吴姓盐商子孙却英俊辈出，门第增辉，大胜往昔。

鲍姓盐商。歙县鲍氏盐商有两支，一支是新馆鲍氏商人，主要业盐于两浙；一支是棠樾鲍氏商人，主要是业盐于两淮。"鲍于歙为著姓，而居棠樾者尤盛。"①大约在明末，有鲍士臣者曾"以廉贾称"②。而始来于扬州的，便是在乾隆时两淮总商鲍志道的曾祖父。乾嘉之际，鲍志道任总商20年，煊赫一时。后其弟鲍启运、子鲍漱芳均业盐于扬。志道的次子鲍勋茂，"由举人、内阁中书，历官至通政使司通政使"③。道光十一年（1831年），因"年已耳顺"乞休，奉旨："鲍勋茂年力就衰，着以原品休致。"④道光皇帝对鲍勋茂算是特别"恩宠"了。

最值得一提的是在此之前，嘉庆皇帝祖护鲍志道的弟弟鲍启运被告一事。鲍启运，字芳陶，时为盐法道员，嘉庆九年（1804年），被巡盐御史佶山（内府镶黄旗人）告以"抗金误课"罪，请旨予以"严行审办"。嘉庆皇帝为此连下3道"上谕"，最后，鲍启运用5万两银子了结此案。旗人佶山这一举告，若非嘉庆皇帝的关照，鲍启运的后果不堪设想。为此，鲍启运在感激涕零之余，将这3道"上谕"命工镌刻在石碑上，置于棠樾鲍氏的祠堂里，并又"敬勒"了一个简短的"后记"。内容是："臣启运被参，若非日月照临，夔龙明允，焉有今日？再造深恩，感泣不尽。谨将上谕三道，敬勒宗祠，俾启运世世孙孙，仰戴殊恩厚德，以图报称于万一。"鲍启运之所以将这3道"上谕"勒石置于祠堂，这不仅表达了他感激"殊恩"之忱，而且还因为这是一件光宗耀祖、荣荫后代的盛事。这块感恩碑，至今犹存。此后，鲍家后代有荣名者尚有：鲍志道的孙子鲍时基，在道光间官贵州黔西州知州；曾孙鲍彤轩工部郎中，鲍敦本为盐课大使；其余鲍德桴、鲍劭楷、鲍承荣、鲍东植等"俱业儒"⑤。这已是咸（丰）同

① 《棠樾鲍氏宣忠堂支谱》卷二十一《中宪大夫肯园鲍公行状》。
② 《鲍氏诵先录·鲍惜分行状》。
③ 民国《歙县志》卷九《人物》。
④ 《鲍氏诵先录·树堂府君行状》。
⑤ 《鲍氏诵先录·树堂府君行状》。

（治）年间了。可见，棠樾鲍家在两淮者，以盐策起家，而其子孙则大多走上了为仕为儒的道路。

曹姓盐商。歙县雄村的曹姓商人，在清代，也是两淮的徽商大姓之一。乾隆间，官户部尚书的曹文埴，乃是盐商之后。他在官京师日，幼子曹镇仍业鹾于扬州。曹文埴的长子曹振镛，乾隆辛丑（乾隆四十六年）进士，官吏部尚书、体仁阁大学士、军机大臣。明清两朝，徽人任"京秩"者无出其右。就在曹振镛官居显要之际，盐业不振，尤以"淮盐败坏，商困课绌，岌岌不可终日"。时任两江总督兼理盐政的陶澍，为革除积弊，首先在淮北废除纲法，实行票法①。这样，便取消了纲盐制下盐商掌握"引窝""根窝"的世袭专卖权，盐商高额利润的来源被堵截了。可是，"振镛家故业盐"，同时还有个弟弟业盐于两淮，盐法一变，自也损害曹家的利益。而陶澍又是"出振镛门下"，有一层师生关系；再加上以往"帝巡塞外，振镛以宰相常留京师决事"，因此，他又是陶澍的顶头上司。在陶澍"足将行而趑趄"之际，乃"先以私书请命"，想试探振镛的态度，结果，镛"力赞之，事得以举"②。曹振镛之所以如此"不恤其私"支持盐法改纲为票，固然由于他知道这是大势所趋，不欲自作螳臂；同时，他也深知自己既官居极品，功名利禄已是聚于一身，哪里还在乎家里那点盐商事业的得失呢？他虽明明知道，盐法一变，"旧商受损"，却大夸海口"焉有饿死之宰相家"③，这便反映了徽商子弟在获得仕宦以后，也就心不在商而在官了。

从上面几个盐商之家的一些事实中，可以得出如下几点认识：

第一，明清时期的商人，尤其是像徽州在两淮的那些富商，他们所想的主要不是使自己的商业资本扩大、扩大、再扩大，而是一门心思在培养和鼓励儿孙从家庭经商这条道路上"蝉蜕"出来。所以，这类商人，在中国封建社会濒临崩溃、资本主义萌芽已经出现之际，只能相互结成松散的

① 《清史稿》卷三百七十九《曹振镛传》。
② 民国《歙县志》卷六《曹振镛传》。
③ 《清史稿·曹振镛传》。

封建性商帮，而不能进一步组成商业企业集团，更不能促使商业和产业相结合。

第二，在中国封建社会中，长期形成的"官本位"思想，在徽商的脑海里扎根最深。在他们看来，"官"是闪光的瑰宝，只有居官，才能身价百倍，才能扬名声、显父母，荣宗耀祖，光辉门第，才能衣锦还乡，泽被后代。因此，一些富商大贾，把主要的气力直接或间接地用在仕途、官场的竞相追逐上，而不是继续致力于商品市场的竞争中。当然这是不利于商品经济发展的。

第三，徽州人宗族观念极强，两淮盐商也将这种思想观念带到盐业经营中。他们以宗亲为纽带，结伙经营，这在一定时期和一定限度内虽产生一些作用；然而，在"大吾门、亢吾宗"的思想、愿望的指引下，不少商贾之家为此目的而放弃了商业，做了"半截子"商人。所以在乾嘉时期，虽有不少徽人寓于扬州，但并非都在经营商业，有些人不是手披口吟的文人雅士，便是致仕归来的官宦。因此，这种浓厚的宗族观念，又导致商人群体力量的削弱，直到商帮的解体。

原载《徽商研究》，安徽人民出版社1995年出版，有改动

从扬州到徽州的繁荣看明清徽商的历史作用

研究明清时期的徽州商帮，不能不论及其历史作用。然而，若从宏观的角度加以论述，则难免有空泛之疵。故拟从一些侧面研究起，垒石成山，然后作用自现。本文所选择的一个侧面是：就整个徽州商帮而言，则是以两淮盐商为对象；就地域而言，是以扬州与徽州为范围。虽然"面"是窄些，而探讨的内容，则较为具体、集中。

扬州，是徽商"藏镪百万""富比素封"的聚集之地；徽州，是徽商祖宗祠宇之所在的桑梓之邦。明清时期，两淮盐业的兴盛，徽商资产的丰实，不仅使扬州这座古城空前繁华起来，就连徽州这个原来穷困的山区，也走向繁荣。而且这两州的繁荣，在明清两代又似乎是同步的。近人有谓："扬州之盛，实徽商开之。"①那么，徽州之盛，无疑更是徽商作用的直接结果。

明清时期的扬州:古城新貌

在未论述"扬州之盛"之前，先将"扬州"作简要的诠释。"扬州"这一地名，有两涵义：一为地域之名，即所谓"扬州之名，昉于《禹贡》"②。而《禹贡》上的扬州，则是一块大的地域，即所谓九州之一。

---

① 陈去病:《五石脂》。
② 嘉庆《重修扬州府志》卷首。

而后世间或以名郡（汉为广陵郡），或以名州（南朝宋永初年间），或以名府（最早在唐末杨行密称吴王时为江都府，明清为扬州府），均比《禹贡》所述的地域范围小得多，但也辖领几县（各代不一）。一为城市之名，今之扬州市，在古代大多为郡、府、州、县之治所，即后世所称之为商业古城。近人所说的"扬州之盛"，只是指这座古城之盛。我们认为：论述明清时期的"扬州之盛"，除这座古城外，还应包括扬州府属各县产盐区域，甚至包括淮安府的部分县镇。这样，才与"府海之饶，两淮为最"相合。

扬州，作为一座古城，其兴盛之原因，前后不尽相同。古之淮扬史称"雄州"，是以"地利"盛。故方志谓：扬州"襟带淮泗，锁钥吴越"；或者说："广陵居南北之冲，负淮带江而襟海。"其地理位置可谓得天独厚。尤以隋代大运河开通之后，扬州及其境域空前繁盛，故在唐代便有"扬一益二"之称。自唐至元，"东南三大政，曰漕、曰盐、曰河，广陵本盐策要区，北距河淮，乃转输之咽喉。"运河作为南北经济交流的大动脉，故"漕艘贡赋岁至京师者，必于此焉是达。"[①]在这段时期里，扬州虽为盐策要地，而"转输"之利乃是主要的。

明清时期，情况不完全相同了。对此，曾有人指出："扬州繁华以盐盛。"[②]这是说，"扬州之盛"，不在"漕"，不在"河"，而在"盐"。事实正是如此。

为什么在明清时期"扬州繁华以盐盛"呢？其主要原因有二：

第一，明清时期，两淮盐业空前发展，盐产量大大增加，行盐区域最广。宋代是两淮盐业兴盛时期，其产量是："其在淮南曰楚州盐城监，岁鬻四十一万七千余石，通州利丰监四十八万九千余石，泰州海陵监如皋仓小海场六十五万六千余石。"另外，"海州板浦、惠泽、洛要三场岁鬻四十七万七千余石，涟水军海口场十一万五千余石"[③]。总计二百一十五万四

---

① 以上引文均见嘉庆《重修扬州府志·序》。
② 黄钧宰：《金壶浪墨》卷一。
③ 《宋史·食货志下四》。

千余石。宋制，盐"石五十斤"①，计一亿零七百七十余万斤，如按明代大引每引四百斤计，约为二十六万三千余引。明代中期以后，两淮行盐为九十余万引，每引并包索四百三十斤（淮北四百五十斤）②。其产量比宋时增加三倍多。到了清代，两淮盐额岁行一百六十余万引③，其时虽将明时大引"一引剖二"，但到嘉庆时，则由清初每引二百二十五斤，增至三百六十四斤，后来竟增至五百多斤。粗略计算，清代两淮盐产量则高出宋代五倍以上。上列数字足以证明，明清时期两淮盐业的发展是空前的。盐业的发展，无疑促进了以扬州古城为中心的两淮经济的发展。

第二，明清时期，两淮盐政管理加强，机构已臻完备。因为盐产量的增加，就更加需要加强盐政管理；而盐政管理的完善，也必然加快盐业的发展。

在元代以前，两淮没有专理盐政的机构，甚至也无专管盐事的官员。宋代虽置茶盐制置使，提举茶盐司，都是茶盐合在一起，有时则将"盐事以漕臣兼领"。这些"兼领"的官员，也旨在综理盐课、缉捕私贩、酌议盐价、规划行盐地域而已。

两淮正式设立专理盐政的衙门是在元代。据载，至元十四年（1277年），置两淮都转运盐使司于扬州，这是在扬州设立盐政衙门之始。但此时的盐运司，也只是"专掌盐课"，且同其他运司分合无常，还不能视为定型的盐政机构。

从明代开始，即在扬州设立管理两淮盐业的盐政衙门，有"巡盐御史、都转运盐使及同知副使等官，皆统于巡盐，而又有总理之称。"④在运司下，还在泰州、淮安、通州（今南通）设了三个分司，并设仪征、淮安两个批验所。盐政机构的人员都规定有具体的编制、职掌乃至品秩。据嘉庆《两淮盐法志》载：运司设"都转运盐使一人，秩从三品，掌摄两淮盐

---

① 《宋史·食货志下四》。

② 《明史·食货志四》。

③ 包世臣：《安吴四种》卷五。

④ 光绪《两淮盐法志》卷一百三十。

策之政令，率其僚属八十一人以办其职务：给引符、表商盐、督课程、杜私贩、听讼狱、会计盈缩、平准贸易，明其出入以修其储贡，亭民阽于水旱流亡则赈恤之，俾无失业。凡兴革之事，由所属者咸质正于运使，运使乃议于同知，参于副使，白于御史，而后宣于治境焉"①。这一套行之有效的盐政管理机构、运作程序及其所规定的官员职掌，是以往不曾有过的。由于机构完备，管理有序，才有可能将"官督商销"或"官运商销"的"行盐之法"付诸盐业营运之中。扬州这座古城，由于是盐政衙门的所在地，她便以盐业营运中心的地位而空前繁盛起来。

明清时期的扬州，因为是两淮盐业的营运中心，所以这里舟车辐辏，万商云集，而人众财厚者主要是徽商。

这些聚集于扬州的商人，每年将两淮所产的大宗食盐，转运六省行盐地域。这种转运贩卖，是官商结合的垄断贸易，无人与之竞争。再加上行盐区又是特殊而广阔的大市场，一般都是不会"疲软"的。因之，以扬州为中心，在"开江"之后，盐船扬帆而去，白银源源而来。故曾有诗叙之曰："黄鹤楼通系马台，量盐才过涌银来。"②大量白银汇聚到扬州及其周围县镇，以致这里商业资本之厚（除上交盐赋外），富商大贾之众多，乃是全国其他城市所没有的。明代万历年间，有人估计扬州的盐商资本约为三千万两③。清代有人估计为七八千万两④，这与乾隆时国库存银七八千万余两之数大致相等。这是两淮盐商资本的总数字。至于一些商贾之家，在明代乃有"藏镪有至百万者，其他二三十万，则中贾耳"⑤。到了清代，有些巨贾"富以千万计"⑥，"百万以下者，皆谓之小商"⑦。这些巨额资金集中在扬州及其附近地区，毫无疑问，它是这里繁华兴盛的根本条件。

① 嘉庆《两淮盐法志》卷三十二《职官》。
② 林苏门：《邗江三百吟》。
③ 宋应星：《野议·盐政议》。
④ 汪喜孙：《从政录》卷二《姚司马德政图叙》。
⑤ 谢肇淛：《五杂俎》。
⑥ 李斗：《扬州画舫录》卷十五。
⑦ 《清朝野史大观》卷十一。

虽然商人的商业资本不都消耗在扬州，而扬州的繁华则主要来自盐商的利润，那是不容争议的。

从明代中期到清代乾、嘉，两淮盐商是以徽商为主体，这是学者们的共识。正因如此，才有"扬州之盛实徽商开之"之论。徽商之"称甲"两淮，非独人数之众多，更重要的是他们资本之雄厚。早在明代，就有人提到，"新安多大贾，其居盐策者最豪"[①]。不少人在两淮被称为"首商"或"盐策祭酒"。而"家资巨万"者比比皆是。入清以后，尤其是在康、乾时代，徽商在两淮盛极一时。他们财力之丰，就连乾隆皇帝也曾因之发出"盐商之财力伟哉！""富哉商乎，朕不及也"[②]的感叹！

盐商手里的大量资金，流出的渠道不少，而消耗在扬州的主要是两大项：一是建设性消费，一是奢侈性消费。

从建设性消费来看，又可分为盐业生产、城市建设和繁荣文化三个方面。

所谓盐业生产，是指为了扩大盐的生产和运输而兴修的诸如疏浚河道、修堤筑坝等这类工程。对此，徽州商人较为慷慨。如：

明正德时的祁门人郑璇，"商于瓜渚，见运河官民要道，遇粮运辄阻商行，璇捐金别浚一河，使官运无碍，商不留难，至今赖之"[③]。

明代休宁盐商姚柱，贾两淮，为了盐船在高邮境内运行通畅，乃倡议沿河筑堤，以防河道淤塞。结果，盐船既无阻滞之虞，而沿河地带又"遂成沃壤"[④]。

歙商黄家佩与弟家珣"同业淮盐"，康熙四年（1665年）"潮决范公堤[⑤]，偕其族人黄僎鸠众重修，不费朝廷一钱，而八百里全堤兴复如故，

---

① 《太函集》卷二《汪长君论最序》。
② 见徐珂：《清稗类钞》第二册，《国朝遗事纪闻》第一册。
③ 同治《祁门县志》卷三。
④ 康熙《休宁县志》卷六。
⑤ 郭子章：《重修范公堤记》云：宋"范文正公监西溪盐仓……乃筑捍海堤于泰、通、海三州境"，故名范公堤。

自是庆安澜者垂五十年"①。

康熙五年，徽商郑永成倡修安丰场五仓沙河，这是一条运盐的"灶河"，明代即已淤塞。"洎今（康熙初）百年，故道渐已湮没，亭棚悉圮，弥望惟寒烟白草而已……有纲商郑永成为之倡，众商蒋方成、万祥等咸力襄盛举，贷课本一万一千有奇……灶河故道既浚，两岸亭棚以次复整，灶无失业……"②

康熙初，歙商江演（江春祖父）"以盐策起家"，"浚扬州伍佑东河二百五十里及安丰串场官河，盐艘免车运之劳，商民受益"。③

歙商汪铨"以盐策占籍仪征……康熙中，奉旨濬海口及串场河，命铨司其事。铨以海口虽经疏凿，而各场运行盐诸河尚苦淤浅，请并力濬之"④，以致商灶均赖其利。

歙商汪仁晟，"服贾淮安，洞悉盐务利弊，而于场海支河考核详审。嘉庆十九年（1814年），黄河漫口，运道艰阻，佥议无成。仁晟谒河院黎，奏开李工口门，放水入场河，冲刷积淤入海。事竣，北盐舟运通利，南河工料亦得全数运贮，至今为利。"⑤

在有关盐志、方志和徽州的一些家谱中，所载类似上引材料不胜枚举，这里就不一一胪列了。但以往的志书、谱牒都是将商人这类行动视为"义行""善事"，把它放在道德的戥盘里加以权衡，予以表彰。而近人在论述"扬州繁华以盐盛"的时候，却忽视了对上述材料的征引和分析，似乎这种"利灶利商"的活动与扬州的繁荣毫不相干。其实，徽商和其他盐商将手里的一部分资金用于浚河筑堤，资助亭灶，便利盐船行驶，这远不只是道德范畴中的"善事"，而是发展两淮盐业所必须做的"基础工程"，是盐业生产和运输中的基本建设。"扬州繁华以盐盛"的前提是盐。只有亭灶复业，河运畅通，两淮盐业才能得以发展。这样，亭民才有衣食之

① 嘉庆《两淮盐法志》卷四十四《人物》。
② 汪兆璋：《安丰场挑浚灶河碑记》；又见雍正《两淮盐法志》卷七。
③ 《橙阳散志》卷三《人物·义行》。
④ 嘉庆《两淮盐法志》卷四十四《人物》。
⑤ 民国《歙县志》卷九。

源，商人才有丰厚的商业利润，国家才有大宗的盐课收入。作为两淮盐业中心的扬州，正是在盐业发展的条件下进一步繁华起来的。因此，徽商浚河筑堤的这类"盛举"，无论从经济的角度考察，还是从道德的角度评论，都是值得称赞的。

所谓城市建设，这里是指古城的交通和基础设施的修建。扬州这座古城，经历了明末清初的浩劫之后，原来的街道、桥梁、道路均遭到严重破坏。所谓"满目疮痍，遍地荆棘"，并非虚语。以徽商为主体的两淮盐商，他们以其商业利润的一部分用于在扬州"治坏道""葺废桥""修马头"……这同样也是促使扬州繁荣所必需的城市建设工程。

歙商汪应庚在扬州"建造船桥，济行旅"，又"兴修平山堂蜀冈，栽松十万余株"，"重价买堂旁民田，别浚一池"[1]，以疏通水道。

歙商鲍肯园，嘉庆时为两淮总商。其时，扬州至康山以西，至钞关北抵小东门，地洼下，街渠水易积，为之易砖为石，街道积水得以清除[2]。

"总商罗琦尝甃扬州东关大街，并筑城外石马头。"[3]

特别是扬州城市环境的改观，盐商更是出力甚多。乾隆末，袁子才在《扬州画舫录》的《序》中，以其亲眼所见的事实，描述了扬州城四十年前后的变化，值得一读："记四十年前，余游平山，从天宁门外，拖舟而行，长河如绳，阔不过二丈许。旁少亭台，不过堰潴细流，草树卉歙（风吹树木声）而已。自辛未（乾隆十六年）大子南巡，官吏囚商民子来之意，赋工属役，增荣饰观，奓（zhà）而张之，水则洋洋然回渊九曲矣，山则峨峨然隥（dèng）彴（zhuó）横斜矣（溪流中的踏脚石），树则棼槎发等桃梅铺纷矣，苑落鳞罗布列，閛（pēng）然（关门声）阴闭而霅（shà）然（散开貌）阳开矣。猗欤休哉！其壮观异彩，顾、陆所不能画，班、扬所不能赋也。"扬州的这种变化，当然是与"天子南巡"有直接关系，但"赋工属役"，则是"商民子来"之力。毫无疑问，这里所说的

---

① 李斗：《扬州画舫录》卷十六，又见《汪氏谱乘·光禄寺少卿汪公事实》。

② 《棠樾鲍氏宣忠堂支谱》卷二十一。

③ 嘉庆《两淮盐法志》卷四十六《人物》。

"商民"当是盐商，而其中主要是徽商之力也是可以肯定。

扬州盐商对这座古城基础设施的建设和环境的治理，应是功不可没。有人却把盐商尤其是徽商投资于上述改造城市的各项举措，也斥之为奢侈性消费，那是不妥的。事实上，没有盐商的这些投资，何来"扬州繁华"？何来当日扬州"壮观异彩"的景象呢？

所谓繁荣文化，是指徽商及其子弟积极资助文教并直接参与文化事业的各项活动。

扬州的繁华，不仅仅表现在经济的活跃和城市的"壮观"上，同时也反映在文化的昌盛上。明清时期的扬州，因两淮盐业的发展而富极东南。有了如此雄厚的经济基础，所以，在文化领域也出现了前所未有的昌盛局面。对此，徽商及其子弟也是有一份功绩的。他们参与这里文化活动的一个突出特点是全方位的。

文化的主体是教育。明清两代扬州教育比较发达，这与"两淮商士萃处于斯"①是分不开的。据载，徽商及其子弟对学校教育的资助不遗余力。雍正末，祁门盐商后代汪应庚曾捐五万余金重修扬州府学，复捐银一万三千余两置学田一千五百亩，"以待学宫岁修及助乡试资斧"②。嘉庆四年（1799年），徽商洪箴远捐资在扬州十二门各设立一所义学。③清代，扬州的学校教育，在管理体制上有一个明显的特点：即几所有名的书院——附郭的安定、梅花两书院，仪征的乐仪书院，"皆录于盐官，藉其财赋之余以为养育人才之地，故饩廪之给视他郡为优。"④这几所书院划归盐官管理，自是得天独厚。而盐官的"财赋"也是取之于盐商。可见，书院经费充裕，薪俸从优，还是凭借商人的财力。

教育发达，"英才蔚起"，所以清代的扬州人文荟萃。乾嘉时期，在经学、文学、医学、绘画、书法、金石考古、戏剧等领域盛极一时。而每一

---

① 嘉庆《重修扬州府志》卷十九《学校》。

② 《汪氏谱乘·光禄寺少卿汪公事实》。

③ 嘉庆《重修扬州府志》卷十九《学校》。

④ 嘉庆《重修扬州府志》卷十九《学校》。

个领域也都不乏徽人的踪影。诸如：扬州学派是清代经学派别之一，其中的凌廷堪便是歙县盐商的后代，侨居海州之板浦场。他"通诸经，于三《礼》尤深"。廷堪"与江都焦循并称"①，同是"扬州学派"中的主要人物。在文学方面，徽商及其子弟有不少人都是扬州文坛上的活跃人物，有的人还是当日的坛主。乾隆时的总商江春，"工制艺，精于诗"，他的从弟江昉家有紫玲珑馆，工词。"江氏世族繁衍，名流代出，坛坫无虚日。奇才之士，座中常满。"②他们还在扬州与诸同好集结诗文会社，唱和不绝。歙商汪廷璋"平生无他嗜好，惟性耽吟咏以自适。广陵冠裳总会，名士硕彦络绎于此"③。方西畴系歙商后代，乾隆间，他在扬州"与诸名流结韩江吟社"，相互酬唱，诗作极丰④。据李斗《扬州画舫录》载："扬州诗文之会，以马氏（曰琯、曰璐兄弟）小玲珑山馆、程氏（梦星）篠园及郑氏（侠如）休园为盛。"马氏、程氏、郑氏都是徽州盐商之后，他们在文坛上均负盛名。徽州在扬州的诗人之多，诗作之富还要推歙商程氏后代。"《皖雅》引《星岩》云：新安程氏多诗人，侨居淮扬有专集行世者，指不胜屈。"⑤清代全盛时期，扬州文坛之活跃，"专集行世"之多那是空前的。而寓居扬州的徽人，是当时文坛上的一支重要力量。至于绘画、书法艺术，当时的扬州，更是群星璀璨，百态千姿。仅据《扬州画舫录》所载，其中徽州的高手不下数十。在闻名遐迩的"扬州八怪"中，就有汪士慎、罗聘这"两怪"是徽州人，其先辈都"业鹾"于扬州。盐商既然富埒素封，无不希望寿登耄耋。因此，他们便十分重视医药的研究。歙县盐商黄履暹，居扬州倚山南，"有十间房花园，延苏医叶天士于其家，一时座中如王晋三、杨天池、黄瑞云诸人，考订药性，于倚山旁开青芝堂药铺，城中疾病赖之。刻《圣济总录》，又为天士刻《叶氏指南》一书"⑥。这说

---

① 李斗：《扬州画舫录》卷五。
② 李斗：《扬州画舫录》卷十二。
③ 《汪氏谱乘·奉宸苑卿汪君事实》。
④ 民国《歙县志》卷九。
⑤ 《歙事闲谭》第八册。
⑥ 李斗：《扬州画舫录》卷十二。

明扬州的徽商还参与医药的研究与实践。还有一些徽州商人为了附庸风雅，"好蓄古玩"，他们收购"商周彝鼎及晋唐以下图书"不惜重金；歙县盐商巴源绶的弟弟巴慰祖，"居扬州，工八分书，收藏金石最富"[①]。有的人家里，"鼎彝在陈，图书在座，足不窥户，宛如身在三湘五岳商周秦汉间也"[②]。扬州人爱好古董和翻刻古书的风气较浓，当与盐商有关，这也是文化繁荣的一个方面。

上述事实告诉我们，明清时期的扬州，无论是盐业生产的发展，城市面貌的改观，还是文化的繁荣，都与徽商于其中投入财力、人力、智力是分不开的。而这些"投入"应该说是富有积极意义的。

徽商手里的资金，消耗在扬州的另外一项是奢侈性消费。这是一项巨大的开支。但它又与扬州的繁华有一定的关系。

徽州盐商的奢侈之风，大约起于明代的嘉（靖）万（历）而盛于清代的康（熙）乾（隆），这与其时盐业的发展密切相关。盐商经营食盐的运销利润极高，他们在获得大量的商业利润之后，除"正供完纳而外，仍优然有余力，以夸侈而斗靡。于是，居处饮食服饰之盛甲天下"[③]。尤以清代康熙中叶以后，两淮盐商的奢侈性消费又为各处盐商之冠。故在雍正元年（1723年）有一道"上谕"称："朕闻各处盐商，内实空虚而外事奢侈。衣物屋宇，穷极华靡；饮食器具，备求工巧；俳优妓乐，恒舞酣歌，宴会嬉游，殆无虚日，金钱珠贝，视为泥沙……骄奢侈佚，相习成风。各处盐商皆然，两淮尤甚。"[④]而在两淮的徽州盐商，其骄奢淫逸又更甚于其他商帮。

徽州盐商的奢侈性消费，首先是在园林的建造上，明中叶以后到清代道光以前，扬州的园林之多甲于东南。正如晚清文人吴趼人所说的："原来扬州地方花园最多，都是那些盐商盖造的。"[⑤]其中，徽州盐商盖造的则

① 《扬州画舫录》卷六。
② 《丰南志》第五册，又《太函集》卷十五《赠吴伯举》。
③ 《淮鹾备要》卷七。
④ 《清朝文献通考》卷二十八《征榷考》三。
⑤ 《二十年目睹之怪现状》第四十五回。

比较多。故民国《歙县志》载，歙邑的大盐商，"在扬则盛馆舍，招宾客，修饰文采"。诸如祁门马氏盐商后代于所居新城东关街附近筑小玲珑山馆，其中有看山楼、红药阶、透风透月两明轩、七峰草堂、清响阁、藤花书屋、丛书楼、觅句廊、浇药井、梅寮等景点。歙县汪氏盐商在扬州九莲庵建别墅曰南园，有深柳读书堂、谷雨轩、风漪阁诸胜。总商江春家居扬州南河下街，建随月读书楼，又建秋声馆、水南花墅、深庄、江园、康山草堂、东园诸名胜。歙县黄晟、黄履暹、黄履昃、黄履昂四兄弟，俗称"四元宝"。他们分别筑有易园、十间房花园、容园、别圃。歙县郑氏盐商家族元嗣、超宗、赞可、士介四兄弟，也分别筑有王氏园、影园、嘉树园、休园，"于是兄弟以园林相竞矣"①。徽州盐商的园林不仅遍布扬州城内外，而在仪征、瓜洲等地都有他们的园林馆舍，连淮安的河下镇，徽商建造的园林就有二十余处之多②。盐商建造园林，都是竞相斗侈，各不一样，其耗费之巨是难以计算的。

与此同时，盐商在衣饰、饮食、婚嫁以及娱目欢心的嬉游娱乐方面的消费，更是视金钱如粪土。据《扬州画舫录》载：他们"一婚嫁丧葬，堂食饮食，衣服舆马，动辄费数十万。"在衣、食、住、行诸方面，"一时争奇斗异，不可胜记"。有些盐商的奢侈性消费，就连"封君"也自愧弗如。③

徽商和其他盐商这种毫无节制的奢侈性消费，是长时期以来中国富商大贾的一种"通病"。这类商人大多由于富有，便将手里的资金用于两个方面：一是"交通王侯"；一是穷极奢侈。但其目的只有一个，那便是以富求贵。徽州盐商正是在这两个方面消耗掉大量的资金，甚至有的盐商一面借帑银，一面"捐输""报效"，迎来送往、花天酒地。这并不是他们"白痴"的表现，而同样是为了以此来炫耀自己，从而求得身份地位的提

---

① 以上材料分别引自《扬州画舫录》卷四、卷七、卷十二、卷八。

② 李元庚：《山阳河下园亭记》，转引自王振忠：《明清淮安河下徽州盐商研究》，载《江淮论坛》1995年第5期。

③ 李斗：《扬州画舫录》卷六。

高。在中国封建社会里，由于法律贱商人，而商人则"因其富厚"通过上述两途来争得一定的社会地位。所以盐商们在"家业大饶"之后，大多不曾想到再进一步将手里的资金用之于扩大商品流通领域，更不用说投资于商品生产并将生产与流通结合起来了。从这里，也反映了明清时期的盐商同以往的区域性商人群体一样，是一个地地道道的封建性商人集团。两淮的徽帮亦是如此。

那么，我们如何看待徽商和其他盐商这种奢侈性的消费呢？全面地看问题应当是：它导致了两方面的结果。

一方面，盐商由此将一部分商业利润消耗于非盐业生产和非盐业经营领域里，以致盐的生产和流通往往得不到所需要的资金而遇到种种困难，甚至出现生产、流通规模下降的情况。由此而倒霉的则是生产者的灶户，特别是有的贫灶因缺少工本而失业；盐的消费者也因商人的挥霍而提高盐价加重了负担。同时，两淮盐商的奢侈陋习不仅败坏了扬州的社会风气，而且也蔓延到大江以南的一些地区，徽州被害尤甚。民国《歙县志》载："奢靡风习创于盐商，而操他业以致富者，群慕效之。"有些盐商乃是因为奢侈无度而倾家荡产。因此，盐商的这种奢侈性消费是无可称道的。

另一方面，我们还要看到，两淮盐商的奢侈挥霍，其空间是在扬州，他们因奢侈生活而消耗的白银，也主要是流进了扬州的千家万户。在这种情况下，"金和银因此自然而然地成了有余或富有的社会表现"[①]。一个城市，如果不是大多数人"富有"（相对的），那是繁华不起来的。"扬州繁华以盐盛"的成因，乃是盐业发达，盐商、盐官的消费，由此而带动了各行各业的发展。仅以扬州的园林建筑为例，明清两代两淮盐商在扬州及其附近县镇，建造了那么多"楼台绕曲池"的园林别墅，这需要多少劳动力，需要多少能工巧匠，需要多少设计大师，需要多少建筑材料，需要多少运输工具，又需要多少与之相配套的行业、人手。这些人力物力的聚集在客观上无疑促进了扬州的繁华。我们从生活的角度看盐商大造园林，这

---

① 《资本论》第一卷第112页。

是奢侈性的消费；而从市政建设的角度看盐商的园林，又是城市繁华、壮丽的一种表现。正是由于盐商大造园林，以致古城扬州才成为连皇家也称艳的一座花园式的城市。李斗《扬州画舫录》里，还介绍了乾隆年间扬州的市场兴旺、熙来攘往的景况，诸如：鱼市、花市、缎子街、珠宝首饰铺等专门街肆的生意兴隆；酒楼、茶店、浴室以及歌舞场中的人声喧阗。这些繁华的场面，无一不与盐商的奢侈生活联系在一起。

当然，一部分人这种脱离社会生活实际的奢侈性消费，虽然可以为这个城市带来一时的繁荣，但它不可能持久。事实上到了嘉道时期，尤其是两淮改纲为票以后，一些大盐商纷纷破产歇业，其境遇也"非复旧时光景矣"[1]。随着他们的"高台倾，曲池平，子孙流落"[2]，而扬州的"旧日繁华"，也因之减色"二分"了。

徽州：旧郡名区

徽州在晋代为新安郡，后来行政区划屡有变迁，名称亦有更改，到北宋末年改称徽州。明清时期，这一方境域竟成江南名区而闻名海内。其所以出名，一是因为比较富庶，即所谓"东南称饶，首推新安"[3]。二是因为文化昌盛，即所谓"新安为朱子阙里，而儒风独茂"[4]。但在明代中叶以前，这里是一个贫穷的山区，"深山穷民，仰给杂粮"，"精馐华服，毕生不一遭焉"[5]。大约从成化、弘治以后，情况开始改变。那就是这里"出贾"的人逐渐增多，他们通过裙带关系一带十甚至带百而"足迹遍天下"。明末休宁的抗清志士金声就歙、休两县从商的情况曾经作过如下的记述："夫两邑人以业贾故，挈其亲戚知交而与共事，以故一家得业，不独一家食焉而已，其大者能活千家、百家，下亦至数十家、数家，且其人

---

① 钱泳：《履园丛话》卷二十。

② 黄钧宰：《金壶浪墨》卷一。

③ 《休宁西门查氏祠记·查灵川公暨配汪孺人行状》。

④ 康熙《绩溪县志续编》卷三《硕行》。

⑤ 康熙《徽州府志·风俗》，又见《歙事闲谭》第十八册。

亦皆终岁在外，而家居者亦无几焉。"①明末以前，徽人"出贾"在外的大抵占十之七，"家居"占十之三。这些十之七的商人，其家资亦有上中下之分，"其巨者高轩驷马，俨然缙绅；次亦沃土自豪，雄资足赡，自谓无求于人；最次亦逐什一，征贵贱，饱暖其妻孥，而优游以卒岁"②。试想，从商的人家最差的都在温饱线上，这必然推动"家居"的力农者逐渐脱贫致富。万历《歙志》记述徽州的富庶便是以弘治时期为起点的："至于弘治盖綦隆矣。于是家给人足，居则有室，佃则有田，艺则有圃。催科不挠，（盗贼）不生，婚嫁依时，闾阎安堵。妇人纺织，男子桑篷，臧获服劳，比邻敦睦，诚哉一时之三代也。"这里不乏粉饰之词，但徽州由穷转富自此时始则是可信的。所以，在万历时期，徽州的富商巨贾逐渐增多，他们生活豪华，派头十足，整个徽州社会生活的变化则大异往昔了。据上引志书所载："而今（万历）则家弦户诵，夤缘进取，流寓五方，轻本重末，舞文珥笔，乘坚策肥，世变江河莫可底止。"入清以后，徽商声名赫赫，而徽州境内的繁荣又呈现前所未有的场面。清末进士许承尧曾说："自国初以来，徽商之名闻天下，非盗虚声，亦以其人具干才、饶利济，实多所建树耳。"③康熙《徽州府志》亦载：（徽州）"民鲜田畴，以货殖为恒产。春月持余资出贸什一之利，为一岁计，冬月怀归，有数岁一归者。上贾之所入，当上家之产；中贾之所入，当中家之产。小贾之所入，当下家之产。善识低昂，时取予，以故贾之所入，视旁郡倍厚。"④到了乾嘉时代，便是"新安富甲江南"了。

徽州商帮经营的行业很多，所谓"其货无所不居"，然其中"以盐、典、茶、木为最著"。在这四大行业里，从事盐业的经营资本最厚，获利最多，因之盐商也最为富有，徽州的繁荣富庶虽然是由于从商者众，但论财力还是盐商。尤以徽州在两淮的盐商人多势大，他们的一部分利润流归

---

① 《金太史集》卷十《与歙令君书》。
② 歙县《虬川黄氏宗谱·云景黄翁六十寿序》。
③ 《歙事闲谭》第十八册《歙风俗礼教考》。
④ 康熙《徽州府志》卷二《风俗》。

故里，以致对桑梓的繁荣，起重大的作用。

扬州的盐商，大抵"以流寓入籍者甚多，虽世居扬而仍系故籍者亦不少"①。在两淮的徽州盐商这两种情况都有，但无论是已"入籍"扬州或"仍系故籍"的商人，而徽州则是他们祖先庐墓所在之地，修族谱、置族田、建宗祠，他们都是慷慨资助的。甚至祖、父辈还家居故里，因之，其子孙经商所入，更是要拿出一部分"用孝养厥父母了。"这种情况，明代嘉、万时人汪道昆在《太函集》里就有过记述：有些父母在徽州而子弟经营盐业于两淮，"主人终岁家食，跬步不出里门，坐收山林林木之利于其家，岁课江淮盐策之利于其子，不逐时而获，不握算而饶"②。一方面"坐收山林林木之利"，一方面又有儿子将一部分"江淮盐策之利"寄回家，因此，"主人"安得而不富！而汪道昆所讲的这类"主人"并不是个别的。

明清时期，由于徽州商帮的崛起，山区由贫转富，我们还可以从境内市镇的兴起得到说明。

徽州六邑，在明代以前，除府治所在地歙城以外，比较大的市镇极少。明代中期以后，乡村市镇兴起，据有关志书记载，到了清代嘉庆时期，府属各县计有市镇53个，其中较大的有渔亭、屯溪、五城、岩寺、深渡、镇头、历口等③。市镇的兴起是社会经济繁荣的一个标志，而徽州社会经济的繁荣又与徽商特别是两淮盐商有一定的关系。因为盐商的财力雄厚，他们资助故乡或寄给家人的银两也比较多。尤以歙县是两淮盐商故籍的大本营，所以在徽州六邑中也是以歙县最富。这里，仅以歙县的岩镇为例，来说明徽州市镇兴起的一个梗概。

岩镇又称岩寺镇，在明清时期是徽州的大镇之一。她距歙县县城十余公里，为黟、歙、休（宁）之间交通孔道。明初属永丰乡，而兴起成为一个大镇，是在嘉靖、隆庆之时。据志书记载："歙城附郡之东郭，自县治

---

① 嘉庆《江都县续志》卷十二。

② 《太函集》卷十四。

③ 参阅《徽州地区简志》第142页，黄山书社1989年版。

而西二十五里曰岩镇，其乡旧名永昌，洪武二十四年（1391年），改曰永丰，其里曰清泰，居六邑之都会，为九达之通逵。鳞次万家，规方十里，阀阅蝉联，百昌辐辏，则自有明嘉、隆之际始也。"①这个兴起来的万家之镇，不仅商业发达，经济繁荣，而也颇为昌盛。歙人汪道昆说："夫以文献概吾乡，其著者称岩镇。"②又说："岩镇甲歙四境，其市万家，故多荐绅大夫，郡县博士者三之一。"③这种经济、文化双双兴盛的情况，在《岩镇志草》里还有一段记述："岩镇当嘉靖之时，甲族蝉联，人文鹊起，风会之极隆也。"

可以肯定，岩镇的兴起与盐商有一定的关系。因为从时间来看，岩镇之兴于嘉、隆，这正是两淮的徽商在"开中折色"之后大多"家业隆起"之时，而此时乃是大批的徽州商人联袂而来两淮的时间还不太久，他们和故乡更有千丝万缕的联系。而"集中淮扬"的歙县诸大姓：江、吴、黄、程、汪、徐、郑、许、曹、宋、鲍、叶等盐商的故里，大多居住在岩镇周围，商人虽经营盐业于两淮，但"在歙则扩祠宇、置义田、敬宗睦族、收恤贫乏"④，以及助修书院、设置考棚等，这对故乡经济、文化的繁荣自然大有裨益。而上述诸姓盐商对于岩镇本身的建设，更是积极相助。万历时人潘句写过一篇《岩镇逍遥堤建石桥记》，其中提到两淮盐商资助修建岩镇石桥的情况："维时里中英彦，云集广陵，同志之士，各侣其侣，有友若而人焉。念乡国之神皋，格上人之诚信，或既输出于沙堤，而未尽其意，或偶动念于桥圮，而深长其思，同力合作，无事他求。"⑤那些"云集广陵"的"里中英彦"，不正是歙县的盐商及其他们的子弟吗！

另外，休宁在两淮盐商的实力，仅次于歙县。休宁商人大多"疏财仗义"，乐于资助乡里。如正德、嘉靖间的汪福光，经营盐业于两淮，他对家乡"修城隍池，修去思诸亭，筑庠宫文峰之垒，建夹溪、汶溪诸石梁，

① 佘瑞华：《岩镇志草》。

② 《太函集》卷三十二《方在宥传》。

③ 《太函集》卷三十四《潘汀州传》。

④ 民国《歙县志》卷一。

⑤ 见《岩镇志草》。

大抵君之捐资成事居多"①。嘉万时期休宁盐商汪寰和他的父亲汪渐溪均"贾淮海",对家乡"府庚之贮谷,邑廪之储饷,白岳之再筑,太素宫畚序之更新……"②均能积极捐金资助。而休宁的屯溪、五城、溪口诸镇,大多兴于嘉、万时期,黟县的渔亭镇,就有盐商出资参与修桥筑路的③。可以推知,这些市镇的兴起和繁荣,当与包括盐商在内的徽商一部分利润流归桑梓是分不开的。

我们再从明清时期的徽州建筑来看,也足以证明其时的徽州是比较富庶的。徽州建筑自成一派,这在一般乡村区域里是罕有的。这里无论是园林、民居、牌坊、亭榭、街坊,还是桥梁、寺观、祠宇都别具一格,这本身就是经济富有的一种反映。而形成徽派建筑的经济基础,无疑还是徽商的雄厚财力。除此之外,徽派建筑的特色,也非自天而降,它是吸收各地的建筑艺术,经过取舍损益在不断实践的基础上形成的,这也离不开徽商的作用。因为商人行贾四方,见多识广,一部分商人在"家业大饶"之后,便在家乡筑馆舍、造园林以及从事各种"义举"。他们把外地各式各样的建筑式样、技巧也带回故乡,再加上明清以前,徽州在建筑方面就饶有"古风"。这种"内外"融合,便成为徽派建筑艺术之"源"。以园林建筑为例,徽州境内由商人或商人的后代达官贵人建造的园林就很多,而徽州的园林建筑艺术,大多仿于"二州"即杭州与扬州的园林,这无疑是两浙和两淮盐商所"引进"的。在徽州的园林中,也是盐商尤其是在两淮的盐商建造的为多。如明代盐商吴天行,"以财雄于(歙县)丰溪,所居广园林,侈台榭,充玩好声色于其中"④。许承尧在《歙事闲谭》中引《胡心泉集》里的《水香园记》有一段记述,略云"吾县(歙县)西山水平远,居人复工选胜,园亭树石,错落分布于其间,与川岩相映发,而'水香园'为最著,载在邑乘,故余姻家右湘汪先生所筑"。而汪右湘便是在

---

① 《休宁西门汪氏宗谱》卷六《福光公暨配金孺人墓志铭》。
② 同上谱同卷《处士寰公暨配金孺人墓志铭》。
③ 嘉庆《黟县志》卷七《人物》。
④ 见《虞初新志》卷二十。

清康熙乾隆间"禺策于扬的盐商"①。商人为了生活的享受而大建园林馆舍，自亦是奢侈性消费，但徽州的园林建筑却是这一方富庶的象征。此外，歙县的棠樾牌坊群和鲍家祠堂全是由鲍家盐商建造的。由于其建造技艺别具一格，而被列为今日徽州的文物保护单位和旅游景点之一。

徽州的富庶主要还是反映在村落民居的建筑中。明代以前，徽州的村落无可称道者。到了明代中期，由于商帮的崛起，"商人致富后，即回家修祠堂，建园第，重楼宏丽"②。当时的乡村"林泉之胜，以第宅楼观相雄者，亦比比有之"③。到了明末清初，徽州境内的民居，大多粉墙青瓦、雕梁画栋、形式别致、高低错落，一片繁华景象。康熙末，寓居扬州的歙商后代程且硕，在一次返回故乡后，写了一篇《春帆纪程》，他亲眼所见家乡的情景是："乡村如星罗棋布，凡五里十里，遥望粉墙蠹蠹，鸳瓦鳞鳞，棹楔峥嵘，鸱吻耸拔，宛如城郭，殊足观也。"④这种"宛如城郭"的乡村，在当时其他各地是不多见的。到了乾嘉时期，正是徽商的鼎盛阶段。其时有些乡村，更是殷庶无比。例如：歙县桂溪村，是项氏商人的聚居之地。嘉庆年间，这里是"望衡对宇，栉比千家，鸡犬桑麻，村烟殷庶。祈年报本，有社有祠。别墅花轩与梵宫佛刹，飞甍于茂林修竹间，一望如锦绣。而文苑奎楼腾辉射斗，弦歌之声更与樵歌机杼声相错"⑤。这虽不免带有文学夸张的成分，但也并非虚构。对此种景象可以作为印证的是，道光年间，程怀璟"奉命守徽州"，他在道光《重修徽州府志》的《序》中，对其时徽州乡村的景况也作了如下描述："行其野，则村墟刻镂，桑麻铺菜，比户习弦歌，乡人知礼义。"程怀璟笔下的徽州，同样是颇为殷实的。

明清时期，徽州的文化昌盛，也是这个地区繁荣的一个重要方面。在这几百年中所形成的"徽州文化"，独树一帜，自成派别，这也是其他境

---

① 《歙事闲谭》第二十七册《水香园于乾隆中易主》。
② 民国《歙县志》卷一。
③ 弘治《徽州府志》卷三十五《宫室》。
④ 《歙事闲谭》第八册。
⑤ 《桂溪项氏宗谱》，引自《徽学通讯》第9、10期合刊。

域所不多见的。诸如新安理学、新安医学、新安画派以及徽州朴学（皖派经学）、徽州篆刻、徽州刻书、徽派版画，还有徽剧、徽雕、徽菜，等等。文化的基础是经济，而酿出"徽州文化"的"酵母"则是徽商。徽州商人在发家致富之后，乃不惜以重金助修书院，捐资助同族贫困士子；同时，延师课子侄，务期学有所进，业有所成。诸如明代的黄用礼、汪伯瀛、汪福光、汪洪以及清代的江春、汪应庚、鲍肯园等这类两淮的大盐商，他们以各种方式对故乡的文化教育都作出过积极的贡献。在科举制下，明清两朝，徽州中试的人数之多，也是他郡少有的。甚至有些鸿儒硕学、达官贵人，竟是盐商和其他商人的后代。由此可知，只有徽商成帮，才有徽学成派，才有仕宦如林，这是毋庸置疑的。

盐业是徽州商帮的"龙头"行业，而在两淮的盐商，又是徽商的主体。当我们在考察明清时期的扬州和徽州繁荣的时候，必须看到促进这"二州"繁荣的主体力量，当然，这不等于说主体力量是唯一的力量。有关材料说明，这"二州"繁荣的起步大约都在明中叶。尽管扬州早就是一座古城，殷庶已久，但从"扬州繁华以盐盛"这个角度来考察这座城市，其"繁华"的起点也是在明代成、弘以后，至清乾嘉达于极盛。而在徽州，无论从市镇的兴起、村落的繁荣、民户的殷实、文化的昌盛，大抵都与"扬州繁华以盐盛"是一致的。有人曾以"扬徽情结"来形容这"二州"的关系，实际上这"二州"之"情"主要是盐商连接起来的。

通过明清时期的扬州和徽州繁荣的事实，我们不难看出，商人在繁荣社会经济、促进经济和文化发展的作用是必须肯定的。因此，拙文从一个行业、两块地域着墨，以探索徽商的历史作用，意在举一斑而窥全貌。不妥处，敬祈方家指正！

原载《徽商研究》，安徽人民出版社 1995 年出版，有改动

论徽商经营文化

徽州商帮在三百余年驰骋商场、追逐利润的过程中，由于他们的文化知识和思想素质的底蕴较为深厚，因之，这一商人群体，在商业经营中文化品位也比较高。我们认为，徽商经营文化，也是蕴藏在"徽州文化"这座宝山中的一块瑰宝。如能经过采掘、提炼和制作，让它以晶莹璀璨的原貌展现出来，不仅可以丰富我国商业文化史的内容，同时，也能给当前商潮中的"弄潮"者，在经营活动中提供有益的借鉴。

一、"儒商"风度和"徽骆驼"精神

在明清商界中，徽商是遐迩闻名的儒商，这在同时代的商帮中，是无与伦比的。何谓儒商？明代歙人汪道昆说："贾名而儒行者，谓之儒贾。"①"儒贾"即"儒商"。在商业经营中，他们能"以儒术饰贾事，远近慕悦"②；"虽营商业者亦有儒风"③。这把"儒商"的面貌基本勾勒出来了。

儒，本是指有专门知识和技艺的人，后或指"儒学""儒家"，也是士——知识分子的泛称。中国从汉代"独尊儒术"之后，崇奉儒学的知识

---

① 参见《太函集》卷五十二、六十一。
② 《潭渡黄氏族谱》卷九。
③ 《婺源县志稿》（抄本）。

分子地位逐渐提高，"儒为席上珍"，他们受到社会的尊重。于是人们往往在称"儒士"之外的某些人或群体的身份之前，也冠以"儒"字，如"儒将""儒相""儒医""儒匠""儒商"等等都寓有褒义。称徽商为"儒商"，实际上是对这个商帮的美誉。同时，大体上也是名实相符的。

徽州商帮大多"业儒"出身，这是受徽州社会环境影响之所致。旧称"新安自昔礼义之国"，"文献之邦"，读书风气较浓，"虽十家之村，不废诵读"。所以，徽州人大多自幼就"习儒业"。后来，除少数人步入仕途或为鸿儒硕学之外，多数人则改从他业，其中约有十之七"弃儒服贾"，操奇赢于都会或山陬海涯。这类有文化知识的商人，不仅精于筹算，有的人还精于翰墨，亦即所谓"商而兼士者也"。

这些"业儒"出身的商人，在混迹市场中，有不少人还酷爱经史百家之书，欲从中汲取文化、思想营养，增长经商才能。特别是那些巨商大贾，更是好学成癖。歙县大盐商吴砚山，年轻时，"读书问政山中，手披口吟，寒暑无间"。后到扬州"治盐策"，依然好学不倦，"往往昼筹盐策，夜究简编"，并"留心经世之务，经、史、子、集列几前，至老未尝释卷"①。明代休商汪东瀛，幼"读小学、四书，辄能领其要。于是通习经传，旁及子史百家。"后"挟资皖城"，与当地的文士谢辅"日与讲论诗文，远近商游于兹者，咸师事之"②。黟商胡春帆，祖辈"创业江右"，春帆承先业出入江湖，"舟车往返，必载书簏自随。每遇山水名胜之区，或吟诗，或作画"，"饶有雅人深致，与庸俗市侩不类"③。歙商黄可堂，年轻时"博览群籍，好文学，《左》《国》《庄》《骚》《史》《汉》诸书，讽诵如流"。及"贩木湖南，星餐水宿，仍治旧业"。晚年著有《虚传诗集》二卷，文一卷④。上述这类商人，在徽商中不胜枚举。

在被称为"东南邹鲁"的徽州，不仅是"业儒"出身的商人，能够

① 《丰南志》第五册。
② 《汪氏统宗谱》卷三十七。
③ 同治《黟县三志》卷五。
④ 《歙事闲谭》第三册。

"亦贾亦儒"，受其儒风的影响，那些原来未识诗书的商人，有的也能乐于和书本结缘。祁门商人倪仰文则是其中的一例。仰文"少食贫，入塾受书，月余辄止"，还是个文盲。及长，"远游淮泗，服贾牵车用孝养厥父母，犹自愧不识一丁，亟取四子书，就邻之塾师求句读。值会计暇时，开卷雒诵，每至夜漏声残，不解衣带而寝"。他在刻苦自学中，"乃涉猎汉文唐诗，一读辄通奥窔（很深的奥义），学草书栩栩有神，间亦作为诗歌与骚客递相唱和"①。这位原来"不识一丁"的商人，后来竟能与"骚客"相互"唱和"，也跻入"儒商"之列，这正反映出徽州商帮"贾而好儒"的特色。

徽商既是"儒商"，所以他们在商业经营中，便能表现出儒商风度，亦即为人们所评述的："恂恂雅饰，贾而儒者也。"像休商汪坦，虽托游于货利之场，然非义弗取。"其遇物也咸取其直而济之以文雅"②。他不仅不牟暴利，而且待人谦和。歙商张景文出身于"文学之家"，后来"更修卓郑业经商"，他在商场中"然终以儒贾不肯事龌龊琐屑，较计锱铢。"③这是一般钻营小利的刁狯之辈无可比拟的。在两浙经营盐业的鲍解占，"虽混迹廛市，一以书生之道行之，一切生家智巧机利悉摒不用"④。鲍解占所行的"书生之道"，实际上就是"儒道"，其"行"则表现出儒者之风。

徽州商人本着"儒道"经商，不设智巧，不图小利，其结果，往往竟能获得大利。不少人正因此而"家业隆起""丰亨豫大"，甚至"埒素封矣"。何以如此呢？中国的儒家学说，历来主张"义利双行"，并非只讲"义"不讲"利"。但是，义与利的结合，必须以义为前提。"不义而富且贵，于我如浮云。"孔子的这句话，在几千年中影响深远。徽州商人恪遵"儒道"，在经商中"非义弗取"，像休商汪德洪那样："罔道弗干，罔利弗取，恂恂然贞诸度"⑤。商人经商，不仅取之有"道"，同时还要取之有

---

① 祁门《倪氏族谱》卷下。
② 《汪氏统宗谱》卷一百六十八。
③ 《新安张氏续修支谱》卷二十九。
④ 歙县《新馆鲍氏著存堂宗谱》卷二。
⑤ 《汪氏统宗谱》卷一百六十八。

"度"。能如此，生意自会兴隆，财源必然茂盛。儒家学说，本是用于"齐家治国平天下"的理论，徽州商人则用之于经商，其"灵验"也颇为明显。

徽商不仅被誉之为"儒商"，而且又被称为"徽骆驼"，以喻其创业之艰辛。产生"徽骆驼"精神因素固然很多，但其中的一个重要因素，也是导源于"儒道"。儒家学说，向来提倡"劳而不怨"，"择可劳而劳之"，这是孔子提出的。孟子讲得更明白："天将降大任于是人也，必先苦其心志，劳其筋骨，饿其体肤，空乏其身，行拂乱其所为"。那些自幼即接受儒学教育的徽州商人，自认"发大财"为"大任"，于是用以行之于艰难创业，从而在商业征途中，表现出"徽骆驼"精神。

徽州人多是因生计所迫经商，"以为糊口之谋"。但他们大多有一种"自立"的心理期望：即人生在世，"不能习举业以扬名，亦当效陶朱以致富。"而要"致富"就得"劳其筋骨，饿其体肤"。他们在兴家立业中，莫不风餐露宿，历尽艰辛。休商查岩振在数十年中，"岭南塞北，饱谙寒暑之劳；吴越荆襄，频历风波之险①。歙商许尚质曾"负担东走吴门，浮越江南，至于荆，遂西入蜀"，接着，又"西涉夜郎、牂牁、邛筰之境。"晚年时，他深有感慨地说："间自念曩入蜀时，迷失道，伛偻扳岩谷，行冰雪中，至今使人毛竦骨竖。"②其艰苦备尝可以想见。还有那些当学徒、佣工、伙计出身的商人，在"习业"时，"半口并无作辍"③，受尽了店主的折磨。就连大盐商鲍润直在初"习贾"时，也是做了多年"惟供洒扫"的学徒，后来，才"独自经营"起家的。

"徽人重利轻别离"，这是早为人知的事实，也是"徽骆驼"精神的又一种表现。他们经商外地，和骆驼负载远行一样，难知时日，难计归程。一般是"春月持余资出贸什一之利，为一岁计，冬月怀归，有数岁一归

---

① 休宁《西门查氏词记》。

② 《许氏世谱·朴翁传》。

③ 新安惟善堂《典业须知录》。

者"①。尤其是一些年轻人，新婚不久，即告别亲人，而外出行贾。同上志载："邑俗重商，商必远出，出恒数载一归，亦时有久客不归者，新婚之别习以为常。"新婚之后，便久客不归，如果没有"骆驼精神"何以做到！清初，宁都大文学家魏禧，在"出游东南"时，对徽州的习俗做过考察，他说："新安富甲江南，然人多地狭，故服贾四方者半。土著或初娶妇，出至十年、二十年、三十年不归，归则孙娶妇而子或不识其父。"②魏禧所言当是事实。徽人汪于鼎在所作《新安女史篚》中，记载一则读之催人泪下的故事："吾乡昔有夫娶妇甫三月即远贾，妇刺绣为生，每岁积余羡易一珠，以记岁月，曰此'泪珠'也。夫还，妇殁已三载，启视其箧，积珠已二十余颗。"后人因以名曰"纪岁珠"。民国《歙县志》卷一转载这则故事后加了如下评语："只此一事，而其时礼教之谨严，生计之迫压，家庭之苦痛，交通之闭塞，皆可见矣。"县志所谓的"礼教"即是"儒教"。这一对商人夫妇，同是受到"儒教"的洗礼和影响，男人"轻别离"，女人则"尚贞洁"。至于男人"轻别离"的原因，县志列出了几条，但最重要的一条精神动力——骆驼精神却未能指出。而这一动力的背后，也是同"儒教"有着千丝万缕的联系。

二、经营观念与道德观念

徽州商帮在长期的经营活动中，由于受到当时的经济、政治和社会环境的影响，再加上他们大多从小就接受传统文化教育与滋润，因而形成了比较完整的而且能体现"儒贾"特色的经营观念，从而丰富了中国商业史中的观念文化。经营观念虽只是商业文化的一个层面，但它对徽商的兴业发家，其作用却不容忽视。而留下来的这笔商业文化财富，其价值更是不可低估。这里，仅将徽商的经营观念，择要略述如次：

---

① 民国《歙县志》卷一。
② 《魏叔子文集》卷十七。

（一）效益观念

经商都是为了追求利润。"快快发财"则是商人效益观念的反映，也是商人企盼的目标和心理特征。徽州商人大多小本起家，其中有不少人经过五年、十年或者更长一点时间拼搏于商场，即能"藏镪"数十万、百万乃至千万，这便是商业的高效益。徽州商帮之能"称雄"商界，正是由于他们善于追逐高效益而厚植资本的。

徽商的效益观念，主要表现在以下方面。

地缘效益。徽州商人转毂四方，从观念文化来看，无非是追逐地缘效益，亦即哪里生意好做，哪里能赚大利，哪里货源充裕，哪里货畅其流，就奔向哪里。这便是所谓"善治生者，不惟任时，且惟择地"。这是有道理的。徽人经商伊始，不过是将山区特产运往外地，以其所有，易其所无。后来，从追求经济效益出发，便逐渐跳出本地这个范围，走南闯北，以谋取高利。诚如歙商江叔先对他的兄弟所言："良贾务转毂四方，吾侪墨守一隅非策也"①，不"墨守一隅"便是受效益观念的驱使。例如，徽州的木材商人，本来是以本地所产之木材，运往邻近区域。其后，他们则是有的"贩木湖南"，有的"货木三楚"，有的"采木川黔"。这些产木之地，不仅木材多而且价格便宜，有利可图。盐商也是如此。徽州地近余杭，最初从事盐业经营的商人，大多业盐于两浙。但从明中叶后到清代乾嘉时期，两淮盐业大盛，不少徽州盐商纷纷由两浙迁至两淮。明代嘉靖、万历时期的歙人汪道昆，他祖父、伯祖父都是在杭州经营盐业。后来，他的世叔知道两浙的盐业生产、销售和赋税，"仅当淮之仇，故今上贾贾淮"②，乃徙业于斯。歙人黄豹，初经商时，"挟资以游荆襄南楚，董董物之所有，贸迁而数致困"。为此，黄豹"欲更其业"。但与他同伙经商的人都挽留他，黄豹则说："嗟乎！若蜀卓氏处葭萌地狭薄，不足以致富，更业汶山之下，富拟人君。若久居荆襄，是长贫耳。"最后，黄豹还是果断

① 汪道昆：《太函集》卷五十。
② 汪道昆：《太函集》卷五十。

地徙业淮南。他在这里大展鸿猷，贸易往来，以"廉贾"之度待人接物，结果，"一年给，二年足，三年大穰，为大贾矣"①。在商人群体中，有行商，有坐贾，极少数商人二者兼俱。行商驰骋南北，自然不固定于"一隅"；即使是坐贾，有不少也并非"坐"守于一地的。商人的经营观念是，利润之所在，便是商场之所在，这便是地缘效益。徽州商人尤其善于择地经营，故能很快发家致富。上述汪道昆的"世叔"和黄豹等不过是其中的几个例子而已。

行业效益。商场如海，浩瀚无际。那里三百六十行，在不同的时期、不同的地区是喧闹不一的。商人经商，首先要考虑的便是选择哪一"行"。其着眼点，无非以利润效益为目的。

综览有关徽商资料，不难发现，徽商的择业大致有以下几途：①克绍箕裘，子承父业；②先是受雇于人，待熟悉本行业的商情、业务后，便独立经营此业；③本地、本族有巨富者，"宗人"结伙傍依其下，业从其主；④以自己的技术特长经营其能获得高效益的行业；⑤及时逐利，因时择业，等等。徽人"善贾"，无论是"因地有无以通贸易，视时丰歉以计屈伸"②，或者是"大贾则必据都会"③，而经营什么行业，都是经过审慎选择的。而在选择好行业之后，便以其敬业精神，善于筹划，精于运作，有不少人便成为同行业的"祭酒"。在经营活动中，创造出行业文化。

集约效益。徽州商人在经商过程中，以其智力和才能，往往采取集约化的经营方式从事贩买贩卖活动，从而实现了高效益。例如，两淮盐商，其行盐区域主要是在两湖以及沿江各地，这里则是盛产粮食的地区，于是他们的盐船运送食盐抵达口岸后，在回程时，则将湖广的粮食随船运回苏扬等地。史载"淮商载盐而来，载米而去"④便是实况。这种盐商兼粮商的做法，其经济效益可以想见。再如徽州茶商，大多经营本地所产的茶

---

① 歙县《竦塘黄氏宗谱》卷五。
② 万历《休宁县志·风俗》。
③ 万历《歙志·货殖》。
④ 嘉庆《长沙县志》卷十四。

叶。不少茶商，不只是单一地贩茶，而是集收购、加工、运输、销售以及设立茶庄于一体。这既保证了茶叶的分等质量，又节约了人力、物力，也把握了茶叶的购销季节，实现了预期的效益。有的商人，同时经营各种买卖，实现行业"互补"。徽商程建柱"随父经商江广，佐理经营。父殁后，克绍箕裘，友爱昆弟"。他自己"总理玉山栈事，增至田广"。以玉山为他家的商业中心，"兰邑（兰溪）油业命二弟建伯公督任之，命三弟建梓公坐守杭州，分销售货；命四弟建桓公往来江汉，贸迁有无"。遂又"创立龙游典业、田庄、金华、兰溪两处盐务，游埠店业，吾乡丰口盐业"。这一家经营这么多行业，有商有农，有行商有坐贾，有产有销，如此集约经营，自会是"先绪恢而弥广焉"①。经济学著作中，经常提到农业集约化问题，其实，在工业、商业中，同样可以采取集约化经营，从而提高经营效益。

群体效益。商帮是一个松散的商人群体。地域之谊、宗族之亲是维系这个群体的重要纽带。徽人从商，常常采取同宗结伙或同乡结伙的方式，合力经营，追求群体效益。金声在《与歙令君书》中，对徽人群体经商的习俗，载之较详。他说："夫（歙、休）两邑人以业贾故，挈其亲戚知交而与共事，以故一家得业，不独一家食焉而已。其大者能活千家、百家，下亦至数十家、数家。"②这么多的"亲戚""知交"结成群体"终岁客居在外"，这是徽州商帮群体观念的反映。徽商"客居在外"的地点，可说是全国大都会以及江南、长江两岸、运河沿线的市镇无不有之。其中，是以扬州及其附近县邑的"客居"徽商群体较多。在这里，有不少大姓也是聚族而居的。"如江村之江，丰溪澄塘之吴，潭塘之黄，岭山之程，稠墅潜口之汪，傅溪之徐，郑村之郑，唐模之许，雄村之曹，上丰之宋，棠樾之鲍，蓝田之叶皆是也。"③这只是歙县商人在两淮的各姓群体。而在金陵经营典当业的多是休宁商人群体，在杭州经营木业的多是婺源商人群体，

① 《歙县程氏孟孙公支谱·程建柱传》。
② 《金太史集》卷四。
③ 民国《歙县志》卷一。

在上海、北京经营茶叶生意的多是歙、黟以及绩溪商人群体，在江右做买卖的多是祁门商人群体。在中国社会科学院历史研究所编辑的《徽州千年契约文书》中，有不少经商契约都是兄弟或堂兄弟、叔侄、亲戚以及里人集资从商所订立的"合同"。明代大名鼎鼎的徽商程锁就是靠结伙经商起家的。程锁年轻时，由于其父"客死淮海"，家道中落。锁"乃结举宗贤豪者，得十人，俱各持三百缗为合从，号曰'正义'……久之业骎骎起，十人者皆致不赀"①，与程锁结伙经商的十人都成了巨富。群体经商至少有以下好处：（1）群体出资，可以将"小资本"变为"大资本"；（2）群体经营，形成"合力"，不仅可以将"大生意"揽下来，而且在运销贩卖过程中少出漏洞；（3）群体力量大，有利于在市场上竞争。总之，群体结合从事商业经营，都是为了追求效益。而且是在追求群体效益的同时，更是为了追求个人效益。所谓"以众帮众，无非亦为己身地也"②。徽商的群体效益观念，在中国商业文化史上，堪称别具一格。

（二）质量观念

商场上的竞争，最突出的是质量竞争。谁的货物在质量上能列为上乘，则就具有竞争力。徽州的一些文化思想品位较高的商人，懂得"质量就是生命"这个基本道理，故能在从事商品交易中，占领市场，历久不衰。最突出的是制药商人和制墨商人，其对质量的重视超过其他行业的经营者。正因为如此，徽州的医学和制墨在全国同行业中形成了独树一帜的"新安医学"和"徽墨"两个流派，其遗风余韵流传至今。新安的药业中声名显赫者为"保和堂丸散"。考其由来，始自唐代陆宣公，数十传而至明朝，"而陆氏之歧黄益以有名于天下。其制合丸散，非特经一二人之心思，三五年之撰造。凡其先达诸公无不研究斯道，阅数百年升卢扁之堂者前后相望"。以致"保和堂丸散"在"江浙闽广间，全活不可胜记"。而且陆氏制成的这一成药，"不随世人将就贸易"，以牟取暴利，而是"药有定

① 《休宁率东程氏家谱·程锁墓表》。
② 《肇域志》第三册。

价，宁薄息而售，世不二价以徇人"①。"保和堂丸散"经过几十代人的研制、改造，其目的，还是在追求质量的提高。"保和堂丸散"能传几百年，主要也是它的质量能饮誉海内。明代休宁的汪一龙，在芜湖"创立正田药店"，他家也自制成药。据民国《芜湖县志》卷五十八载，他家"所制之药慎选药材，虔制丸散，四方争购之，对症取服，应效神速。每外藩入贡者，多取道于芜湖，市药而归"。这家药店"垂二百余年"，靠的当然也是质量。

徽墨始创于五代南唐，宋代的潘谷，以其所制之墨精而被称为"墨仙"。至明代，"徽州墨商甚多，其著名者，则国初之查文通、龙忠迪、方正、苏眉阳，嘉（靖）万（历）之罗小华、汪中山、邵青丘、青丘子格之、方于鲁、程君房、汪仲喜、吴左于、丁南羽父子"②。这些制墨名家，在质量考究上，无不细心制作，精益求精。他们都是"模出新裁，法传古雅"，"督之以工良艺巧，藏之为国宝家珍"③，故徽墨"专美海内"。到了清代制墨大家龙腾虎跃，其声华远扬且历时最久者，当是绩溪人胡天注、胡余德父子在休宁所开的"胡开文"墨店。这家墨店所制之墨，不仅进入了翰林学士及钟鸣鼎食之家，而且进入了紫禁城的御书房。胡开文墨店起桌制墨于乾隆中叶，往后经历近二百年。胡开文墨能如此受人青睐，他家墨店能延续这么长的时间，主要也是以质量取胜。据记载，时人对胡开文墨店制墨过程有以下一段描述："漆欲其净也，烟欲其精也，胶欲其和也，香欲其烈也。涵而揉之，以视其色泽之匀也；捶而坚之，以视其肌理之细也；范而肖之，以视其意态之工也。"（胡开文墨业资料手抄稿，现藏安徽师范大学"徽商研究中心"）由此可见，胡开文墨店对制墨质量之讲求，可以说达到了极致。胡余德在主持胡开文墨业时，曾耗巨资收回已经售出而质量不合格的墨锭，可见，这家墨店的制作、销售均以质量为第一。

徽商在其他商品经营中，同样注重商品的质量，比如，粮商出售粮

---

① 《新安陆氏家乘·新安陆氏保和堂引》。
② 赵吉士：《寄园寄所寄》卷十一。
③ 《还古斋墨自述》。

食，盐商出售食盐，这都是他们经营的大宗商品。但多数徽商在从事粮、盐销售中和那些奸商不一样，不欲"做假"，所以他们所经营的粮、盐非常畅销。

（三）名牌观念

商场上注重名牌效应，自古及今莫不如此。一般地说，名牌效益是以质量为前提的。徽州商人由于特别注重商品质量，不以劣质商品欺人，所以，他们便能在经商实践中，创造名牌，打出名牌，收到了较好的名牌效应。而这种名牌观念，也激励着他们的进取精神。徽州一代代制墨名家，就是靠名牌来占领市场。在不同领域不同年代里，要创出一种名牌产品，往往要经过几代人的潜心研制，而且要集制作、工艺、设计、装饰于一体。有不少制墨名家，将自己的制墨实践写成专著，叙述其精工制作的过程，并从理论上作了分析总结。比如《墨谱》《墨述》《墨苑》《墨铭》《墨林》《墨歌》等，大多出自那些制墨名家之手。有名家就有名牌，清初程正路所撰《墨史》（即《墨述》）一书，后人曾评之为"言墨专书中罕见珍籍"[①]。程正路就是一位制墨名家。他的《墨述》后附有《墨目》21种，诸如"伊洛渊源""天关煤""书画墨""翰林墨""席珍""玉堂珍赏""宝翰""大国香"等等都是他创立的名牌。他也因以这些名牌而为一代制墨名家。

其后，胡开文墨店创始人胡天注、胡余德父子，为了创名牌，保名牌，其做法尤为独特。那就是胡天注在临终前，立了一份分家《阄书》，他在《阄书》中规定：日后儿孙分家不分店，分店不起桌（制墨），起桌必更名。所谓"分家不分店"，即儿孙们分家时，原来设在休城的"胡开文墨店"不能分，只能"单传"由一人执业；所谓"分店不起桌"，即是儿孙们要在别处开设胡开文墨店，但不准制墨，其所销售的墨锭，还是从老店进货，只能成为休城胡开文墨店的门市部；所谓"起桌必更名"，便

---

① 张子高评述《悟雪斋墨史》手稿。

是后世子孙要起桌制墨，决不能沿用"休城胡开文"字样，尤其是胡开文所制之墨，都嵌有"苍珮室"墨印，这是除休城老店之外所制墨品决不可袭用的。胡天注在《阄书》中所立的这一规定，从根本上说，就是保持胡开文墨品的名牌。因为，如果墨店分产，儿孙们自行制墨，其原料的选择和技术、工艺制作不免粗制滥造，以次充优，名牌难保。这一"祖制"一直延续到清末民初。这家墨店生产的"地球墨"，曾于1915年荣获巴拿马国际博览会金质奖。

徽州商人，在争创名牌产品的同时，还注重创名牌商店。清代中叶，黟县商人胡荣命在江西吴城镇经商50余年，他开设的商店是名牌店，远近闻名。晚年，他罢业还乡，有人要"以重金赁其肆名"，他拒绝了。其理由是："彼果诚实，何藉吾名也。"①他认为名牌是靠自己的努力，靠"诚实"取得的。足见他对"肆名"的重视，也是对名牌效应的切身感受。

(四)信誉观念

质量观念、名牌观念、信誉观念都是互为作用的。经营商业如果商品不能保证质量，不能创出名牌，何来信誉！信誉的前提是诚实、不欺、重承诺、守信用。徽商中有不少人受到儒家"民无信不立"的影响，所以在经营中能以信誉为本，并由此而使商业兴隆，财源茂盛。清代歙商吴南坡非常重视商业信誉，他曾说："人宁贸诈，吾宁贸信，终不以五尺之童为欺。"他出售的货物质量、重量都是合乎标准的。以致"四方争趣坡公，每入市视封识为坡公氏字，辄持去，不视精恶短长"②，如同今天的"免检"商品，这便是他"贸信"的作用。婺源茶商朱文炽，他所出售的茶叶，从不以次充优，以陈充新。有一次，他贩茶于珠江，由于在贩运中"逾市期"，当年的新茶已经上市，故在"交易文契"时，炽必书"陈茶"二字，以示不欺。陈茶的售价当然比新茶低，"牙侩力劝更换，(炽)坚持

① 同治《黟县三志》卷六。
② 《歙岩镇镇东磺头吴氏族谱·吴南坡公行状》。

不移"。朱文炽不以陈茶充新茶，正是为了保持他的经商信誉。[1]清末民初，徽州茶商在上海经营茶叶店的为数日多，他们不仅销售于本市，而且倾销于外地乃至国外。而其能够使得茶叶畅销的"奥秘"，也是靠"信实"二字。《绩溪庙孙王氏谱》卷二十《王维达传》载：维达年十二即至上海程裕和茶号做学徒。裕和茶号是一座老店，但顾客仅限于本埠，"维达建议推广至山东青岛一带，倾销俄罗斯国，货真以信实招徕，店务日起……每年获利恒至万金，一时裕和之名扬溢海上"。足见上海程裕和号茶店，也是全赖"货真以信实招徕"，才得以店业兴隆，获利甚丰的。

信誉与欺诈是对立的，古往今来，有些奸商专以欺诈生财，有人能因此一时获利，但不能持久。徽商中也有的人是如此，故时人目之为"徽狗"。而多数以"廉贾"自励的商人，不屑于用欺诈的手段谋利，就像上述吴南坡那样的商人，纵使一时生意清淡，获利甚微，也是恪守信誉不移。休宁的程家弟曾经商于"宁邑河口"，他"一以信义服人"，可是往往"折阅"亏本。有人劝他，"经商本大道，必须运以心计"，实际上是告诉他经商要有心术，要用智巧以售其奸。程家弟不以为然，他说："世之以废著起家者多矣……岂尽由智巧得邪？""吾敦吾信义而已，赢余之获否，亦听之而已。"后来，他的儿子程之珍"承公遗谋"仍在河口继承父业，"信洽遐迩，大焕前猷，丰亨豫大，迥异寻常"。对此，后人评之曰："亦信义之报，公平之效，未得于其身，正以取赏于其后。"[2]这一事实，反映了经商中的"信义之报"，即使姗姗来迟，但终究还是能"取赏"的。司马迁在《史记·货殖列传》中说："廉贾归富。"验之徽商，足证斯言之可信。

（五）法律观念

法律观念，亦即法律意识。它是社会意识的一种，并嵌有时代和阶级的烙印。人类社会，自有国家以后，就逐渐产生了法律。在徽商活动的明

---

[1] 光绪《婺源县志》卷三十三。
[2] 《旌阳程氏宗谱》卷十三。

清时期，封建统治者制定的法律已趋完善。它作为一种社会规范和其他上层建筑紧密配合，以保证国家机器的运行。人们的法律观念的形成，离不开社会环境和文化思想素质。徽州人生活于封建礼法十分浓厚的山区，从小就受到宗族有关"安分守法"的训诲。保存下来的各姓族谱，首卷均载有"族规""家训"，其中，差不多千篇一律地明示族人遵守法纪。如《张氏宗谱·家规》中载："业第就于农工商贾，必自安本分而上守王章，完额课以免催科，赴公旬以备力役。""守王章"就是守国法。因之，他们的法律观念远较其他商帮要强。

在徽商中，法律观念最强者首推盐商，其所以如此，这是不无缘由的。我国的盐业向由国家掌管经营，它是一种特殊性的商业行业。自隋代以后，食盐的课税是国家财政收入的重要来源。在各个封建王朝中，盐税税额无不都是屡屡增加，乃至明清，"盐税所入与田赋国税相埒"[1]。而盐法便是保证盐税收入的主要工具。因此，自唐宋以下，封建王朝对盐法的制订和因革损益都特别重视，盐商是在盐法的约束和"官督"之下从事食盐经营。"然与官为市，法称浩繁，而盈缩靡定，非善应，多筹策，无以近奇赢。"[2]盐商要做到能"善应""筹策"，非得熟知盐法不可。徽商正是因为熟悉盐法，在明代盐法几次变更中，曾有他们参与其事，这是以往研究者所未曾注意的。

据《续文献通考》卷二十《征榷考·盐铁》载：弘治五年（1492年），叶淇变盐法。"户部尚书叶淇，淮安人，盐商皆其视识，与淇言：'商人赴边纳粮，价少而有远涉之劳；在运司纳银，价多而得易办之利。'淇然之。"叶淇又将商人的这一建议，请示了内阁徐溥，因溥与淇"交最厚"，故亦同意。"淇遂请台商纳银公司，类解太仓，分给各边。"由"开中纳粮"变为"开中纳银"，这是明代盐法一次较大的变革。上引材料说明，叶淇变盐法，是采纳盐商意见的。虽然该书未能明确指出建议叶淇变盐法是何地的商人。但可以肯定，那是徽商无疑。因为：在两淮经营盐业的主

---

① 《清史稿·食货志四》。

② 歙县《竦塘黄氏宗谱》卷五。

要是西商（山陕的商人）和徽商。原来的"开中纳粮"于西商便，于徽商不便。西商纳粮于边储，地近而费力少，只有徽商才有"远涉之劳"。"开中折色"纳银于运司之后，徽商地近两淮，才能"得易办之利"。况且淮安一带，又是徽商的聚集之地，《淮安河下志》记述徽州盐商在这里的事实甚详。叶淇所"视识"的盐商，也必然是徽商。自从叶淇变盐法后，在两淮的徽州盐商，从此势力大兴。故万历《歙志》载："《传》之所谓大贾者……皆燕、齐、秦、晋之人，而今之所谓大贾者，莫有甚于吾邑。虽秦、晋间有来贾淮扬者，亦苦朋比而无多。"自叶淇变法后，徽商参与变更盐法还有一些事例：嘉靖年间，歙商黄崇德是一位通经史的商人，他先"商于齐东"，后转徙两淮经营盐业。"惟醝国家仰给有法，或沿或革。自汉论醝以来，至于唐宋《食货志》醝法之议，纷纭不一，莫能究其指归。公博览多通，上自《春秋》《管子》之书，东汉盐铁之论，唐宋食货之志，明兴《大明会典》，讲求周悉。"由于他通晓古代盐法，"乃盐司下询，则条陈利害，言论侃侃，监司辄可其议，下其法于淮之南北。夫淮海诸贾，多三晋、关中人，好唾奇画策，见公言论，皆削稿敛衽从公，推公为纲"[1]。这则材料说明：（1）黄崇德因为熟谙历代盐法，方能参与盐法的修订，盐运司便能采纳他的意见，"下其法于淮之南北"；（2）西商好夸夸其谈，言法不及徽商，所以，对黄崇德的谈论心悦诚服。与黄崇德同时代的盐商程正奎，也是经营盐业于两淮，他不仅参与盐法的改革，而且还能从理论上讲述独到的见解。按照以往的盐法，"诸盐场皆按籍坐支，顾泽卤递增损。若户口逃亡，额课大减"，于国家不利。他提出为了"毋失课额，今得通融取盈，于法便。"他的这一提议，又与成法不合。"人谓高皇帝法迄今数十百年，安敢议纷更"，亦即"祖宗之法"不能变。程正奎则说："高皇帝法迄今数十百年，法穷矣。穷则变，变则通，庶可为长久计。故变则法在，不变则法亡。"结果，"有司以便宜请，诏从之"[2]，他的变更成法的建议，既有利于国家，也有利于灶户，所以得到了皇帝的认可。

---

① 歙县《竦塘黄氏宗谱》卷五。
② 《太函集》卷四十七。

但他能以辩证的观点，讲述了法变与不变的利害得失，实属难能可贵！

徽商由于有较强的法律观念，因而他们懂法也守法。在当时的商场上，"诸贾率以奸富，不坐尺籍，则坐鬼薪"，触犯了法律。徽商则是"供奉法凛凛"[①]，成为守法的商人。歙商吴得鲁，在经商中"必轨于正经"，从不为了"射重利"而"托文网以规利权"[②]。吴一新"业蹉浙中，宁奉法而折阅，不饰智以求赢"[③]。所以他能徜徉于法网之外。歙商方勉柔，经商两淮，其时，"淮地商贾辐辏，奸伪时作"。而勉柔则"兢兢奉法唯谨，故能保其业"[④]。

在商业战线上，从事合法经营，这是国家对从商者起码的要求，也是商人自爱、自律的基本准则。尽管时代不同，法的内涵和所维护的利益也不完全一样，但作为商人观念文化，又是古今相通的。从这个角度来看，徽州商人的法律观念，在今天仍有可取之处。

(六)途程观念

徽州商人出贾远游，天陬海涯无所不至。在当时"交通乏便"的条件下，陆行往往有崇山之阻，舟行又难免险礁之碍。昔日行商，真是"举步艰难"。可是，那些有文化而又操持稳重的徽州商人，在跋涉关山险阻和搏击惊涛骇浪的历程中，奔波在外，必须"识途"，从而在脑海里浮现出途程观念。

徽州商人的途程观念，突出地反映在由他们亲自编辑的商旅途程的专书中。明代休宁大贾黄汴，曾编一部《天下水陆路程》，原名《一统路程途记》。此书原藏日本山口大学。该书详细记载二京十三布政司的水陆交通路线，道路的起讫分合，沿途驿站名称，各地风俗人情，以及山川险恶，等等。这部途程书之所以能够编成，一是他搜集了不少当地材料，一

---

① 《太函集》卷三十六。
② 《太函集》卷四十八。
③ 《丰南志》第四册。
④ 《方氏会宗统谱》卷十九。

是他亲身遍游了大半个神州,是书本知识和实践知识相结合而成的。他在《自序》中说:"汴弱冠随父兄自洪都至长沙,览洞庭之胜,泛大江,溯淮扬,薄戾燕都……后居吴会,与二京十三省暨远方商贾贸易,得程途数家,于是穷其闻见,考其异同,反复校刊,积二十七年始成帙。"可见他编辑这部《一统路程途记》是下了实功夫的。它的编成,商贾得益匪浅。诚如黄汴的好友吴岫在《后序》中所言:"商贾得之,可知风俗利害,入境知禁,涉方审直,万里在一目中,大为天下利益。"从而使商旅避免了"见前途问津者,漫皆迷茫,险夷利害,每犯所讳"。徽商编辑的途程专书还不只此。天启、崇祯间,休商程春宇还编有《士商类要》。其中介绍了大江南北一百条水陆路引,每条路线所经之地的关津、地势、物产、风俗记之较详。这是他通过实地考察编撰的。程春宇从小经商,即所谓"甫成童而服贾"。由于他踏遍了大江南北各地,所以,对"土俗之游漓,山河之险易,舟车辐辏之处,货物生殖之区"非常熟悉。他认为商旅有了这部《士商类要》,"又奚事停骖问渡,而难取素封之富乎"①!徽商的这种途程观念,一直沿袭下来。到了清代,还有人编制了一本《江湖绘画路程》,其中有从"扬子江直上洞庭湖至衡州府、永州府等处路途图"33帧。这也是一部商人行路指南。近年来,我们在歙县坑口江氏茶商后代家中,发现了《徽州至广东路程》和《沐雨栉风》两种途程书的手稿本。前者为江有科贩茶入粤时所记沿途经过的城镇村庄550余处,对各城镇村庄之间相距若干里,何处可乘舟,何处当起早,何处有关卡,何处不安全等,都作了具体的记述。甚至从某地到某地船只、挑夫、佣工的费用,均一一记载清楚。另一种是江有科的后人所记途程经历的一本手稿,命其名为《沐雨栉风》,以示跋涉之艰辛。这两本途程书手稿,至今还保存在他们的后代手中,它是反映徽商途程观念最直接的见证。

途程观念,从另一角度来审视,又是时间观念。在徽商的脑海里,时间就是效益,时间就是金钱,时间就是利润。商人有途程观念,在一定情

---

① 杨正泰:《明代驿站·附录二》。

况下，是为了赢得时间，拓展事业，谋取厚利。徽州一些有文化的商人，能因此而编撰成途程专书，这在当时商界队伍中可谓高人一等。

上面所列的徽商经营观念的几个主要方面，大多都是他们从商的商业道德问题。在中国传统文化中，道德观念贯穿着各个方面。古代社会所提倡的仁义，也包含在道德之中，即韩愈所说的"凡吾所谓道德云者，合仁与义言之也，天下之公言也"①。这便是儒家的道德内涵。素有"儒商"之称的徽商，在商业经营中，也引入了儒家的道德思想，形成了从商的商业道德。所以，徽商的商业道德观念，也包括仁与义的内容。所谓"以义为利"，"非义之财不取"，这是具有商德的徽州商人所恪守不渝的信条。明代婺源商人李大暠在云间、白下、皖城、姑熟都开设有商店，曾"训诫"继承他事业的后辈说："财自道生，利缘义取。"②教导他们要循此道义以生财取利。这八个字，可以说是对徽商商业道德的高度概括。他们的道德观念就是对于钱财不是不欲取，而是要取之有"道"；对于利不是不要，而是要循之于"义"。黟县舒遵刚经商于饶，他的经商思想和商业道德完全来自于《四书》《五经》，都是秉承"圣人"的说教。他曾说："圣人言，生财有大道，以义为利，不以利为利，国且如此，况身家乎！"他认为治国治家，其理一也。他还批评那些受儒家教育而违背儒家道德说教的商人："人皆读四子书，及长习为商贾，置不复问，有暇辄观演义说部，不惟玩物丧志，且阴坏其心术，施之贸易，遂多狡诈……吾有稍暇，必观《四书》《五经》，每夜必熟诵之，漏三下始已。句解字释，恨不能专习儒业，其中意蕴浓厚，恐终身索之不尽也，何暇观他书哉！"舒遵刚的这段议论，清楚地反映了徽商的商业道德是取之于"儒道"。通过从商实践，他还从理论上阐述了义与利的辩证关系。他说："钱，泉也，如流泉然。有源斯有流，今之以狡诈求钱财者，自塞其流也。今之吝惜而不肯用财者，与夫奢侈而滥于用财者，皆自竭其流也。人但知奢侈者之过，而不知吝惜者之为过，皆不明于源流之说也。"他又指出："圣人言，以义为利，

---

① 《韩昌黎文集·原道》。
② 婺源《三田李氏统宗谱·环田明处士松峰李公行状》。

见义不为无勇。则因义而用财，岂徒不竭其流而已，抑且有以裕其源，即所谓大道也。"①一位商人，能将钱财的源流关系阐述得如此透辟，将"奢侈"与"吝惜"一同视为过失，非深得"儒道"之"意蕴"，何能道此颇有见地的言论来。他的这种经商道德，具有哲理意味。徽商这种"巧而不贼"的道德观念，也很值得当今在商场角逐的人们借鉴与深思。

三、社交文化与店堂文化

经营商业虽是一种经济行为，但从另一个角度来看，又是一种文化行为。特别是徽商中的"良贾"，在经营活动中，都具有程度不同的经营艺术，而经营艺术也是经营文化的重要组成部分。这里，拟着重谈谈他们商业经营中的社交文化与店堂文化，并分析这种文化现象的特点。

人们之间的社会交往，都因其身份、地位、职业、文化程度、思想认识的不同，而有不同的交往对象和交往方式，以实现不同的交往目的。徽州商人非常乐于交游，这与他们所受儒家教育与宗族教育不无关系。儒家学说，把朋友列为"五伦"之一，在生活中不可缺少。徽州的宗族，在族谱的"家规""家训"或"家典"中，都提倡"重交游"。经过儒学和宗族教育熏陶出来的徽商，在社会交往中便比较活跃，而且文化品位也比较高。从大量的材料中可以看出，徽商社交活动的特点，既是"立体"的，又是"全方位"的。

所谓"立体"的，是因为徽州的一些富商巨贾，上自达官显贵，当朝天子，下至野叟村夫，贫困羸弱，他们都能与之相交往。明代中期的休商汪新，经营盐业于淮扬，"公既雄于赀，又以文雅游扬缙绅间，芝城姜公、金公辈名儒巨卿，皆与之交欢"。与此同时，"里有急，挫券周之，道有殣，具棺葬之"。与汪新同时代的歙商黄节斋，在两淮经营盐业时，他"居鹾场，窭灶不自存者周之，时有所贷，不责其偿"；另外，他又"好贤

---

① 同治《黟县三志》卷十五。

礼士，挥金不靳"。"君客淮阴日，淮阴当南北要冲之地，士大夫毂击之区，君延纳馆餐，投辖馈遗，而尤注意计偕，寒素者赖君踊跃穷途飞翼天衢，儒绅翕然称节斋。"①黄节斋所结交的，既有贫困的灶户，"寒素"的"计偕"即入京考试的穷举人，又有车乘来往的士大夫。儒绅们之所以称道黄节斋，正是因为他能上下相交结。

清代前期，曾一度出现相对承平的局面。封建王朝实行"恤商裕课"政策，在商界尤其在盐商中很快涌现出一批"藏镪百万"，乃至几百万、上千万两资财的大商人。他们因财雄势大，不仅能交通王侯，而且能结交天子，这在中国商业史上还是不多见的。

盐商巨擘与天子打得最火热的是在乾隆朝。

乾隆帝弘历，史称他是一位"揆文奋武""励精图治"的皇帝。如果说这一评价过高了的话，那么，恰如其分地说，他是一位喜逛游、爱儒雅、好大喜功的太平天子。他在位六十年中，多次举行盛大庆典以及巡行、用兵、兴建，而所需的经费，除动用帑银外，不足部分，朝廷便在那些"富垺素封"的商人身上打主意。而这些商人，更想借天子之威，来抬高自己的地位，拓展经商事业，自然乐意慷慨解囊。据记载："若夫翠华莅止，情殷瞻就，供亿丰备，尤为前所未有。至于大庆典、大军需，淮商捐输或数百万……其余寻常捐输，难以枚举。"②像歙商江春，"身系两淮盛衰者垂五十年"，在"乾隆中，每遇灾赈、河工、军需、百万之费，指顾立办，从此受知高宗纯皇帝"③。商人如此报效输诚，便有缘同天子直接交往，同时也得到了回报。再以江春为例，由于他真心感戴"皇恩"，乾隆帝便将他引为"知己"。每次南巡驻跸扬州时，都"幸其（江春的）康山别业，召对称旨，赉予优渥"。乾隆四十九年（1784年），江春通过盐政大臣伊龄阿奏请捐银一百万两。御批："不必复经伊龄阿，于山东泰安

---

① 以上引文均见《竦塘黄氏宗谱》卷五。
② 王守基：《盐法议略》。
③ 嘉庆《两淮盐法志》卷四十四。

行在面奏。"①一位普通商人，竟能得到至高无上的当朝天子单独约见，那真是"优厚拟于大僚"了。故"时谓（江春）以布衣上交天子"。不过，徽州商人与乾隆相交往的除江春外，还有一些人也受过乾隆的褒奖。乾隆十七年（1752年），曾"特恩"奖励徽商黄履暹、鲍有恒等二十五人。这些受嘉奖的商人，或由"议叙"晋级，或赏给某某头衔，或赐予什么花翎，或参加由皇帝名义主办的"千叟宴"。商人无论得到哪一种奖励，都是"沐浴皇恩"，不惟政治地位提高，抑且光宗耀祖，荫被子孙。由此可知，徽商与天子相交，天子得到了经济实惠，商人得到了"殊荣"，都是彼此满意的。这些"上交天子"的商人，在"抚孤恤贫""救困扶危"中，往往也在所不惜，因而也得到了民众的"称颂"，所以说，其社交活动是"立体"的。

所谓"全方位"的，是指徽商与士农工贾都相与结交，尤以与文士交往为乐事。这在文化素质比较高的商人中，屡见不鲜。明代歙商黄明芳，幼爱读书，从商后"好接斯文士，一时人望如沈石田、王太宰、唐子畏、文征明、祝允明皆纳交无间，暇日琅琅讽诵经史"②。婺源商人董邦直，"善交游，大江南北名宿时相往还。稍暇，手一编不撤"③。休商程莹，经商于湖州，"凡浙之名流达士，骚人墨客，皆纳交往来……市门旁午，公处之裕如"④。这类事实，不胜枚举。商人喜与文士交，半是因为对"文"有雅兴，半是为了附庸风雅，其目的是为邀名。徽州的一些"好儒雅"的商人，明于事物之理。他们懂得名和利是相通的，诚如歙商吴良儒所说："儒者直孜孜为名高，名亦利也"；经商而致富，"利亦名也"。⑤由此看来，徽商以与文士结交而邀名，何尝不同时也是为了邀利？

徽商与同业者之间的相互交往，更直接的是为了利，但有不少人还是注意以诚信待人，推心置腹，故同业者亦乐与交。如歙商许海，"挟赀往

---

① 嘉庆《两淮盐法志》卷四十二
② 《竦塘黄氏宗谱》卷五。
③ 光绪《婺源县志》卷二十九。
④ 《休宁率东程氏家谱》卷四。
⑤ 《太函集》卷五十四。

来吴越燕赵间，故善交，倾盖如旧，即邂逅，公去往往见思。同贾者推心任之。又缓急阴厚，既久多不忍去"①。有的徽州商人，能以"大隐隐市，良贾贾仁"之道立身行事，因而"能急人急，以能周人"，于是共事者，"用归如流水"②。

我们之所以说徽商的社交是"全方位"的，还在于他们当中，有不少人乐于兴办公益事业，诸如修建桥梁、道路，置义田、义冢、义屋、义塾"以赡济贫困"，这都惠及乡村的，实际上是与农夫百工相交结，因而也博得人们的"称善"。

徽商不仅在社交活动中颇具特色，而且在营造店堂文化中，也独具匠心。

商人的店堂文化，一般都是对外宣传的，亦即面对顾客。因而在店肆命名、店堂装饰、厅内陈设等方面下大功夫，其目的是以广招徕。而徽州的某些商人，他们所营造的店堂文化，既是对外即对顾客的宣传，又是对内即对店内成员的告诫与期望。譬如：有的商人在店堂供奉文公朱熹或"虎臣"关羽像，这是为什么呢？原来朱熹祖籍婺源，徽州是"文公故里"。徽商对朱子顶礼膜拜，这不仅因为朱熹是一位"乡贤"，更重要的是"朱子之学"秉承了儒家道统，把朱子的像挂在店堂，是以示恪守"儒道"经商。而关羽虽非"乡贤"，但他的"忠义"通过文人笔墨已传诵千古。崇拜关羽，乃是为了取其"忠义"二字，其主要目的是勉励店内成员对店主应以"忠义"为心。一家典商在"典业须知"中就明确提出："诸君惟知各典供奉关圣帝君，未知前人'忠义'二字，正要后人不忘此二字也。"③这类店堂文化，自然也是发展店业的需要。

更值得一提的是，徽籍"红顶商人"胡雪岩，在杭州开设一爿闻名遐迩的"胡庆余堂"药店，其店内装饰豪华、建筑构造精致自不待言。这家店堂内悬挂的"戒欺"匾，并书写有八十余字的"跋"，则更为独特。其

---

① 《歙县许氏世谱·良源许公行状》。
② 《休宁西门汪氏宗谱》卷六。
③ 新安惟善堂《典业须知录》。

文曰："凡百贸易均着不得欺字，药业关系性命，尤为万不可欺。余存心济世，誓不以劣品弋取厚利，惟愿诸君心余之心，采办务真，修制务精，不至欺予以欺世人，是则造福冥冥，谓诸君之善为余谋也可，谓诸君之善自为谋也亦可。"①这则跋文，主要是告诫店内"诸君"的，同时，也是向"世人"表白的。"胡庆余堂"之所以能成为名牌药店，恐怕也与这种既高雅而又别致的店堂文化以取信于人，当是分不开的。

徽商营造店堂文化的独特之处，还在于他们善于发挥名人效应。清初制墨名家曹素功，曾特制一整套集锦墨送呈康熙皇帝，康熙甚为欢心，遂赐"紫玉光"三字回赠。曹素功便立即以"紫玉光"名其墨锭，又以此三字制成金光闪闪的匾额悬于店堂，一时，店肆增辉，墨品畅销海内。胡开文墨店第二代传人胡余德，曾礼聘祁隽藻题写"墨赞'，并镂板刻印"墨票"，既张贴于店堂，又向外广为散发。祁隽藻历任道光、咸丰、同治三朝的兵部、户部、礼部尚书、军机大臣、大学士，以这样的名人墨迹做店堂广告，其效应可想而知。

总之，徽商的社交文化和店堂文化，其文化知识乃至学养的含量都比较高，这同他们的"儒商"气质又是相一致的。

原载《安徽师范大学学报》（人文社会科学版）1999年第3期，有改动

---

① 《胡雪岩与经营文化》第82页。

徽商与徽州文化

徽州，这个古老的地域名称，一向闻名遐迩。这不仅因为她拥有黄山之奇，齐云山之秀，新安江之美，还因为在这里曾经孕育出颇具特色的"新安文明"，或者说"徽州文化"。如果把徽州之有名山胜水，归之于大自然的造化之功，那么，酿出"徽州文化"的环境的"酵母"又是什么呢？

一块既封闭而又"开放"的地域

徽州是一个重峦叠嶂、众峰环抱的四塞之地，只是在群山之麓的夹缝中，现出一块块不很大且又高低不平的谷地，可供人们垦辟、耕耘。在公路未开通之前，这里"道途梗阻，交通乏便"。由陆路外出，"东则有大障之固，西则有浙岭之塞，北则有黄山之隘"；由水路外出，"则东涉浙江，滩险三百六十，西通彭蠡，滩险八十有四"。徽州境内，更是鸟道羊肠，崎岖曲折。从自然条件看，它无异乎一个封闭性的"王国"，但从御敌的角度来看，这里倒是"固若金汤"，兵燹罕至。只是在近代史上，曾国藩的湘军和太平天国的军队在这里发生过激烈的战斗。除此之外，在漫长的历史时期里，整个徽州多半是耕读相伴，人勤其业，但识俎豆，不习干戈。所以，有些村落很早就被称为"桃花源里人家"。也许，陶令笔下"桃花源"的原型，就在这里吧！

　　说徽州是一个封闭性的区域，这只是一个方面；从另一个视角观察，远在往日的新安郡（徽州在晋代为新安郡，在此之前为新都郡），就开始向外"开放"了。这是有史可证的。

　　在我国历史上，黄河两岸既是经济、政治、文化的中心，又是动乱频率最多的兵戈扰攘之地。而每一次大的动乱，这一带就有一次人口南移，他们经过江淮平原南渡长江，其中，就有一部分人流寓到古代新安——这个静僻的山清水秀之地，因之往日的封闭便被打破了。成批的人迁往这里的有三次：一是在西晋"永嘉之乱"后，北方的世家大族、缙绅冠带和一些劳动人民，纷纷避难江左。其中，大约有十余万人来到这个山区，或任官职，或为豪右，或入编户。二是唐末黄巢起义爆发后，大河南北烽火四起。在"天街踏尽公卿骨"的斗争形势下，不少官僚士大夫、地主也举室南逃，其中就有很多人来到这个山区定居下来。三是在宋室南渡之际，宋王朝的官员和一部分中原地区的缙绅地主也随之南迁，除官僚们"且把杭州作汴州"外，其余的大多数都散居江左，徽州也是一部分人驻足的"乐土"之一。这个山区，经过以上三次人口大流入，"客户"超过了土著，外来"名族"多于本地的大姓，户口也因此骤增了。故徽州方志载：新安大族，"半皆由北迁南，略举其时，则晋宋两南渡及唐末避黄巢乱，此三朝为最盛"。现在居住在徽州境内的不少大姓，就是分别在上述"三朝"迁来的。明代刊刻的《新安名族志》详载了徽州"名族"的来源，这里，略举几个迁来的大姓如次：

　　黄姓。徽州"以盐策祭酒而甲天下者，初则有黄氏"。黄姓是这里的"名族"之一。黄氏祖先原在江夏（按：江夏，一在湖北，一在河南，黄氏祖先居地则为河南江夏）。晋代有黄积者，为考功员外郎，从元帝渡江，任新安太守，子孙"遂家焉"，乃以所居之地改名黄墩。

　　鲍姓。徽州鲍姓，明清时为盐业世家。至今仍矗立于歙县棠樾的鲍氏牌坊群，足证先世门第的煊赫。但鲍姓祖先原在青州（今山东境内），"永嘉末，青州大乱，子孙避兵江南"，便"占籍"于此。

　　俞姓。据载，"俞之先，河间人"，"永嘉末始迁新安"，遂为徽州的一个"名族"。

戴姓。徽州戴姓，代有闻人。戴姓祖先原居亳州，晋末，有戴济和戴夔者，从琅琊王渡江居金陵。到唐末，居于金陵的戴姓后代，"避黄巢乱"由金陵迁歙县黄墩。

毕姓。其先原居河南偃师，"后因黄巢兵乱，遂居（歙县）长陔"。

赵姓。"其先陇西人。"在唐僖宗中和年间，"避乱始迁于此"。

舒姓。"其先庐江人，始祖曰德舆，李唐时避乱迁黟（县）。"至今仍为黟县和绩溪的大姓。

新安的"名族"，除由外地迁入者外，当地原有的大姓，"以程、汪为最古。"比较起来，是由外地迁入的"名族"居多。姑借"开放"这一新词，说明新安名族之多是"开放"的结果。不过，经过这几次的"开放"，也带来了一些中原文化，这对一个封闭型的山区来说，多少也增添了一点新的血液。

总之，徽州的封闭和"开放"，都是同这里的地理条件和自然环境分不开的。到了明清时期，外来人口大迁入的历史结束了，却出现了另外一种情况。

徽商"足迹遍天下"

徽州本来就是"川谷崎岖""山多而地少"的区域，经过上述三次人口的大迁入，"地少民稠"的情况更为严重。宋元以后，这里生产生活情况是："耕获三不赡一，即丰年亦仰食江楚十居六七，勿论岁饥也。"何以谋生？"盖地狭则无田以自食，而人众则射利之途愈广。""射利"即是经商。"于是经商之事业以起"，大约在明代成化、弘治后，徽人已是"出贾"成风，"即阀阅家不惮为贾。"据万历《歙志》载："长老称说，成、弘以前，民间椎朴少文，甘恬退、重土著、勤稼事、敦愿让、崇节俭。而今则……流寓五方，轻本重末。"外出经商和留守故土的人数比例，"大抵徽俗，人十三在邑，十七在天下"，十分之七的人远离故土外出经商，这在其他各地实为罕见。以往是人口的大迁入，如今，则是人口的大流出。就在这大流出之际，人们的观念也转变了。嘉（靖）隆（庆）以前，"人有终其身未入城郭者"，"有少（稍）与外事者，父兄羞之，乡党不齿焉；今则武断者比比矣。而闭户不出者，即群而笑之，以为其褴褛若此也"。徽人经商成风，且又成帮，于是，这个商帮很快成为角逐于商界的一支劲旅。明人谢肇淛说："富室之称雄者，江南则推新安，江北则推山右。"山右即山西。可见，当时的徽州商帮和山西商帮几执商界之牛耳。而徽州商帮在"畜贾游于四方"中，则又有其明显的特点。

其一，徽商是一批有文化的商人。徽州本是一个"虽十家村落，亦有讽诵之声"的"习尚知书"之地。特别是从唐末以后，中原文化与经济重心一样，逐渐南移。兼以南宋时期，徽州"为朱子（熹）阙里"，"彬彬乎文物之乡也"。生活于被誉为"文献之邦"的徽州人，大多在童年即承师受业，读书习字。其后，不少人之所以弃儒从商，或因"家道中落"，被迫辍学；或因科场失利，仕进无望；或因克绍箕裘，继承遗产；或由亲邻提携，欲效陶朱、猗顿之富。这些从商的徽人，便是"先儒而后贾"者。徽商不仅大多数是"先儒后贾"，而且在从商之后，还是"贾而好儒"。这是徽商的一大特色。

在徽州商人中，曾有"儒贾"和"贾儒"之分。何谓"儒贾"？"贾名而儒行"者是也。这类商人，有不少就是饱读诗书的士子。还有一类名之曰"贾儒"。何谓"贾儒"？即所谓"以儒兼贾"者是也。这类商人，更是"喜敦诗书，好儒术"。这些"儒贾"和"贾儒"，实际上是一批有文化的商人，因此，徽商即是有文化的商帮。这些商人，易于掌握计然术。他们在商品市场瞬息万变、供求之间盈虚莫测的情况下，善于审时度势，决定取予；在与官府周旋、交际应酬中，能够言语相通，左右逢源。在经商活动中，知识也是效益，因为它是智慧、才干、器识的重要源泉。这些有文化知识的商人，由于精于筹算，"所亿辄中"，因之获利不仅多而且快，有人"骎骎乎五年而中（贾），十年而上（贾）矣"！明代歙县商人潘汀州，早年"习儒"，从商以后，"虽托于贾人而儒学益治"。他不仅很快就"家业大饶"，且同邑的一些商人，"从公决策受成，皆累巨万"。潘汀州经商之能干，于此可知。在徽州商帮中，类似潘汀州这样的商人，比比皆是。

其二，徽商是一个以盐业为龙头的商帮。徽人经商，先是将山区的茶、木、炭、竹、瓷土、木耳、香菇等土特产贩运外地，又从外地运回本地所需要的生产资料和生活用品。但他们一旦走出家门，视野便开阔了，谋虑也深远了，生意经更熟练了。其经营项目，就不局限于以徽州为中心的贩进贩出，而是诚如明人归有光所言："倚顿之盐，乌倮之畜，竹木之饶，珠玑、犀象、玳瑁之珍，下至卖浆、贩脂之业，天下都会所在，连屋列肆……多新安人也。"徽州商人由做小生意到做大生意，从围绕本郡本邑奔波到走向山陬海涯，主要是在明代成化以后。在其大生意项目中，则以盐、典、茶、木为最。自明代中期以迄于清，盐业乃是徽商经营中的龙头行业。"藏镪百万"的富商，大多出之于盐商之中。盐业之所以成为徽商的龙头行业，那是有其原因的。

我国远在汉代，就实行盐铁官营。明初，为了保障驻守于西北边防部队的军需供给，明政府便利用所控制的食盐专卖权，鼓励商人在边境地区纳粮开中，即实行"开中法"。商人按纳粮多少领取盐引，然后凭引支盐，运销行盐区。这种招商输粮领引的办法，于山、陕商人有利，因为他们地近西北边疆，运输费省，而对远离西北的徽州商人则不利。尽管他们也可以在边境屯田，就近纳粮领引，但毕竟费事较多。因此，在盐业经营中的山、陕商人，曾经盛极一时。弘治五年（1492 年），明政府将纳粮开中，改为开中折色，即商人由用实物换取盐引改用现银直接交至盐运司领引行盐，运输之苦不复存在了。从此，徽州盐商乃是"利莫大焉"！因为徽州地近两淮、两浙盐运司，东至扬州（两淮盐运司），南下杭州（两浙盐运司），都十分便捷。再加上徽州盐商有不少人精通翰墨，乃至琴棋书画也养之有素，这又是能够交通官府，与盐官们应酬往还的必不可少的条件。盐商做的是大生意，获利又大，以致不少大盐商富比封君。清代扬州的徽州盐商，在康熙、乾隆南巡时，他们曾经凭私人的雄厚财力"接驾"，有的盐商，竟"以布衣交天子"。他们用经济实力，换来了政治地位。其中，歙县的大盐商，有不少人又是众盐商的首领，所谓"两淮八总商，邑（歙）人恒占其四"，可见徽州盐商在扬州举足轻重的地位。盐商的兴衰，是徽商兴衰的重要标志。

其三，徽商是一个以"乡谊"和"族谊"相结合的商人群体。商帮多是以地域为范围相互结合起来的，在一个地域的商帮内，往往又因其行业不同结成帮派，这是一般的情况。而徽州商帮除了地缘的关系而外，还加了一层血缘关系，也即是"乡谊"与"族谊"粘合在一起。这与徽州的社会环境是分不开的。徽州境内大多聚族而居，所谓"一姓也而千丁聚居，一抔也而千年永守，一世系也而千派莫紊"。那些聚族而居的徽人，宗族观念很重，亲疏关系分明。他们长期聚居一地，"奉先有千年之墓，会祭有万丁之祠，宗祐有百世之谱"，故彼此之间"相亲相爱，尚如一家"。他们把这种"乡谊"加"族谊"的关系，也带到了经商活动中。在最近出版的《徽州千年契约文书》中，就收录了不少同族合伙经商的合同文书。如万历四十一年的一张合同文书载：祁门奇峰郑氏家族郑元祐、郑逢赐、郑逢春、郑师尹、郑大前合伙"买杉木至饶（州）造捆往瓜（洲）发卖"，由于遇到大风狂潮"漂散捆木"，因之蚀本，合伙者乃议定按股赔偿。就连参与订立合同的"中人"，都是郑氏同族。绩溪《上川明经胡氏宗谱》记载了胡适的祖先胡兆孔、胡汉三等偕族中子弟商于上海、福建、广州各地的事实甚详。据载："族人列肆上海者，又有万字招十三肆，皆兆孔派也。鼎字招九肆，皆（胡）志俊公派也。"清末，绩溪胡氏"旅食"外地者"以上海为多，率常数百人。"徽人把"乡谊"与"族谊"结合起来，合伙经商，既有助于增强商帮的凝聚力，又能增强在商业活动中的竞争力。

具有上述特点的徽州商帮，开始活跃于明代中期，兴盛于清康、乾之际，衰落于道光、咸丰以后。徽商的活动，对全国特别是对东南半壁的经济和文化，都产生了一定的影响。

以徽商为"酵母"酿出来的"徽州文化"

文化是经济的反映。"徽州文化"的形成和发展，是与徽州的经济发展相一致的。

徽州经济的发展，是因在其六县（歙、休宁、绩溪、黟、祁门、婺源）境内，兴起一个经济势力雄厚的商帮。他们将"燕、赵、秦、晋、齐、梁、江、淮之货，日夜商贩而南，蛮海、闽、广、豫章、楚、瓯越、新安之货日夜商贩而北"。这不仅活跃了封建社会后期的商品经济，促进了江南市镇的发展，而首先是由于徽人商游四方，将所获得的利润带回家乡，从而为家乡积累了财富，发展了经济。

两宋以前，徽州还是一个较为贫穷的山区。据明人汪道昆在《太函集》中云："新都故为瘠土，岩谷数倍土田，无陂池泽薮之饶，惟水田揭揭，且力田终岁，赢得几何？"但到明代中期以后，由于徽人大多外出经商，赚得高额利润，地方经济便迅速改观。魏禧在《魏叔子集》中云："徽州富甲江南。"休宁《陈氏宗谱》亦载："吾乡善经营，家累巨万者盖不乏其人。"徽商在外地赚得的钱财，大部分还是流归故土。《云间杂识》记载了这样一则故事：明代成化年间，有一位高官致仕，满载金银财宝回到故乡松江。一老人登门拜揖，该官人不知何由，忙问其故，老人答曰："松江财富多被徽商赚去，今天，你又把它搬回来，怎能不向你称谢！"这则幽默故事，旨在讽刺这位贪官，但也反映了徽州商人在外地确实赚得了大量财富，并把它带回家乡。所以，徽商在其兴盛的二百余年中，徽州也由贫穷而变成较为富庶的区域。许承尧在《歙事闲谭》中摘录了康熙间歙人程且硕的《春帆记程》所记歙县乡村的富庶情况。程且硕云："余歙俗之异于他俗者也。乡村如星列棋布，凡五里十里，遥望粉墙矗矗，鸳瓦鳞鳞，棹楔峥嵘，鸱吻耸拔，宛如城郭，殊足观也。"程畏硕侨居扬州多年，此次返回故乡歙县，这是他亲眼所见的情景。如果不是商人"善奇赢"，歙县乡村是不可能"宛如城郭"的。

　　由此可见，徽州的富庶，功在徽商。一定的经济，往往孕育着一定的文化。在徽州经济发展的同时，也形成和发展了颇具风格的"徽州文化"，徽商正是"徽州文化"的"酵母"。

　　"徽州文化"，内容丰富多彩。举凡徽州的习俗、徽州的礼教、徽州的语言、徽州的教育，均属文化这个范畴，自不待言。另外，在"徽州文化"中，还有不少是独具风格的，诸如：新安学派、新安医派、新安画派、徽州建筑、徽州园林、徽州砖雕、徽州木刻、徽州盆景；还有徽墨、徽砚、徽剧、徽班乃至徽菜，等等。这些以"新安"和"徽"冠其名的文化，在其形成和发展过程中，同样也是功在徽商。

　　首先，只有较为富庶的经济，才有可能兴起与之交相辉映的文化。"徽州富甲江南"，这是徽州文化赖以形成和发展的物质基础。而这个物质基础，应该说主要是由徽商提供的。明清时期，徽州文化也和其经济一样郁郁葱葱。在这个时期里，作为文化主体的教育，较之前代，更是蓬勃发展。具体表现在，书院较前增多，读书风气较前更盛。因之，在这个静僻的山区里，人才辈出，名儒代有，居高官者也代不乏人。仅据北京歙县会馆"题名榜"中所列清代歙县本籍和寄籍的京官及科场及第人数为例，便可知其梗概。有清一代，歙县籍的大学士4人，尚书7人，侍郎21人，都察院都御史7人，内阁学士15人；状元5人，榜眼2人，武榜眼1人，探花8人，传胪5人，会元3人，解元13人，进士296人，举人1000余人。如果不是有较雄厚的物质基础，不是有较发达的教育，一县之内，哪能出现如此"济济多士"？经查"题名榜"所列上述各类人物名单，其中又大多数是徽商子弟或者是商人后代。教育是根本，由此而兴起了"新安学派""新安画派""新安医派"，这些学术派别，均在自身的领域"各领风骚"，至今还值得学习与研究。

　　在"徽州文化"中，徽派建筑也是很有特色的。其建筑物，是以民居、祠堂、街坊、牌坊为代表。这些建筑物的兴造，都离不开徽商。因为商人们在"资大丰裕"之后，或是为了享受，或是为了旌功，或是为了留名，或是为了光宗耀祖，于是不惜拿出巨资，在建造各种建筑物中，雕梁画栋，穷极技巧，以期气派恢宏，形式新颖。相因既久，遂成风格。现在仍保存完整的西递古民居，棠樾牌坊群，歙县老街，鲍氏祠堂，不仅成为今天旅游览胜的景点，同时，又是研究古建筑的学者们难得的珍贵"标本"。

当我们在论述"徽州文化"的时候，还要指出的是，徽州文化在各个领域，还程度不同地吸收了外地文化的结晶，是对外地文化兼容并蓄的结果。这也离不开徽商的功劳。商人远游四方，见多识广。况且徽州商人大多有文化知识，他们所到之处，对那里各式各样的文化现象，具有一定的鉴赏、评判、吸收的能力。他们取人之长，充实和提高徽州的古老文化。这里，不妨略举几例。

徽剧、徽班，曾经名噪一时。徽剧在剧目、曲调、服饰、场景、程式上，就是取人之长而发展起来的一个剧种。据载，徽商吴越石的家班在演出时，"先以名士训其义"，"继以词士合其调"，"复以通士标其式"，以期收到较好的效果。徽商汪季玄曾在外地招来大师为家班授戏，他自己也"按拍协调，举步发音"。至于徽班，也不都是由徽州人组成。大盐商江春家的"春台班"，就曾"征聘四方名旦"，"复采秦腔，并京、秦中之优者。"徽商热衷于对徽剧、徽班的改进与提高，自是为了自己的娱目欢心和取悦宾客，但上述事例，可以说明，徽剧、徽班是在不断吸收外地艺术营养的过程中发展起来的。

再如，新安医学在明清两朝尤其在清代盛极一时。其医学名家之多，著述之宏富，亦为全省之冠。但在医学发展的过程中，除了商人在经济上提供了条件之外，在某些领域里，还有商人直接的劳绩。例如，清代新安医学中的喉科医术堪为一绝，而喉科医学的奠基者正是两位歙县商人和他们的子弟。乾隆间，歙县郑于丰、郑于藩两兄弟，商游江西，在那里与福建喉科名医黄明生邂逅相逢，郑氏兄弟慕其名，乃请黄明生传其学。他们二人学得喉科医术并携黄氏著作返回歙县，乃令子侄潜心研习，通过临床实践，大多妙手回春。以后，郑氏家族精通喉科医术者，代有闻人，且著述颇多，至今仍有影响。

　　至于像徽州园林、徽州盆景，也多是商人将苏州、扬州等地的园林、盆景艺术带回故乡后，经过改进、损益而形成徽派园林和徽派盆景艺术的。

　　总之，徽州文化的形成和发展，因素很多，而徽商的"酵母"作用，则是重要的和基本的。

原载《中国典籍与文化》1993 年第 4 期，有改动

对几份徽商析箸阄书的研究

阄书，是徽州常见的一种契约文书。徽州人在其晚年往往将家产均分成数份载入文契，令诸子以拈阄的方式确定各自所能继承的那一份产业，这种文契就是"析箸阄书"。析箸即分家，这里介绍的，一是清初休宁商人汪正科所立的《汪氏阄书》①，一是闻名海内外的徽州胡开文墨店创始人胡天注及其次子胡余德先后所立的《胡氏阄书》②。这几份阄书所反映的事实，在徽州商人中，既有普遍性，又有特殊性，因而很值得研究。

《汪氏阄书》研究

立《汪氏阄书》的休宁商人汪正科，曾于明万历三十九年（1611年）经商于江西景德镇，历时三十载，于崇祯末年歇业回家，后将家产分为三股，"阄定"给三个儿子。为便于分析研究起见，现将该阄书的"序"和财产清单摘录于下：

> 余祖起祖公自唐居休宁之旌城……×传至福厚公，大明高皇帝定鼎金陵，□为匠籍……至五世祖因当里长，充贩无措③，所置之业，

---

① 原件现藏安徽师范大学图书馆。
② 抄件现藏安徽师范大学徽商研究中心资料室。
③ "贩"字读"bi"，章炳麟《新方言·释词》："今凡以物予人者，通语曰给，淮西、淮南、吴、越皆云贩，音转如把"。

化为乌有……吾父七龄失怙，祖母孀居，叔祖俱亡，家徒壁立，竭力耕耘，粗衣足食……又值家道微薄，勉充里役，奔驰催征，苦难尽述。复思里役贻累子孙，时甲首孚潭许发德、户头惟汉者，议以里甲朋当，主（立）墨永为遵守。今吾姓里役之苦得苏者，吾父之力也。余年十五以六礼娶塘口许氏，善事公姑，克全妇道。至二十有七，以宗祧为虞，娶侧室陈氏，生子三：长曰大义……次曰大仁……三曰大都……余自弱冠，拮据经营，十有余载。后于皇明万历三十九年，同本村金城等营肆于芝城景德镇，贸易丝帛，克勤克俭，兢兢业业，迨三十年。幸赖祖宗之庇，蚨（钱）物稍裕。不意世道多艰，寇盗充斥，店业连遭焚劫，货物屡被挂欠，一生辛勤，徒劳无功，满腔郁结，双目昏盲。但逐年所置产业，并承祖田地，若不清书于册，日久难以稽查。请凭亲族人等，除批与长孙（光昭）外，其余因其肥瘠，三子均分。设"福""禄""寿"阄书三□□□□□□□□□管。仍有各欠账□余资本，立有账簿一本，以为养老之需，俟后三子均分。尔等当思创业之艰难，宜慎守成之不易，同心合志，营运撑扶。兄弟如手足，当和谐孝友，毋以睚眦伤和，勿以射利伤义。各宜愤志，光前耀后，以慰亲心，以期昌大。是为序。

"福"字号长男大义阄定田地、山塘、房屋等业开列于左：（略）

"禄"字号次男大仁阄定田地、山塘、房屋等业开列于左：（略）

"寿"字号三男大都阄定田地、山塘、房屋等业开列于左：（略）

……

批与长孙光昭田业开列于左：（略）

又将存众产业开列于左：（略）

……

又将存众各账开列于左：（略）

借出银两共计二百六十四两九钱八分。

一各亲朋仍有往来账目另立有账。

一景德镇各铺所欠货价另立有账。

以上各账照数取讨，兄弟三人均分。

一存实本银六百三十两，三男均分。

大清顺治十一年甲午岁三月　日

立阄书父　汪正科

嫡母　许氏

生母　陈氏

承业长男　大义

次男　大仁

三男　大都

这份《阄书》分序言和财产清单两个部分。在序言中，汪正科将他的家世、本人经商始末以及立阄分产的原因，都作了简明扼要的叙述。在财产清单中，将三子均分的田地、山、塘、房屋、现存银两、各铺欠款都一一开列清楚；另外将自己存留的"养老之需"和"批与长孙"的"田业"，也作了具体交代。因此，它是一份保存至今较完整的徽商之家的析箸之契。对这份文契细加考察，可以得知如下事实：

首先，它表明汪正科弃农经商的原因。据《阄书》介绍，汪正科出身于一个农民之家，他父亲七岁"失怙"，"家徒壁立"。后虽"竭力耕耘"，但依旧"家道微薄"。而使他父亲"苦难尽述"的则是"勉充里役"所受到的艰辛与苦痛。汪正科是弱冠之年弃农经商的。明制："年十六曰成丁，成丁而役。"[1]汪正科在经商之前，即已到了充里役的年龄，父亲的"勉充里役"之累，他是历历在目。明代的里役，是由里长、甲首轮流率一定的民户充当，里长是由"丁力田粮近上者充任"，甚至还是里中的德行高尚者。因此，充当里长最初犹以为荣。但到明代后期，里长甲首不仅同当苦差，尤以贫户当了里长之后，所遇到的苦难更大，有的地方在轮到现年里长时，"必百计祈解"。汪正科的父亲肯定是在经受了里役之苦以后，才与"甲首""户头"商议，决定"里甲朋当"，以分散沉重的里役负担。明代

---

① 《明史·食货志二》。

曾有规定,"市民商贾家殷足而无田产者,听自占,以佐银差"①。汪正科去江西服贾,可能也是"祈解"里役的一种办法。这一事实告诉我们:徽人外出经商自是由于人多地少,但也不乏里役之苦的原因,汪正科便是一例。

第二,它具体反映了徽商资本的流向。汪正科在景德镇经商30年,从他晚年的家产来看,应算得上一个"中贾"之家。而且他是从小本起家"拮据经营"开始到最后成为"中贾"的。凭汪正科的经商能力和他的商业资本,他如能继续扩大商业规模,则不数年"骎骎乎而为上贾"不是不可能的。可是,徽州商人往往艰难创业积累了资本,最后,乃因诸子或兄弟析爨分居,均分家产各执一份,于是分散了资本,这样,原来的"上贾"或"中贾"之产便不复存在了。《汪氏阄书》则明明白白地反映了这种情况。汪正科在30年的经商生涯中,资本的积累应不算少,若能在商品流通领域继续投入较多的资金,或按所经营的丝帛生意,把一部分资本投向丝织业生产,或以桑麻种植为主的农业,则其资本的发展前景无量。而且从他活动的时间条件和徽州、江南的地区条件来看,都是有可能的。可是,他在"蚨物稍裕"之后,则通过立阄分产,将集中的财产转向分散,从而无法进一步积累资本。当然,汪正科此时的财产是两个部分,一是现存银两和借出银两;二是房产、田地、山塘。他的一些不动产,也多是由商业资本转化来的。"阄书"表明,他的商业资本先是不断分散于"所置产业",然后再与手中的银两一并分给儿孙,这便是他的商业资本的出路。

汪正科将财产均分诸子的事实,说明了徽州商人的商业利润是由多方面流向了封建化的渠道,而传统家庭中的财产分配制和继承制,正是这种渠道之一,这对商品经济和商业资本的发展,无疑是一种阻碍。从比较的角度来看,徽商资本的出路,同西方原始"资本主义积累的历史趋势",正好朝着不同的方向发展。

第三,徽州商人是否将商业资本投向土地?这在学术界持有不同的看

---

① 《明史·食货志二》。

法。孰是孰非,《汪氏阄书》则作了具体的回答。那便是汪正科在经商几十年中,走的依然是"以末致财,用本守之"的道路。他不断将商业资本从流通领域里游离出来转向土地、山塘、房屋这些不动产,使自己由商人而兼地主,最后歇业还乡,完全成为乡村地主。据《阄书》介绍,汪正科小时候家本清贫,祖父去世后,"家徒壁立",父亲主持家务时,也还是"家道微薄"。因此,在他经商时祖遗产业肯定是很少的。既然如此,"阄书"所列财产主要都是在他经商过程中"逐年所置"的。在《阄书》所列的家产清单上,大多分别载明"新买""买得""买×××"的字样。他用商业资本"买得"这么多不动产,除房屋外,又并非自己直接经营,而是采取地租剥削方式,交给劳动生产者耕种。所以,"阄书"在开列每一丘田、地座落、面积之后,都注明租额多少。这份《阄书》实际上也反映了汪正科的"商业资本—土地—地租"的转化过程,说明这位商人的商业资本,是"逐年"向封建地权转化。在徽州商人中像汪正科这样将商业资本投向土地的情况,还是比较普遍的。但像汪正科那样最终竟放弃商业经营,完全转向地租剥削,则又是不多见的。

第四,它反映了徽州商人浓厚的乡土观念。徽州商人往往在青壮年时,因生计所迫"牵车牛远服贾","足迹几遍天下"。其中,有一部分人是远离祖庐在异地置产安家,落籍异乡;但有些虽寓居异地而仍系故籍者亦不少。这些人乡土观念较浓,所谓"老归故土,以养余年,以长子孙",便是他们的心愿。既然要"老归故土",其资本也必然流向故土。这是此类商人资本的最后归宿。《汪氏阄书》则具体地反映了这一事实。

汪正科在景德镇"贸易丝帛",赚得了不少利润,为什么还要告老还乡呢?在《阄书》中他只是讲了一个方面的原因,那便是"不意世道多艰,盗寇充斥,店业连遭焚劫,货物屡被挂欠,一生辛勤,徒劳无功",生意从此清淡下来。实际上还是"叶落归根"的思想在支配着他晚年的归宿,这才是根本原因。根据"阄书"提供的材料分析,我们认为,汪正科从来就没有打算在景德镇这个繁华的瓷都终老,也从未想让儿孙克绍箕裘。何以见得呢?请看以下事实:第一,他在景德镇经商几十年中,其

"逐年所置产业"都在休宁老家。而徽州本是一个地少人多的境域，土地价格较之他处昂贵得多，他之所以不在别处特别是不在景德镇置产安家，而是"逐年"将资本"流"回休宁，说明他早有"告老还乡"的准备。第二，他的三个儿子——大义、大仁、大都分别与休宁的吴姓、金姓、洪姓之女完婚，各自在桑梓之地建立了家室。可见，他是希望儿孙们固守田园，以各自分得的田产，或雇工经营，或招佃取租，在乡村里做安享清福的地主。这样，便可"光前耀后，以慰亲心"了。

像汪正科这样的商人，在徽商中并不是个别的。他们萦回于脑际的，只是故土、儿孙以及"不忧水火、不忧盗贼"的田地。因此，《汪氏阄书》所反映的事实，对于我们研究徽商资本的出路、徽商的性质及其衰落的原因等论题，都是较为难得的材料。

《胡氏阄书》研究

胡开文墨店创始人胡天注曾于嘉庆十四年立了一纸分家阄书，其后，他的次子胡余德又于道光十四年续立一纸分家阄书，为便于叙述起见，我们把这两纸阄书合称之为《胡氏阄书》。两纸"阄书"分别有"原序"和"后序"，"前例"和"续例"，主要是叙述家庭和胡开文墨店的经营情况、分产原则和一些具体规定。前后两"序"和两"例"，既有相同之处，又有相异之点。由于这是稀见的材料，兹将两纸"阄书"的"原序"和"后序"，"前例"和"续例"摘录于下：

原　序

……予未成童，怙早见背，兢兢业业，恐其不克自立以贻先世羞。娶室汪氏颇称贤德，生六子，长恒德、次余德、三谅德、四骓德、五骓德、六懋德……予年近五十六，子俱完娶……初在屯开"彩章墨店"，期满后，开创海阳、屯溪两店，俾诸子各有恒业，庶不致游手好闲。奈数丁其厄，长子物故，不数年，三、四、五子相继云亡，六子又得痰迷症，不省人间事十余年矣。室人痛诸子之亡而痰迷者之不省人间事（忧）郁成疾，继亦溘逝。续妻钟氏生二子，曰颂德、硕德，俱年幼。十数年来，一切店务藉次子余德掌持，克俭克勤，颇有进益。当此之时，而欲分居析爨，固予所不忍言。而寡媳辈从前有兴讼者，有投祠者，恐予年迈，日后多生事端。爰浼亲房依序立继，俾诸子继继承承，各延一脉。再将祖遗及予手创田地、山塘、屋宇并海阳、屯溪两店资本，除坐膳、坐酬劳外，品搭八股均分，编成"道""以""德""宏""身""由""业""广"八阄，各拈一阄执业。又立"定例"附于"序"后，各宜遵守。噫！创业艰难，守成不易，能体此意，复能大振家声，此予之厚望也。

夫时

嘉庆十四年岁次己巳季春月序。

凡　　例（即"前例"）

一、坐膳产目下备予与继室食用，日后永为祭田，以备祭扫及扦造风水之用，子孙不得变易。

一、立继：锡珍继长子恒德，锡翰继三子谅德，锡服继四子骖德，五子骒德俟有所出再议。[①]

一、酬劳：田地、山塘、屋宇并海阳、屯溪两店资本，坐余德九股之一。

一、店业：休城墨店坐次房余德，屯溪墨店坐七房颂德，听其永远开张，派下不得争夺。屯店本不起桌，所卖之墨向系休城店制成发下。嗣后不论墨料贵贱，仍照旧价，不许增减；屯店代休城店办买各货照原买价发上，亦不许加增。屯店起桌自造，更换"胡开运"招牌，不得用"胡开文"字样。

一、店本：屯溪、海阳两店资本，除坐酬劳外，按八股均分。

胡天注所立的这份阄书，实际上并未执行。原因是，胡天注的阄书墨

---

① 按：锡珍、锡翰、锡服，均为胡余德子，过继给长房、三房、四房。

迹未干，旋即因病辞世。同时，他所规定的按八股均分财产也难以实行。因为在立阄书前，他的八个儿子中，长子、三子、四子、五子已俱亡。除五子"俟有所出再议"以外，其余三个儿子虽有"立继"，但都年幼而未能成立；另外，胡天注的六子胡懋德患"痰迷症"无法持家，七子颂德年方八岁，八子硕德年方四岁，均未及主持家务之年。所以，胡天注在立了"阄书"之后，于"易箦"（病危）之际，又"遗命（余德）统持家政"。胡余德遵"遗命"而主持家政，过了二十五年后，鉴于各房继承家业的条件已经具备，同时，家内的矛盾又比较突出，再加上胡余德此时已是"须眉尽白"，无论从哪方面考虑，这个大家庭的分箸析爨都是时候了。于是在道光十四年，胡余德又续立阄书，并撰有"后序"和"续例"，较之他父亲写的"原序"和"凡例"更为具体。为便于大家了解和分析，现将"后序"和"续例"摘录于下：

后　序

　　……余忆乾隆四十七年，先父开创海阳、屯溪两店，命长兄恒德经持海阳墨店，命余管理……奈家运不齐，长兄病殁，三弟谅德、四弟骁德、五弟骈德相继而亡。先母竟以恸哭丧明，奋然弃世，痛何如也。六弟懋德素病痰迷，先父自是郁郁家居，无复他计，一切店事命令胜任。续妻继母钟氏生七弟颂德、八弟硕德。维时余年已近四十，室人柯氏尚未育子，余于海阳娶妾陈氏、翁氏、吴氏共生八子。长锡珍、次锡熊、三锡翰、四锡服、五锡麟、六锡琯、七锡璧、八锡瓒。余年四十八已得四子，而家寡嫂及寡弟媳辈遂以余亡兄弟未议嗣续，啧啧有言，先父示余曰："儿既多生男，吾家之福也。亡儿未立嗣，是吾之忧也。"因于嘉庆十四年命余子依序立继，锡珍继长兄，锡翰继三弟，锡服继四弟，五子锡麟斯时未生，以故俟出再继。又将家产、店业清理分析。海阳墨店坐余开张，屯溪墨店议坐七弟，其余田地、山塘、屋宇等业，品搭均匀，除坐膳、坐酬劳外，仍八房均分，编成"道""以""德""宏""身""由""业""广"八阄。嘱稿已成，缮写未就，不料一病缠身，父竟弃养。斯时七弟颂德年方八岁，硕德年方四岁，六弟所生一子锡庚年方七岁，各房嗣子年亦俱幼。余承先父易箦时，遗命统持家政，迄今二十余年，于本村增开典铺一业，造屋数间，买屋数业，置田百余亩。又买海阳屋场一业……今弟侄辈俱成立，余亦可以差堪自慰矣。不幸八弟硕德前年病逝，五房继子锡麟复又云亡，虽各有一子，尚在襁褓，而余之须眉尽白，亦倦于勤，且事益纷繁，实难照拂，理应爨析著分，交弟侄儿辈各自掌持。然以余自揣，若从遗稿，则长房、三房、四房、六房均未有店业，诚恐数房闲荡，余心不忍。若将各店资本照股分派，而五房贞元、八房锡炯尚俱年幼，未识持守之艰难，日后恐生嫌隙，余心不安。惟思一本相顾之谊，照先父遗稿，权以时宜，特将五、八两房股分所派店屋及资本，照时田价坐以田业另立租谱，权交弟侄儿辈代为掌持，俟其成立，然后交与执业。再将余手开创本村启茂典业坐与长房、三房、四房、六房合同开张，庶各房皆有恒业。再，余自坐资本银一股以资食用，坐屋一业备余目下居住，日后永属二房执业。其余田地、山塘、屋宇及各店资本并海阳、屯溪两店，悉遵遗稿派与弟侄儿辈亦咸愿之。爰是以禀继母，浼凭亲戚编立"道""以""德""宏""身""由""业""广"八阄，谨将遗"序""例言"弁于书首。

续定后例，分授各房执业，永远为定……

胡余德在其父订立的分家"凡例"的基础上，又订了一个"续例"，实际上是这次家产分配的具体方案。现摘录于下：

续　　例

余手典到休城开文墨店后吴姓培桂轩屋一业，又典到金姓屋一业，永属二房执业。

屯溪墨店并绩邑上塘和太枣栈坐七房执业。

本村启茂典并启茂茶号坐长房、三房、四房、六房合同执业开张。

启茂典余手开创，阅今二十余年，凡诸出纳及典中一切调度井井有规，日后各宜遵守，和合办理。倘能增创四股合办，不得怀私匿己，不得背众独行；倘各房之内有违拗者，则将该股所存典本如数抽出，定以五年抽清，并该股所派典屋及典帖招牌家伙四股之一定作价洋钱五百元一并抽出，浼凭亲房合其自写收领注明该股所存典本及所派典屋并典帖招牌家伙一并收讫，并批"典屋永无分"等语，以杜争端。

启茂茶号逐年做茶，长房、三房、四房、六房商量合作，不得以一人偏见生端违拗。

资本：本村启茂典并海阳、屯溪两店资本，照现盘实际，余自坐食用、坐酬劳、坐贴补七房店屋外，仍长房、二房、三房、四房、六房、七房均分。

店业：休宁西街胡开文墨店一业并墨印、墨作家伙俱全，并替到叶姓汪启茂招牌。

道光十四年三月

立阄书　余德（签字）

继母　钟氏

七房　颂德

这两纸"阄书"原文，至今外间未得一见。它不仅是研究胡开文墨业史的极珍贵的材料，而且也是考证胡开文墨店创始人胡天注及其几个儿孙生卒年的第一手资料。先就胡天注卒年作必要考证，以纠正宣统年间纂修的胡氏宗谱记述之误。

1.据"阄书"更正胡氏宗谱所载胡天注卒年

胡天注，绩溪上庄人。据《上川明经胡氏宗谱》中卷"元首公派世系"载："天注府君例授登仕郎，赐赠奉直大夫，生乾隆壬戌（七年）六月二十七日，卒嘉庆戊辰（十三年）十二月初一，年六十五。"此后，凡论述胡开文墨店的文章、著作均本于此。如《徽州社会科学》1986年第1

期刊出的《胡开文墨店史略（上）》谓："胡天注生于乾隆七年，死于嘉庆十三年，享年67岁。"同刊1993年第3期所载《为"胡开文"正名》一文谓："天注氏殁于嘉庆十三年，享年66岁。"1989年出版的《徽州地区简志》，在"人物"中有"胡天注"条，亦谓生于1742年，卒于1808年（嘉庆十三年）。

胡天注生于乾隆七年，这是没有问题的，但上谱所载胡天注的卒年，就不确实了。请看：在胡天注所立"阄书""原序"后的年代落款："夫时嘉庆十四年岁次己巳季春月序"。这一落款年月，明白无误地告诉我们，胡天注在此之前还是活着。如果他卒于嘉庆十三年，怎么又于嘉庆十四年春三月主持分家呢？经查，嘉庆十四年干支纪年确是己巳，说明落款的帝王年号纪年与干支纪年是相合的。另外，在胡天注死后二十余年，他的次子胡余德在续立"阄书"的"后序"中，亦曾提到上次立"阄书"的时间。他说："……因于嘉庆十四年（家父）命余子依序立继"，并编阄析产。胡余德追叙上次立"阄书"的时间，也是嘉庆十四年，而且当时他实际上已主持家政，所记当不会有误。在胡余德的"后序"中，关于胡天注的卒年还有一个较有说服力的证据，那就是胡余德说：上次立"阄书"时，"余年四十八，已得四子……"只要计算一下胡余德四十八岁那年是哪一年，也就可以得知上次立"阄书"的年份了。据《上川明经胡氏宗谱》载："余德公生乾隆壬午（二十七年），殁道光乙巳（二十五年）。"当时人计算年龄是以虚龄计，乾隆二十七年（1762年）胡余德为一岁，到嘉庆十四年（1809年）他正好是四十八岁。这就进一步证明胡天注上次立"阄书"是在嘉庆十四年，而他的卒年当然是立了"阄书"之后，而非在未立"阄书"之前。

安徽省图书馆藏有一篇《徽墨的介绍》手抄稿[①]，其中也提到：嘉庆十四年胡天注析箸"阄书""原序"和道光十四年胡余德析箸"阄书""后序"，还提到胡开文墨店"在嘉庆十四年以前，由天注氏自行掌握，恒德

---

① 作者署名：公私合营屯溪市徽州胡开文墨厂，图书编号3—18590。

（胡天注长子）、余德辅之。在嘉庆十四年以后到道光十四年，余德主事……"可以看出，这篇徽墨介绍的作者也是根据"阄书"叙事的，而且也指出胡天注的"阄书"为嘉庆十四年所立。

上引材料充分证明，胡天注在嘉庆十四年三月还健在，这是肯定无疑的。

那么，胡天注的卒年究竟在哪一年呢？这在胡余德所立阄书的"后序"中，也能找到答案。据胡余德叙述说，他父亲胡天注在立了"阄书"之后，"嘱稿已成，缮写未就，不料一病缠身，父竟弃养"。这就是说，父亲立了"阄书"的墨迹未干，就突染疾病，旋即离世。由此看来，胡天注之死，可能就在嘉庆十四年三月或者四月。

我们根据阄书的"后序"，核对一下胡氏宗谱所载胡天注及其子孙的生卒年，发现宗谱中的错误之处尚多。如在"元首公世系"中载：颂德公（胡天注七子）"生嘉庆辛酉……"而"后序"中则谓上次立"阄书"时，"颂德年方八岁"，按从嘉庆十四年上推八年，即嘉庆七年，应为"壬戌"，而"辛酉"为嘉庆六年，则颂德在其父立"阄书"时当是九岁了。更为可笑的是，该谱在记载胡余德的第五子（胡余德共有九子）胡锡麟的生卒年是：锡麟生嘉庆庚午（嘉庆十五年），殁道光庚子（道光二十年）。而胡余德在道光十四年写的"阄书""后序"中就曾提到"五房继子锡麟复又云亡（锡麟过继给余德的五弟骅德为子）"。这明明是说胡锡麟在道光十四年以前即已命归黄泉，哪里是殁于道光二十年？父亲记述儿子死的时间肯定不错，这也是不容置疑的。

我们认为，"阄书"是考订胡天注及其子孙生卒年月的原始材料，至于宣统年间纂修的《上川明经胡氏宗谱》，距嘉庆十四年胡天注立"阄书"时已有一百余年，距道光十四年胡余德续立"阄书"时已有七十余年。在编纂宗谱时，可能未见到上述"阄书"的"原序"和"后序"，仅凭口耳相传或依据一些不大精确的材料，导致出现以上错误，这也不足奇怪。不过，我们搞清楚胡开文墨店创始人胡天注的卒年，对于研究胡开文墨店史还是很有意义的。

下面，我们仍对两份"阄书"，"原序"和"后序"，"凡例"和"续例"，加以必要的剖析。

2.两份阄书的关系

胡天注于嘉庆十四年立了分家"阄书"，他的次子胡余德复于道光十四年续立分家"阄书"，这两纸"阄书"是什么关系呢？简单地说，胡天注立的"阄书"没有执行，所以，过了二十多年后，才有胡余德续立的"阄书"，虽然"阄书"是两份，内容也不相同，但胡氏父子真正的析爨分箸则是一次，即在道光十四年。上次胡天注立阄分产之所以未能执行，可能是有以下原因：第一，胡天注立了"阄书"之后，即染病不起，不久便离世。"阄书"上的一些家产分配原则和条例，都是粗线条的东西。试想，家主已死，许多具体问题和细节问题，胡余德的寡嫂和寡弟媳们不可能意见一致，由此而引起的家内纷争不是短时间能平息得了。第二，胡天注立阄分家，其实，他的家本很难分。他虽有八个儿子分为八房，而活着的儿子只有次子胡余德，四十八岁，六子懋德生于乾隆四十年（1775年），此时为三十五岁，但他"患痰迷症，不省人间事"，七子颂德年方八岁，八子硕德年方四岁，剩下来的就是四个寡媳。像这样一个畸形的家庭，如果分家之后，除胡余德可以独立操持家业以外，其余有谁能主持一房的家务？而胡天注在当时立阄分产也是迫不得已的。他一方面因寡媳们"有兴讼者，有投祠者"，为了消除家内矛盾而主持分家；另一方面又"遗命"次子余德"统持家政"，实际上家还是未分。胡天注这种自相矛盾的决策，因其突然病故，他立的"阄书"也就不了了之。

岁月流逝，在经过二十余年之后，家庭的情况发生了变化：其一，胡余德死去兄弟的继子均已成人，可以自立门户；其二，胡余德在父亲死后主持家政的二十余年中，家业有了很大的发展，因之，家产的搭配也容易一些；其三，在道光十四年胡余德主持分家时，他已过古稀之年，"须眉尽白"，这个家是到了非分不可的时候了，于是便有胡余德第二次立阄析箸。由此可知，这次立阄析箸是上次的延续，是胡余德在完成先父的"遗命"。

胡余德此次立阄析箸既然是上次分家的继续，因此，他确立这次立阄书的原则便是："照先父遗稿，权以时宜。"所谓"照先父遗稿"，无非是家产仍按八股均分；休城胡开文老店和屯镇墨店，分别仍归二房和七房执业；墨品只能由老店生产，屯镇墨店和日后新设的胡开文分店只能作为老店的门市部，不准起桌制墨，等等。所谓"权以时宜"，那便是经过这二十余年的家业发展，财产分配自然应以此时的情况作出规定，亦即是原则依旧，分产有新。诚如"后序"所言："若从遗稿，则长房、三房、四房、六房均未有店业，诚恐数房闲荡，余心不安。"为了使这四房均有店业，胡余德乃确定将自己一手开创的"启茂典业"和"启茂茶号"分给他们"合同开张"。另外，五房和八房嗣子俱年幼，不能独立主持店业，则将其应分得的店屋、资本，权作变通处理，俟其"成立"之后，再"交与执业"。胡余德这次所作出的家庭财产再分配的一些规定，既是遵从了"遗命"而又有所变更，确实是合乎"时宜"的。

为了防止分家之后再出现争端，胡余德在"续例"中，就典业、茶号的合作经营，又作了若干具体规定，如：在经营启茂典业的各房中，倘有对原立的规则有所违拗，则凭亲房将其资本抽出，写成字据，其中要批"典业永无分"字样，实际上是"开除"出典。这是一条非常严厉的规定。对茶号经营也提出"不得以一人偏见生端违拗"，以引导四房通力合作。总之，胡余德这次立阄析箸，是其父上次分家的继续，他所立的"续例"，既是对上次"前例"的继承，又是发展。

立阄分产，是我国封建社会里进行家产再分配的一种普遍使用的方式，通过这种方式，把一个大家分为若干小家，以促进家庭——这个社会细胞的分化。一般说来，分家就是均分财产，胡天注、胡余德父子在"阄书"中所立的条例，其核心也是如此，但其中的某些规定，却又有与众不同之处。

3.《胡氏阄书》的特点

我们所见到的徽州境内遗留下来的一些分家"阄书"，其内容不外是立阄书的主人将家产分为若干股以均分诸子或诸弟侄的有关具体规定和说明，即使是商人之家的分爨，也是店业均分，或者分家之前，即抽出一部分或大部分商业资本购置土地、山场、房屋，然后进行均分。这样做的结果，则是大家庭经济的分散和削弱。尤其是一些商人之家，由于商业资本的分散和转化，往往使其商业因之一蹶而不振。如前面提到的休宁商人汪正科，便是如此。而胡天注、胡余德父子虽说也都是商人，他们订立分家"阄书"，不仅未削弱其所经营的胡开文墨业，反而加速了墨店的发展。随着胡氏子孙繁衍，胡开文墨店遍布各地。其所以如此，当与胡天注、胡余德父子在分家"阄书"中所制订的财产分配原则和条例不无关系。

胡天注和胡余德两次立阄分产都是在胡开文墨店生意兴隆之际，所以，他们在"阄书"中便确定了一项原则，那就是家产的分配要保证胡开文墨业的继续发展，要有利于商业资本的不断增殖，要使胡开文墨店的经营管理后继有人。一句话，要使"胡开文"世世昌盛。正是在这样的思想指导下，胡天注父子在"阄书"中所作出的一些规定，是颇具特色的。

第一，"阄书"规定：分家不分店，分店不起桌，起桌要更名。这实是高明的决策。

所谓分家不分店，是指两次立的"阄书"都明确规定休城胡开文老店和屯镇胡开文分店，分别由二房余德和七房颂德掌管执业。其余产业和资本，除用着养老和"酬劳"之外，按照八股均分。可见，如"阄书"所定，这个家是分了，而墨店却未分。这一"祖制"，胡家子孙一直恪守不渝。特别是休城胡开文老店，从乾隆年间创设到解放后公私合营共经历一百七十余年和六代传人的嬗递，都是"单传"执业。如：胡天注立阄书后休城墨店全部由次子余德掌管，余德死后，由次子锡熊掌管，锡熊死后，因次子早逝，则由长子贞观掌管，贞观死后，由四子祥禾掌管，祥禾死后，由二房继子洪椿掌管。屯溪墨店开始也是由胡天注的七子颂德掌管，后传给长子锡环执业，以后才出现几个亲兄弟和堂兄弟合股经营。胡天注及其后人虽然大多是多妻多子的大家长，可是他们都是在子孙中挑选一人执掌胡开文店业，虽然在这个大家族中，兄弟子侄以及"娘儿们"也曾因此闹过矛盾，但结果，休城老店从来未有瓜分，其众多的子孙，对这一

"祖宗成法"也不敢改变。

胡天注、胡余德确定分家不分店的原则，是有远见卓识的。因为胡开文墨店始创于胡天注，兴盛于胡余德，从各自几十年的墨业生涯中，深深懂得如在儿孙析箸时，也将墨店一分再分，不独分散了资本，分散了制墨技术和精良的工具，而且这一老店经过几代人的瓜分豆剖之后，必然名存实亡。而采取"单传"的办法执业，则可避免出现上述弊端。再者，"单传"执业还有一个好处，那就是在上一代移交店业时，可以在其诸子侄（有的是侄子过继为子）中选择贤者继承掌管，这是非常重要的。从胡开文墨店的有关资料来看，老店的六代传人大都精明能干。胡天注在世时，就对余德称赞不已："十数年来，一切店务藉次子余德掌持，克俭克勤，颇有进益。"胡开文墨店在胡余德掌管的几十年中，是一个大发展时期。在他的次子锡熊主持墨店时，正是鸦片战争和咸丰兵燹之际，徽州境内遭兵火之灾是不轻的，而胡开文墨店尚能保持不败且略有发展，那是值得称道的了。在锡熊的长子贞观执掌墨店时，是胡开文墨业第二次的大发展时期。后来虽因种种客观原因致使胡开文墨店步入艰难曲折的道路，但那都是无法避免的。

所谓分店不起桌，也是在"阄书"中规定的。"起桌"即制墨。胡天注在"阄书"的"原例"中规定，"屯店本不起桌，所卖之墨向系休城店制成发下"，在胡余德续立"阄书"时，对此也是"悉遵遗稿"。此后，屯镇墨店虽经几代继承人，它始终是休城老店的一个门市部，不得自行做墨。在一百余年中，休、屯两店的掌持人也曾因此而发生过矛盾，甚至比较激烈，但这是"祖制"所定，老店的继承人又具有监管权，屯镇墨店的执业者只是徒叹奈何而已。其后，休城老胡开文墨店在各地设了不少分店，同样，也只是经销不能制墨。

所谓起桌要更名，也是"阄书"所规定的。胡天注也曾预料，虽有"分店不起桌"的规定，但万一有不肖子孙要自行"起桌"有什么办法加以限制呢？于是又作出了一条规定："倘屯店起桌自造，更换'胡开运'招牌，不得用'胡开文'字样。"这一条也适合于后来开设的各分店。"胡开运"与"胡开文"虽只一字之差，但一看便知，这是两个墨店店号，非为一家了。由于"胡开文"的精品墨不断问世，这块招牌逐渐名闻海内，胡天注的子孙们，有人既要"起桌"，又不愿意丢掉这块招牌。据有关材料记载，在胡贞观主持休城老店时，家族中曾为此出现纷争，胡贞观便想出了一个新主意，规定若设店起桌，店号如用"胡开文"，必须加上"×记"，休城老店所使用的"苍佩室"墨品标记，则绝对不准用。[①]后来，出现了不少非休城老店直辖的胡开文墨店，均一律加了"×记"二字。如"胡开文源记""胡开文立记""胡开文亨记""胡开文利记""胡开文贞记""胡开文益记"，等等。也有的用"老胡开文广户氏墨店"的招牌，有的干脆另立"胡子卿墨店"作为店号。总之，只要起桌制墨，其店号和墨品标记都要与休城老胡开文墨店有所区别。这些附加记号的胡开文墨店，虽是出现于胡天注的曾孙辈经营墨业之时，但"祖宗成法"还是胡天注在"阄书"中所立的。

胡天注在立"阄书"时，之所以要立这样一条规定，从根本上说，是为了保质量、保名牌、保胡开文的声誉。因为，如各家起桌自制，其墨品难免粗制滥造，乃至以次充优，这样，老胡开文墨店势必被"伪劣"墨品所挤垮。当年胡天注的这一规定，同今天保护"知识产权"相似，可见这位胡开文墨店创始人，是颇有"超前意识"的。

第二，胡天注、胡余德在分家时，决定原有的店业，采取独立经营与合伙经营的方式并举，这是因业而异的。前面已经说过，胡开文墨店按照"阄书"规定，系由独家经营，既不均分，也不合伙。可是，在胡余德主持分家时，还有一处典铺，一处茶号，一处枣栈，已是属于经营性的商业。除枣栈和屯镇墨店都归七房执业经营外，而典铺、茶号，则"坐长房、三房、四房、六房合同执业开张"。可见，典铺、茶号是合伙的。为什么让这两个店业"合同"开张呢？因为胡余德是秉承"先父遗稿"续立分家阄书的，因此家产仍按其父的八个儿子搭配成八股（胡余德有九个儿

---

① 参阅《胡开文墨店史略（中）》，载《徽州社会科学》1986年第2期。

子，如以胡余德为家主，应按九股）。实际上，此时胡天注的儿子只有胡余德一人尚在，其余均已去世。而过继给胡余德四位亡兄弟的嗣子，都是余德之子，且已成人，对他们的生计，岂能毫不关心。但若使每人各掌一店，则商店数量不足。如这四房均无店业，则他们心里也不平衡，甚至会产生家内矛盾。而经营典铺、茶号与经营墨业又有不同，因为它不需要精深的技术，不必要特制的设备，不存在保质量、保名牌的问题，因此，可以"合同"开张。在"阄书"中对这四房合作经营典铺、茶号，又作出了防止发生矛盾的有关规定。应该说，胡余德在续"阄书"时，考虑是周到的，他的经商经验和操持家政的才能，在"阄书"中也充分体现出来。

4.《胡氏阄书》对胡开文墨业的影响

《胡氏阄书》虽是为了家庭的分箸析爨而立，可是，这两纸分家契约，对胡开文墨店的发展，却产生了深远的影响。

在胡天注、胡余德分别两次立阄书时，都有一个共同的想法，那就是墨业是子孙赖以生存和发家的利薮，一定要使其继续发展，"胡开文"这块招牌一定要世世代代生辉。因此，在"阄书"中才作出前面提到的一些促进墨业发展的规定。以后的事实，证明了胡天注、胡余德父子的想法是正确的。

企业的生命在质量，古今中外都是如此。同样，胡开文墨店之所以有如此长久的生命力，关键也是它的墨品在同时代的墨业产品中，一直居于上乘。追本溯源，自然是与"阄书"中的规定有关。而胡天注父子之所以想到在"阄书"中要设法保证胡开文墨品的质量，也是有原因的。

其一，徽州是全国的名墨产地之一，从南唐李超、李廷珪来这里按"易水法"起桌制墨以后，制墨名家代不乏人。宋代婺县制墨名家张遇所制之"麝香小御团"墨，博得皇家的称颂；歙县的潘谷，时人称之为"墨仙"；南宋的徽州墨工吴滋，所制之墨"淬不留砚"；元代歙县墨工陶得和，曾有人作诗赞曰："请看陶法妙非常，一点浓云琼楮透。"明代的罗龙文、程君房、方于鲁，所制之墨均为"妙品"。其后，方瑞生、潘一驹、汪仲淹、汪仲嘉、方正、潘方凯、程公瑜、江正、吴去尘、丁云鹏、吴叔大等，都是一代制墨高手，他们在《墨谱》或《墨志》上均留有盛名。在这样一个墨品称绝、名家如林的制墨之乡，后起者无论技艺、风格以及求精的精神不能不受到以往那些名家的熏陶与感染。当胡天注、胡余德父子在创设胡开文墨店时，他们在墨品的质量、图案、式样等方面，不仅着力"仿古"，而且锐意求新。所以，他们在"阄书"中才作出防止后世子孙滥造墨品的规定。

其二，胡开文墨店是继承"汪启茂墨室"而创设的。从清初到乾隆，休、歙两派制墨名家各擅其技。如曹素功、程正路、吴守默、汪近圣、巴慰祖、方密庵、程一卿、汪节庵、汪谷、王俊卿诸大家，更是一时蜂起。他们在制墨过程中，莫不都是"制考百家，模出新裁，法传古雅"。胡天注父子当此强手汇聚之际，要想使"胡开文墨店"在徽州占有一席之地，当然只有在墨品的质量上狠下功夫。据载，就在他们执业时，胡开文墨就赢得人们的称赞："漆欲其净也，烟欲其精也，胶欲其和也，香欲其烈也。涵而揉之，以眂（视）其色泽之匀也；捶而坚之，以眂其肌理之细也；范而肖之，以眂其意态之工也。"[1]这把胡开文的制墨原料、技术、工序以及"巧夺天工"的意态都勾勒出来了。可见，在他们主持墨店时，胡开文高级墨，就已成为"珍品"了。另据有的材料记载，胡开文墨店曾受李时珍《本草纲目》中"墨能和小便，通月经，治痈肿"的启示，采用名贵中药，制成一种药墨，名为"八宝五胆"，有祛痰开窍、平肝熄风、镇惊安神、清热解毒等功效[2]。可见，胡开文墨品是精、特兼备了。

总之，有胡天注、胡余德呕心沥血、精益求精在前，他们的儿孙遵从"祖制"发扬光大于后，胡开文墨店在一百七十余年中，虽历经坎坷，但总的看来还是不断前进、不断发展的。从道光、咸丰到民初，休城老胡开文墨店一向墨品精致，墨业兴隆，它生产的"地球墨"曾于1915年荣获巴拿马博览会金质奖。同时，它的分店遍布半个中国。一些非老店直接管理的胡开文墨店及其子店，亦在各地纷纷起桌制墨，参加竞争。为便于大家了解胡开文墨业的发展情况，兹据有关材料制成两表，以见其大概。

---

① 见胡开文墨店材料手抄稿，现藏安徽师范大学徽商研究中心资料室。

② 1994年4月8日《新民晚报》。

表一　胡开文墨店发展概况

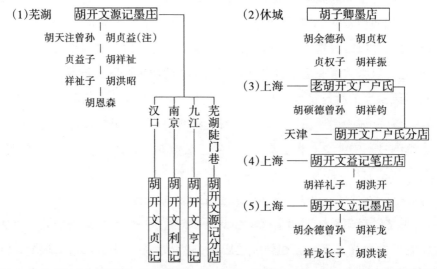

表二　天注后代非休城老店系统经营墨店概况

表一所示，胡天注于乾隆四十七年，接替"汪启茂墨室"，开设"休城胡开文墨店"和"屯镇胡开文墨店"，经过六代传人，这两处"正宗"的胡开文墨店，一直经营到20世纪50年代。随着墨业的发展，胡家后代又在休城总店的掌管下，开设了不少分店。表二所示，胡氏子孙还在总店系统之外独立开设了不少墨店、墨场。像胡开文这样的商家，无论是在徽州商人中，或者是在墨业商家中，都是仅有的。

一家墨店竟能持续经营一百七十余年，分店遍布几达半个中国，靠的是什么？靠的是讲求质量，靠的是经营管理。而这与当年胡天注、胡余德在"阄书"中所作出的高瞻远瞩的规定又是分不开的。

值得我们注意的是，在胡开文墨店的发展过程中，中国社会的性质已在发生转变，而胡开文墨店，却能跟随时代的足迹，进入近代市场经济的激流中，这在徽州商人中也是不多见的。据有关材料记载，胡开文墨店在其第四代传人胡贞观执掌时期，竟有资本二十万元（银元），职工一百余人，年产高级墨三百担。我们对这几个方面略作分析，就可以发现其性质的变化。

从资本来看，胡开文的资本是商业资本和产业资本的结合，因为这家墨店是集墨品生产、批发与零售于一体。制墨的主要原料之一是松烟或桐烟，胡开文先是在本地渔亭建立一座小型点烟房，所产的烟供本店制墨之用。后来，由于墨业的发展，需要的烟量大大增加，松烟无法满足，故又在四川万县建立了一座规模较大的桐油点烟房，除供本店使用外，还出售给同业，既减少了中间环节的盘剥，又可从中获得一部分利润。它所出售的墨品，也全由本店生产，各分店只能经销，不准制墨。这一套生产、经营、管理方式，已不是仅仅在商品流通领域里买贱卖贵的活动，而是将商品经营和商品生产完全结合在一起。胡天注的传人，既是墨店老板，又"直接支配生产"，既是商人，又是产业家。因之，上面提到的那二十万元的资本，就不单纯是商业资本，其中也包括产业资本，确切地说，胡开文家的商业资本与产业资本是分不清的。再从职工情况来看。胡开文墨店的职工是由三部分人组成，即学徒工、技术工、职员。学徒工是职工中的最底层，生活也最艰苦。据记载，同（治）、光（绪）时期，学徒工三年所获"佣金"不足6元（银元），每年不足2元。他们从早到晚，每天工作十几个小时，每年只有春节、端午、中秋6天假日。工人的工资是以技术高低和工种不同而定，有的采取计件工资。如描色工，这不仅要有较高的技术，而且描色、填金是一种细活。当时描1斤高级墨可得工资4元，但每天从早到晚只能描4两墨（16两1斤），每月按30天计，1天不停工，可得工资30元。职员有管事、副管事、点烟房总管等，他们代表墨店主人管理生产、账务以及一些具体事务，包括管理学徒工和一般工人，工资较高。

胡开文墨店在清朝末年有一百多名职工的规模，已具有近代企业的性质了。墨店的主人与职工之间，是雇主与佣工的关系，亦即劳资关系。不过，胡开文墨店的职工多半是他们家的亲属和亲戚，少数也是同乡中有技术专长或善理事务者。由这些人组成的墨店职工，更加便于管理与控制。

制墨的利润是极高的，所以在明清时期，一个徽州竟有几十家制墨商家竞相逐利。据有关材料记载，清末的墨价，一般按银两计算，从低级墨到高级墨的价格，是按银两的倍数增加，即从1两、2两、4两、8两、16两到32两。1~2两银1斤的墨为低级墨，4~8两1斤的墨为中级墨，16~32两1斤的墨为高级墨。当时纹银1两兑银元1元2角8分。胡开文生产的低、中级墨只取微利，赚大钱的是高级墨。有一份材料记载，1斤高级墨的平均成本不超过5元，而售价则是19元2角，利润接近3倍①；另据有的文章介绍，当时32两纹银1斤的高级墨，成本只有12两5钱，其利润也达一倍半。如此高额的利润，大部分是工人创造的剩余价值。试想，胡开文墨店在胡余德主持分家时，墨店虽归他的次子胡锡熊执业，当时店里的资本则是"照股分派"，胡锡熊也只得一股，估计为数不会太多。到他儿子胡贞观执业时，竟有资本二十万元，可算得上一家中型企业了。

我们还要看到，这家墨店不仅有自己的原料基地，有自己的工厂，有自己的销售门市部，同时，它在各地所设的分店，既占领了广大的市场，又为总店建立了信息网络。从赚取利润来看，"东方不亮有西方"，那是比较稳定的。要不是后来的钢笔、墨水取代了过去的毛笔、烟墨，则"胡开文墨店"的发展，那是难以想象的。

当年胡天注、胡余德在立分家"阄书"时，只是想到采取措施，以保持胡开文墨业于不坠，哪里知道经过近百年之后，原来盛极一时的徽州商帮，差不多都凋零殆尽，而他们亲手创设的墨店，竟能一枝独秀继续争芳几十年，这也许是他们原先还不曾料想到的。

原载《徽商研究》，安徽人民出版社1995年出版，有改动

---

① 有关胡开文墨店资料抄件，现藏安徽师范大学徽商研究中心资料室。

从《汪氏阄书》看徽商资本的出路

明清时期的徽商，在商界"称雄"于东南半壁。其活动范围和经济势力，当时除山西商人外，是鲜有匹敌的。而徽商势力的兴盛阶段，又正当我国封建社会内部资本主义萌芽出现和缓慢发展时期。徽商在当时的历史条件下，它的资本却未能促进资本主义生产方式的发展，原因何在呢？这是史学界长期探讨的一个课题。最近，我们从明清徽州契约中，发现三百多年前一位徽商遗留下来的一份立阄分产的契约——《汪氏阄书》，对于我们深入研究上述问题颇有裨益。

《汪氏阄书》现藏安徽师范大学图书馆，其内容分序言和财产清单两个部分。订立《阄书》的主人汪正科，是明清之际徽州休宁的一个商人。他在晚年，"凭亲族人等"订立这份《阄书》，将财产均分三子。实际上这是一件分家的契约。据其序言介绍，汪正科在明万历三十九年（1611年），到景德镇"贸易丝帛"，即开设丝绸店，在这里经商"迨三十年"。由于他能"克勤克俭，兢兢业业"，所以资本日益发展。到他垂老之年，担心他"逐年所置产业"，儿孙们"日久难以稽查"；又怕他们日后因家产继承"以睚眦伤和"，"以射利伤义"，遂于清顺治十一年（1654年）立此《阄书》，将所有田地、山场、房屋、现存银两、借出银两一一"清书于册"。除一部分"遗于长孙"外，其余产业分为三份，设立"福""禄""寿"三阄让三个儿子拈阄均分。另有"存众产业"归三子共有。《阄书》计列土田（山、塘、地除外）九十三丘（亩数未逐一载明，无法统计），计租三百零四秤;"老屋""新屋"二十余间,楼房前后两进;现存银六百三十两,借出银二百六十四两九钱八分;另外,"各亲朋仍有往来账目另立有账","景德镇各铺所欠货价另立有账"。从上列财产来看,汪正科算得上"中贾"之家。

《汪氏阄书》虽只是反映这一个商人家产再分配的事实,但这在徽商中却又带有普遍性。这份《阄书》为我们了解徽商资本的出路,提供了一些具体而翔实的材料。

第一,徽州商人往往艰难创业积累了资本,最后,乃因诸子或兄弟均分财产而分散了资本。《汪氏阄书》则明明白白地反映了这种事实情况。汪正科经营丝帛生意三十年,其资本的积累应不算少,如果他以手中的积累进一步扩大商业规模,或按所经营的丝帛生意,把一部分资本投向丝织业的手工业,或投资于以桑麻种植为主的农业,则其资本的发展前景无限。可是,他在家业"充裕"之后,通过立阄分产,将集中的财产转向分散,从而影响了资本的进一步积累和商业规模的扩大。当然,汪正科此时的财产,已经不是手中的流动资金而是房屋、山场、田地,但这也是由集中的商业资本转化来的。他的商业资本先是不断分散于"所置产业",然后再分散给儿孙,这便是他的商业资本的出路。

上述诸子均分财产的事实,说明了徽商资本的出路,除受到封建生产方式、政治制度以及社会习俗等等方面的因素决定之外,我国传统家庭中的财产继承制,也在一定程度上分散了商人资本,影响了资本在流通领域里继续增殖和扩大,从而使资本积累受到限制,甚至消耗了已经积累的资本。徽商资本的这条出路同"资本主义积累的历史趋势"正好是朝着不同的方向发展。

第二,徽商在积累了资本之后,有不少人便投资土地、山场、房屋,走我国传统的"以末致财,用本守之"的老路,从而使一部分资本从流通领域里游离出来。汪正科将经商三十年所积蓄的资本,几乎全部转向这些不动产,他自己也由商人转变成了地主。据《阄书》介绍,汪正科小时候家本清贫,父亲"七龄失怙,祖母孀居","家徒壁立"。汪正科成人之时,依旧"家道微薄,苦难尽述"。由此推之,他家的祖上遗产也是很少的。既然如此，《阄书》所列财产，主要都是他经商的积蓄所购置。事实正是如此。在《阄书》所开列的财产单上，大多分别载明"新买""买得""买××"的字样。他用商业资本"买得"这么多不动产，除房屋外，又并非自己直接经营，而是采取地租剥削方式交给劳动生产者。因此，《阄书》在开列每一丘田、地座落的同时，都注明租额多少。这份《阄书》，实际上也就记述了汪正科的"商业资本—土地—地租"的转化过程，说明了这个商人资本，是"逐年"通向封建性的非流通领域，直至最后商业资本完全告罄。

第三，徽州商人往往在青壮年时，因生计所迫"牵车牛远服贾"，"足迹几遍天下"。其中，除少数人远离祖庐在异地置产安家外，大多数人还是"老归故土，以养余年，以长子孙。"他们既"老归故土"，其资本也必然最终流向故土。这是此类商人资本的最后归宿。《汪氏阄书》也反映了这一事实。

汪正科在景德镇经商三十年，他为什么要告老还乡呢？据他自己说："不意世道多艰，盗寇充斥，店业连遭焚劫，货物屡被挂欠，一生辛勤，徒劳无功。"生意从此清淡下来，只好歇业还乡。这自然是一个方面的原因。其实，主要的原因，他还是受"千年归故土"的观念所支配。从《阄书》中的材料分析，我们认为，汪正科从来就没有打算在景德镇这个繁华的瓷都告老，也从未要儿孙们业绍箕裘。何以见得呢？请看事实：一，他在景德镇经商三十年中，其"逐年所置产业"，都在休宁家乡。他不把资本投向异地而流归故土，说明他早作了"老归故土"的准备；二，他的三个儿子——大义、大仁、大都分别与休宁的吴姓、金姓、洪姓之女完婚，并在故里成立了家室，可见，他是要儿孙们在家乡做地主，而不希望他们外出从事经商活动。汪正科把几十年的积蓄，不断转移到家乡，在他为儿孙们订立《阄书》之日，其商业资本实际上已经化为乌有了。

我们通过《汪氏阄书》，对徽商资本的出路略加分析，也就不难了解这个商帮为什么没有跟上历史前进的步伐而最后衰落的重要原因了。

原载《光明日报》1986年4月23日，有改动

徽商研究十五年

　　我们从1983年起着手研究徽商，迄今在这一领域已整整耕耘了十五年。这些年来，我和王廷元、王世华教授，周晓光、李琳琦教授等几位同志，冒寒暑，舍昼夜，搜集徽商资料，研究徽商在明清商界纵横驰骋三百年的兴衰历程，总结徽商的经营之道，清理徽商在从事商业活动中留下来的文化遗产。总之，我们是以严谨的科学态度孜孜不倦地做着徽商这篇大文章。徽商这一课题，我们并不是开拓者，但为了在前人研究的基础上有所突破、有所提高，并在国内外产生一定的影响，我们倾注了不少的心血。回顾十五年的研究历程，虽然欣慰良多，但遗憾之处亦不少。值校庆七十周年之际，将我们研究的这一课题进行一次总结，既是向校庆的献礼，亦是对未来更深入研究，进一步秣马厉兵。我们也想通过这一总结，使学校和学术界了解我们的研究状况，从而继续关心、支持我们，以期取得更加满意的成果。

一、我们为什么要研究徽商

　　徽商是明清商界一支最大的商帮，他们人数之众多、资本之雄厚、活动范围之广阔都居当时全国各大商帮之首。徽州商帮从明中叶形成到清末解体，在商界"称雄"三百多年。徽商的形成、发展、兴盛，既有明清社会发展的大背景，同时也得益徽州区域社会的小环境；既是社会客观条件的促成，亦是徽商主观努力的结果。徽商的活动，从深层次来看，不仅仅是经济行为，同时也是一种文化现象。因此，无论从明清经济史、文化史的角度，还是从徽州区域经济文化的角度，研究徽商都具有重要的学术价值。这是促使我们研究徽商的原因之一。

促使我们研究徽商的原因之二，则是基于为现实服务的考虑。学术研究只有为现实服务才具有其生命力。徽商的"贸迁有无"、扩展市镇、繁荣都市，"兴利补弊"，对封建社会后期商品经济的发展和近代市场的产生均起到了一定的积极作用。徽商那不辞辛劳、不惧艰险、勇往直前的"徽骆驼"精神，徽商所遵循的"以诚待人""以信接物""以义为利"的商业道德，徽商"贾而好儒"、捐资助学、振兴文化的儒雅风格，徽商在长期的实践中所总结出的"仁、强、智，勇"，出奇制胜的经营谋略等等，是留给我们十分宝贵的精神财富。这些对当前我国社会主义市场经济的发展和完善都具有非常有益的借鉴意义。

促使我们研究徽商的原因之三，是学术竞争的需要，是出于民族自尊使然。20世纪40年代起，我国著名历史学家傅衣凌先生发表《明代徽商考》一文之后，徽商研究这一崭新的领域即引起了国外学者的广泛重视。20世纪50年代，日本学者藤井宏博士发表了《新安商人的研究》，在学术界产生了很大影响，被誉为是徽商研究领域中分量最重、最具权威之作，而当时国内研究徽商的成果远不及他。面对这种情况，作为中国学者，我们不能甘心徽商在中国，徽商研究在国外的现实，于是我们决心发愤研究徽商。况且，我校所在地芜湖，与徽商的故里相距咫尺，研究这一课题，可得"天时、地利、人和"之便。

二、我们是如何研究徽商的

徽商研究这一课题确定后，接下来该如何操作呢？我们的做法是这样的：先是集合群体的力量，搜集研究资料。史学研究是一件老老实实的事情。不掌握一定的资料，研究就成了无源之水，无土之木。"徽商足迹遍天下"，徽商的资料也同样"遍天下"，非一人之力所能为。于是我们便将几位志同道合的同志聚集在一起，成立"徽商研究中心"（前身为"明清史研究室"），大家群策群力，着手资料的搜集。在最初的三年里，我们利用教学之余，奔赴全国各地，搜集了一百余万字的资料，这为我们后来的研究打下了坚实的基础。

资料搜集到了，并不都是"拿来主义"，就可据此从事研究。我们曾经利用一个暑假的时间，在黄山脚下包下两间房间，大家坐在一起，从早上到深夜，对搜集到的资料，进行爬梳、鉴别、剪裁、分析，从而去粗取精，去伪存真，并按其性质分类，对有些费解的资料或与他书记述有异的事实，我们还加了"按语"或"注释"。这种加工整理的过程，也是我们学习徽商历史的过程，同时也是我们在徽商研究这一领域中下实功夫的过程。

同样，在研究过程中，我们也是发挥个人作用与集体智慧相结合的优势，目标是超越、创新、开拓。在徽商研究中，已有国内外学者垦辟在前，所以起点甚高。我们的研究重点，应当首先是别人未曾涉及的领域，或者是深入探讨的问题，或者是商榷他人的结论，这其中的难度是可想而知的。然而我们没有退缩，我们将集体智慧与个人的主观能动性结合起来，个人每想出一个重要的问题，即召集研究中心的同仁坐在一起讨论，相互切磋，各表己见，这样的座谈，常常使大家茅塞顿开，获得满意的见识；我们在研究过程中，注意抓一些重点、难点和重要的面，这样，又使我们的研究趋于系统化、体系化，使研究成果能分之成篇，合之成册。

积极争取科研主管部门、兄弟院校和学术界同行的支持，是我们的研究得以顺利进行的重要保证。研究徽商要具备两个条件：

一是要有一个具有一定学术水平的集体；二是要有一定的活动经费。我们正是在这两方面条件较好，所以，我们的研究能坚持下来，深入下去。在徽商研究的过程中，我们得到了国家社科基金、国家教委社科基金，省社科基金，校青年社科基金的有力资助；得到了中国社会科学院历史所、经济所，南京大学历史系等单位学者的全力支持；得到了省图书

馆、省博物馆、黄山市博物馆、歙县博物馆、上海图书馆的帮助；得到了
校科研处、历史系的全力扶持。对于他们的关心、支持，我们是始终铭记
在心的。可以说，没有他们的支持，我们的研究工作是不可能持续十余年
之久的。

三、我们已取得的成果和下一步研究计划

着力耕耘，必有收获。我们十五年的孜孜求索，在徽商研究领域中，
取得了一些成果，并博得国内外同行较好的评价。其一，我们在《光明日
报》《历史研究》《中国史研究》《明史研究》《清史研究》《中国经济史研
究》《中国社会经济史研究》《历史档案》《货殖》《中国典籍与文化》《中
国文化研究》《安徽史学》等国内较有影响的报纸杂志上共计发表了有关
徽商的专题学术论文四十余篇，其中大多数论文被中国人民大学报刊复印
资料复印。其二，出版了《明清徽商资料选编》（黄山书社1985年版）、
《中国十大商帮·徽州商帮》（黄山书社1993年版）、《徽商研究》（安徽人
民出版社1995年版）、《富甲一方的徽商》（浙江人民出版社1997年版）等
著作四部。《明清徽商资料选编》的出版，产生了广泛的影响，日本、美
国、英国、德国一些大学和图书馆均有收藏。这本书曾获安徽省第一届社
科优秀成果一等奖，国家古籍整理图书二等奖。《中国十大商帮·徽州商
帮》同时在香港中华书局和台湾万象图书公司分别再版，并获国家古籍整
理图书三等奖；54万字的《徽商研究》是国家"八五"规划重点图书，
1996年获华东图书一等奖，有几位学者曾在《中国社会科学》上对这两本
书分别发表了书评，作了较高的评价。

在以上的研究成果中，我们对"徽商"的界定、徽商的特点、徽商商
业资本与封建地权的关系、徽商与封建政治势力的关系、徽商在"徽州文
化"形成与发展过程中的作用、徽商精神、徽商的衰落等重要问题，都提
出了新的见解，其中有不少观点得到了学术界的认同。

"八五"期间，我们还和中国明史学会联合主办了两次大型国际学术

会议，其中的一次，便将徽商列为主题内容之一。我们编的《明清徽商资料选编》最早与读者见面，也是在这次会议上，它赢得了中外学者的好评。有的老专家夸奖我们"做了一件功德无量的工作"。在前十余年中，由于我们出了一些成果，国家教委社科司曾在几次会议上对我们这个集体所做的工作作了介绍，并给予了肯定。

"九五"期间，我们仍将团结协作，继续深化对徽商这一课题的研究，拟出版著作四部：《明清徽商资料续编》（计划60万字）、《徽商发展史》（计划50万字，该书已被列为国家"九五"规划重点图书）、《徽商经营文化》（约18万字，已交出版社）和《徽商与徽州教育研究》（计划25万字，已列入出版计划）。与此同时，我们拟以"安徽师范大学徽商研究中心"的名义，主办一次徽商国际学术讨论会，邀集国内外的一些同行，共同深入地研讨这一课题，也请与会学者对我们的成果进行一次客观的评价。这对我们必将是鼓舞，也是鞭策。我们深知肩上的担子很重，前进的道路又并非平坦如砥。然而我们既已有十五年的积累为基础，又得到各方面的支持，深信预期的目标可以实现。从现在起到跨进21世纪之前，必将是我们获得更大丰收的季节。

当然，回顾这十五年的艰苦历程，我们也深感不足之处很多。首先，从研究工作的本身来说，我们经常是打打停停、停停打打。别的工作压来了，徽商研究便搁置一边；时间宽裕一点了，再继续研究，这样，往往使我们研究一个问题的思路，也是断断续续的，这必然影响研究成果的质量。其次，到目前为止，我们对徽商兴衰的脉络虽然有大致的了解，但还缺乏深入系统的研究。我们即将撰写的《徽商发展史》一书，便是为了弥补这个不足。第三，对徽商中的某些家族、个人、事实进行个案研究还不够。往后，我们在徽商深层面的发掘中，还要加大力度，下大功夫。

原载《安徽师范大学校庆70周年论文集》，安徽人民出版社1998年出版，有改动

中国史研究

论"中国"

——我国古代民族关系史研究之一

　　我国是一个多民族的国家。今天，劳动、生息在祖国境内共有五十多个民族，它们之间相互交往已有悠久的历史了。但在古代，边境地区少数民族是在"中国"之内还是在"中国"之外？秦汉以后，少数民族统治者所建立的"国"是"中国"之内与汉族王朝并存的政权还是"外国"？这些问题，学术界众说纷纭，莫衷一是。而在论述这些问题时，着眼点又不一致：有的同志认为，论述历史上的民族关系，就空间范围来说，应以今天的中国疆域版图为准。这种看法，似有道理，但仔细推敲，它无疑是将历史上"中国"疆域和今天的中国疆域画等号，也无疑是认为中国的疆域自古至今都是一成不变的。另一些同志在论述古代"中国"时，只是对文献里的"中国"就事论事地进行解释，或曰"京师"，或曰"中原"，或曰"诸夏"，或曰"汉族王朝"，或曰"禹之序九州是也"。这些因袭传统的旧说，是将边境地区的少数民族置于"中国"之外，这自然是与历史的实际不合。因此，在研究我国古代民族关系史这个课题时，将"中国"一词的涵义作一番考察，看来还是很有必要的。

　　针对上述情况，本文拟探索以下几个问题：（1）古代的"中国"是否包括所谓"蛮、夷、戎、狄"；（2）"中国"作为祖国的名称大约始于何时？秦汉以后少数民族建立的"国"是否有资格称"中国"；（3）历史上的中国饱经战乱，民族之间曾经出现过流血斗争，社会出现过分裂，但中华民族为什么作为一个实体而不离散？这些目前尚有争议的问题，浅论所及，不过是大家投玉，我来掷砖而已。

"中国"是一个地域概念

我国古籍中的"中国"，除指京师以外，它是一个地域概念，这是大多数同志一致的看法。但古代"中国"的地域范围究竟多大，文献里或语焉不详，或言之不实，或记述各异。在古代，由于没有一个明确的固定的疆域界限，再加上人们地理知识的缺乏，出现上述情况不足为怪。近人论述古代的"中国"地域，亦有种种不同的结论，归纳起来不外两种：一说古代的"中国"地域范围较小；一说古代"中国"地域范围较大。这两种说法都有所据，难说孰是孰非。于是有的学者提出这样的看法：作为地域概念的"中国"，有"广义的和狭义的两个范围"①，这是十分精当的。所谓广义的"中国"，地域范围较大；所谓狭义的"中国"，地域范围较小。区分广义与狭义的"中国"，对于我们研究古代民族关系史是大有裨益的。

狭义的"中国"是指中原区域，它主要是华夏族的聚居之地，也即是《尚书·禹贡》里的"九州"之域。古代所谓"中夏之国"亦即指此。这个"中国"是与"四方""四夷"对称的。《左传》成公七年载鲁国季文子言："中国不振旅，蛮夷入侵而莫之或恤，无吊者也夫！"何休在《公羊传》注中也说："所以晓中国教殊俗也。"《孟子·梁惠王上》载齐宣王曰："欲辟土地朝秦楚，莅中国而抚四夷也。"上述与"殊俗""四夷"对称的"中国"，不包括边境少数族聚居的区域在内，它主要是我们研究华夏族及与之杂居的少数族历史的地域范围。

广义的"中国"是以中原为中心，远及"四夷"聚居之地。《公羊传》成公十五年："中国之外有诸夏，诸夏之大有夷狄。"这里的"中国"是指本国，这里的"诸夏"是包括"夷狄"在内，我们也可以称之为"大诸

---

① 顾颉刚、王树民：《"夏"和"中国"》，《中国历史地理论丛》（第一辑），陕西人民出版社1981年版，第19页。

夏"。这个"大诸夏"即是有的同志所说的"大中国",李一氓同志在《读〈辽史〉》一文中说："我不想评论宋辽之间和战的是非功过,我只想从疆域上说,宋辽虽然对立,但当时和以后,这个地方都属于大中国这个范围。"①的确,我们只有着眼于"大中国这个范围",我国古代民族关系史研究中存在的一些重大问题,才有可能得到正确的解决。

其实,在先秦时代,早就有人提出过类似的"大中国"说了。

"中国"古称"九州",这是大家所熟知的。"九州"乃中原之域,即狭义的"中国"。战国中期,齐人邹衍曾创立"大九州"说,提出"中国"实际的地域比"九州"大。他说:"儒者所谓中国者,于天下乃八十一分居其一分耳。"并说:"中国名曰'赤县神州','赤县神州'内自有九州,禹之序九州是也,不得为州数。中国外如'赤县神州'者九,乃所谓九州也。"②邹衍所说"赤县神州"内的"九州",即"儒者所谓"的"中国",也就是《禹贡》"九州"。邹衍所言"赤县神州"外比"儒者所谓中国"大九倍的"大九州",相似于今人所说的"大中国",这就是广义的"中国"。

在两千多年前,邹衍能够指出《禹贡》里的"九州"不过是"大九州"的一部分,除"九州"之外,还有九倍于它的辽阔地域,这是难能可贵的。邹衍是一位阴阳家,两汉以后,他的"大九州"说同他的"五德转移"说一样遭到后人的非难。司马迁谓其语"闳大而不经","迂大而闳辩";桓宽、王充也说:"衍之所言迂怪虚妄。"③自此以后,邹衍的"大九州"说,便一直被视为谬误,谁肯赞一词!

从历史的实际出发,邹衍的"大九州"说还有可"赞"之处。唯物史观是要把历史的内容还给历史。现在,有些史学家已经开始重新认识这个问题了。金景芳教授在《中国奴隶社会史》一书中,一方面也指出"大九州"说"是荒诞的",同时又指出:"从思想解放这一点看,邹衍第一敢于冲破传统的狭窄圈子,想要开辟一个新天地;第二,他猜想到世界是极其

① 《文艺研究》1981年第4期。
② 《史记》卷七十四,《孟子荀卿列传》。
③ 《史记》卷七十四,《孟子荀卿列传》。

广阔的。"①这已经是"骂"中有"赞"了。顾颉刚、王树民两位史学家也有同样看法，他们说："邹衍的大九州说，为我们提供了几点重要线索：首先，他的时代比较明确，而为儒家所传的《禹贡》九州说出现在他之前，说明以'中国'名号为我国全部疆域之称的概念，在邹衍以前已经树立了起来。其次，他以《禹贡》九州说为基础，按照九的比率放大了'四海'和'天下'的概念，认为'四海'要比'中国'大九倍，而'天下'要比中国大八十一倍"，从而在一定程度上肯定了"大九州"说的价值。另外，他们又说："不过邹衍的想象之词经不住事实的考验。"②上面几位史学家敢于冲破传统的思想认识，对"大九州"说作了一定的肯定，认为邹衍在当时是"思想解放"的。不过，我还觉得上面的肯定是不够的。我们的"思想"是否也再"解放"一点呢？为此，试就对"大九州"说的评价问题辨析如下：

从总的方面来看，我认为邹衍的"大九州"说并非全是"荒诞"的"想象"之词，邹衍的时代，人们的地理知识较之"三代"已逐渐丰富，言及地理的文献典籍已陆续问世，邹衍是在此基础上提出了他的"大九州"说的。在邹衍之前，即有一些古籍言及"中国"的地域。

如：《尚书》中的《益稷》和《禹贡》等篇，都提到了"五服"之域。《益稷》篇云：禹治洪水之后，"弼成五服，至于五千"。"五服"即侯、甸、绥、要、荒诸服，它是以王畿千里为中心，每"服"五百里，故"四方相距为方五千里。"《禹贡》篇还对"五服"之域作了概略的说明："东渐于海，西被于流沙，朔、南暨，声教讫于四海。"这方五千里的地域，从东西南北四至来看，比"九州"地域大得多，从这里也可看出，《禹贡》的作者也并未把"九州"视为"中国"的全境。

《周礼·夏官·职方氏》所提到的"九服"之域。"九服"也是以方千里王畿为中心，其外方五百里曰侯服，其外方五百里曰甸服，其外方五百里曰男服，其外方五百里曰采服，其外方五百里曰卫服，其外方五百里曰

---

① 金景芳：《中国奴隶社会史》，第468页。
② 顾颉刚、王树民：《"夏"和"中国"》，《中国历史地理论丛》（第一辑），第18页。

蛮服，其外方五百里曰夷服，其外方五百里曰镇服，其外方五百里曰藩服。这"九服"之域，自"蛮"以下均为少数族的聚居地。同时，在《周礼》中，把"九州之国"与"九服之邦国"分开，这从地域上亦可见其不同。邹衍所言比"九州"大九倍的"大九州"，与"九服"所言的地域大体是近似的。

《五藏山经》所描述的中国地域，也比"九州"大。《五藏山经》即《山经》，是《山海经》的一部分。它成书的年代，学者说法不一，我是赞成《山经》成书于春秋末或战国初说。这样，《山经》也为邹衍的"大九州"说提供了依据。《山经》是"以山为纲，方向与道里互为经纬"[①]。其所载地域范围，"天地之东西二万八千里，南北二万六千里，出水之山者八千里，受水者八千里。"《吕氏春秋·有始览》亦有相同的记载："凡四海之内，东西二万八千里，南北二万六千里。"上述记载也远远大于九州之域。谭其骧教授在《论五藏山经的地域范围》一文中，对其所记各山走向、里距作了考察，并考定所记各山川所达到的地域，从而得出结论：《五藏山经》的地域范围比《禹贡》大得多。这个结论是完全正确的。这也证明，在邹衍之前，人们言及"中国"的地域范围大多比《禹贡》里的"九州"大。综上所述，可知"大九州"说并非无据，不能认为全是臆造出来的"荒诞"之词。

实事求是地说，以上诸书所言的"中国"地域，并不具体、精确，他们的作者既不明了"中国"地域的确切范围，也没有明确的疆界知识，他们所言也只是一个地域梗概。学者们并未认为他们的"想象"之词是"荒诞不经"，为什么偏要斥责"大九州"说"经不住事实考验呢"？"九"字古义是泛指多数，邹衍所说的"大九州"比"九州"大几倍，也并非实数，只不过说实际的"中国"地域要比"九州"大，这同上引诸书所言的"中国"地域不正相吻合吗？

衡量古代"中国"地域范围的标准，是国家能否对这个地域实行有效

---

① 侯仁之：《中国古代地理学简史》第6页。

的统治，具体地说，就是"王者"能否对这里发号施令，这里的"君长"百姓是否"臣服"天子。上述"五服"或"九服"之域，都是周王朝的政令所及之地，只是对边远地区的管理方法和近畿地带有所不同罢了。《史记·夏本纪》裴骃《集解》在解释"五服"中的"荒服"时引马融的话说："政教荒忽，因其故俗而治之。"对"荒服"之地，采取不改变其习俗的政策，这也说明周王朝对这里是有管理权的。而边远地区的人民，对"王者"也要臣服。所谓"服"者，旧注谓"服事天子也"。《史记·夏本纪》裴骃《集解》在解释"要服"时引孔安国的话说："守平常之教，事王者而已。"既然能够"事王者"，不正说明他们是"王者"的臣民吗？这又进一步说明，比"九州"大的"五服""九服"之域，也就是古代"大中国"的地域。

古代人由于不了解"中国"的疆域范围，而只知道"中国"大，究竟多大？古人以为"天下"都属"中国"，故"中国"亦称"天下"，在古代文献里，"天下"也是"中国"地域概念的代称。《诗经·小雅·北山》："普天之下，莫非王土"，这里的"天下"便是指周王朝的地域。《礼记·礼运篇》："大道之行也，天下为公"；"今大道既隐，天下为家"，这都是指古代"中国"地域的。这个地域比"九州"之域大，邹衍说大八十一倍，自是想象得来，但"天下"包括"四夷"在内，它比"九州"大则是可以肯定的。《孟子·滕文公下》载："汤始征，自葛载，十一征而无敌于天下，东面而征西夷怨，南面而征北狄怨，曰：'奚为后我？'"这里的"天下"包括"西夷"与"北狄"在内，这里的少数族人民，因为不堪忍受夏桀暴政之苦，才埋怨成汤未能早一点"解放"他们，如果"西夷"与"北狄"的聚居之地，不在"天下"这个"大中国"之内，他们也就无从"生怨"，孟子也不会记述这件事了。

马克思主义者在评论历史人物的是非功过时，不光看他是否能够提供出现代的东西，而是要看他能否提出以前所未提出过的东西。邹衍的"大九州"说，指出实际的"中国"要比"儒者所谓中国"大，这在当时来说就是"新东西"。通过历史事实的检验，中国的地域无论在当时和以后都比"九州"的地域大，因此，从总的方面来看，"大九州"说是可以基本肯定的。我之所以要持这种看法，不仅是邹衍所言，基本上合乎"中国"的历史实际，而且认为，"大九州"说为我们今天研究古代民族关系史提供了地域方面的线索，使我们得到了启示。当然，邹衍的"大九州"说的内容，看似具体但并不确切，有些是想象出来的，这是因时代的局限所致，我们不能苛责前人。

我们从"大九州""大中国"的地域概念出发，来研究古代民族关系史，可以澄清以下两点认识：第一，"中国"古代的地域范围，远远超出《禹贡》"九州"之域，因此，它不是很小的而是很大。有的同志认为，在我国历史发展进程中，其地域"就像滚雪球似的越滚越大"，这实是误解。持此说者，只是就狭义的"中国"而言的，但我们研究古代民族关系史，不能只着眼于这个狭义的"中国"。不错，古代的"中国"地域是不断有所变化，也即是有伸有缩，但要是硬说古代"中国"地域都比后来小，则未必尽然。第二，从广义的"中国"地域范围来考察古代各族的交往活动，便不难看出，我国历史上的各民族早就共同生活于"大中国"之中，它们都是"大中国"内的成员。过去的统治者由于持有民族偏见，故有所谓"华夷之分"，这也只能认为是一国内的民族之分，并不是中外之分。言"戎狄"者，并非说他们是"外人"，言"四夷"者，也并非说它是"外国"。

"中国"也是一个国家概念

"中国"既是一个地域概念，也是一个国家概念，地域概念与国家概念有时是分不开的。由于各地社会经济发展的不平衡性，在一定的历史时期内，只有无国家的地域，而没有无地域的国家。一个国家的形成过程，同时也是它的地域形成过程。原始社会末期，各个部落和原始民族都有其一定的地域，国家的地域是在众多部落或民族地域的基础上联合形成的。恩格斯说："亲属部落的联盟，到处都成为必要的了；不久，各亲属部落的溶合，从而各个部落领土溶合为一个民族的共同领土，也就成为必要的了。"①一个多民族的国家，实际上也是多民族的领土"溶合"而成的。所以"中国"一词便兼有地域和国家的涵义。

从古代文献和地下出土的材料来看，作为国家概念的"中国"，最早是指京师，后来泛指王朝，最后发展成为国家名号的专称。据于省吾先生考证，"中国"二字最早是出现于一九六三年陕西宝鸡县出土的周代何尊铭文中。其文曰："唯王初迁宅于成周……武王既克大邑商，则廷告于天曰：'余其宅兹中或（国），自之治民。'"②铭文所说的"中国"，是指周灭商后营建的成周，即曾为周初的京师所在地。"中国"释为"京师"，这是最早的材料依据。京师是最高统治者治理全国的政治中心，故《诗经·大雅·民劳》云："惠此中国，以绥四方"；"惠此京师，以绥四国"。《诗》中的"京师"与"中国"同义。为什么称京师为"中国"呢？《史记·五帝本纪》云：尧让位给舜，舜"而后之中国践天子位焉。"裴骃《集解》引刘熙曰："帝王所都为中，故曰'中国'。""中国"即是周王朝的地域中心和政治中心，故"中国"亦可代称王朝。在古代文献里，以"中国"代称王朝的事例屡见不鲜。《尚书·梓材篇》："皇天既付中国民，越厥疆土于先王肆。"这是说，"皇天"给予周王朝统治人民的权力，疆土日益扩大。《梓材》里的"中国"就是指周王朝。《韩诗外传》卷五："（周）成王之时……越裳氏重九泽而献白雉于周公，曰：'吾受命国之黄发曰：久矣，天之不迅风疾雨也，海不波溢也，三年于兹矣，意者中国殆有圣人，盍往朝之，于是来也。'"《尚书大传》亦有此相同的记载。越裳氏之族居于何地，说法不一，但多数意见均同意旧说："交趾之南，有越裳国。"这个"越裳国"闻周朝有"圣人"在位，特遣使者来献白雉。"中国"亦即周朝。

自秦代大一统的封建王朝建立后，"中国"作为王朝的代称，在文献里比比皆是。而自此之后，也就很少再以它代称京师了。由于它是王朝的

---

① 《家庭、私有制和国家的起源》，《马克思恩格斯选集》第四卷第160页。
② 于省吾：《释"中国"》，载《中华学术论文集》，第6、7页。

泛称，于是，王朝虽变，而"中国"的代称不变。也即是于秦它代称秦，于汉它代称汉，于唐它代称唐，于宋它代称宋，从汉代起，使用这个代称更多了。《汉书·陆贾传》："时南越初定，尉佗平南越，因王之。高祖使（陆）贾赐佗印为南越王。"陆贾至南越，得知尉佗欲反汉，于是陆贾斥责尉佗："足下中国人，亲戚昆弟坟墓在真定。今足下反天性，弃衣冠，欲以区区之越与天子抗衡为敌国，祸且及身矣。"尉佗不自量力，竟问陆贾："我孰与皇帝（汉高祖）贤？"陆贾当场将刘邦和他及南越和汉朝作了比较，他说："皇帝起丰沛，讨暴秦，诛强楚，为天下兴利除害，继五帝三王之业，统天下，理中国。中国之人以亿计，地方万里，居天下之膏腴，人众车舆，万物殷富，政由一家，自天地剖判未始有也。今王众不过数万，皆蛮夷，崎岖山海间，譬如汉一郡，王何乃比于汉！"尉佗听后乃笑曰："吾不起中国，故王此，使我居中国，何遽不若汉？"上面引文中所出现的"中国"大多数都是代称汉王朝的。虽然陆贾与尉佗在对话中，有时也直称"汉"，但这只是词语的变换，实际上这里的"中国"与"汉"是没有什么区别的。由于"中国"为王朝代称使用日久，边境地区少数族常常把王朝名称和中国随意使用，有时竟对"中国"不分时代地称汉或称唐。朱彧在《萍州可谈》卷二中载："汉威令行于西北，故戎狄称中国为汉；唐威令行于东南，故蛮夷呼中国为唐。"朱彧是宋朝人，这里的"汉""唐"与"中国"实都是宋朝。宋人称本朝为"中国"者更不乏其例。《宋史翼·洪中孚传》："女直遣使，约夹攻辽。上密诏河北诸帅经略之，皆以为可许。（洪）中孚言：臣游边久，熟知辽人情况。昔者辽主洪基用其臣刘六符言，大蠲燕云赋税。其国虽弱，人心未去，且与中国通好日久……"这里"中国"与"女直""辽"并称，当指宋朝无疑。又《宋史·陈亮传》："昔者金人草居野处，今者城郭宫室、政教号令，一切不异于中国。"这里提到了"政教号令"，"中国"亦是指宋朝。《宋史·宇文虚中传》载："臣恐中国之祸，未有宁息之期。"《三朝北盟会编》卷八记宋昭言："夫灭一弱虏而与强虏为邻，恐非中国之福，徒为女直之利。"这里也是"女直""中国"并称，其所以不言宋者，说明"中国"为王朝的代称已沿用很久了。

过去，人们大多认为，只有汉族王朝才称"中国"，事实并非如此。秦汉以后，在"大中国"这个辽阔的疆域版图内，除中原地区的汉族王朝外，边境地区往往有少数族建立的王朝，它们亦自称"中国"，同汉王朝自称"中国"无异。据《晋书·苻坚载记》所述：苻坚建立前秦后，他对境内少数族所实行的政策是恩威并用，他说："羁縻之道，服而教之，示以中国之威，导以王化之法。"可见，前秦亦自称"中国"。《魏书·张衮传》载：北魏熙平中，张伦上表曰："太祖（拓跋珪）以神武之姿，圣明之略，经略帝图，日有不暇，遂令竖子游魂一方，亦由中国多虞，急诸夏而缓夷狄也。"可见，北魏亦自称"中国"。《隋书·西突厥传》载：西魏间，突厥"部落稍盛，始至塞上市缯絮，愿通中国。"西魏也称"中国"。《辽史·刘辉传》载：大安末，太子洗马刘辉上书曰："西边诸番为患，士卒远戍，中国之民疲于飞挽，非长久之策。"辽朝自称"中国"，还见于《辽史·百官志》："太宗兼制中国，官分南北，以国制治契丹，以汉制治汉人。"这些少数民族建立的国家，都在"大中国"内，它们长期以来就是"大中国"的成员，作为"中国"人所建立的国家，自然有资格自称"中国"。不仅如此，它们凡在中原地区所建立的王朝，过去都以正统王朝的资格载于史册。诸如北魏、北齐、北周、辽、金各朝，尽管未能统一全国，但专记上述各朝事迹的史书，亦都列为"正史"。至于蒙古族建立的元朝，满族建立的清朝，由于是统一的封建王朝，因而都名正言顺地宣称是继承了我国封建王朝的正统。据明清内阁大库档案所存康熙六十一年十一月遗诏云："自古得天下之正，莫如我朝。太祖太宗初无取天下之心……后'流贼'李自成破京城，崇祯自缢，臣民相率来迎，乃剪灭闯逆，入承大统。"这里，他除诬蔑农民起义外，乃是十分自信地表明满族贵族具有"入承大统"的资格。

几千年来，"中国"作为王朝的代称，沿用日久，便逐渐发展为我国名号的专称了。

"中国"成为我国名号的专称，究竟始于何时，说法不一。有的说始于两汉，有的说始于明末，有的说始于辛亥革命以后，新编《辞海》"中国"条则谓"十九世纪以来，'中国'始专指我国全部领土，不作他用"。细研史籍，上述看法都还值得研究。尤其是辛亥革命后"中国"始为我国名号专称的说法，过去颇为流行。他们认为，辛亥革命后建立了"中华民国"，简称"中国"，从此，它便成为我国的国名。其实，此说也是望文生义。大家知道，"中华""中国"之名古已有之。"中华民国"则是因以往的"中华""中国"稍加补缀而起的这个国名。同盟会纲领中的"驱除鞑虏，恢复中华"，是从朱元璋北伐檄文中的"驱除胡虏，恢复中华"这八个字套用来的。"中华"过去与"中国"同义。并不是先有"中华民国"，然后才有"中国"，事实恰恰相反。因此，它与"苏维埃社会主义共和国联盟"简称"苏联"，"美利坚合众国"简称"美国"不是一样。实际上"中华民国"不过类似以往王朝的称号，所以"中华民国"被推翻了，"中国"这个国名仍然使用。同样，今天的"中国"之名，也是以往我国国名的沿用，并不能完全理解为它是"中华人民共和国"的简称。

那么，"中国"作为我国名号的专称，究竟始于何时？由于"中国"从王朝的代称到国家名号的专称是有其发展过程的，要具体地指出它始于何年都不准确。根据史籍所载，明显地看出"中国"已为我国的国家名号，大约在明朝建立以后。仅就《明史》记载，值得我们注意的有以下两点：第一，明朝政府在对内对外的诏令、敕谕中，已多自称"中国"；第二，外人也常直称明朝统治的国家为"中国"，我们从《明史》八篇《外国传》里所见到的"中国"可以看得比较清楚。

明朝政府在官方文件中，将"中国"之名与他国并称者，如《安南传》载，洪武二年诏曰："咨尔安南国王陈日煃，惟乃祖父，守境南陲，称藩中国，克尽臣职，以永世封。"《朝鲜传》载：洪武三年，中书省言："高丽贡使多赍私物入货，宜征税；又多携中国物出境，禁之便。"《日本传》载：永乐元年，礼官李至刚奏："故事，番使入中国，不得私携兵器鬻民。"嘉靖、万历间，日本"欲侵中国"，"入中国北京者用朝鲜人为导，入浙、闽沿海郡县者用唐人为导"。（按：据《明史·外国传》五载："唐人者，诸番呼华人之称也。"）《婆罗传》载："或言郑和使婆罗，有闽人从之，因留其地，其后人竟据其国而有之，邸旁有中国碑。"《苏禄传》载，永乐十五年，其国东王巴都葛叭哈剌等来朝，至德州，病卒，成祖遣使送敕谕给其长子都马含曰："尔父知尊中国……万里来朝。"上面引文里的"中国"，都是明政府及其官员在外事文件或诏令、奏疏中出现的，它是作为国家的名号与上述日本、安南、朝鲜、苏禄等国并称，而与以往的王朝代称有所不同。

在明代，更明显的是外国人也多直称我国为"中国"，他们的领导人、使者以及来华的学者，在谈话、书信以及给我国的文件中多称"中国"。《日本传》载：洪武三年，日本王良怀接见使者说："吾国虽处扶桑东，未尝不慕中国。"十四年，良怀致书明太祖："臣闻三皇立极，五帝禅宗，惟中华之有主，岂夷狄而无君。""陛下作中华之主，为万乘之君。"《安南传》载："安南，古交趾地，唐以前皆隶中国。"永乐初，安南内乱，明政府鉴于安南屡犯云南、广西边境，再加上黎氏政权"邀杀（陈）天平"，遂决定派兵征讨。永乐五年，明军大破黎季犛于木丸江，安南耆老一千余人诣军门言："安南本中国地，乞仍入职方，同内郡。"最值得注意的是利马窦所绘制的《万国全图》。据《意大利亚传》载："意大利亚，居大西洋中，自古不通中国。万历时，其国人利玛窦至京师，为《万国全图》，言天下有五大洲。第一曰亚细亚洲，中凡百余国，而中国居其一。"利玛窦将"中国"列入《万国全图》即世界地图中，这是外人使用"中国"之名的重要标志。从此，"中国"这个国家的名称通过《万国全图》正式公之于世了。利玛窦在晚年所写的《札记》中，曾对"中国"名称作了考述，他说：外国人给这个国家起过各样的名称，"最为人所知的名称China则是葡萄牙人起的。""在中国人自己，除了新王朝一来就起一个名字外，这个国家还有一个各个时代一直沿用的称号，有的时候别的名字就和这个称号连用。今天我们通常称呼这个国家为中国或中华。"①利玛窦所言"各个时

---

① 《利玛窦中国札记》，何高济等译，中华书局1983年版，第4—6页。

代一直沿用的称号"和"今天我们通常称呼"与我在前面所叙述的正相一致，而他所说的"今天"，便是明朝后期。

入清以后，"中国"之名在中外更是继续使用。清政府的对外文件，往往在介绍我国外交官的职衔前，冠以"中国"国名[①]，说明在清代已经将"中国"与"大清国"并用了。

综上所述，可知"中国"这个国名的专称，是由京师、王朝的代称发展演变的结果。事实也说明：历史上的"中国"，不是哪一个族或哪一个王朝的中国，而是我国各民族的中国，我们这个历史悠久、文化发达的国家，是各族人民共同缔造的。

"中国"各族人民为什么能够长期团聚在一起

中国这个具有辽阔地域的国家，是各族人民经过长期的辛勤劳动和共同经营所形成的经济、政治和文化的实体。这个实体，无论过去和现在都以它特有的风貌显示着我们中华民族的文明。但是，中国历史上各民族之间又并不都是雍雍穆穆，相安无事，相反，由于各族统治者的权力之争和其他原因，曾经多次发生过民族纷争，甚至因民族战争而导致社会分裂。尽管如此，其结果又都是乱而后治，分而必合。原因是什么呢？探索一下这个问题那是很有意义的。

首先，我国境内虽说民族众多，一些大的民族，自古至今瓜瓞绵绵，枝繁叶茂，但追本溯源，大多都是炎黄之胄。各个民族在几千年来的相互接触、频繁往来中，从血缘来看，纯粹的民族是没有的。诚如范文澜同志所说："汉族的祖先多得很，不仅传说中如黄帝族是它的祖先，而且所有融合进来的任何一个民族的祖先都是它的祖先。"[②]其他各族也大体如此。从传说材料来看，许多民族最早的祖先若非黄帝即为炎帝。各族同源，是

---

① 参阅陈连开：《论中国历史上的疆域与民族》，载《中央民族学院学报》1981年第4期。

② 范文澜：《中国历史上的民族战争与融合》，载《历史研究》1980年第1期。

我们民族大家庭的特色。这里，仅举几个少数民族的族源为例，足以见其端倪。如：两汉时期的匈奴，乃我国北方大族。据《史记·匈奴列传》载："匈奴，其先祖夏后氏之苗裔也，曰淳维。"司马贞《索引》引张晏曰："淳维以殷时弃北边。"乐产《括地谱》云："夏桀无道，汤放之鸣条，三年而死。其子粥獯妻桀之众妾，避居北野，随畜移徙，中国谓之匈奴。"裴骃《集解》曰："其言夏后苗裔，或当然也。"匈奴既为夏后氏之苗裔，溯其族源当与华夏族同为黄帝之后。我国西南方的"蛮夷"，据《后汉书·南蛮西南夷传》载为高辛氏之后。《史记·五帝本纪》云："帝喾高辛者，黄帝之曾孙也。"据此，"蛮夷"亦属黄帝族。魏晋时的鲜卑，据《魏书·序纪》云："昔黄帝有子二十五人，或内列诸华，或外分荒服，昌意（黄帝子）少子，受封北土，国有大鲜于山，因以为号。"《魏书·卫操传》亦载："魏，轩辕之苗裔。"建立辽朝的契丹族，其族源说法不一，《辽史纪事本末》卷一载："太祖（耶律阿保机）之先，出自炎帝"，一说"系轩辕裔"。上述各族族源的传说，是否属实，自也无从稽考。但这些传说材料，却反映了远古时代我们先民的亲密的血缘关系。我国各族人民向来以共祖同源为亲，以同为炎黄子孙为荣。这种共祖同源的亲密关系，在历史上曾起过维系民族团聚的纽带作用。明末土尔扈特蒙古由于种种原因曾远徙至额济勒河（伏尔加河）流域，在那里生活了一百多年，最后仍然回归祖国怀抱便是突出的例子。清初，土尔扈特蒙古与清政府保持密切的联系。1714年，康熙帝派遣图理琛使团到土尔扈特部住地访问，不仅受到热情接待，而且土尔扈特部阿玉奇汗还对使者说："满洲蒙古大率相类，想初必定同源。"据《朝鲜宣宗实录》卷二百零八载：努尔哈赤也曾说过，"我原是蒙古遗种，专仰中国"。这种亲密的同源关系，是促使土尔扈特蒙古"游子"归乡的原因之一。

正因为各族同为炎黄子孙，所以历史上民族之间虽有不愉快的时期，但从总的方面来看，彼此并无深仇大恨。即使在那烽火连天之际，人民之间还是交往频繁。尤其是在"和平"时期，各族之间"和为一家"。一些少数族在其建立的政权中，掌权者并非都是本族人。特别是汉族士人，受任于不同民族所建立的"国"或王朝，同样为其效忠尽职。例如：王猛任前秦宰相，杨炫之任东魏抚军府司马，室昉任辽朝枢密使兼北府宰相，张俭任辽朝枢密使、左丞相，张通古任金朝行台左丞，石琚在金世宗时任左丞兼太子少师……这些任高官于少数族政权中的汉人，各司其主，耿耿丹心，从来没有人说过他们是"背叛民族""背叛国家"。事实上他们都同在一个"大中国"，同为炎黄子孙，也谈不上什么"背叛"！同样，在汉族王朝中，历来也有少数民族人居高位、袭高爵的，他们对汉族王朝也是"克尽臣职"，而不心存猜贰。对此，青史均无微词。从这个侧面也可反映出在以往的历史上，民族之间并不是壁垒森严、彼此见外的。炎黄子孙这种兄弟般的特殊感情，对于民族大家庭的团聚起到了良好的作用。

其次，我们这个多民族的国家，人数最多的是华夏族即后来的汉族。汉族聚居于中原地区，它的经济、政治和文化的发展，是与周边少数民族相互交流、相互补充分不开的。但由于种种原因，长期以来汉族的经济、政治、文化在民族大家庭中都居于领先地位。马克思主义告诉我们：文明程度较低的民族向文明程度较高的民族转化，这是颠扑不破的真理。汉族的文明程度较高，它就像磁石一样吸引着兄弟民族，所以，在历史上少数民族聚居的地区或建立的"国"里，它们进行社会变革，总是以汉族社会制度为模式，这就是所谓汉化。在一般情况下，非强制的汉化，有助于缩小民族之间差距，有助于加快整个中华民族发展的历史进程。而汉化本身则又反映了这个民族大家庭中是有一股强大的向心力和凝聚力的。尤其是少数民族在边境地区或中原地区所建立的"国"里，大多是主动地推行汉化，其主观目的姑置不论，但在客观上却是加速了民族融合的进程。所以，我国历史上几次民族大分裂时期，恰恰又是民族大融合的时期。在这个历史时期中，从表面来看，社会局面是"分"了，从社会内部的经济、政治和文化的关系来看，则是渐渐地"合"了。也正因此，我们这个民族大家庭总是以一个整体沿着社会发展的轨迹前进。

从思想意识方面来看，少数民族也往往通过汉化促进各民族融为一体。一个统一的多民族国家，在社会政治生活中，思想统一对于维系民族团聚是十分重要的。我国从西汉中期起，儒家思想就定于一尊，成为维护大一统的指导思想，但这只是汉族王朝里的统治思想，而它成为整个"大中国"里的统治思想还是有一个过程的。两汉以后，少数民族先后建立了与汉族王朝并存的政权，它们知道儒家的一套修身、齐家、治国平天下的理论有益于政权的巩固，于是几乎毫无例外地都接受、提倡儒家的思想，并把它作为统治思想。本来，儒家学说中的"尊王攘夷""内诸夏而外夷狄"是有极大的民族偏见的，由于阶级统治的需要，由于思想融合的需要，少数民族建立政权后，却在思想意识方面，都实行尊孔崇儒政策，同汉族王朝并没有两样。例如：《晋书·石勒载记》云，石勒建立后赵政权后，"立太学，简明经善书吏署为文学椽，选将佐子弟三百人教之……勒亲临太学，考诸生经义，尤高者赏帛有差"。石勒立太学，亲自按儒家经典"考诸生"，足见其对儒学的重视。据《太平御览》卷一百六十三记载，后秦姚兴也在长安提倡儒学，"诸生自远而至者万数千人"。《晋书·姚兴载记》也说："于是学者咸勤，儒风甚焉。"北魏在太武帝拓跋焘时，即在首都平城"起太学于城东，祀孔子"。后来，魏孝文帝拓跋宏实行改革，推行汉化政策，更加推崇儒学。太和十六年，"诏祀唐尧于平阳，虞舜于广宁，夏禹于安邑，周文于洛阳"。并又"改谥'宣尼'曰'文圣尼父'，告谥孔庙。"[①]他们对儒家崇奉的"圣人"也如此崇拜，足见其与汉族王朝所实行的尊儒政策完全一致。最有趣的是辽太祖耶律阿保机有一次与侍臣们议论飨祀所引起的争论。时太祖问侍臣曰："'受命之君，当事天敬神。有大功德者朕欲祀之，何先？'皆以佛对。太祖曰：'佛非中国教。'（义宗）倍曰：'孔子大圣，万世所宗，宜先。'太祖大悦，即建孔子庙，诏皇太子春秋释奠。"[②]辽太祖"祀孔"就是汉族王朝"尊儒"。在阶级社会里，统治者所提倡的思想对人们的影响是至深的。由于各族统治者都大倡尊孔崇儒，因此，在我们中华民族共同的文化素质中，深深地注入了儒家的思想成分。当然，儒家的思想有精华也有糟粕，但它在历史上却成为一种黏

①《魏书》卷七下，《高祖纪下》。
②《辽史》卷七二，《义宗倍传》。

合剂把各民族的思想意识粘合在一起。这种共同的思想意识，也是维系民族团聚的一条无形纽带。这里，需要提出的是，我所说的儒家思想的"粘合"作用，并不是说儒学本身有什么神功妙用，而是说在这个多民族的"大中国"中，必然要有一个统一的思想作为全民族精神文明的核心，成为维护整个社会的一种精神力量，而儒家思想正是适应了这种需要。

最后，需要说明的是，在中国历史上，各民族能够团聚在一起的原因是多方面的，尤其是经济、地理的因素，是各族团聚的基础。限于篇幅，这里就暂且从略了。

原载《安徽史学》1985年第4期，有改动

论冤臣

——《冤臣传》序

> 天意只如此，将军足可伤！
> 忠无身报主，冤有骨封王。
> 苔雨楼墙暗，花风庙路香。
> 沉思百年事，挥泪洒斜阳。①

这是一位诗人写的悼念岳飞的一首五律。岳飞是爱国名将，是民族英雄，同时又是一位含冤而殁的冤臣。他的事迹，自南宋而下尽人皆知。其实，千百年来，"足可伤"的冤臣岂止是这位"将军"！在那"天昏地暗"的年代里，政治舞台一片污浊。君臣之间、臣僚之间、政治派别之间，勾心斗角、尔虞我诈，乃至相互陷害、相互鱼肉的情况，无时不有。其结果，大多是权势最大者取"胜"。这样，无辜遭害的冤臣，便从那污浊的政治氛围中被"宣泄"出来。这些被冤陷者，或身幽囹圄，或凌迟处死，或诛夷三族，或死后戮尸，或流放海涯荒漠……这批冤臣，其受害之深，遭遇之惨，是足以令后人扼腕叹息并为之"挥泪"的。

可惜，一部纪传体二十四史，都未能为冤臣单独立传，尽管这些冤臣的事迹，大多散见于各部史书的人物传中，但如能"以类相从"，就像《循吏传》《忠义传》《酷吏传》《佞幸传》《奸臣传》那样，把每个朝代的冤臣中的代表人物归在一起，单独立传，这不仅使史书的体例更完备，而

---

① 《武林旧事》卷五。

且也更合乎《春秋》史法。

今天，当我们在"重新研究全部历史"的时候，从史书中挑出各代一些具有代表性的冤臣人物，编写一部《冤臣传》，除可以弥补一下以往史书体例之不足而外，其意义还有以下几点：（1）通过介绍冤臣人物的事迹和遭害的经过，可以进一步揭露阶级社会的黑暗和腐朽，看清统治阶级中的一些残暴凶恶者的狰狞面貌，从一个侧面揭示那个万恶的社会制度的本质。（2）通过编写这部《冤臣传》，对过去历史舞台上的人物，还能激浊扬清，从而说明阶级社会的官员，也并非"天下乌鸦一般黑"，以有助于对"否定一切"这个流毒的清除。（3）《冤臣传》里的大量事实告诉人们："冤陷无辜"，既是历史上的一条阴影，又是历史留下来的一面镜子。以史为镜，可知兴替。综上所述，大概就是我们编写这本《冤臣传》的目的吧。

一

自有国家以来，在王侯将相、公卿百官、州郡长吏乃至鸿儒硕学中，横遭冤陷者不知凡几。按照史书所记述的冤臣人物，可以分为以下几类：

冤臣，大多数是建功立业的功臣。这一类人，或是在打天下的岁月中，驰驱疆场，攻城略地，战功赫赫；或在治国安邦中，鞠躬效命，竭尽股肱；或在政局动荡之际，革故鼎新，兴利除弊；或在国难方殷之秋，撑持危局，力挽狂澜……总之，他们都是程度不同的功在国家、名留青史的人物。然而，既属冤臣，无论其功绩如何，最终结局总不免是苦痛凄楚的。以开国功臣而论，韩信、彭越在楚汉之争中，佐刘邦，抗项羽，建立西汉王朝，可谓功莫大焉！最后，竟死于刘邦、吕后之手。其后，晋惠帝之杀卫瓘，南朝宋文帝之杀檀道济，隋文帝之杀史万岁，隋炀帝之杀贺若弼等，尤其是明太祖之兴"胡蓝之狱"，功臣被诛者先后达四万余人，以致"元勋宿将相继尽矣"。上引一些开国功臣被杀的事例，说明司马迁所说的"君臣一体，自古所难"[①]之言，信乎不谬！再以守卫疆土、抵御强

---

① 《史记·淮阴侯列传》引《述赞》。

敌、佐国安邦的功臣为例，秦代的蒙恬、蒙毅兄弟，自其先人以下，"积功信于秦三世矣"①。秦始皇统一六国后，乃令蒙恬将兵三十万北逐匈奴，收复河南地，也是其功甚高。结果，蒙氏兄弟均冤死于二世、赵高之手。武后临朝时期的中书令裴炎，"乃社稷之功臣，有功于国"，最后竟被斩"于都亭驿之前街"。②明代的于谦，在同瓦剌作战中，屡败强敌，保卫了京师。"土木之变"后，英宗还朝，也是"谦力也"。英宗复辟后，也承认在保国家安社稷中"于谦实有功"。但后来这位"要留清白在人间"的忠良，仍是被冤杀的。明朝末年，中原动荡，辽东烽火连年，巡抚辽东的熊廷弼、袁宗焕，均是"劳有足矜""有功无罪"的边将，最后也竟被冤死。无数事实说明，当最高统治者在对功臣开刀的时候，功有何用？

　　冤臣，又大多是精敏有谋略的能臣。一般说来，能臣大多是于国有功的，也应属功臣之列。不过，在那个嫉贤妒能的社会里，能臣未必都能立功，甚至常常正因其能而遭冤陷，死于非命。历史上的这类事例也是俯拾可得。史书上所记述的改革家，都是针对时弊，提出了变法图存、富国强兵的方略，制订改革的措施，并付诸实施，非能人何可及此。但历史上的改革家大多数的结局是不好的，变法富有成效的商鞅，终遭车裂，便是一个典型的事例。据记载，商鞅便是一位"有奇才"的人物。秦代的李斯，曾学"荀卿之学"，后事秦，因其贤能，秦王拜为客卿。及至始皇统一六国，他反对"师古"，主张"革故"，官至丞相，非能臣何能若此？最后，终为二世、赵高所杀。明代的张居正是一位著名的政治家、改革家，当然也是一位能臣。他生前虽未遭冤杀，死后却被冤获"罪"，"诏夺上柱国、太师，再夺谥"，竟至"籍居正家"，殃及子女。"终万历世，无敢白居正者。"③在近代史上，维新运动中的康有为、梁启超以及谭嗣同等"六君子"，都是贤能之士，结果，"六君子"被杀，康、梁若不是出逃，也难免不遭冤害。除改革家遭冤害以外，历史上还有不少能臣是蒙冤而死的。西

---

①　《史记·蒙恬列传》。

②　《旧唐书·裴炎传》。

③　《明史·张居正传》。

汉时的韩延寿，是一位能臣，他在任地方太守时，颇有政绩，"在东郡三岁，令行禁止，断狱大减，为天下最"。其能干可知。后来，只是因为"天子恶之"①，竟弃市。辽朝的北府宰相萧阿剌，"性忠果，晓世务，有经济才"②，后也被冤而死。明代的方孝孺，童年即才华出众，人称"小韩子"。后任建文帝的侍讲学士。"靖难之役"起，姚广孝劝告燕王朱棣："城下之日，彼必不降，幸勿杀之。杀孝孺，天下读书种子绝矣。"方孝孺的才能之高，由此可见。成祖即位后，竟因其不愿草即位诏书"命磔诸市"③。历史上有不少能臣惨遭冤害，而有些庸臣反而安享天年，这也是社会制度不公的反映。

冤臣，往往多是廉臣。在古代官员中，总的说来是无官不贪，"三年清知府，十万雪花银"。但也有极少数"出污泥而不染"的廉洁之臣，这些人，不侵公产，不夺民财，清操自守。然而，在那贪欲横流的年代，廉臣又往往不容于时，于是遭排斥、被冤陷者所在多有。唐代中书令裴炎在遭冤害之后，"籍没其家"，方知"乃无儋石之蓄"。④岳飞生前就提出"文臣不爱钱，武臣不惜死"的名言，用以律人律己。他的儿子岳云屡立战功，按例当升迁，岳飞则"力辞不受"，有人怪他"廉者廉矣，未得为公也"。岳飞则认为"士卒冒矢石，立奇功，始沾一级，男云遽躐崇资，何以服众"⑤。明代户部尚书夏原吉，手握财权，因谏成祖第五次亲征漠北，引起成祖震怒，系之于狱。后籍没其家，除"赐钞"外，"惟布衣瓦器"⑥。官至兵部尚书的于谦，"自奉俭约，所居仅蔽风雨"⑦。明末，身任金都御史的左光斗，有一次视察屯政，以往御史巡视屯田，"田吏馈金数百，御史受之以为常"。左光斗"独却不受"，致使诸御史"皆惭且恚

① 《汉书·韩延寿传》。
② 《辽史·萧阿剌传》。
③ 《明史·方孝孺传》。
④ 《旧唐书·裴炎传》。
⑤ 《宋史·岳飞传》。
⑥ 《明史·夏原吉传》。
⑦ 《明史·于谦传》。

（音悔，恼怒之意）"①。这些冤臣之清廉，值得后人景仰。

冤臣，又多是刚毅正直的骨鲠之臣。历史上有一些刚直不阿、不畏权贵的臣僚，他们见不正则愤懑，遇邪恶若猛兽，乃至敢于面折廷争，犯颜直谏。就是这些置个人安危于不顾的铮铮铁骨之臣，常常含冤以殁。《荀子·宥坐》里记述孔子回答子路的一次提问。孔子说："女（汝）以知（智）者为必用邪（耶）？王子比干不见剖心乎！女以忠者为必用邪？关龙逄不见刑乎！女以谏者为必用邪？伍子胥不磔姑苏东门外乎！"比干、关龙逄、伍子胥分别都是夏桀、商纣和吴王夫差的骨鲠之臣，都因犯颜直谏得罪人主以致身蹈大戮。晋初，辅政大臣卫瓘之所以遭冤杀，其因有二：一是他曾劝晋武帝不要让其白痴的儿子司马衷嗣位；二是晋惠帝司马衷继位后，皇后贾南风"忌其方直"②。根本原因还是忠谏获罪。唐文宗时，胸怀"救世"之志的刘蕡，在大和二年（828年）的诏举贤良对策中，针对当时的宦官为虐直率地提出了批评和建议，招致宦官的嫉恨，贬谪柳州，忧愤而死。他含冤辞世，所以李商隐在《哭刘蕡》诗中有"上帝深宫闭九阍，巫咸不下问衔冤"和"路有论冤谪，言皆在中兴"之句。深深表达了对刘蕡之遭冤谪的同情与哀悼。

上述功臣、能臣、廉臣和骨鲠之臣，有的人一身兼备。他们遭受冤害，说明在那个时代，往往是邪正不分，忠奸颠倒的。被害的冤臣，多是往昔政治舞台上的精粹，他们的冤死，自是"可伤"，其实，真正遭受损失的还是国家和百姓。

二

人们不禁要问，冤臣既多是功臣、能臣、廉臣和骨鲠之臣，是封建国家的柱石，为什么竟遭冤害呢？由于具体情况的不同，概括起来大致有以下几种原因：

---

① 《桐城耆旧传·左光斗传》。
② 《晋书·卫瓘传》。

其一，人主猜疑和刚愎暴戾是大臣常遭冤害的一个重要原因。古代的帝王，既认为是受命于天，因之他便成为人神混合的人物。论地位、论权力、论威严都是至高、至大、至尊而莫可与比的。他一怒能"安天下之民"，他一言可为"天下之法"。正因为他地位最高，权力最大，享受最优，当然就有一些意图"弑君"的臣子，在盘算着"窥窃神器"，向往有朝一日黄袍加身，也尝尝"贵为天子"的滋味。而帝王们呢，则是针对业已出现过的事实，便无时无刻不在提防弑君的恶剧在自己的身边重演。于是入则心忧，出则疑虑，思绪总是不那么平静。尤其是开国的君主，他是以什么方式夺取江山的，也唯恐别人以同样的方式从自己的手里把皇位夺走，所以猜疑更重，防范更严，而所猜疑防范的主要对象，就是曾经为他争夺江山如今则是新贵的元勋宿将。这批功臣也确实往往居功自傲，不知检点，这就越发引起君王的猜疑。"人必先疑也，然后谗入之。"谗由疑入，奸佞之徒于是乎乘机而施其诡谲伎俩了。伍子胥在被杀之前，太宰嚭因"受越（国）赂"，向吴王夫差进谗，"愿王早图之"。夫差回答说："微子之言，吾亦疑之。"[1]这是疑生谗入，导致功臣被冤杀的一例。明初，朱元璋杀了那么多功臣，也是由于猜疑功臣谋反的结果。朱元璋是一位疑心极重的帝王，他和越王勾践一样，"只可与共患难，而不可与共安乐。"他做了大明皇帝以后，对原来和他一起打江山的功臣，几乎都不放心。于是设立了特务机关，派出许多"检校"（特务），不分白天夜晚侦察臣僚们的动静，如察听到有异情，便"奏闻太祖知之"[2]。甚至他自己也常常微服"私访"。"胡惟庸案"，也是因朱元璋先对胡惟庸有了猜疑，然后才有涂节等人的进谗告发才发生的。朱元璋对大将蓝玉也早有猜疑，"镌其过于券"，乃是准备收拾他的一个信号，后来，特务头目锦衣卫指挥蒋瓛告发蓝玉"谋反"，"蓝案"又发生了。朱元璋因其猜疑狠毒所杀的臣僚，其中大多是开国的元勋宿将。论功绩，有不少人也能够名勒云台，然而，他们不是被斩首，便是诛夷三族，其能得以"赐死"者，就算沐浴"皇恩"

---

① 《史记·伍子胥列传》。

② 刘辰：《国初事迹》。

了。为了要证明所兴的大狱不是冤案，他还把审讯的"狱辞"，汇编成册，这就是钦定的"胡案"《昭示奸党录》、"蓝案"《逆臣录》。这种记录的口供是真是假，便又成为"千古疑案"，只有留待史家考证了。

明初，"靖难之役"后，明成祖朱棣大杀忠于建文帝的臣僚，其所以如此，则是担忧这些人怀有"异志"，其猜疑刻毒并不亚于乃父。诚如《明史》作者所言："革除之际，倒行逆施，惭德亦曷可掩哉。"人主"惭德"而被杀的人臣竟成冤鬼，人主的猜疑和暴戾，其结果于此可见。

其二，昏君秉政，忠奸不分，也往往是一些廉能正直的大臣遭受冤害的又一个原因。古代的帝王，要臣民称颂他"圣明"，其实，真正称得上明君的极少，而庸懦无为的昏君颇多。一般的情况是：开国的君王与"中兴"之主，大多比较能干有为，他们通过"得天下"和"治天下"的亲身实践，尚知创业艰难，守成不易。在位之日，还能朝乾夕惕，兢兢业业，以期使皇位传之子孙。但到了"圣子神孙"们继位之后，他们由于生于深宫，惯于享乐，稼穑之艰辛既一无所知，而朝政之综理更是昏然懵然。这类帝王治国安邦虽无能，但不少是荒淫狠毒却有术。于是国势日渐衰微，社会矛盾日益加剧，甚至最后王朝趋于败亡。唐太宗通过读史也有这种看法："朕历观前代拨乱创业之主，生长民间，皆识达情伪，罕至于败亡。逮乎继世守文之君，生而富贵，不知疾苦，动至夷灭。"他讲的确系历史事实。西汉和东汉末年，就是由于皇帝昏庸或者是年幼，只知享乐于深宫，理政毫无作为，最后导致外戚、宦官交互执政，竟至江山易主。隋朝的兴亡，也是一个典型的事例。夺取江山的隋文帝杨坚，在位之日，"劬劳日昃，经营四方"，"躬节俭、平徭赋、仓廪实、法令行"，出现了"人物殷阜，朝野欢娱"的局面。[①]到了杨坚的儿子隋炀帝即位，则"负其富强之资，思逞无厌之欲"。这位荒淫奢靡的君主，当国不过十余年，便弄得"宇宙崩离，生灵涂炭，丧身灭国"。就是这位"继世"之君，不仅荒淫无度，而且凶残至极。在他的暴政统治下，"天下死于役而家伤于财"，

---

① 《隋书·文帝纪》。

同时一批如光禄大夫贺若弼、礼部尚书宇文弼、太常卿高颎、司隶大夫薛道衡等辅政大臣，也被他冤杀。所以，史家评论他："淫荒无度，法令滋章，教绝四维，刑参五虐，锄诛骨肉，屠戮忠良，受赏者莫见其功，为戮者不知其罪。"①真可谓昏君秉政，忠良遭殃。隋唐以下，像这样的情况，更是无代不有。

其三，奸佞专权是忠良遭冤害的又一个原因。奸佞专权往往是和昏君秉政连在一起的。在官僚群中，总是有忠奸邪正之别。但是奸邪乖劣之徒，要能得以售其奸，行其恶，是需要一定的政治环境的。而昏君秉政，无所作为，黑白不分，正是奸佞猖獗极好的环境。这类人，知君王庸懦，朝纲不肃，遂沆瀣一气，朋比为奸，弄权越货，胡作非为。而一些廉正刚直的臣僚，则成了奸佞为恶的障碍，于是忠奸之争由此起。奸佞又多半是利用"圣上"这块威严赫赫的招牌，假皇权以肆虐。这样，往往弄得贤臣良将，也无可奈何。秦代的赵高，"故宦人也"。他因二世的无能，"指鹿为马"，矫诏杀害了公子扶苏、蒙恬、蒙毅和丞相李斯。唐文宗时的李训和郑注，也因文宗"无帝王之才"，便以狂狡之心，"日侍君侧"，时称"两奸"。李训以"隐险善计事"而闻名，郑注则是"昼伏夜动，交通赂遗"的能手。由于君王"制御无术"以致"训、注之权，赫于天下"。这两位狂狡之徒，"既得行其志，生平恩仇，丝毫必报"。其冤害之众，竟至"班列为之一空"②。明代中期以后，佞臣、中官、阉党之残害忠良，更甚于前代。他们"口含天宪，威福在手"。尤以阉宦与外廷诸臣相勾结，形成党羽，凶焰更烈。他们残害东林党人，其手段之恶劣，用刑之深刻，真是令人发指。以魏忠贤为首的阉党，先是陷东林诸人于狱，直至处死；继之凡为他们所恶者，"皆目为东林"，也遭到同样的冤害。由于这班奸佞凶竖操持政权，致使"衣冠填于狴犴（牢狱），善类殒于刀锯"③。那些死于"刀锯"的"衣冠""善类"，皆属冤臣，因此，明代冤臣之众也是前所

① 《隋书·炀帝纪》。
② 《旧唐书·郑注传》。
③ 《明史·阉党传》。

未有。

当然，致使忠良遭冤害的直接原因，当不止此。以上所列，不过是其要者而已。

在几千年的阶级社会中，冤臣人物屡屡出现，最根本的还是社会制度所造成的。

国家是由私有制产生才开始出现的，从那个时候起，不仅财产私有，而且"物质的附属物"——监狱以及各种强制机关都是私有的。古代的君主专制制度，就是建立在这种经济、政治私有的基础之上。所谓"普天之下，莫非王土；率土之滨，莫非王臣"。则是说明天下国家是为"王"所有的，故曰"朕即国家"。既然如此，"政权归一人掌握"也就是合法的了。一人掌权，百官听命，当然只有人治而无法治。虽然各个时期也有法律，但是人治从来都是大于法治。况且那个时代法律又是"偏私"的，它对君王、对那些"口含天宪"的奸佞大臣是没有约束力的。君王和权贵自然可以生杀予夺，为所欲为。所以，要是人主猜疑，昏君秉政，奸佞专权，忠良则不可避免地要遭殃。这是君主专制制度一种本能的罪过与表现。在中国历史上，我们可以看出这样一个事实：每当君主专制统治最暴虐的时候，或者是专制统治最黑暗的时期，相对说来，冤臣则众。明代的君主专制统治达于高峰，而冤臣人数之多，被害之惨，也超过前代，便是最好的说明。不过，历史上也有极少数机灵而有远识的臣僚，一旦觉察"气候"异常，便适时挂冠，免遭冤杀。越国的范蠡在败吴之后，立即"浮海出齐"，竟能"三致千金"。明初的朱升，在洪武二年（1369年）便乞求致仕，朱元璋要赐以田产、爵士，均辞不受。在"胡惟庸案"发生后，与朱元璋为故友的汤和，便请求"愿得归故乡，为容棺之墟，以待骸骨"[①]。这些功臣，及时功成身退，算是幸运地得终天年。否则，也可能成为冤魂。

———————————

① 《明史·汤和传》。

三

社会历史是以螺旋式的方式演进的，而且是按照一定的规律运行的。但具体到一个时期的强弱盛衰，兴亡更迭，又有其具体的缘由。但不管是什么时候，"得人则昌，失人则亡"，亘古大体都是如此。忠良之臣，乃为国家的柱石，社稷的栋梁；如果人主昏暴，奸佞专权，忠良被冤害，社会必黑暗，王朝必衰微，这是必然的。早在秦二世和赵高迫害蒙氏兄弟的时候，子婴进谏曰："臣闻故赵王迁杀其良臣李牧而用颜聚，燕王喜阴用荆轲之谋而倍（背）秦之约，齐王建杀其故世忠臣而用后胜之议。此三君者，皆各以变古者失其国而殃及其身。"①他引用的事例未必完全正确，但忠良被冤害导致"失其国"和"殃其身"则是完全可能的。古代的一些明君，都知道治国之要，唯在得人。朱升在告老还乡的时候，还向朱元璋临别赠言："为天下得人，有人有土，万年无疆。"②所以，一个国家，贤良秉政则昌盛，奸臣专权则衰微，不论哪个时代都是如此。诸葛亮在《出师表》中总结两汉兴衰之由时就曾指出："亲贤臣，远小人，此前汉之所以兴隆也；亲小人，远贤臣，此后汉之所以倾颓也。"这个结论是不错的。唐代后期，"阉寺权盛"，"横制天下"，刘蕡在贤良对策中大声疾呼："居官惟其能，左右惟其贤。元凯（传说中有才能的八元八凯）在下，虽微必举；四凶（传说中的四个恶人）在朝，虽强必诛。"他也指出秦汉末世，"而终败亡者，以其不见安危之机，不知取舍之道，不任大臣，不辨小人，不亲忠良，不远谗佞"。③唐王朝的败亡，何尝不是如此呢！《宋史·奸臣传》的作者，对两宋的兴亡也作了如下的总结："终宋之世，贤哲不乏，奸邪亦多。方其盛时，君子秉政，小人听命，为患亦鲜。及其衰也，小人得志，逞其狡谋，壅阏上听，变易国是，贼虐忠直，屏弃善良，君子在

---

① 《史记·蒙恬列传》。
② 《朱枫林集》卷九附录《翼运绩略》。
③ 《旧唐书·刘蕡传》。

野，无救祸乱。"其言也完全合乎事实。再看明代，嘉靖以后，大多是奸佞擅权，先是严嵩之流执国柄，继之"权归内竖"，"流毒缙绅"。忠良被冤杀，社会弄得乌烟瘴气，"遗孽余烬终以覆国"。更可悲的是，当清兵已经渡河，在南京匆忙建立起来的福王政权，不以前事为戒。君臣上下，不但不能"和衷体国""努力同心"，仍然继续重用奸佞，陷害忠良，马士英、阮大铖之流，排斥打击史可法、刘宗周、高弘图等一批忠贤大臣，结果，弘光政权如同朝露，只存在一年也就倾覆了。

以上事实，足以证明忠良被冤害，不单纯只是他们个人祸福之所系，而且关系到国家的盛衰，社稷的安危。历史的教训，是极为深刻的！

我们从另一个角度来看，冤臣遭陷害虽然悲惨，但这不过是一时的现象。奸佞之得势也同样如此。历史是无情的审判官。它的裁决，在一定程度上体现了人民群众的意愿。翻开青史即可知道，那些被杀害的冤臣，绝大多数都是少者几年，多者几十年或几百年，被昭雪平冤了，并受到后人的景仰与爱戴。"昔秦民怜白起之无罪，吴人伤子胥之冤酷，皆为立祠"[1]就是最好的事例。屈原遭冤害于五月五日自沉汨罗江后，"楚人哀之，每于此日以竹筒贮米投水中祭之"[2]。后改以练叶裹粽，此风沿之至今，反映人们对他的怀念与尊敬。西汉的韩延寿在"弃市"之日，"吏民数千人送至渭城，老小扶持车毂，争奏酒炙"，被杀之后，"百姓莫不流涕"[3]，实际上，吏民百姓在韩延寿被害之日便已为他洗冤了。华佗被冤杀不久，曹操就感叹"吾悔杀华佗"。此后，华佗庙遍布各地，在一千多年中香火不绝。裴炎被武则天杀害后，只隔二十多年睿宗即位，就下诏："故中书令裴炎……望重国华，才称人秀……而危疑起衅。仓卒罹灾……宜追贲于九原，俾增荣于万古。可赠益州大都督。"[4]这就得到彻底昭雪了。岳飞、于谦这些英雄人物被冤害以后，人们以多种方式表达了对他们的哀悼与纪

---

① 《三国志·魏志·邓艾传》。
② 《史记·屈原列传注》。
③ 《汉书·韩延寿传》。
④ 《旧唐书·裴炎传》。

念。"日月双悬于氏墓,乾坤半壁岳家祠。"他们的形象在人们的脑海里,永远树立着高大的丰碑。被魏忠贤冤杀的东林党人,只隔几年就平了反,有的人还受到"赠谥美显,荣于身后"[①]。

恰恰相反,那些残害冤臣的奸佞之辈,却大都被钉在历史的耻辱柱上,受到人们的唾骂。他们的劣迹,污秽于史书,遗臭于后代。像太宰嚭、赵高、秦桧、万俟卨、韩侂胄、石亨、魏忠贤、崔呈秀、马士英、阮大铖之流,以害人开始,以害己告终,最后,他们差不多都被问斩。他们的死,是死有余辜,永远不得翻案。

明代正德年间,有人以铜为范,铸成秦桧、王氏、万俟卨三人铁像跪在岳坟前,后又有人题一联于其侧:"青山有幸埋忠骨,白铁无辜铸佞臣",充分表达了人们对忠良的尊敬和热爱,对奸邪的憎恨和唾弃。从这个意义来看,奸臣永远是奸,冤臣最终不冤。——这就是历史公正的判决。

我们应河南人民出版社之约写的这部《冤臣传》,共收录了冤臣人物八十四人,这不过是千里挑一、万里挑一而已。在收录入传人物时,尽量避免与《廉吏传》《名臣传》《谋士传》等书中已收录的人物重复。同时,在撰写过程中,我们主要是着墨于入传人物的"冤"——这一写作主题,而不是对入传人物的全面评价。

这部书的撰稿者主要是安徽师范大学历史系和中文系的老师,他们在教学之余,挤出了时间,认真地完成了各自的写作任务。最后,我和杨国宜教授作了必要的修饰润色。出版社李铁屏同志从确定入传人物到定稿付梓都付出了不少心血。由于时间匆促和我们的水平限制,疏漏错误之处一定很多,欢迎读者批评指正!

原载《安徽史学》1994年第3期,有改动

---

① 张溥:《五人墓碑记》。

中国传统史学的特点

　　中国传统文化，晶莹璀璨，绚丽多彩，其中的史学是这座文化宝库中的一项珍品。所谓传统史学，是指以往的史学，其涵盖的时间，学者们众说不一，未成定论。我们认为，中国史学形成之始，即为中国传统史学的开端。至于它的下限，大致可以定在19世纪末20世纪初。因为其时西方的史学理论和研究方法已传入我国，一些思想敏锐的知识分子，从西方史学中吸取了一定的营养，因而提出了"史学革命"，梁启超的《新史学》是其代表作。这样新旧史学便开始了激烈的碰撞。但传统史学的体系在我国延续两千多年，并非在一个短时间内就让位于"新史学"。因此，就在"新史学"向传统史学挑战的时候，还有完全按照以往二十四史的体裁、方法修成的《新元史》和《清史稿》就是明证。而真正和传统史学划清原则界限的是马克思主义史学在我国形成以后，并且经过多次的交锋，传统史学才退出史坛而为马克思主义史学所代替。

　　但是，传统史学在从黄帝开始、传递华夏五千年文明史的过程中，逐渐形成了自身的特点，发挥出其他学科不可替代的社会功能，因而受到社会的重视。而它的特点，对于今天发展马克思主义史学，仍然有值得借鉴、继承之处。

秉笔直书的特点

史学是一门老老实实的学问，它据实书事不容虚假。文学作品可以夸张虚构，历史著作则不允许。老一辈史学家翦伯赞曾经风趣地说过：文学家可以讲"一叶惊秋"，史学家则不能凭一片树叶掉下来就断定秋天到了。史学家往往在得出一个结论的时候，连"孤证"都不足为据。说明写史贵在求实、求真，而只有秉笔直书才能反映出真实的历史事实。

直书是史家的责任，也是史家的美德。刘知几在《史通》里专列有《直书》篇。他说，史家要有"仗气直书，不避强御"的能力和品德，只有这样，才能写出传世之作来。他称颂历史上那些因秉笔直书而遭祸的史家，"虽周身之防有所不足，而遗芳余烈，人到于今称之。"从这里也可看出，秉笔直书乃是我国史学的一个优良传统。

我国古代能秉笔直书而为后人称颂的史家不乏其人。文天祥在《正气歌》里提到"在齐太史简，在晋董狐笔"，这是春秋时期两位史官"直笔"的典型。当时齐国的大夫崔杼杀掉了齐庄公，这自是大逆不道，齐国的太史便在"国史"里直书"崔杼弑其君"。因此，崔杼杀掉了这位史官。这位被杀的史官之弟承其哥哥的事业，继续直书此事，又被杀了。另一位弟弟仍然如实书写，崔杼不得已"乃舍之"①。齐国的太史兄弟冒杀身之祸而直书事实，其精神确实感人。董狐是晋国的史官，晋卿赵盾杀掉了晋灵公，董狐也直书其事："赵盾弑其君。"孔子说："董狐，古之良史也，书法不隐。"②文天祥在《正气歌》里提到上述两位春秋时的史官，是颂扬他们的一身正气。可见，我国的史家，"直笔于朝，其来久矣"③。

这种"直书"的传统一直沿袭下来，后世史家大多以齐太史和晋董狐为楷模，在书写史事时，不溢美，不掩恶，甚至有的史家敢于书写君王的

---

① 《左传》襄公二十五年，宣公二年。

② 《左传》宣公二年。

③ 《周书·柳虬传》。

过失，以引起其警戒。《贞观政要》里记载唐太宗和起居注官（记录帝王言行的史官）褚遂良的谈话，可为例证。有一次唐太宗问褚遂良："卿比知起居，书何等事？大抵于人君得观是否？"反映太宗想看看起居注官的记录。遂良回答："今之起居，士之左、右史，以记人君言行，善恶毕书，庶几人主不为非法，不闻帝王躬自观史。"唐太宗又问："朕有不善，卿必记耶？"褚遂良说："臣闻守道不如守官，臣职当载笔，何不书之。"①褚遂良等敢于记录当朝天子的"不善"于起居注中，足见史家的"直书"精神。《通鉴纪事本末》的作者袁枢，在南宋时曾兼任国史院编修，他在修国史时，同乡（今福建建瓯）章惇（宋神宗时任尚书左仆射）家里人，请袁枢在"国史"里给章惇"文饰其传"，也即美言其生平，遭到袁枢的拒绝。他说："子厚（章惇字）为相，负国欺君。吾为史官，书法不隐，宁负乡人，不可负天下后世公议。"时人称赞他"无愧古良史"②。袁枢这种宁可得罪同乡，也不愿有负后人"公议"的高尚史德，反映传统秉笔直书的治史流风。

当然，在传统史学中，歪曲事实、篡改历史的"曲笔"也是存在的。刘知几在《史通·曲笔》中就曾指出过："用舍由乎臆说，威福行乎笔端，斯乃作者之丑行，人伦所同疾也。"在史书中出现"曲笔"不外以下原因：一，人主的授意；二，史臣献媚于权势。仅以《明实录》中的两事为例，可资说明。一，朱元璋死后，他的孙子建文帝令儒臣纂修《洪武实录》，修成后，"靖难之役"起，朱棣夺取了帝位，即永乐皇帝。他在位期间，两次令儒臣修改《洪武实录》，把不利于自己夺取皇位的事实统统删掉，同时又进行"掺假"，以致《洪武实录》遂有失实之处。这是出之于朱棣的授意。二，明代的《孝宗实录》是焦芳主持纂修的。因为焦芳是阉党，所以便美化掌权的太监刘瑾一伙，这完全是出之于献媚。不过，在我国传统史学中，"直书"还是主流，"曲笔"则是支流。刘知几也说："夫史之

---

① 《贞观政要》卷七。
② 《宋史·袁枢传》。

曲笔诬书不过一二。"①这一量化分析大体是准确的。况且，史书上出现"曲笔"也多为后来正直的史家所改正，不使篡改之史贻害后人。上述朱棣授意篡改《洪武实录》和焦芳编纂《孝宗实录》所留下的"曲笔"之处，后来，谈迁在撰写编年体明史——《国榷》时即已指出，也同时作了纠正。用他自己的话说，便是"正其是非"，还了本来的事实真相。故时人喻应益认为，"《国榷》足以兼《尚书》、《春秋》之盛事矣"②。《国榷》纠正《实录》之谬，又进一步说明，秉笔直书是我国传统中学的主流。

褒贬分明的特点

历史是往昔的社会舞台，在这座舞台上，各种人物都做过不同的表演，其中的一些重要角色在不同的历史时期里，演出过不少喜剧、悲剧和壮剧。因此，他们留在历史上的不是"业绩"，便是"劣迹"。而史家要把他们的事迹如实地记载下来，非褒则贬。所以褒贬善恶是史家评述历史人物的一种手段，也是我国传统史学的一个特点。

刘知几说过："史之为务，申以劝诫，树之风声。"③即通过这种劝善惩恶的手段，以树立良好的社会风尚。在我国史学形成之始，即具有如此鲜明的特点。孔子作《春秋》就是以褒贬作为劝惩手段的。春秋时代，是一个社会大变动的时期。孔子目睹旧的统治秩序被打破了，感到非常不安。于是他通过作《春秋》来谴责那些"臣弑其君""子弑其父"的"乱臣贼子"。因此，"寓褒贬，别善恶"便是后人所说的"春秋笔法"，或者说"义法"。司马迁在《史记·孔子世家》中说："春秋之义行，则天下乱臣贼子惧焉。"刘知几也说："春秋之教，以惩恶劝善为先。"④这都说明孔子的《春秋》是开我国史学褒贬善恶的先河。其后，无论纪传、编年或其

①　《史通·曲笔》。

②　《国榷·喻序》。

③　《史通·直书》

④　《史通·忤时》。

他体裁的史书，莫不都效法《春秋》，"彰善瘅恶"。唐人殷侑就曾指出："历代史书曾记当时善恶，系以褒贬，垂裕劝戒。其司马迁《史记》，班固、范晔两《汉书》，音义详明，惩恶劝善，亚于《六经》，堪为世教。"①这都反映史学具有"惩恶劝善"的功能。

在我国以记述人物为中心的纪传体史书中，大多（除少数几部外）将那些善恶分明的人物分类立传，这是我国史书的一大特色，也是我国的史学传统。自《史记》立《循吏传》《佞幸传》《酷吏传》之目以后，《汉书》以下诸史，大多援此例分别立有诸如《忠义传》《孝义传》《奸臣传》《叛臣传》《阉逆传》等等，观其目则褒贬自现。

当然，由于时代和阶级的局限，以往史书中的褒贬是非，在今天看来并不完全恰当，其评论善恶的标准也是"当时当地"的尺度，所以，我们要重新评价历史。但有一点可以肯定：那就是在历史上为国家民族的利益而忘我奋斗乃至献身的英雄豪杰，都受到了青史的讴歌；而为一己之私利出卖国家民族利益乃至阻碍了历史发展进程的败类，则受到青史的斥责；这一褒一贬古今的论断大抵一致。试问就在今天有谁能否定诸如岳飞、文天祥、于谦、戚继光、史可法等这些英雄人物，又有谁敢于为秦桧、万俟卨、韩侂胄、魏忠贤、马士英、阮大铖这类丑类翻案！这说明以往史家褒贬人物的标准并不全是错误的。历史是无情的，传统史学在一定意义上也是无情的。

经世致用的特点

史学，向来都是与现实社会有密切的联系。历史是现实的"昨天"，而现实则是历史的延续和发展。"述往事，思来者"，"继往开来"都说明历史与现实的关系，史学应该服务现实。在几年前开展的历史学的社会功能讨论中，大家见仁见智，各有卓识。把讨论的意见归纳起来，一言以蔽

---

① 《唐会要》卷七十六。

之，即是如何"经世"，离开了经世还有什么社会功能可言。历史学本来就是一门"经世"的学科，司马光奉旨编撰了一部编年体史书——《资治通鉴》。"资治"是言"治国以达到社会安定"。唐人曾谓："治或生乱者，恃治而不修也；乱或资治者，遭乱而能治也。"①引申其说，亦即通过"经世"达到天下太平。这部编年体的通史，具有比较突出的经世功能，因而才得到当朝皇帝的青睐与奖励。

前面提到的史家秉笔直书和褒贬善恶，也是为了"经世"。孔子说："知我者其惟《春秋》乎！罪我者其惟《春秋》乎！"这就是说知道他想法的人和责怪他的人，都从不同的观点出发，看出了《春秋》是为经世而作。史学的经世，由于时代不同，选择的侧重点也不完全相同。司马迁作《史记》就不拘泥于褒贬的方法，同时还通过歌颂"明主贤君，忠臣义士"，勾画出西汉王朝的盛世局面，以遵从其父司马谈遗嘱。司马谈临终之时执迁手而泣曰："今汉兴，海内一统，明主贤君忠臣死义之士，余为太史而弗论载，废天下之史文，余甚惧焉，汝其念哉！"②司马迁按照其父的遗言，创立了以记述人物为中心的纪传体史书体裁，为那些"明主贤君忠臣死义之士"单独立传，这非但使其以光泉壤，更重要的则是为了"垂裕未来"。可见，纪传体史书之作，其始便是与现实社会密切联系在一起的。

司马迁父子生活于西汉王朝的强盛之际，他们写史的目的实际上也是为了经世。唐代杜佑撰写的第一部典制体史书——《通典》，更是为经世而作。杜佑生活于中唐时期，唐王朝的"全盛"已成往昔，当时的政治、经济已呈衰退之势。杜佑凭借着出身于仕宦之家和熟悉以往各种典章制度的有利条件，写作《通典》一书。他写作这部典章制度史，目的很明确，那便是"所纂《通典》，实采群言，征诸人事，将施有政"③。他所说的"将施有政"，也就是经世。为了这个目的，他把经济放在首位，即在九大

---

① 《新唐书·陆贽传》。
② 《史记·太史公自序》。
③ 《通典·食货门总序》。

门类中，"是以食货为之首"。为什么如此呢？他说："夫理道之先，在乎行教化；教化之本，在乎足衣食。"杜佑从经世出发，将"足衣食"放在"行教化"之先，也表现了他的唯物史观。正因为《通典》是为经世而作，故时人李翰在为这本书作序时写道："今《通典》之作，以为君子致用在乎经邦，经邦在乎立事，立事在乎师古，师古在乎随时，必参古今之宜，穷始终之要，始可以度其古，终可以行于今。"李翰是一位"为文深密"的饱学之士，他对《通典》"致用""经邦"的作用，分析得非常透辟。清朝乾隆皇帝在重刻《通典》的序言中也讲道："观其分门起例，由食货以迄边防，先养而后教，先礼而后刑，设官以治民，安内以驭外，本末次第，具有条理，亦恢恢乎经国之良模矣。"这是从《通典》的门类肯定了它的"经国"价值。

从我国史学发展的情况来看，愈到后来，史家的笔端与时代的脉搏靠得更近，史学的经世作用在史家思想上更加明确。明代焦弱侯就曾说过："夫学不知经世非学也。"[①]顾亭林说得更明白："引古筹今，亦吾儒经世之用。"[②]王夫之说："为史者记载徒繁，而经世之大略不著，后人欲得其得失之枢机以效法之，无由也，则恶用史为？"[③]从明代中期以后，史学经世致用的呼声日高，瞿林东同志在《论史学的时代精神》一文中便提道："明清之际，经世致用的史学思想的发展，近代，救亡图存的史学思潮的兴起，对边疆史地与外国历史与现状的研究，以及魏源把撰述史书看作是为对付外国侵略者而作，更反映了史学的发展与时代的脉搏丝丝相扣，息息相关。"[④]历史事实确实如此。如顾炎武的《天下郡国利病书》、顾祖禹的《读史方舆纪要》等属于历史地理学的著作，都是很明显地贯穿着经世致用思想。特别值得一提的是，明清两朝还分别编辑了《明经世文编》和《清经世文编》，辑录了时人较有价值的经世之文，观其书亦足见编纂者的

---

① 《澹园集》卷十四。
② 《亭林文集》卷四。
③ 《读通鉴论》卷六。
④ 《中国史学散论》第298页。

用心之所在了。

"大一统"史观的特点

中国自古以来就是一个统一的国家，而且疆域比较辽阔。《禹贡》里提到夏代全国共分九州，于是"九州"便是远古的疆域范围。其实，就在夏商两朝，境外无国，"荒服"之地甚广，故战国时期就有人提出"九州"之外还有九倍于它的地域，是为"大九州"，也即后来人所说的"大中国"。西方人不完全了解我国的历史，因而瞎说商朝的疆域只有河南一带的十万多平方公里①。证诸先秦时期的文献记载，此说不值一驳。但不论是"九州"，还是"大九州"，古代的中国都是统一的。在夏、商、周各朝，"九州"之域都是王朝的政令所及之地。所谓"普天之下，莫非王土，率土之滨，莫非王臣"②。到了春秋时期，一些诸侯国崛起，周天子大权旁落，在这种形势下，孔子作《春秋》，举出"尊王"的旗帜。"尊王"就是维护大一统。所以后来董仲舒说："《春秋》大一统者，天地之常经，故今之通谊也。"③其后，司马迁的《史记》在维护大一统方面比孔子高明一筹。孔子在"尊王"的同时提出"攘夷"，这种观点当然是错误的。司马迁则在"海内一统"的政治局面下，写作《史记》这部通史，他没有把"夷"视为"外人"，而是把他们作为统一王朝境内的少数民族来处理的。于是专门写了《匈奴列传》《南越列传》《西南夷列传》《大宛列传》等。司马迁从大一统史观出发，处理西汉王朝和边境少数民族之间关系的方法，为以后纪传体史书所效法。西晋末年，北方混乱，少数民族先后建立了十六个割据政权，史称"五胡十六国"。唐人修的《晋书》在记述这"十六国"历史时，立了三十卷《载记》。所谓"载记"，是指为曾立名号的少数民族政权所作的传记。对于这些立名号的少数民族政权，《载记》

---

① 〔英〕罗伯兹编：《世界史》。

② 《诗经·小雅》。

③ 《汉书·董仲舒传》。

中明确提出："淳维（匈奴人祖先）、伯禹（大禹）之苗裔，岂异类哉？"①
这就肯定了边境少数民族和中原的华夏族"同为一家"。"十六国"割据的
地域，同属晋王朝境内。很明显，这也是在维护大一统。西晋灭亡后，出
现了二百七十年左右的南北分裂时期，南北史家分别在《宋书》《南齐书》
《魏书》中互有攻讦，南人称北方政权为"索虏"，北人称南方政权为"岛
夷"。但南北方史书都各自称"中国"，都自认是中原王朝的继承者，实际
上南北两方都认为中国只有一个。隋朝统一南北，结束了分裂的局面，唐
人修的《南史》和《北史》，适应了统一后南北各民族大融合的形势，一
些彼此侮辱的言辞也不复出现了。《梁书》《陈书》《北齐书》《周书》虽属
南北几个朝代的断代史，史家也都是把这几朝作为"中国"南北境内更迭
而建号的政权来记述其始末的。

在我国历史上，由少数民族建立的偏安或统一的王朝，诸如北魏、北
齐、北周、辽、金、元各朝，史家无不"以正统与之"。承认他们"正统
相承"，无有分别。而记述以上各朝的断代史，也都列为"正史"。在当时
的历史条件下，史家能从"大中国"的观念出发，并从"天下一家"的角
度来看待历史上"建号称尊"的政权，这正是大一统史观的具体表现。

历史是政治教科书。几千年来；大一统史观不仅在史家的思想中根深
蒂固，同时，由于史书的宣传与教育，也影响到政治、军事、文化各个领
域，影响到世世代代的全体国民，甚至影响到特殊的历史阶段。因此，在
我们这个统一多民族的大家庭中，大一统思想向来深入人心，各民族之
间，长期以来形成了一种凝聚力并非偶然。在我国历史上也曾经出现过几
次分裂的局面，甚至有一部分少数民族人一度离开祖国迁居异域，其结果
则是离而后归，分而后合，统一大家庭愈来愈团结、和睦与兴旺，这在世
界文明古国中也是仅有的。其所以如此，原因很多，从文化思想领域来考
察，史学！宣扬大一统的历史作用，应该说功不可没。

---

① 《晋书·载记》。

爱国忧民的特点

宋健同志在"夏、商、周断代工程"会议上的发言中提道："爱国需要读史。"实际也是指出了史的价值和作用。在传统史学中，向来重视宣传爱国忧民的思想，把维护国家利益和关心民生疾苦作为写史的基本"要义"。前面提到的宣扬大一统、经世致用等，都是爱国的重要方面。梁启超曾经说过："史学者，爱国心之源泉也。"章太炎也说："民族主义（实是指爱国主义）如稼穑然"，它主要依靠史籍的"灌溉"。这都说明史籍是"灌溉"爱国主义的甘泉。章太炎还说："夫人不读经书，则不知自处之道；不读史书，则无从爱其国家。"他曾申明："鄙人提倡读史之志，本为忧患而作。"①所以，每当国家多难之际，一些志士仁人，就更加重视读史，以期从中激发爱国忧民的热情。李大钊说过："吾人浏览史乘，读到英雄豪杰为国家为民族舍身效命以为牺牲的地方，亦能认识出来这一班所谓英雄所谓豪杰的人物，并非有与常人有何殊异，只是他们感觉到这社会的要求敏锐些，想要满足这社会的要求情绪热烈些。所以挺身而起为社会献身，在历史上留下了可歌可泣的悲剧、壮剧。我们后世读史者不觉对之感奋兴起，自然而然的发生一种敬仰心，引起'有为者亦若是'情绪，愿为社会先驱的决心亦于是乎油然而起了。"②前贤们的这些精辟之论，真是使人思路大开。这里，仅就传统史学为什么能唤起人们的爱国主义和忧患意识，作一些具体分析。

其一，中国各族人民都一致认同炎、黄二帝是我们的共同祖先，都因同为"炎黄子孙"而深感"血浓于水"，并由此而形成了心理上的内聚力。记述各族人民共同祖先的事迹，则有诸如《帝王世纪》《世本》《竹书纪年》《国语》《史记》等史书。中国人民因有这五千年的文明而感到骄傲与

---

① 以上均引自汤志钧：《从章太炎的治史谈起》，载《光明日报》1995年12月11日第5版。

② 《李大钊史学论集》第247页。

自豪！翻开青史，我们的先人在千难万险中披荆斩棘所留下来的丰富遗产，那些"有为之士"兴国利民的举措和所取得的业绩，那些儒林文苑中的佼佼者在文化科学领域所取得的辉煌成就……这一桩桩、一件件扣人心弦的事迹跃然纸上，自然使人兴奋不已。从历史记载中引为骄傲的还有不为人们注意的一事，那便是我国确切的历史纪年是世界上最早的国家之一，而具体年代记载的开始是公元前841年（周共和元年），到现在已有两千八百余年。在这个漫长的历史时期中，年代与事迹清清楚楚，自古及今，从未中断；年经事纬，彰彰可考，毫不紊乱。史书上也曾记述了一些"传说时代"的史事，但从后来的考古发掘材料中，有不少都得到验证。这正反映了传统史学的可信程度。最近，国务院正在组织实施"夏、商、周断代工程"，可以预见，这一段历史纪年在不太长的时间里将会得到满意的解决。披览史乘还可以了解，传播我国五千年文明的史学，详细记录着历史发展的轨迹，负载着民族灵魂，给后人精神上莫大的鼓舞。尤其是在那"风雨如磐"的年月里，国家的前途和民族的命运究竟如何？人们不免"忧心忡忡"，但一旦从史学这份文化遗产中，了解到我们中华民族在他前进的途程中饱经沧桑而依然屹立于世界民族之林的历史事实，熟悉以往那些"中国的脊梁"，人们就会增强自信力，就会知道"这一类的人们，就是现在也何尝少呢"①。从而消除了消极心理，坚定了必胜信心，产生了乐观情绪。

其二，在过去的几千年中，我国文化的发达，科学技术进步，由此而展示了古代的文明，这是举世周知的。就以科学技术为例，英国著名的中国科技史专家李约瑟写了一部多卷本《中国科学技术史》，他在该书的"序言"中提到：中国的科学技术在古代一直居于世界前列。他列了中国的发明创造为世界第一的共26项，他说，可惜英语字母只有这么多，否则，还可以举出一些。李约瑟对我国古代科学技术的称颂是实事求是的。要知道李约瑟的《中国科学技术史》主要取材于中国的史书，这就说明传

---

① 《鲁迅全集》卷九十二。

统史学也非常重视有关科学技术成就的记述。由史书记载下来的有关天文、历法、医学、冶炼、农业、手工业等方面的成就，读之确实使人振奋。至于文学艺术这一份优秀遗产，更是非常厚实。当人们读到记述这些文化科学以及其他伟大成就的史籍时，自会崇敬我们勤劳、智慧的祖先，想到我们这个优秀的民族，想到我们这个古老而文明的祖国。

其三，传统史学记人记事均以传统道德为标准。我们中华民族的优良道德传统，是一份珍贵的遗产，它一向强调整体精神，崇尚为民族、为祖国的爱国主义思想。因而在史学中也一向推崇那些"杀身成仁""舍生取义"的仁人志士，称颂"先天下之忧而忧，后天下之乐而乐""天下兴亡，匹夫有责"的正义呐喊。所以，几千年来，爱国主义便成为传统精神文明的支柱。在历史上，凡是为民族、为国家英勇奋斗、捐躯报国的英雄豪杰，史家都是饱蘸笔墨为之讴歌，使其流芳百世。而对那些出卖民族利益、背叛祖国的败类，青史则是予以无情的鞭挞。同时，传统史学非常注意宣扬做人的美德，强调重德先于重位，认为一个人"不患位之不崇，而患德之不隆"①。史书上类似这种做人的言行事实记载很多，这对后人的思想品德教育，无疑都起到了良好的作用。

史文并重的特点

过去，人们常说："文史不分家"，这句话有两层含义：一是指文学家通史，史学家通文；一是指文学中杂有史事，史学中兼有文采。因此，文史很难"分家"。而且古往今来，不论是文学家还是史学家，也不论是文学作品还是史学著作，无不讲究文采。所谓"犀兕有皮，而色资丹漆，质待文也"②。这里虽是从文学作品的要求来讲的，但也同样适用于史学著作，因为不仅文学作品要求做到内容充实和形式优美的统一，史学著作何尝不应该做到呢！唐代刘知几曾经提出史家应具备三长：才、学、识。

① 《后汉书·张衡传》。
② 《文心雕龙·情采》。

"才"是包括文采在内的才华,"学"是指掌握丰富的史学知识,"识"是具有分析剖断能力和见解。后来,章学诚又在"三长"的基础上加了"一长":"史德"。所谓"史德",是要求史家忠实于史事,不虚美、不隐恶。我们以往的著名史家,大多具备以上"四长"的。由他们写的史书,多是情文并茂,读来脍炙人口。我国第一部富有文采的史学著作当推《左传》。它叙事生动,文字简洁而优美,其中许多词语在今天还常为人们在写作中借用。它写人物,善于通过具体事实来描述其内心世界,语未了而贤愚可分;写战争,善于介绍战前的准备和民心向背,战未停则胜负可定。《左传》在叙述每件事的经过时,既无虚语而又引人入胜。所以刘勰就曾说过:写史要"辞宗左丘"①。《左传》既是一部史书,又是一部文学著作。《史记》更是史实与文采并重的不朽之作。司马迁不仅是博学多才的史学家,同时也是文采清丽的文学家。班固"称迁有良史之才,服其善序事理,辨而不华,质而不俚"②。班固对司马迁《史记》的评价非常恰当,《史记》确实是叙事生动而不浮华,朴质而无俗气。司马迁写人物,能把不同人物的性格写出来,忠良奸诈、警敏粗鲁,都表现在人物活动的事迹中;写事件,往往穿插一些故事情节,使人百读不厌。后人对《史记》称颂之言极多,最能概括其特色的则是鲁迅,他说:《史记》乃是"史家之绝唱,无韵之《离骚》。"③这一评价也将是传诵千古的。

班固的《汉书》,也是踵继《史记》的一部史学名著。班固生于书香之家,年轻时就"博贯载籍",也是一位大文学家。后人对《汉书》的极富文采作了很高的评价:"若固之序事,不激诡,不抑抗,赡而不秽,详而有体,使读之者,亹亹而不厌,信哉其能成名也。"④这是说,班固在叙述事实时,不轻易表彰和毁谤,不任意贬低和抬高,内容充实没有废话,书事详细而得体,读其书而忘疲倦还想继续读下去,相信他确实是一位著

---

① 《文心雕龙·史传》。

② 《汉书·司马迁传》。

③ 《汉文学史纲要》。

④ 《后汉书·班固传》。

名的史家。其后，我国一些有名的史家，如范晔、陈寿、沈约、杜佑、刘知几、欧阳修、司马光、袁枢、宋濂、谈迁、万斯同、章学诚、赵翼等等，莫不都是一代文豪，他们主持或撰写的史书，也多是词语简洁而清丽。史书有无文采，效果迥然不同。梁启超曾在《中国历史研究法补编》中作过精彩的议论："事本飞动而文章呆板，人将不愿看，就看亦昏昏欲睡。事本呆板而文章生动，便字字活跃纸上，使看的人要哭便哭，要笑便笑。如像唱戏的人，唱到深刻时，可以使人感动……历史家如无这种技术，那就不行了。司马光作《资治通鉴》，毕沅作《续资治通鉴》，同是一般体裁，前者看去百读不厌，后者读一两次就不愿读了。光（司马光）书笔最飞动，如赤壁之战，淝水之战，刘裕在京口起事、平姚秦、北齐、北周沙苑之战，魏孝文帝迁都洛阳，事实不过尔尔，而看去令人感动。"这是说本来是些很平淡的事，而通过司马光等人的神来之笔，却写得有声有色，使平淡的事实"飞动"，说明有文采的史书，能收到好的效果。

史书不单纯是记事之作，同时，还要有史家对历史事实进行的分析、总结、评论，这不仅要有史料，而且要有文采，要词以达意。大凡传世的史学著作，多数都是文史兼长的。

前面我们所阐述的传统史学的特点，主要是从它的长处或者说优点方面论述的。这是我国传统史学的主流。但是，我们也必须看到，传统史学是在远离今大二千多年的时代产生的，又是在漫长的封建社会中发展的，因之，体现传统史学的那些丰富成果，无疑都不可避免地散落着时代的尘埃，表现出历史的局限，甚至夹杂着与我们的时代格格不入的东西。无论是史学体系、史书体裁、史学观点、史评标准都存在程度不同的瑕疵，需要通过清理、分析、批判，去其糟粕，存其精华，从而继承和发扬这份优秀的文化遗产。

原载《安徽师范大学学报》（人文社会科学版）1996年第4期，有改动

创新·守成·严谨

史家治史，应当勇于创新，善于守成，贵乎严谨。

所谓创新，不外是写史的体例创新，治史的方法创新，对某些史籍、史料的鉴别创新，对某些历史问题的见解创新；乃至在部分研究领域里别开新面，也是创新。只有勇于创新，史学才能得到发展，史家的水平才能不断提高。

在我国史坛上，一向具有勇于创新的传统。"究天人之际，通古今之变，成一家之言"，"发前人之所未发"，这就是创新。就史书而言，《春秋》《史记》《通鉴纪事本末》不仅在体例上各有创新，而且在史法、见识上也各具独到之处。就是同属纪传体的二十五史，虽多因袭旧体，但各史亦不乏新裁。近人在写史中，常以"新解""新探""新证""新论""新说"命题，更是意在创新了。举世周知，我国史书，浩如烟海，汗牛充栋；我国史学，绚丽多彩，灿若群星。应该说，这都是史家不断创新的结果。因此，在我国史学园地里，一直是景色常新的。

史家在创新的同时，也要善于守成。所谓守成，就是尊重、吸取前人的研究成果。史学的发展，乃是史家们长期研究成果的积累。前人的成果使后人获得教益和启示，后人的成果是对前人成果的吸收和发展。在史学研究中，无视前人的成果，不是重复劳动，便是建造空中楼阁。当然，我这里所说的研究成果，是指已为大家公认的科学成果，诸如：有关史学的基本理论、历史人物的功过是非、历史事件的评论、历史事实的考辨、历史书籍的校刊，等等，凡前人的研究结论合乎历史实际者，一般地说，我们应该注意守成。在无新证之前，不宜轻易否定，这也是尊重科学。

创新与守成，是辩证的统一。创新是以守成为基础的，守成又以创新为旨归。我们在治史过程中，二者是不可偏废的。

历史是一门科学，是一门老老实实的学问。因此，无论创新与守成都离不开严谨。过去，有些学者，"凡治一学，立一说，必参互考证，曲征旁通"。这种严谨的治学态度，值得我们仰慕与学习。以严谨的治学精神创新，这种"新"才具有生命力；以严谨的治学精神守成，这种"成"，才是具有科学价值的成果。

严谨也是史家"史德"的重要体现。"史德"为何？章学诚说："谓著书者之心术也。"苟不严谨，便反映了"著者"的"心术"不正。也曾有个别这样以标"新"为务的史家（应该说不能称之为家），其"新"多矣：编造史书，伪造材料，以其征引见"新"，是其一也；对前人著作，"妄生穿凿，轻究本源"（《史通·探赜》），以其识多见"新"，是其二也；不遵循科学的理论准则，专作翻案文章，以立言见"新"，是其三也；不详细占有材料，抓住一点，不及其余，以偏取胜见"新"，是其四也……凡此种种，新则新矣，终究远离科学。其客观效果，则是愈"新"愈谬。然考其谬之根源，良由失之严谨。

我们治史者，要做到"征于古而靡不条贯，合于道而不留余议"（戴震语），非取严谨的态度不可。只有以严谨的态度创新，以严谨的态度守成，才能正确地说明历史，揭示历史的真相，才能阐明历史发展的规律，也才能肩负时代赋予我们重新研究全部历史的光荣使命。书此，以与史学界同侪共勉！

原载《光明日报》1984年7月18日，有改动

论明清资本主义萌芽缓慢发展的原因

资本主义生产方式取代封建生产方式是人类社会的巨大进步。纵观世界历史的进程，英、法等国率先进入资本主义社会，它们完成这一变革较为迅速；相比之下，我国明清时期资本主义萌芽的增长速度却十分缓慢，封建社会长期延续。原因是什么？这是史学界长期探讨的一个重要课题。本文打算从剖析中国封建经济、政治特点入手，并就中外的具体历史情况，进行比较研究，以就教于史学界同仁。

一

资本主义萌芽是封建社会内部资本主义生产关系的最初形态，它的增长、成熟的过程，便是封建生产方式向资本主义生产方式转变的历史过程。判断资本主义萌芽增长的快慢，当看它走完这一历史进程所经历的时间。早在14世纪末，欧洲便出现了资本主义的最初萌芽；17世纪中叶，英国资产阶级革命取得具有世界意义的决定性胜利，其间经历了将近三个世纪。16世纪，中国也出现了资本主义萌芽，19世纪末、20世纪初，我国先后发生了资产阶级的改良运动——戊戌变法和资产阶级的暴力革命——辛亥革命，其间经历了将近四个世纪。以时间来衡量，中国资本主义萌芽的产生比西欧晚了将近两个世纪。但是，从发展的时间长短来看，相差并不太大。那么，为什么说明、清资本主义萌芽的发展特别缓慢呢？这是因为，西欧经过不到三个世纪的发展，资本主义便成熟了，其标志是资产阶级夺取了政权，资本主义生产方式取代了封建生产方式；而中国经过将近四个世纪的发展，资本主义萌芽并未趋于成熟，资产阶级的改良和革命均未奏效，封建生产方式仍居统治地位。我们正是从这一点上断言明、清资本主义萌芽增长的速度是缓慢的。

资本主义的发生、发展，从根本上说，是社会生产力发展的结果。为了探讨我国资本主义萌芽缓慢发展的原因，有必要比较一下西欧（主要以英国为例）和中国从资本主义萌芽到资产阶级革命这几百年间生产力的发展情况。

在欧洲，随着新航路的开辟，资本原始积累的进行，封建社会内部的资本主义因素迅速发展起来。西班牙、葡萄牙、荷兰、英国等国家的商业、航海业和工业相继兴盛。其中，英国资本主义生产力的发展尤为迅速。整个16世纪，英国资本家兴办起很多新型的资本主义手工工场，从事毛织、造船、酿酒、玻璃制造以及糖、纸、火药的生产。它们中占首位的是毛织业。早在16世纪初，伦敦西部纽伯里的资本家约翰·温彻康布便兴办起拥有一千人的毛纺织手工工场，17世纪初，呢绒和羊毛的输出量占着英国全部出口货的90%，毛织业手工工场（包括分散、集中两种类型）迅速增多，雇佣几百人的手工工场已相当普遍。据统计，当时全国有一半人口从事呢绒和羊毛的生产，毛织业已成为遍及城乡的"全民工业"。

辛亥革命前的中国，在丝织、棉纺、制瓷、冶铁、铁器制造和木材加工等手工业部门，均已建立起资本主义性质的作坊和工场；其中占首位的是丝织业。道光年间，江南的丝织业，以南京为例，"合计城厢内外，缎机常五万有奇"①。其中大多数受作坊主直接或间接控制。规模最大的工场有"开五六百张机者"②。此外，还有"散放丝经，给予机户，按绸匹计工资"③的分散手工工场。苏州、杭州等大城市丝织业也很发达。但是，

① 光绪十二年二月十六日《申报》。
② 《同治上元·江宁两县志》卷七。
③ 《清稗类钞·农商类》。

由于没有广大的海外市场，国内的消费量也有限，所以很难进一步发展，手工工场在整个封建经济中所占的比重很小，且分布的区域主要局限于沿海和江南少数地区。

分析明清时期资本主义生产力的水平，还可以从雇佣劳动的发展情况来看。马克思说："资本主义时期有这样一个特征，劳动力对于劳动者自己，取得了为他所有的商品的形式；因此，他的劳动，也取得了工资雇佣劳动的形式。"[①]因此，雇佣劳动的发展状况同生产力的水平有直接的联系。

英国在十六七世纪，由于毛织业对羊毛需要量的增加，广泛地开展了圈地运动。圈地运动是资本原始积累的基础，它以暴力强制生产资料与劳动者分离，造成了大量丧失生产资料的无业游民。资产阶级借助于王权，颁行了一系列"血腥立法"，把游民驱入资本主义手工工场，变为雇佣工人。这里，仅举布兰普吞及罕廷顿两郡作为例子来分析农民被剥夺的情况：1537年，这两郡新贵族占有的土地只占总耕地面积的2.1%，但到1650年，新贵族土地扩大为36.4%。英国新贵族将抢圈的土地用不同的价格出租给农业资本家或自己经营牧羊业。新贵族土地的扩大，意味着大批农民的生产资料被剥夺。大革命前的英国，自耕农虽还占多数（一个世纪后，自耕农就被消灭了），但已有相当多的自耕农沦为雇佣劳动者。

清兵入关后，也曾进行过三次大规模的圈地，圈占土地达十五亿亩以上。清初的圈地，同英国的圈地有相似之处，都是用暴力强使直接生产者和生产资料相分离，但是它们的性质是截然不同的。英国的圈地是适应资本主义生产力发展的需要而实行的，清初的圈地则是满族贵族以其落后的生产方式进行的破坏性掠夺。圈地造成的后果是："诸大人之地广连阡陌，多至抛荒"[②]，农民"田地多占，妇子流离，哭声满路"[③]。失去土地的农民挣扎在死亡线上，并没有成为新型的雇佣劳动者。圈地破坏了社会生产

---

① 《资本论》第一卷第160页注。

② 向玉轩：《畿地图拨将尽本》，《掌故丛编》第六辑。

③ 卫周胤：《请陈治平三大要》。

力，延缓了历史的进程。在广大人民的强烈反对下，康熙在1669年下令停止圈地。流离失所的农民重新被固着在土地上。封建统治者通过政策调整，使原来的圈地之区，又慢慢地恢复封建生产方式下的小农经济。随着社会生产力的发展，清末城乡雇佣工人的比重虽有增长，但在整个劳动者中比例不大。1888年，任杭州主教的英国人莫尔曾在关于浙江农村的调查中写道："有雇工经营的，但不占很大的比例。我的报告人认为，雇工经营的土地还不到百分之二十。"[①]浙江是我国农业经济比较发达的地区之一，至于内地各省雇工的比例当更小。而在这些雇工经营的土地所有者中，只有很小一部分是采用资本主义剥削方式的经营地主，大部分都是封建性的雇佣关系。整个农村的租佃关系仍占绝对的统治地位，与斯图亚特王朝末叶的英国相比，我国明清时期雇佣工人在全体人口中的比例要低得多。

我们再从农业的生产力状况来看。英国在15世纪时，耕地面积比牧场约大二三倍，到16世纪，牧场和耕地却变为三与一之比。圈地者在大片土地上兴办起资本主义的农、牧场，他们在大面积土地上实行土壤改良，从而提高了农业生产率，保证了英国资本主义在城乡同时得到迅速发展。

辛亥革命前，我国农村的生产力仍极低下。光绪二十六年（1900年），张之洞曾在奏稿中评述当时农村的经济状况："近年工商皆间有进益，惟农事最疲，有退无进……其所种之物，种植之法，止系本乡所见，故老所传，断不能考穷物产，别悟新理新法，惰陋自甘，积成贫困。"[②]即使在农业比较发达的松江地区，生产工具也是"上农以牛耕，次刀耕"[③]。迟至1905年，我国才兴办起第一家资本主义性质的农场——由沈云沛、张謇等集股创办的"江苏海赣垦牧公司"[④]。辛亥革命胜利后的1912年，全国统计有垦殖公司171个[⑤]。这在农业中所占的比重无异于沧海之一粟。我国农

① 《英国皇家亚洲学会中国分会会报》卷二十三，第105页。
② 张之洞：《张文襄公奏稿》卷三十二，第39页。
③ 姚光发等：《松江府续志》，光绪九年卷五，第2页。
④ 《东方杂志》，二卷七期，实业，第126页。
⑤ 农商部：《民国元年第一次农商统计表》，第200页。

业资本主义生产力的水平极为低下，这也拖了工业资本主义发展的后腿。

通过比较，可以看出：英国资产阶级革命前的生产力水平高于我国清末。17世纪前期，随着英国资产阶级和新贵族经济力量的壮大，他们同封建王权的利益冲突也日益尖锐。恩格斯指出："社会制度中的任何变化，所有制关系中的每一次变革，都是同旧的所有制关系不再相适应的新生产力发展的必然结果。"[1]当新的生产力与封建生产关系的矛盾冲突达到不可调和时，英国资产阶级革命爆发了。革命之所以成功，从根本上说，是由于新的生产力发展促使资本主义生产关系（已不仅仅是萌芽状态了）在旧制度的母腹中成熟了。辛亥革命之所以失败，根本原因是新生产力发展缓慢，资本主义生产关系没有占据统治地位。资产阶级由于经济力量弱小，未能形成强大的政治势力，根本无力担当起历史赋予它应完成的使命。由此可见，生产力水平的低下，是我国资本主义萌芽缓慢发展的一个首要的原因。那么，这是不是唯一的原因呢？诚然，生产力的变更决定着社会经济和政治的变革。但是，历史的发展是复杂的，不同的国度尽管生产力发展的水平相同，也不一定能同时完成社会的变革。有的国家，生产力的发展水平并不高，然而资本主义萌芽的增长速度却不慢。日本由明治维新走上了资本主义道路，而中国的戊戌变法却失败了，这就是明证。

明治维新前，日本封建社会内部资本主义生产力发展的程度如何呢？18世纪中叶，日本已经出现了资本主义生产的萌芽——"问屋制家内工业"（分散的手工工场），而后又在纺织业建立起集中的手工工场。到19世纪中叶，"不仅织物手工业已经崭然出现了工场手工业时代。除此之外，在砂糖、鲣节、蒟蒻、蜡烛广泛的生活必需品的商业生产部门，都已达到工场手工业时代"[2]。手工工场在西南诸藩有较快的发展，据统计，到1867年，日本各生产部门共拥有手工工场四百多家。就全国而言，分散的家庭手工业占优势，集中的手工工场还很少。在农村，封建土地制度和小农经济仍占统治地位。新兴的资产阶级单纯从事工业的极少，他们常常用

---

① 《马克思恩格斯选集》第一卷第218页。
② 服部之聪：《明治维新讲话》，第25页。

高利贷方式兼并"本百姓"（农奴）的土地，成为新地主。封建领主和"本百姓"之间出现了新的剥削层，动摇着封建领主制的基础。

幕府末年的日本同当时的中国几乎一样，都是落后的封建国家，封建生产方式占着统治地位。它们内部的资本主义因素已有所发展，尽管在发展的具体部门结构上有差异，比如说丝织业手工工场中国比日本发达，棉织业手工工场日本则较中国先进，但从总体上来说，资本主义发展的程度是难分轩轾的，这反映了它们生产力的水平相近。

从国际地位来说，两国的命运也是差不多，都处于落后挨打的境地。1840年，帝国主义的大炮打开了中国的大门；1853年，西方列强闯进了日本。殖民势力的大举入侵，使日本面临沦亡的严重危机。殖民者在日本建立起军事基地，驻扎军队，设立"居留地"，出现了"国中之国"的侵略据点；外资大量涌进，控制了它的经济命脉，自然经济的堤坝开始崩溃……当此之际，国家岌岌可危，图变则存，不变则亡。于是遂有明治维新运动。"王政复古"结束了德川幕府近三百年的封建统治，开辟了资本主义发展的广阔道路。

1898年，在明治维新三十年后发生的戊戌变法，最后失败了，它证明通过改良维新发展资本主义的道路在中国也是行不通的。

欧美和日本的资本主义萌芽的增长为什么都比我们迅速，这是有着极为复杂的原因的。生产力的发展是生产方式变更的历史前提，这是必须加以肯定的。中国资本主义萌芽发展缓慢与生产力水平的低下是一致的。但是，我们必须注意到，影响历史进程的因素还有与生产力发展水平相联系的社会经济结构和上层建筑的作用。在一定的条件下，这些作用的影响还是十分重大的。

二

明清资本主义萌芽之所以发展缓慢，又是与我国封建经济结构的特点分不开的。封建经济结构是由封建生产关系的总和构成的。封建生产关系的基础是地主阶级占有基本的生产资料——土地和不完全占有直接生产者——农民（农奴）。地主依靠土地所有权通过地租形式，并借助于超经济的强制，占有农民的剩余劳动。封建经济都是自给自足的自然经济。列宁说："在自然经济下，社会是由许多单一的经济单位（家长制的农民家庭、原始村社、封建领地）组成。"①不同的封建制国家是由不同的"单一的经济单位"组成。西欧和日本的封建生产关系是领主制，中国则是地主制。领主制是以庄园的方式集中农民从事生产，主要是实行劳役地租；我国明清时期的地主制经济仍旧采取租佃方式，一家一户从事生产，主要实行实物地租。所谓农民"佃富人之田，岁输其租"②，"问其田若干，则曰纳谷若干，不曰亩若干也"③。

我们知道，个体家庭在私有制度下是社会的基本细胞，是最小的独立的经济单位。在地主制经济结构中，自然经济的"单一的经济单位"和社会的基本细胞是合而为一的一元构成；而在领主制经济结构中，自然经济的"单一的经济单位"——封建领地和农民家庭则是多层次的二元构成。

这两种不同的构成，究竟哪一种更为坚固呢？这里所谓的坚固或脆弱，是就其阻遏资本主义发展的能力而言的。难以被商品经济解体的结构视为坚固的结构，反之则为脆弱的结构。因为商品"对旧生产方式究竟在多大程度上起着解体作用，这首先取决于这些生产方式的坚固性和内部结构"④。

各种类型的封建经济结构抵御商品经济破坏和解体作用的能力又是由其内部分工和交换的程度决定的。"社会劳动分工乃是商品经济的基础"⑤。分工势必引起交换，在私有制条件下，随着交换向深度和广度的渗透，终将发展为商品交换。马克思指出："商品流通是资本的出发点。

---

① 《列宁选集》第一卷第161页。

② 《典故纪闻》卷十。

③ 屈大均：《广东新语》卷二。

④ 《资本论》第三卷第371页。

⑤ 《列宁全集》第三卷第15页。

商品生产和已经发展的商品流通、商业，是资本所由发生的历史前提。"①
商品流通在分工与交换比较发达的封建经济结构内部易于得到发展，而在
分工与交换比较落后的结构内部则难以得到发展。因此，我们判断经济结
构是否牢固的首要标志，便是其分工与交换的发展程度。而分工与交换的
发展程度是由什么决定的呢？马克思说："交换的深度、广度和方式都是
由生产的发展和结构决定。"②这就告诉我们：封建经济结构牢固与否，是
商品经济能否迅速发展的重要原因。

二元构成的庄园制的经济结构内部存在着各种经济部门，它"实际生
产一切食物、衣服、工具以及它所使用的其它经济货物"③。汤普逊分析
道："虽然当时存在着各种不同的经济部门，但这只证明了一定程度的劳
动分工，而与生产的深刻自然性毫无抵触，因为所有这些部门都是彼此互
为补充的，它们构成一个自成单位的整体，它使得领地的生产和消费问题
有可能以自然经济的方式来解决。"④庄园内的分工是实现交换的前提。同
时，封建领主还利用特权垄断了社会上若干种必要的经济活动。比如，规
定农奴不得私自磨粉、烘制面包，必须在庄园所设的磨坊和面包房加工，
并交纳实物或货币作为加工的费用。这就使每个农奴的家庭生活也被卷入
交换之中。农奴主还组织农奴的妻子、女儿在庄园的织工作坊劳动。由此
可见，自给自足是就整个庄园而言的，农奴的家庭并不是自给自足。在领
主制的制约下，二元构成的庄园内部，各个农奴家庭之间在一定程度上实
现了分工和交换。

地主制经济结构，则不是这样。地主将占有的大量的土地，租佃给个
体农民，一个农户，就是一个生产单位。中国在明清时期，封建自然经济
依旧是个体生产。作为"单一的经济单位"的农产，往往只是夫妇分工，
即"男子力耕，女子纺绩"，在家庭内实行农业与手工业相结合。这样一

---

① 《资本论》第一卷第133页。
② 《马克思恩格斯选集》第二卷第102页、第57页。
③ 海斯、穆恩、韦兰：《世界史》上卷，第457页。
④ 汤普逊：《中世纪经济社会史》下册，第67页。

种农家，在无凶年苛政的情况下，只要衣食勉强自给，便是"老瓦盆边拍手歌"①了。农户耕织的产品，除交租纳税外，余下的主要是用于生活消费，作为商品流通的部分极少；他们因为衣食自给，也无需仰给市场。清初顾炎武说："予少时见山野之民，有白首不见官长，安于畎亩，不至城中者。"②即使妇女蚕织的产品，往往投入市场，也只不过作为家庭收入的补充，是对丈夫治家的一种佐助。张履祥在《补农书》中介绍清代前期浙江桐乡县女工纺织的情况时指出："若吾乡女工，则以纺织木棉与养蚕作绵为主。随其乡土，各有资息，以佐其夫。女工勤者其家必兴，女工游惰其家必落，正与男事相类。"③这种为了"以佐其夫"的家庭手工业与农业相结合，在我国农村带有普遍性。像这样仅仅依靠家庭内部简单的分工和交换进行的小生产，是不可能为社会提供较多的商品的，也难以被商品经济所分解。据此，我们认为，领主制经济结构没有地主制经济结构坚固，究其原因，还有必要作进一步剖析。

其一，地主制经济结构内部的商品流通难以发展到足以替代自然经济的地步。地主制经济的剥削手段主要是实物地租。"在这个地租形式上，剩余劳动借以体现的产品地租，不一定会把一个农业家庭的全部剩余劳动抽得干干净净。"④农民有可能保留一部分剩余劳动并用于交换，这是商品经济在我国整个封建时代始终存在和发展的物质基础。当农民保留的剩余劳动产品较多时，商业便呈现繁荣的景象。即使如此，由于农业家庭的分工能够做到基本自足，交换的深度和广度均低于庄园，这就使商品经济很难渗入，而且农民的购买力极低，又限制了商品的流通量。随着封建剥削的加重，"产品地租可以大到这样，以致劳动条件的再生产，生产资料本身的再生产，都受到严重威胁，以致生产的扩大或多或少成为不可能的，并压迫直接生产者，使他们只能得到最小限量的维持肉体生存的生活资

---

① ［明］邝璠：《便民图纂》卷一。
② 顾炎武：《日知录》卷十二。
③ 《杨园先生全集》卷五。
④ 《资本论》第三卷第930，931页。

料"①。农村市场随着农民剩余劳动和部分必要劳动的丧失势必萎缩。封建王朝周期性的治乱兴衰，决定了农村市场的周期性发展和收缩。另外，由于统治者对消费、必需品和奢侈品的垄断，他们所需要的大量的奢侈品并不是像西欧领主那样在市场购得，而是由官营手工业供给。官营手工业通过强制性的贡纳和征收，将农民的劳动产品——普通消费品加工成高级奢侈品，直接供皇室、官僚和地主集团享用。官工业品不进入流通领域，这就使工商业可能活动的领域变得异常狭小。当然皇室的部分需求还是通过市场得到的，这便是"和买"制度。明代自洪、宣以后，太监在市场巧取豪夺，其结果不仅不能促使商品经济的发展，反而是对工商业的摧残。中央政权还对某些与人民生活密切相关的必需品（如盐、铁、茶）实行专营的榷估制度，控制了大宗商品的流通过程。在中国漫长的封建社会中，商品经济始终存在，却又始终难以突破自然经济的网罟，难以摧毁农业手工业紧密结合的一元经济结构。从这一点看，地主制经济便显示了它的坚固性。

其二，它的坚固性还表现为顽强地抵御外来商品输入和资本输入影响的能力。早在地理大发现后，欧洲列强开始进行全球性的殖民扩张。葡萄牙殖民者开其端，以商品和大炮敲打中国紧闭的大门。此后，英、意等国接踵而至，企图把中国变为它们的商品市场。英国资产阶级对中国市场抱有极大的幻想，他们甚至认为只要每个中国人买一顶英国制的睡帽，就足以倾销掉英伦三岛全部的棉织品了。但是廉价商品打不破中国自然经济的壁垒。鸦片战争前英国对华贸易处于出超地位，据统计，1820年至1824年，每年平均出超白银330万两。

马克思认为："对华进口贸易迅速扩大的主要障碍，乃是那个依靠着小农业与家庭手工业相结合的中国社会经济结构。"②关于这一点，我们可以从明清时期中国手工业发展的情况得到证实。明清以来，在手工业部门中出现了资本主义萌芽，最为典型的当推丝织业。除了皇室所需的丝织品

---

① 《资本论》第三卷第931页。

② 《马克思恩格斯选集》第二卷第57页。

是由内务府所辖官办作坊直接提供外，官僚、地主的奢侈欲在一定程度上刺激了丝织业的发展。然而，棉纺织业资本主义萌芽却发展迟滞。1852年，英国的米契尔在《致乔治·文翰》的报告中说："中国每个富裕的农家都有织布机，世界各国中也许只有中国有这个特点。"直至清末，广大农民仍"自纺自织，自给自足"[1]。这种情况证明了棉布的主要消费者——农民自给自足的程度较高。马克思在分析产品地租形式时指出："由于对这种形式来说农业经济和家庭工业的结合是必不可少的，由于农民家庭不依赖于市场和它以外那部分社会的生产运动和历史运动，而形成几乎完全自给自足的生活，总之，由于一般自然经济的性质，所以，这种形式完全适合于为静止的社会状态提供基础，如像我们在亚洲看到的那样。"[2]正因为如此，中国棉纺织业难以突破自然经济的藩篱，洋布也难以在中国农村倾销。

很清楚，明清以来资本主义萌芽之所以难以得到长足的发展，一个重要的原因便是中国"封建生产方式具有的内部的坚固性和结构"，它对"商业的解体作用"，造成了极大的"障碍"。这种经济结构，对于商品经济来说，犹如一片贫瘠的土地。当然，封建政治权力也阻碍着"商业的解体作用"。马克思指出："商业的解体作用"，"在中国，那就更缓慢了，因为在这里直接的政治权力没有给予帮助"。[3]历史的事实，正是如此。

三

我国封建经济结构又是与它的上层建筑"相依为命"的。列宁说过："上层建筑归根到底是为生产服务的，并且归根到底是由该社会中的生产关系决定的。"[4]因此，我们探讨中国资本主义萌芽为什么如此缓慢发展，

① 葛渊如：《江苏省纺织业状况》。
② 《资本论》第三卷第897页。
③ 《资本论》第三卷第372—373页。
④ 《列宁选集》第四卷第439页。

还有必要研究一下我国封建社会后期上层建筑的特点及其反作用。

前面说过，英法等国的封建经济结构同我国相比是脆弱的；同样，它的上层建筑也是脆弱的。虽然它们在资本主义生产关系产生以后，都加强了封建专制主义集权制度，强化了王权，但是它们封建化的程度远不能同中国相比。由于二元化的经济结构，欧洲的城市很早便成为行政自治、拥有武力的政治实体。封建王权曾同新兴的资产阶级联合起来对抗封建割据势力。资产阶级在一段时期里赞助君主制，因为统一的局面有利于工商业的发展。英国16世纪的都铎王朝，它的阶级基础除新贵族外，则是新兴的城市资产阶级，王权与新兴资产阶级结成了同盟；17世纪上半期的法国，封建王权得到资产阶级的支持，资产阶级的利益受到王权的保护，资产阶级对亨利四世怀有"极好的感情"。因此，西欧封建专制制度全盛之日，正是新兴资产阶级成长壮大之时。这就决定了这种中央集权的封建政权就是在"全盛之日"，也是"外强中干"的。一旦共同的对手不复存在，他们之间在经济利益上的矛盾便会突出，并趋向激化。在这样的情况下，势必"祸起萧墙"，昔日的"同盟"者和支持者——资产阶级就成了它的"掘墓人"，封建专制统治也即随之分崩离析。

中国封建政权的阶级基础是"单一"的地主阶级。尽管在不同的历史时期中，或主要是豪族地主建立的政权，或主要是门阀地主建立的政权，或主要是贵族地主与中小地主联合建立的政权，但总的来说，政权的基础或者说它的支柱都是地主阶级。这就告诉我们：我国封建政权的阶级基础同封建经济结构一样，也是"一元构成"，即使到了封建社会后期——明清时期，也是如此。

明代中叶以后，随着资本主义因素在手工业和商业部门中出现、增长，市民力量日益强大，但由于城市没有发展到像西欧封建社会后期那样"独立""自由"的程度，城市市民还没有形成一个"独立"的阶级登上政治舞台。虽然，有些城市的"市豪"与封建士大夫分庭抗礼，如湖北承天府"士大夫散处四境，视州城如寄，而市豪聚城中"，新任的地方官至，"且与宾主礼"。但是，这类"市豪"并不是市民的代表，只不过是城市里的封建恶势力。他们往往通过不正当的途径，爬上了州、郡官长的宝座①。在清代，也有不少富商通过"捐纳"得官，他们一旦侧身官府，便弃其市廛，由大商人转化为封建官僚地主。正像《红楼梦》第二十四回贾芸骗王熙凤时，编造一位"极好的朋友"那样："家里有几个钱，现开香铺。只因他身上捐着个通判，前儿选了云南不知那一处，连家眷一齐去，把这个香铺也不在这里开了。便把账物攒了一攒，该给人的给人，该贱发的贱发了，像这细贵的货（冰片、麝香之类），都分着送与亲朋……"这位开香铺的商人，用钱捐得了个通判，竟将货物全部处理掉，显然他是不打算再经商了。这一类人，看到为官贪墨比做"生意"要"好数倍耳"②。所以他们虽以商人身份获得政府里的官职，在政治上同样不是市民或商人的代表，只不过是由经商起家，而后挂上一个无政治实权的官衔或荣誉品爵罢了。有些大商人哪怕"富埒王侯"，也无政治地位。明人李梦阳说："今商贾之家，策肥而乘坚，衣文绣绮縠，其屋庐器用，金银文画，其富与王侯埒也。又畜声乐伎妾珍物，援结诸豪贵，藉其荫庇。"③像这样的富商巨贾，还要巴结封建权贵，以期得到他们"荫庇"。这反映了在明清时期的封建政权中，市民阶层没有取得一席地位，在政治舞台中，朝野上下差不多是清一色的地主阶级掌权。正是这样一种"一元构成"的封建地主阶级政权，所以便置新兴的城市市民利益于不顾。明代中期，那些四出"征榷"的矿监、税使对商人进行"叠税重征"，"竟为腹削，行旅苦之"④，于是激起了城市的"民变"。从万历二十四年（1596年）到天启六年（1626年）较大规模的"民变"就有二十多起。这些历史事实，说明了封建官府与新兴的城市市民是相对立的；"一元构成"的封建政权具有"异性相斥"的特点。

我国以"单一"的地主阶级为基础的政权特点，还可以从族权的长期

① 《天下郡国利病书》卷七十五，引李维贞《参政游朴大政记略》。
② 毕一拂：《光绪宫词》，见东南大学《国家丛刊》第一卷第4期。
③ 《明神宗实录》卷五百二十。
④ 《明世宗实录》卷五十。

存在——这个特有的社会现象反映出来。中国为什么出现族权？学者们众说纷纭，有人认为，"这是东方村社的一种残余形态"；有人认为"这是宗法制的延续"。从现象上看这都是不错的。但是，倘要进一步问及：这种村社制或宗法制为什么会残存几千年？一族的族长——"活祖宗"的权威为什么到了封建社会后期还是那样至尊至大？这除从中国封建经济特点，传统因素进行解释外，乃是与地主阶级"一元构成"的封建政权这个特点分不开的。

在旧中国的农村中，农户大多是聚族而居，一族之内是有阶级分野的。握有族权的族长，便是这一族内的地主绅士，是农村封建势力的代表，因而也是封建政权的重要基础。所谓"阖族之人，统于族长"[①]，实际上，族长是协助封建官府以统治一族人民；而封建官府又是族长的靠山，于是政权与族权上下相维，胶合为用。族权进一步强化一元构成的封建政权。

我们对中国封建政权的阶级基础作了上述分析，不难看出，这种"一元构成"的封建专制制度的牢固性与排他性。所以在明清时期，官僚地主集团依然顽固地墨守祖宗成法，对萌生起来的资本主义因素，对新兴的市民阶层采取百般打击与压抑。即使到了近代，资产阶级已经产生，西方的科学技术与民主思想已经传播，中国人民反帝反封建的斗争已经蓬勃兴起，但新生的阶级力量在封建政权中还是没有插足之地。相反，以地主阶级为基础的封建皇权自朱元璋废除丞相制以后，直到清代则比以前更加强化。为什么具有资产阶级改良思想的康有为、梁启超提出变法维新，还要依赖于封建地主阶级的总代表——光绪皇帝？为什么手握封建政治实权的老太婆——西太后一动怒，"百日维新"便立即夭折？这固然是由于中国资产阶级的软弱，同时也说明了这种"一元构成"的封建皇权即使到了末日，还是至高无上的。

在这样一个高度封建化了的国度里，即使到了明清时期，封建统治者

---

① 清修皖南《隐龙方氏宗谱》卷一，"家规"条。

仍然推行传统的重农抑商、保护地主经济的政策，这就严重地阻碍了资本主义萌芽的增长，延缓了历史的进程。明朝开国皇帝朱元璋，在即位之初，就告诫地主要"安居田里"并表示维护他们的经济利益。他说："今朕为尔主，立法定制，使富者得以保其富，贫者得以全其身，尔等当循分守法。"①洪武十八年（1385年），他明确向户部提出：要效"先王之世，崇本抑末"。他说："人言农桑衣食之本，然弃本逐末，鲜有救其弊者。先王之世，野无不耕之民，室无不蚕之女，水旱无虞，饥寒不至。自十一之途开，奇巧之技作，而后农桑之业废……朕思足食在于禁末作。"朱元璋继续推行以往封建王朝的国策，有明一代，相沿不改。景泰间，御史左鼎奏：当今"科敛愈烦，国用愈匮……由此观之，欲致国用之饶裕，岂必掊克聚敛为哉！诚能痛抑末技，严禁游惰，凡工商僧道之流，减汰抑遏，悉驱而归之农……"他把"工商"与"僧道"放在一起，作为"减汰"的对象，后虽未能"尽行"，但由此足见封建统治者对工商业者的态度了。明代中期以前，尚有一些"便商"的具体政策和做法，以后渐遭破坏；加在商人身上的各种税收又成倍增加，以致到了明末，"而商民益困矣"②。

清代，封建统治者也仍然实行"强本抑末"政策。康熙曾亲绘"耕织图"，表示"农事实为国本。"③雍正皇帝曾说："农为天下之本务，而工贾皆其末也。今若欲于器用服玩之物，争尚巧华，必将多用工匠。市肆之中多一工作之人，即田亩之中少一耕稼之人。且愚民见工匠之利，多于力田，必群趋而为工，群趋为工，则物之制造者必多；物多则售卖不易，必至壅滞而价贱。是逐末之人多，不但有害于农，而并有害于工也……惟在平日留心劝导，使民知本业之为贵，崇尚朴实，不为华巧，如此日积月累，遂成风俗，虽不必使为工者尽归于农，然可免为农者相率而趋于工矣。"④封建统治者如此眼光短浅地看待工商业，因而便不可能从政策上促

---

① 《明太祖实录》卷四十九、卷一百七十五。
② 《明史·食货志五》。
③ 《清圣祖实录》十二年十一月庚午。
④ 《清世宗实录》卷五十七。

进手工业和商业在社会经济中的比重，而是尽量削弱这种比重。在这种传统的"重本轻末"思想影响下，即使是以工商致富的"殷实之家"，也都采取老一套的"置产"之法："以末致财，用本守之"。钱泳在《履园丛话》里说："凡置产业，自当以田地为上，市廛次之，典与铺又次之。"他们既然把"置产"的着眼点放在所谓"不忧水火，不患盗贼"的土地上，因之手里的浮财，也就主要不是转化为资本，以发展资本主义经济。这种大商人向大地主转化的社会现象，不仅使社会经济结构难以变化，而且使阶级结构也难以变化。因此，若欲资本主义迅速发展，真是"戛戛乎难哉"！

同时，明清两朝，统治者又都是从巩固封建政权着想，对外实行"锁国政策"，闭关自守。这严重影响了海外市场的开拓和货币资本的积累，阻遏了商品经济的发展。明初，"太祖定制，片板不得入海"[①]，以"严交通外夷之禁"[②]。嘉靖末，自朱纨死后，明政府虽"罢巡视大臣不设，中外摇手不敢言海禁事"。但是，接着而来的是"海寇大作"，正常的海外贸易也无法进行。清初，同样出于政治原因，实行"海禁"。康熙帝即位后发布"严禁通海敕谕"[③]。并将山东、江苏、浙江、福建、广东五省沿海居民内迁，弄得濒海地区"百姓失业流离，死亡者以亿万计耳"[④]。后"海禁"虽弛，但商船出海还有许多限制。乾隆皇帝曾夜郎自大地说："天朝物产丰盈，无所不有，原不借外夷货物以通有无。"[⑤]直至清末仍继续坚持闭关政策。

当然，经济规律无论遭到任何人为的阻挡，都是要按其自身运动的方向向前发展的。无论是"重农抑商"政策，或是"锁国"政策，都不能停止它的前进。但是，马克思主义告诉我们，上层建筑虽不能改变经济发展的客观规律，却可以加速或延缓其运动的进程。这里，我们不妨就政策的

① 《明史·朱纨传》。
② 《典故纪闻》卷五。
③ 《明清史料》，第三本。
④ 《海上闻见录》卷二。
⑤ 《纪英夷入贡》，《熙朝纪政》卷六。

作用，同与我国处于相同历史时期的英法等国作些比较。

英、法等国在资本主义经济因素出现以后，由于社会的经济结构和政权的阶级基础以及地理环境与我们不同，因此，封建政府在经济领域里所实行的政策与我国恰恰相反，它们不是"重本轻末"，而是"重商主义"。英国的都铎王朝，法国的波旁王朝都是如此。

在重商主义政策的指导下，英、法各国政府都大力扶持资本主义工场手工业，发展商品经济。16世纪后，英国都铎王朝实行鼓励工商业的政策，例如：政府支持圈地运动，为工商业的发展创造了大量的廉价劳动力和国内市场；鼓励海外贸易，并用"炮舰"支持海外掠夺，开辟海外市场，强占殖民地；政府支持包买商的经营活动，以致集中的手工工场很快发展起来。15世纪和16世纪初的英国在欧洲还是一个落后的国家，由于政府对资本主义生产的支持，到了16世纪后期就把原来比它先进的西班牙、德国和尼德兰抛到了后面。法国从亨利四世执政时起（1594—1610年），到路易十三（1610—1660年）、路易十四（1661—1715年）时期，都实行重商主义。政府采取保护关税，限制行会，开辟海外市场和海外殖民掠夺，给工场主以种种奖励等措施，只经过一百多年，资本的原始积累便已完成，不久，就开始了资产阶级革命。

马克思在《资本论》中指出："资本来到人间，就是从头到脚，每个毛孔都滴着血和肮脏的东西。"这"血和肮脏的东西"不仅是指对本国劳动人民的榨取，也包括海外殖民掠夺以攫取的财富。英、法封建专制王权不仅制定政策支持开辟殖民地，而且派出军舰加以保护。西方各国在资本原始积累时期，差不多都是商船后面跟着炮舰，这便是在重商主义政策支配下所出现的。

中国实施重农抑商政策，英、法等国则推行重商主义，两种不同的政策，两种不同的后果，那是一清二楚的。中国和英、法等国之所以实行两种不同的政策，并非是当权者的随心所欲。这除社会经济结构不同之外，便是政权的阶级基础不同。政策是体现统治阶级的利益和意志的，政权的阶级基础不同，所实行的政策自然不会一样。这是研究中国和西欧资本主义发展速度不同原因时，所不应忽视的。

中国和西欧资本主义发展速度不同，还有意识形态，即思想文化方面的原因，以及后来遭受外国资本主义的侵略等等，由于篇幅所限，这里从略。

总之，自明代中期以后，在古老的封建社会的母腹内，已经孕育着资本主义萌芽，然而它之所以"怀胎"数百年都不具备"分娩"的条件，主要是由于封建经济结构难以分解，封建政权对新生产力的压抑。这就告我们："胎儿"之所以迟迟不能呱呱坠地，是由中国特有的"国情"决定的

原载《安徽师范大学学报》（人文社会科学版）1982 年第 3 期，有改动

马皇后评述

朱元璋的马皇后，是历史上少有的贤后之一。《明史》的作者称赞她："从太祖备极艰难，赞成大业，母仪天下，慈德昭彰。"[①]的确，朱元璋的帝王事业，其中有马皇后的一份功绩。甚至从某种角度上可以这样说：没有马皇后的内助之力，朱元璋便难以成为一代王朝的开国君主。

我们应当研究马皇后，因为研究她，有助于正确评价朱元璋，也有助于全面了解明代开国前后的一段历史，从中找出规律性的东西。

马皇后"贤"在哪里

马皇后的贤良事迹，除记载在《明史》本传外，散见于《明太祖实录》及有关明代野史、杂记中的材料还是不少的。这里，仅择要概括成下列几个方面进行评述。

"起自寒微,忧勤相济"

马皇后，宿州人（今安徽宿州市），史书称其父曰"马公"，母曰"郑媪"，没有记载具体名字。她生于元至顺三年（1332年），幼年父母即死。

---

① 《明史·高后传》。

马公在日时，与定远土豪郭子兴极要好，马公死后，郭子兴将她收作养女，待之如己出。元末红巾军大起义的烈火燃烧在淮河两岸，郭子兴趁势于至正十二年（1352年）起兵濠州（今安徽凤阳），朱元璋也从皇觉寺里跑出来投奔到他的麾下。郭子兴对他"甚见亲爱"，派他当了"九夫长"的小头目。其时，朱元璋二十五岁，马女二十岁，两人还没有成亲，郭子兴和夫人张氏商量，决定将所养马女嫁给朱元璋，于是军中称朱元璋为"朱公子"。

马皇后是一位"聪明出人意表"，且又"好诗书""精女红"的巾帼佳人①。朱元璋在创建帝业治国平天下的过程中，她是很得力的贤内助。

朱元璋曾经说过："惟后与朕，起自寒微，忧勤相济。"②事实确系如此。根据有关明史记载，朱元璋在郭子兴军中崭露头角的时候，周围忌惮他的人，便在郭子兴面前搬唆、挑拨，郭子兴也听信谗言，往往对朱元璋"不悦"，有时竟至"悉夺太祖兵"③。打仗的时候，其他将领都要拿一些掠来的财物献给子兴，朱元璋则以所掠分给部下，"无所献"，郭子兴认为这是对他不尊敬。马皇后为了"慰悦其意"，则罄其所有，"悉以遗子兴妻张氏，张氏喜，后又和顺以事之，由是疑衅渐释"④。马皇后只要看到他们之间出现了裂痕，便"辄为弥缝"。这样，朱元璋才不断得到郭子兴的提拔与信任。

朱元璋"威名日著"，又引起郭家公子对他不满。据《皇明通纪》载：子兴二子曾阴置毒于酒中，企图谋害朱元璋，谋泄，朱元璋说是"神人"来告的。其实，这个"神人"正是马皇后。史书上还记载这样一件事：有一次郭子兴的几个儿子把朱元璋幽禁在一间空室中，不给食物，马皇后趁蒸笼里大饼熟了的时候，偷了一块热乎乎的蒸饼藏在怀里送给朱元璋，竟把乳房都烫烂了。朱元璋在初起事时所经历的这些坎坷不平的道路，要不

---

① 毛奇龄：《彤史拾遗记·高后传》。
② 《明太祖实录》卷一百四十七。
③ 《明史纪事本末》卷一。
④ 《明太祖实录》卷一。

是马皇后为他排除障碍，未来的事业那是不堪设想的。关于朱元璋的这段经历，曾经有人这样评论："太祖居孤臣孽子地位，无日不在忧患之中，又可知也。二三年间，地位本极寒微，而又谗言交集，苟不善处，则全身非易，虽欲肆无赖之行，逼于环境，其何能为……于高后则有患难相扶持之谊。"①这评论是精当的。

当朱元璋率众驰骋大江南北的时候，马皇后也勤于协力。朱元璋军中的公文、书信，都交付她保管，"若仓卒取视，后即于囊中出而进，未尝脱误"②。渡江之后，"战无虚日"，军需供给十分困难，马皇后宁愿忍着饥饿，也得设法储备些干粮，保证朱元璋"无所乏绝"。朱元璋夺取江宁（南京）之后，东有张士诚，西有陈友谅，东征西讨，战斗更为激烈。为了做好后勤的供给，马皇后"亲率妾媵完缉衣鞋，助给将士，夜分不寐"。至正二十年（1360年），陈友谅率兵攻陷太平（今安徽当涂县），顺江东下，直逼江宁，两军在龙湾（南京西北面）激战，朱元璋亲往前线指挥，马皇后则尽发宫中金帛衣服，犒赏战士，"士皆奋力拔栅，遂败陈友谅而俘其众"。

朱元璋之夺取天下，马皇后是有一份功绩的。

"家之良妻，犹国之良相"

朱元璋在马皇后病危时，历数马皇后帮助他创基建业的一桩桩事迹，并深有感慨地说："家之良妻，犹国之良相"，比喻极为贴切。在某种情况下，"良妻"还可以起到"良相"所不能起到的作用。

朱元璋开国称孤之后，本来不许后宫干预政事，他以历史为鉴，指出："政由内出，鲜不为祸。"甚至明文规定："皇后之尊，止得治宫中嫔妇之事，即宫门之外，毫发事不预焉。"③马皇后是一位"勤于内治"的

---

① 李晋华：《明懿文太子生母考》，《历史语言研究所集刊》第六本。
② 《明太祖实录》卷一百四十七。
③ 《明太祖实录》卷五十二。

人，她既不出头露面，借势吓人；也不搞结党营私，朋比为奸。她虽也留心政事，但所过问的只是百姓疾苦和朱元璋的过失。撮其要者，大体如下：

一，关心民间疾苦。马皇后来自民间，始终不忘农民的畎亩之劳。遇到旱年，她和宫妃们以蔬菜为食；若是凶年，便吃麦饭。有一次，她问朱元璋："今天下民安乎？"答曰："此非尔所宜问也。"他不许马皇后过问。皇后解释说："陛下天下父，妾辱天下母，子之安否，何可不问！"①她是否真能把百姓当作赤子，另当别论，但她有这种心情，那是难能可贵的。洪武五年（1372年），春旱严重，秧苗不能入土，百姓忧心如焚，马皇后照例带着嫔妃吃麦饭蔬菜。一天夜里，下了一场喜雨，第二天，皇后亲自上朝庆贺，并对朱元璋说："妾事陛下二十年，每见爱民之心拳拳于念虑之间。"朱元璋也感动地说："皇后能同心忧勤，天下国家所赖也。"②

二，建议择贤而用。马皇后非常爱惜人才，而且懂得贤才对于治国的重要。她曾对朱元璋说："人主虽有明圣之资，不能独理天下，必择贤以图治。"但对贤才也不能求全责备，"宜赦小过以全其人"。有一天，马皇后听说从元都府库里运来了一大批珍宝，故意问朱元璋："得元府库何物？"答曰："宝货耳！"后问："元代有是宝何以不能守而失之？"朱元璋领悟了她的意思，立即答道："皇后之意，朕知之矣，但谓以得贤人为宝耳！"马皇后接着说，有了贤才，可以与之"共保天下"，这是"大宝也"，"而岂在于物乎！"③她视贤才为大宝，非具慧眼何能有如此卓见远识！

朱元璋即位后，曾准备给外戚授官，马皇后坚决不同意。其理由是："国家官爵，当与贤能之士，妾家亲属，未必有可用之才。"她是主张用人当举贤而不能举亲。所以又说："若其果贤，自不用之；若庸下非才而官之，必恃宠致败，非妾之所愿也。"④是举贤授官，还是搞裙带关系，其后

① 《明史·后妃传》。
② 《明太祖实录》卷七十三。
③ 《明太祖实录》卷一百四十七。
④ 《明太祖实录》卷二十五。

果截然两样。有明一代，"外戚循理法度，无敢恃宠以病民"，没有出现像汉、唐时期的外戚之患，这与马皇后"不私妾家"①是有很大关系的。

三，劝谏"不以喜怒加刑赏"。朱元璋是一个烈性子人，好发脾气。在"朕即国家"的封建君主专制时代，龙颜勃怒弄不好是要杀人的。遇到这情况，大臣们都不敢吭声。朱元璋每朝罢还宫，马皇后只要见他面有怒色，就婉言劝谏，如此而得以"缓刑戮者数矣"②。

参军郭景祥同儿子有矛盾，有人向朱元璋报告："其子持稍杀父。"他大发雷霆，要"必诛此子"。马皇后劝说："吏言恐不实。况老郭止一子，杀之不实则枉矣，又绝其后。"于是朱元璋派人调查，果然不实。后来他对马皇后说："非汝见之明，吾几杀其子矣。"③

宋濂是明初的功臣，又是太子的老师，朱元璋原先对他恩礼有加，宋濂告老还乡，"还赐书奖谕"。宋濂的孙子宋慎，参与胡惟庸案，濂也受到牵连，朱元璋要杀他，马皇后则竭力劝谏，她说："民间延一师，尚始终不忘恭敬，宋先生亲教太子诸王，岂忍杀之！且宋先生家居，宁知朝廷事耶？"④马皇后的话如此入情入理，朱元璋还不肯采纳。到进御食时，马皇后特意不置酒肉，朱元璋问是何故？答曰："妾为宋先生作福事也。"她是要用皇上吃的酒肉来祭祀神福保佑宋濂，这样朱元璋才赦免了宋濂的死刑，改流放茂州。要不是马皇后致力营救，宋濂也难免含冤就戮。

吴兴富民沈万三，助筑都城三分之一。金陵自洪武门至水西门，"乃其所筑，又请犒军"，朱元璋勃然大怒："匹夫犒天子军，乱民也，宜诛。"后谏曰："妾闻法者，诛不法也，非以诛不祥。"于是将沈万三改流放到云南⑤。

朱元璋有一次怒责宫人，马皇后也假装动怒，朱元璋要对宫人治罪，马皇后便交付宫正司（宫廷里的执法机构）。朱元璋认为朕一言就是法，

① 《明史·外戚传序》。
② 《明史·后妃传》。
③ 《明太祖实录》卷一百四十七。
④ 《明史纪事本末》卷十三。
⑤ 郎瑛：《七修类稿》卷八。又《明史·高后传》。

怎么还要交到宫正司议罪？马皇后对他说："帝王不以喜怒加刑赏。当陛下怒时，恐有畸重，付宫正，则酌其平矣。"①朱元璋问："那你不是也发怒？"答曰："妾之怒者，所以解陛下之怒也。"像这样贤良清正的皇后，历史上是不多见的。

"身处富贵""不忘布衣"

读了《阿房宫赋》，就不难了解宫妃们过着多么穷极奢侈的生活。马皇后则不是那样。她虽居深宫之中，却"不喜侈丽"②。她曾劝勉朱元璋："身处富贵"，要"不忘布衣"。她自己也是基本能做到的。

她身为皇后，却不特别讲究穿着。平时，她穿的是粗丝织的衣，而且洗了再穿，穿了又洗。"衾裯虽弊不忍易"，衣被破旧了还舍不得更换。宫里每次缝制衣服，她把剩下的边边角角都拾起来，"缉为被褥"，不随便丢弃；并且说：这是"为天地惜物"。织工治丝，她也不让丢掉一点乱丝败缕，而是要织工将那些"荒颣"（坏的丝疙瘩）织成次等的绢帛，以赐给王妃、公主，并对她们说："生长富贵，当知蚕桑之不易，此虽荒颣遗弃，在民间尤为难得，故织以示汝，不可不知也。"是的，皇宫里的"荒颣"，在民间还是珍品呢！

马皇后出身布衣，深能体恤下情，所以她常常"举稼穑艰难、小民疾苦"的事例教育公子、公主、王妃，"戒其骄纵"；还告诫公主们要"勤女工"，而不能"无功受福"③。她身教言教，堪称一位德行高尚的贤母。

朱元璋即位之初，还"躬行节俭，旧衣皆浣濯更进"④。但有时也因服御不满意而小有动怒，马皇后就劝告他："主忘昔日之贫贱耶！"要他不能"忘本"。朱元璋听了也为之"惕然"⑤。由于马皇后的影响与规劝，再

① 《明史·高后传》。
② 《明太祖实录》卷一百四十七。
③ 《明太祖实录》卷一百四十七。
④ 《明太祖实录》卷九。
⑤ 《明太祖实录》卷一百四十七。

加上朱元璋也是布衣起家，在封建帝王中，他还算是能注意俭朴的。特别是在明代开国之初，一切兴作，"但求安固，不事华丽，凡雕饰奇巧，一切不用"①。他也常常告诫臣下："夫衣帛当思织女之勤，食粟当念耕夫之苦，朕为此故，不觉恻然于心也。"②同时教育太子诸王：要"不忍伤民之财，劳民之力"。这同马皇后对诸王公主的告诫几乎一样。

封建社会王朝兴亡的历史告诉我们：大凡皇室的过度奢侈，总都是与政治的昏暗联系在一起；反之，相对说来，政治则较为清明，社会也比较安定。马皇后常常提醒朱元璋"不忘布衣"，这对他在政治上励精图治有着一定的影响。

"夫妻相保易，君臣相保难"

马皇后与朱元璋在动乱中成家，于富贵中相处，互相之间，始终是情谊灼热的。洪武十五年（1382年），马皇后病死，年五十一岁。她与朱元璋忧乐与共三十年，从没有借天子之威，残害一个忠良；也没有恃椒房之宠，萌生权势之欲。朱元璋曾把她与唐太宗的长孙皇后相比，那是很恰当的。然而，她却自谦地说："妾（何）敢比长孙皇后贤，但愿陛下以尧舜为法耳！"③

皇后病在垂危，朱元璋异常悲痛，她情意深长而又言词殷切地对朱元璋说："夫妻相保易，君臣相保难。"④她从"夫妻相保"推及于"君臣相保"，从"齐家"到"治国"想得极为细致周到。她并且说："陛下既不忘妾于贫贱，愿毋忘群臣百姓于艰难。"她为什么要留下这样的遗言？难道是泛泛而谈，随口而出吗？当然不是。

明初的开国功臣，在朱元璋艰难创业中，是风雨同舟，患难与共的。

---

① 《明太祖实录》卷一百零一。
② 《明太祖实录》卷四十一。
③ 《明太祖实录》卷一百四十七。
④ 《明太祖实录》卷一百四十七。

他们有的运筹帷幄，有的效命疆场，对明王朝的建立，都有一份功绩。朱元璋开始对他们也是待之以礼，授以高位，等到皇帝的宝座安稳之后，他不仅忘记了以往那创业的艰难岁月，反而对功臣大肆屠戮。有些机灵人开国不久就辞官隐退，大学士朱升就是如此。对朱升的隐退，曾有人这样评论："逮天下初定，乃隐居山林，日以著述为事，终身不复出焉。其见机之明，尤非诸人所可及者。"①朱升由于"见机之明"，得以保全首领，而一大批继续受命于朱元璋的文武臣僚，后来大多遭逢厄运。在马皇后死的前两年，发生了丞相胡惟庸案，被诛杀的"僚属党与凡万五千人，株连甚众"②。《明史·胡惟庸传》谓"词所连及坐诛者三万余人"。马皇后之所以要朱元璋"无忘群臣百姓于艰难"，乃是根据耳闻目睹的事实才向朱元璋提出了这一忠告。他看到了朱元璋与群臣之间能够共患难而难于共安乐的为人。果然不出所料，在马皇后死后十一年，即洪武二十六年（1393年），又发生了大将军蓝玉之狱，"坐死党者，可二万人"。开国的功臣名将，几乎杀戮殆尽。所谓"金杯同汝饮，白刃不相饶"③。他说到也竟能做到。马皇后在临终之前对他语重心长的规谏，终不能使朱元璋有动于衷，有感于怀，在封建社会里，"君臣相保"，真是"难"矣！

综述马皇后的生平事迹，不难看出，对于朱元璋来说，她既是"良妻"，又是"良相"。所以她死后，"帝恸哭，遂不复立后"④。

对马皇后的评价

马皇后的出身和经历与朱元璋基本一样，从共患难到共富贵，阶级地位的转化也是相同的。但是由于具体情况的不同，对马皇后的评价，自然不能说和朱元璋一样。

---

① 程好礼：《枫林文集序》载《朱枫林集》卷十《附录》。
② 《明史纪事本末》卷十三。
③ 《明史·茹太素传》
④ 《明史·高后传》。

那么，我们应当怎样评价马皇后呢？

首先，我们必须看到，马皇后对于朱元璋，是从"为妻之道"而竭尽忠心的。在朱元璋打天下的过程中，她冒生命于锋镝之中，内外尽力，为的是能尽快地夺取政权；后来朱元璋南面称孤，她能"同心忧勤"，留心政事，为的是巩固政权。她和朱元璋生活在一起，命运也是连接在一起的。她以皇后之尊，关心人民，礼待臣下，躬行俭朴，教育王妃，其根本目的，则是期望明王朝得以永保而不坠，用她临死之前的遗言来说，便是"子孙皆贤，臣民得所而已"。

但是，"马克思辩证法要求对每一特殊的历史情况进行具体分析"①，"把问题提到一定的历史范围之内"②。马皇后以一个特殊身份的历史人物，生活于六百多年前，她只能以封建伦理准则来尽她的"为妻之道"；她也只能以所谓圣贤治国之术来尽她的"为臣之道"。她的思想道德不可能超越那个时代。正如马克思在《神圣家族》里所说的："思想从来也不能超出旧世界秩序的范围。"③因此，我们便不能以她的"为妻之道"而否认她在实际行动中的"为臣之道"。而且，我认为她是以一个"良妻"的身份，在许多方面起到了"良相"的作用。她协助朱元璋从打天下到坐江山，在客观上是符合历史发展要求的，而她的德行也足以成为封建时代同类人物的楷模。这是应该首肯的。

其次，有比较才能鉴别。我们把马皇后与她相同情况的帝后作比较，更能清楚地分出优劣高下。朱元璋尝以自己比之汉高祖刘邦。清人赵翼指出："明祖以布衣起事，与汉高同，故幕下士多以汉高事陈说于前，明祖遂有一汉高在胸中，而行事仿之。"④既然如此，我们也不妨把马皇后与吕后作些对比。当然，相隔一千多年的两个人物，彼此的经历毕竟不完全相同，因此，对比也只能是大略言之。吕后权欲熏心，阴狠刻毒，断戚夫人

---

① 《列宁选集》第二卷第857页。

② 《列宁选集》第二卷第512页。

③ 《马克思恩格斯全集》第二卷第152页。

④ 《廿二史札记》卷三十二。

手足，惨不忍视；马皇后宽仁敦厚，不图势权，礼待嫔妃，死后"宫人思之"。吕后杀功臣韩信、彭越，擅权矫制；马皇后不忘"群臣百姓于艰难"，待功臣如敬大宾。吕后重用外戚导致诸吕之乱，马皇后不给外戚授官，以致有明一代，无外戚之患。更重要的是刘邦称帝以后，政治局面常不安定，其中有的是吕后引起的；而明初开国，由于朱元璋关心民瘼，"首严内教"，再加上马皇后恭敬事之，所以很快地出现了"洪武之治"。司马迁说吕后"政不出房户，天下晏然"，那是把汉初功臣的作用记在她的功劳簿上了。仅举以上几端，马皇后与吕后孰优孰劣，也就清清楚楚。至于历史上那些败国亡家的女祸，同马皇后更是不能相比了。

原载《安徽师范大学学报》（人文社会科学版）1981年第1期，有改动

朱升和《朱枫林集》评议

"紫阳道统接河南，又得枫林继述完。

一脉真传今即古，千年秘学易而难。

掀天事业乾坤内，开国功勋宇宙间。

明哲保身归隐后，翰林声价胜封王。"①

这是明初诗人吴鼎赠朱升归隐的一首七律。首联和颔联是说朱升继承了二程和朱熹的学术思想，颈联叙述朱升在朱元璋创建帝业中的功勋，尾联颂扬朱升功成身退，归隐山林，志安恬淡。这既是诗，也是史，此诗读后，朱升的学术思想与生平事迹便可粗知梗概了。

朱升，字允升，号枫林，又号枫林病叟、隆隐老人、墨庄主人。生于元大德三年（1299年），卒于明洪武三年（1370年）。《明史·朱升传》载："升自幼力学，至老不倦，尤邃经学"，"学者称枫林先生"。所著有《朱枫林集》《周易旁注》等行世。

朱升这位历史人物，以往很少有人研究他，尽管他向朱元璋进呈的"高筑墙、广积粮、缓称王"的名言脍炙人口，然而对他全面了解的人毕竟是不多的。

本文打算按照吴鼎的这首七律提供的线索，结合对《朱枫林集》的评介，对朱升的学术思想和政治思想进行初步研究。不妥之处，请同志们纠正。

---

① 《朱枫林集》卷十吴鼎《赠归新安诗》。

新安理学名儒

朱升是元明之际的一位理学家。明万历年间付梓的朱升诗文集——《朱枫林集》，在扉页上印刻着赫然醒目的"新安理学名儒"几个正楷大字，正是突出了他的理学成就。称朱升为"新安理学名儒"，不仅指他是新安①人，同时说明"新安理学"在宋元明时期是一个学派。

新安理学又称"徽学"。这个学派的开山祖是南宋大理学家朱熹。朱熹，婺源人，出生地也属旧新安郡。自从两宋经济重心南移之后，新安便是一个富庶之区，因而文化也比较发达。新安学者自朱子之后，"历元明而其传弥广"，他们"皆宗紫阳之正脉。得濂、洛之真诠"②。其传播学术的方式主要是聚徒讲学和解经著述。因为讲学，所以书院大兴。直到清初还有人说：

> 文公（朱熹）为徽学正传，至今讲学遂成风尚，书院所在都有。而郡之紫阳书院、古城岩之还古书院，每年正、八、九月，衣冠毕集，自当事以暨齐民，群然听讲，犹有紫阳风焉。③

因为著述者多，刻书业也随之发达。据明人胡应麟说：

> "（明代）凡刻书之地，有三吴也，越也，闽也"，"其精，吴为最；其多，闽为最；越皆次之"。④

---

① 新安，本是晋时的郡名，据康熙《徽州府志》载，西晋初年，将后汉所置新都郡改名为新安郡。晋以后，郡邑割并不常，郡名屡有更改，唐初改为歙州，天宝元年（742年）又改为新安郡，肃宗乾元元年（758年）复为歙州。此后，新安郡名不再沿用。北宋末曾将歙州改名徽州，元代为徽州路，明代为徽州府。辖境大致为今歙、休宁、祁门、黟、绩溪、婺源等县。以上各县属旧新安郡，所以这一带人往往称其出身为新安人。
② 戴有祺：《心远楼存稿序》。
③ 赵吉士：《寄园寄所寄》卷十一。
④ 胡应麟：《少室山房笔丛·经籍会通·四》。

这里所说的"三吴",也包括旧时的新安郡。正因为这一带学风很盛,曾有人把它同孔孟的故乡相比:"新安自朱子之后,儒学之盛,四方称之为东南邹鲁。"①而新安学术之活跃,尤以婺源、休宁两县为最。

朱升的家乡休宁,自南宋以来,理学名家传于"东南邹鲁"者,首推程大昌。大昌字泰之,南宋人,登绍兴进士,与朱子同时。"大昌慷慨笃学,于古今事靡不考究,论著追配古作。"②大昌而下,便是吴儆(初名祢,字益恭,号竹洲)、程若庸(字达原,号勿斋,又号徽庵)、陈栎(字寿翁,号定宇,又号东阜)、倪士毅(字仲弘,号道川)、朱升、赵汸(字子常,号东山)、范准(字平仲,号云溪)、汪循(字进之,号仁峰)。这九位理学名儒,都是造诣深邃,名重当时。万历年间,邑人曾于县治东门外为他们建造了"九贤坊",以示景仰。清初赵吉士说:"休宁理学九贤坊,以程文简公(大昌)为首,盖朱子而外,皆卓卓者也。"③这就是说,他们在新安学派中也都是有成就的人物。

"九贤"之一的朱升,是新安学派中承先启后的人物。他是被称为"文公功臣"的陈栎的及门弟子,又为明初名儒范准等人的老师。据《朱学士升传》载:升"幼师乡贡进士陈栎,剖击问难,多所发明,栎深器之。至正癸未(1343年),闻资中黄楚望(泽)讲道溢浦(九江),偕赵汸往从游焉。"④他自己也说,师事定宇先生"二十余年,谊莫厚焉"⑤。他的学术思想直接师承于陈栎,如果我们向上追溯,则又可知朱升为朱子嫡传。据汪炎昶《定宇先生行状》载:定宇"后从乡先生黄公常甫游,黄公之学,出于星溪万菊滕先生,滕之先璘、珙二伯仲,皆朱子高弟。"⑥明代《徽州府志》也载:陈定宇"师乡先生黄常甫,常甫出于婺源滕氏,私淑

---

① 詹士南:《东山赵先生行状》,见《新安文献志》卷七十二。
② 康熙《休宁县志》卷六。
③ 赵吉士:《寄园寄所寄》卷十一。
④ 《新安文献志》卷七十六。
⑤ 《朱枫林集》卷六《勤有堂记》。
⑥ 《宋元学案》卷七十《沧州诸儒学案下》,又见《陈定宇先生文集》卷十七。

朱子，故栎学有渊源。"①朱升即是陈栎的高弟，陈栎师事同邑黄常甫，黄常甫师事滕万菊（铅），万菊之父滕德章（珙）、伯父滕德粹（璘）"俱师朱子"。由此可见，从朱升、陈栎到朱熹师承关系的脉络，一目了然了。

朱升上承朱子之学，与他同辈同乡、同学而且学术思想相同一致的还有倪士毅、赵汸等人，他们都是陈栎的及门弟子。倪士毅"教授黟阜下"②，并潜心研究经学，著有《道川集》行世。赵汸的学术成就比士毅大，《明史·赵济传》谓："（汸）造诣精深，诸经无不通贯。"他在学术上把朱、陆之学熔为一炉。"子常生朱子之乡，而得陆氏（象山）之说，于二家之所以成己教人，反复究竟明白，盖素用功斯事者，非缀辑傅会之比也。"③赵汸《东山存稿》，无论是研究理学和史学，都有一定的学术价值。在他们三位好友中，倪士毅早死，朱升同赵汸都是元末明初之际的徽学"文宗"。朱升评论赵汸："其道可以继先传后，其业可以见古人于地下。"④后人评论朱升：

"此吾后人仰之，以为一代文宗也。"⑤他们都是新安学派中承先启后的人物。

由于朱升、赵汸等人的继承和发展，新安理学真是"历元明而其传弥广"。如"九贤"中的范准，便是朱升、赵汸的学生，他与朱升的儿子朱同"同师、同生、同仕"。"九贤"中的汪循，是朱、赵后学。朱升、赵汸的高弟有成就者还有：黄枢（厚圃）、汪洗（养晦）、倪明善（尚德）、程叔春（仁友）、程昆（汝器）、曹汉川（子纯）、陈鏊（自新）、金元忠（居敬）……《明史·儒林传》谓："夫明初诸儒，皆朱子门人支流余裔，师承有自，矩矱秩然。"考察明代新安理学的源流，足证斯言之不谬。并且由新安朱子门人的"支流余裔"传授下来的"徽学"，一直影响到清代。

我们搞清楚朱升在新安理学中"继先传后"的学术地位之后，有必要

① 弘治《徽州府志》卷七《儒硕》。
② 赵吉士：《寄园寄所寄》卷十一。
③ 詹士南：《东山赵先生行状》，见《新安文献志》卷七十二。
④ 《朱枫林集》卷八《祭友赵东山文》。
⑤ 程好礼：《枫林文集序》，载《朱枫林集》卷十《附录》。

对他的学术成就进行粗略评述。

朱升生活的元朝，是一个经济停滞、政治昏暗的时期，而文化也"走进了一个疠疫时代"（翦伯赞语），不过，当时还有一些好学成癖的知识分子，童年受业，皓首穷经，所以在学术领域里还能保斯文于不坠。正如清人全祖望所说："有元立国，无可称者，惟学衍尚未替，上虽贱之，下自趋之，是则洛（二程）、闽（朱熹）之沾溉者宏也。"①从朱升的一生经历来看，证明全祖望所说是正确的。朱升是一位勤奋好学的知识分子，他"自幼学至于捐馆，六十年间虽出处不常，未尝一日释卷，编录考索，日益月加，动成卷帙"②。他的著述，除后人编纂的《朱枫林集》外，还有《书旁注》《诗经旁注》《周官旁注》《仪礼旁注》《礼记旁注》《大学中庸旁注》《论语孟子旁注》《书传补正》《周易旁注》《孙子旁注》《孝经小学旁注》《小学名数》《小四书》《地理阴阳五行书》《刑统赋解》《墨庄率意录》《道德经旁注》《葬书内外杂传》《类选五言小诗》等。他的主要学术成就是以五经四书旁注为代表，但惜多散佚不存。据《安徽文献书目》（安徽省图书馆编，1961年安徽人民出版社）载，今存只有《朱枫林集》和《周易旁注》两种。又《中国丛书综录》录《小四书》一种。

朱升注释经书方法和前人不同，其见识更有超乎"先儒"之处。他自己说：

> 字之为注，句之为释，我不如先儒；开拓千古之心胸，提省一时之俊杰，先儒不如我。及今几二百年矣，安得徽国文公之高风绝识而与之共论哉。③

他是朱子的嫡传，认为只有像朱子这样"高风绝识"之士，才可以与之共相论道，若非翰墨有素者，岂敢夸这样海口！《明史》作者说他："所作诸经旁注，辞约义精"，清人傅维麟评论他："第其于六经之旨，多所发明，

① 《宋元学案》卷九十五《萧同诸儒学案》。
② 《新安文献志》卷七十六。
③ 《朱枫林集》卷八附端木孝思《白云楼诗跋》。

诚一代儒宗也。"①

那么，朱升是怎样发明"六经之旨"的呢？

首先，他改变了传统的解经方法，他认为以往学者解经把经文和注释分离开来，这是一大弊端。他从"先儒"解经说起。他说：

> 先儒解经至矣，而犹未免云云者。先儒用圣贤功夫，故能因经文以得圣贤之意；学者用先儒功夫，而能因经解以得先儒之意几人哉！

"先儒"之所以能升堂入奥，是因为因经文以得其旨意；后来的学者因先儒的经解释经，功夫不深，以致先儒的用意便不可得知了。他还指出，因经解而不能得圣贤之意的原因是："经与解离，不能以意相附；其弊也，断裂经文，使之血脉不通，首尾不应，欲求其知味乐学不可得也。"②这就是说，经与解分离之后，经文被割裂了，意思不完整了，因此也不能引起读者的兴味。朱升采用什么方法来注释经书呢？他说：

> 愚自中年，以经书授徒教子。每于本文之旁，着字以明其意，其有不相连属者，则益之于两旁之间，苟有不明不尽者，又益之于本行之外，学者读本文而览旁注，不见其意义之不足也。③

他采取旁注经书的方法，把经与解结合起来，读经览注，首尾相应，一目了然。他还说：

> 夫读书不可无注解，然注解与本文相离，学者若不能以意相附，则非徒无益而适滋其惑。故愚于诸经书往往与之旁注，使学者但读本文而览其旁注，一过则了然无繁复之劳也。④

同时，他旁注经书，只取先儒经解的意义，而文字表述尽量用自己的语

---

① 《明书·朱升传》。
② 《朱枫林集》卷三《〈大学〉〈中庸〉旁注序》。
③ 《朱枫林集》卷三《易经旁注前图序》。
④ 《朱枫林集》卷四《小四书序》。

言。"虽然愚之所注，其意义取诸先儒解经而已，辞语则有不纯用原文者。盖以逐字顺附经文，实而不泛，离之则字各有训，贯之则篇章浑全。制作之体既殊，辞语各有宜也。"①

朱升这种旁注经书的方法，使经与解"可离可合，有纲有纪，使读者止就经文考训诂以求旨趣而已"②。而且用自己的语言解经，"庶几文字简洁，而学童诵习不惮其繁"③，这对于教授生徒，更为适用。他用这种旁注的经书作教本，得到门生的好评。他的学生黄枢说：

> （朱升）"取六经与百氏之书籍，悉标题而旁注，使后生小子一读即了然而无疑……先生之学，真有功于百世。"④

除了有点夸张成分外，这种评论基本是恰当的。

其次，他是通过"明"朱子之学以"发明""六经之旨"的。新安理学家因为是朱子的嫡传，所以他们都认为"有功于圣人（之学），莫盛于朱子"⑤。陈定宇一生的著述，其宗旨就是维护朱子之学的。他"惧诸家之说，乱朱子本真，乃著《四书发明》《书传纂疏》《礼记集义》等书，余数十万言。其叛朱子者刊而去之，其微辞隐义引而伸之，其所未备补而益之，于是朱子之学焕然以明"⑥。所以曾有人称："陈定宇先生为朱子嫡传。"⑦朱升恪守师教，慨叹"圣学明而实晦"，乃"慨然思所以救之。于是考六经之源，究制作之始，以得名言之义，味词助之旨，以畅旨趣之归，而圣贤之心见于方册者，始可得而见。然后旁参之以传注之文，究极

---

① 《朱枫林集》卷三《〈大学〉〈中庸〉旁注序》。
② 《朱枫林集》卷三《〈论语〉〈孟子〉旁注序》。
③ 《朱枫林集》卷三《书传补正序》。
④ 《朱枫林集》卷十附《黄门生（枢）祭朱升文》。
⑤ 揭傒斯：《定宇先生墓志铭》，见《陈定宇先生文集》卷十七；又《新安文献志》卷七十一。
⑥ 揭傒斯：《定宇先生墓志铭》，见《陈定宇先生文集》卷十七；又《新安文献志》卷七十一。
⑦ 戴有祺：《心远楼存稿序》。

乎濂、洛、考亭之说，熟玩乎其所已明，而深究乎其未明"①。他尊崇周敦颐、二程、朱熹，而对朱子尤为推服。他把"究极乎濂、洛、考亭之说"，作为"发明六经之旨"的一条重要途径。

朱升"明"朱子之学可从以下两方面窥见其梗概。

一，对朱子所"已明"的，他加以具体化。理学家论说的中心是"明理"，而"明"理的依据是儒家的经典。这里，仅取朱熹因《易经》中的"太极"所"明"的理，来看朱升是如何把它具体化的。

朱熹说："太极，理也。""总天地万物之理，便是太极。"②太极是理，是万物之"理"的根本，它贯穿于万物之间，又为万物之"理"的总称。并且说："'无极而太极'，只是说无形而有理。"这种"理"是非常抽象的，天地万物都只存在于这种抽象的逻辑范畴之中。

朱升因"太极"而"明"理，是通过具体事物来说明。他说："太极"是"至理"，它"行乎事物之中，如身体之脉理，如枝干之文理，彻上彻下无不至到，所谓至理也。"他用身体的脉理和枝干的文理，比作万事万物具体的理，并认为，这些具体的理是由"至理"所统会。他说："脉理、文理皆不一也，而皆必有统会之处。"而其"统会者，名之曰'太极'"。虽然他也认为"太极"是"总天地万物之本"，但却不像朱熹说的那样抽象，那样玄之又玄。朱升还设喻解释"太极"二字："极者，屋之脊柱，中正高上众材之所构合也；太者大大之谓也。太极者，大大高上统会之称而已。"③这就是事物之"理"的最高统会、最后极限。朱熹曾说"太极"是"造化之枢纽，品汇之根底。"这虽然也接触到了物体，但还不易明白。因此，朱升则作了进一步发挥："气之造物化物，犹户之一阖一辟也。究而言之，则阖辟在乎枢，枢必绾乎系枢之纽……太极者，其枢纽也。"他把造化万物的"气"，比作门户的一关一开，门户之所以能关能开，是枢纽的作用，"太极"便是枢纽。同时他又认为"太极"是"理"，"理"以生"气"，然后造化万物。这

① 《新安文献志》卷七十六。
② 《朱子语类》卷九十四。
③ 《朱枫林集》卷三《跋性理字训后》。

样作为枢纽的"太极"——"理",便不是抽象的东西了;他又用门户的一关一开来说明"气"造化万物,那么,万物乃是在物质运动中产生的了。在这里,他似乎朦胧地接触到了朴素的唯物论和辩证法。他对朱子所说的"品汇",也作了具体的解释:"物之异者曰品,物之类者曰汇,万物并生于两间而有同类异类者,如花叶之在枝干,或同或异也。究而言之,则枝干本于根,根必附乎命根之底。《易》之仪、象、卦者,品汇也;所谓太极者其根底也。"① 这就是说,物之同、异不一,但都像花叶之在枝干,枝干本于根一样,"根"即"太极"。因此"太极"生两仪,两仪生四象,四象生八卦。经过他这样的解释,太极与两仪、四象、八卦的关系也易于明白了。

宋代理学家谈理,大多从抽象到抽象,朱升"明"理,从抽象到具体。他通过接触物体而明"六经之旨",便把宋儒的抽象而不可捉摸的"理"具体化了。

二,朱子所"未明"的,他致力以"明"之。朱熹虽是位学识渊博的理学家,但他注释经书也还有未备处。朱升既要"明"朱子之学,自然要为它弥补其缺。例如朱熹对《尚书》没有来得及集注,朱升便在前人注疏《尚书》的基础上继续了这项工作。他说:"朱子传注诸经略备,独于《书》未暇及,尝别出小序,辨正疑误,指其领要,以授蔡氏(沈)而为集传。"②《宋元学案》亦载:"文公晚年训传诸经略备,独《书》未及为,环眠门下生,求可付者,遂以属先生(蔡沈)。"蔡沈遵照老师的旨意,"其于《书》也,考序文之误,订诸儒之说,以发明二帝、三王群圣贤用心之要。《洪范》《洛诰》《泰誓》诸篇,往往有先儒所未及者"③。这就是蔡沈的《尚书集传》。从南宋到元初的科举考试,诸经"以朱子(集注)为宗,《书》宗蔡传"④。可知"蔡传"已成为一部"钦定"的经解。"蔡传"的问世,虽可补朱子传注诸经之所未备,可是,"惜其成书于朱子既

① 《朱枫林集》卷三《跋性理字训后》。
② 《朱枫林集》卷三《书传补正序》。
③ 《宋元学案》卷六十七《九峰学案》。
④ 《宋元学案》卷七十《沧州诸儒学案下》。又见《陈定宇先生文集》卷十七。

殁之后，门人语录未辑之前"，还不能得朱子集注经书的真谛。"自是以来，诸儒继作，讲明著述，补益宏多，然往往不与经传相附。"①朱升的老师陈栎就曾著有《书传纂疏》，因"蔡传"而加以"博采精究"，作为"蔡传"的"羽翼"②。在朱升看来，蔡沈的《书传》和定宇的《纂疏》，都还未能"明"朱子之学，穷圣人之旨。他于是"搜辑见闻"，作《书传补正》。朱升的《补正》，"既为读经者作旁注，纲目有统，离合成章；又为读传者辑补缺正，发明旨趣。"③这样，朱子未暇"训传"的《尚书》，经过蔡沈作《书传》、定字作《纂疏》，最后朱升作《补正》，从而弥补了朱子传注诸经未备处。

朱升旁注经书，"发明六经之旨"，不过是为了完备朱熹的经院哲学，维护儒家的道统，以加固理学在思想领域里的统治地位。他穷治经书，也和明初诸儒一样，都是"笃践履，谨绳墨，守先儒之正传，无敢改错"④。认识论来看，并没有超出朱熹的客观唯心主义的范畴；但在某些具体问题上，他因物言理，所谓"依乎天理，批大邰，导大窾者，非超乎物而言理也。"⑤这比程、朱空谈性理略胜一筹了。

从池州学正到翰林学士

朱升虽是一位理学名儒，但并非冬烘似的道学先生，更不是陋俗的腐儒。他因学识渊博，在至正四年（1344年），经江南行省荐举为进士第二名，至正八年（1348年），授池州路学正，十年（1350年），"始之官"。池州路的官学，在朱升到任之前，是一个烂摊子，"学田甲于他庠，而官吏蠹食之，弟子员日仅一饭，教养无方，师生解体"，朱升就职之后，"会出

① 《朱枫林集》卷三《书传补正序》。
② 《宋元学案》卷七十《沧州诸儒学案下》，又见《陈定宇先生文集》卷十七。
③ 《朱枫林集》卷三《书传补正序》。
④ 《明史·儒林传序》。
⑤ 《朱枫林集》卷七《理斋铭序》。

入，整斋厨，去宿弊，晨兴讲授，以身试法，江南北学者云集"①，学校面貌为之大变。至正十二年（1352年），他"秩满归里"，隐居歙县石门。在元代，他除了担任三年学正这个文职之外，便是授徒讲学，闭户著述。

至正十七年（1357年），朱元璋大兵打下徽州，经邓愈推荐，朱元璋"潜就访之"②。当时的徽州，是一个四战之地，东有张士诚，南有方国珍，西有陈友谅，而元代的地方军队还来去不常。面对这种形势，当朱元璋问计于他的时候，朱升便进呈"三策"——"高筑墙、广积粮、缓称王"。从这次"亲访"之后，朱升被"聘侍军门，出入帷幄"③。后来更是"备顾问于内庭，参密命于翰苑"④；"委以心腹"⑤，授以重任。

这里，人们不禁提出：朱升"身本元臣，曾膺爵禄"，为什么朱元璋的反元大军一到，他就欣然就聘，并如此一见倾心呢？

回答这个问题，对于了解朱升的政治态度是很有必要的。

从朱升的思想言行来考察，他对蒙古贵族的统治是深为不满的。这种不满，在新安理学家中又较为普遍。我们先从这个学派的政治态度说起。

新安学派的形成与发展的历史，正好与我国十二世纪末到十四世纪中叶国内民族矛盾异常尖锐的历史相一致。先是金宋对峙，女真贵族大举南侵；后是南宋灭亡，蒙古贵族建立元朝。从朱熹开始，新安士人大多是坚决反抗的。他们一方面以狭隘的封建主义民族观，认为这是"夷狄入侵"，"乱我华夏"；另一方面也以爱国主义的心情而痛心先进的经济、文化遭受了破坏与践踏。朱熹就曾说过："金人于我，有不共戴天之仇"⑥，他抗金是坚决的。到了南宋灭亡之后，蒙古贵族建立了元朝，继承朱子之学的新安理学家，也大多数是反抗的，这里可举许月卿为代表。

许月卿，婺源人，时人称为山屋先生。南宋时登淳祐甲辰（1244年）

---

① 王崇：《（嘉靖）池州府志》卷六《官秩篇·名室》。
② 《朱枫林集》卷九附《大学士朱升传》。
③ 程好礼：《枫林文集序》，载《朱枫林集》卷十《附录》。
④ 《朱枫林集》卷一《翰林院侍讲学士朱升诰》。
⑤ 朱元璋：《免朝谒手诏》载《朱枫林集》卷一。
⑥ 《宋元学案》卷四十九《晦翁学案》。

进士。不久，"元军已下钱塘，先生深居一室……五年不言而卒"。对此，黄宗羲评论说：

> 新安之学，自山屋一变而为风节，盖朱子平日刚毅之气，凛不可犯，则知斯为嫡传也。①

就是说，从许月卿之后，新安学者崇尚"风节"，是朱子"刚毅之气"影响的。往后新安士人尚"风节"而不欲仕元的不乏其人。如：

吴达斋，才学出众，"宋元不仕"，曾作诗曰："自甘白屋为闲叟，敢说青云有故人。"②婺源的胡一桂，"入元不仕"，"退而讲学"③。歙县的郑玉也不乐仕进。至正间，朝廷几次征召他，都"谢辞不就"④；朱升的老师陈栎，平生"居万山间与木石居，而踪迹未尝出乡里"⑤；朱升的好友赵汸在元代也一直"隐居休宁之东山"；倪士毅一生"教授黟阜下，黟人化之"。新安学派中类似上述不愿仕元的还不胜枚举。

朱升和他的前辈及同侪好友一样，在思想上也是"远夷狄而外之也"。他希望朱元璋"驱胡虏而复圣域，变左衽而为衣冠"⑥。所以当朱元璋率领大军跃马徽州的时候，他毫不迟疑地"择主就聘"，那是很自然的。

此外，朱升对朱元璋之所以一见倾心，也由于朱元璋实行了笼络知识分子的政策。《明史·儒林传》说：

> 明太祖起布衣，定天下，当干戈扰攘之时，所至征召耆儒，讲论道德、修明治术，兴起教化，焕乎成一代之宏规。

朱元璋从起兵到渡江，大江南北硕士鸿儒，一时杖谒军门者接踵而至。渡江之前，李善长、范常、杨元杲、阮弘道、汪河等名士，纷纷投奔

① 《宋元学案》卷八十九《介轩学案》。
② 《新安文献志》卷首《先贤事略》。
③ 《寄园寄所寄》卷十一。
④ 《新安文献志》卷六十六《行实》。
⑤ 《寄园寄所寄》卷十一。
⑥ 《朱枫林集》卷二《贺平浙江赋》。

麾下，或"留掌书记"，或"掌簿书文字"。渡江之后，陶安、李习、潘庭坚、钱用壬即相继归附，有的"留参幕府"，有的为"帅府教授"。朱升也是在朱元璋礼贤下士的行动感召下，才投奔到他的麾下。朱元璋起兵后不断取得胜利，其中就有上述知识分子的作用。《明史》作者说：明太祖"虽天宣英姿，而诸儒之功不为无助也"。

综述朱升在大明王朝开国中的功勋，主要有以下几个方面：

一，运筹帷幄，罗致人才。朱升在"就聘"之后，即参与"帷幄密议"，正德间翰林修撰唐皋称赞他："赞画帷幄，功被生民，盖炳炳乎不可掩者。"①他"赞画帷幄"的功绩之一，便是辅助朱元璋罗致人才，征召那些不欲仕元的知识分子。朱元璋曾经说："朕造基金陵，他非智者，朝东趋而暮西往，孰知适从。"这些人虽不满元朝，但又看不清形势，以致"足将进而趑趄"。由于朱升的倡导与影响，江南地区特别是新安一带的名儒，都纷纷前来归附。后来，朱元璋回忆这段往事时说："四方之士，杖策来从，皆卿（朱升）齿德俱尊倡之也。"②

洪武元年朱升将同里杨琛（字季成，号放鹤翁）荐于朝，试策问《周易》，杨敷陈朱子本义、要旨以对，深得朱元璋赞赏，授杨为休宁儒学教谕③。在这以前，朱升就向朱元璋介绍了刘基、叶琛、章溢这几位浙东名贤。

至正十八年冬（1358年），朱元璋攻克婺州，他问朱升："处州密迩，可伐欤？"升对曰："处州有刘基、叶琛、章溢，皆王佐才，难致麾下，必取处州然后可得。"④后来攻克处州，与"诸葛孔明俦也"的刘基首先应召，接着叶琛、章溢履踵而至；还有金华的宋濂，也一同"征至应天"。浙东这四位名儒，对朱元璋建帝王之业贡献很大。史称"太祖既下集庆，所至收揽豪俊，敏聘名贤，一时韬光韫德之士幡然就道。若四先生者，尤

① 《朱枫林集》卷十《唐翰林祭文》。
② 朱元璋：《免朝谒手诏》载《朱枫林集》卷一。
③ 《心远楼存稿·杨季成先生传》。
④ 《朱枫林集》卷九附录《翼运绩略》。

为杰出"①。他们应召之后，其"运筹帷幄""从容辅导""宣力封疆"之才，得以充分发挥，而朱升之推荐诸贤于朱元璋，则又堪称慧眼识俊杰者。

二，参与军机，决胜疆场。朱升不仅精通儒学，而且也识兵书。他曾作《孙子旁注》，其用意是"然于行三军者，庶免胶柱鼓瑟之一助云"②。正因为他晓文而识武，在朱元璋东征西讨的过程中，常常参与谋划。甚至有时用兵如神，全操胜算。兹举几例如下：

至正十七年（1357年）朱元璋命邓愈"镇守徽州，规取东南"，此时元军院判奥鲁灰和苗兵左丞杨完者夹道围攻，邓愈问朱升计将安出，升曰："两军势合，锋锐难当，且元军声言复城，兵出有名，不如伪许还之，缓其攻战，使苗兵观疑；且苗兵尤雄，乘彼疑畏，先袭破之，藉此兵威，击奥鲁灰，彼见势孤力穷，不敢交战振武，全城在此一举。"③最后，终于各个击破，大败奥鲁灰和杨完者。

至正十九年（1359年）议伐诸暨（浙江诸暨），升曰："……干戈不旋踵而兴，帷豫严守备，修德以回天意，可保无虞也。伪吴将华元帅于雾塞云暗中遁去，贼党吕珍复引兵来堰水灌城，我师预防击败之。"朱元璋听到夺取诸暨的捷报，高兴地说："朱允升知几其神乎！"④

至正二十三年（1363年），张士诚派吕珍率兵围安丰，刘福通请援。当时，刘基认为："汉、吴伺隙，未可动也。"⑤他不主张出兵援助。朱升的看法不同，他说："福通纳款求救，若迁延坐视，不惟阻豪杰修好之心，且示弱于敌也。倘敌侥幸杀获福通据城，犹虎添翼，悔无及矣！"⑥朱升的这一看法，得到朱元璋采纳。于是朱元璋亲率大军北援安丰，大败吴将吕珍。就在朱元璋援安丰的时候，陈友谅果然乘隙围洪都（南昌），朱元璋

---

① 《明史》卷一百二十八。
② 《朱枫林集》卷三《孙子旁注序》。
③ 《朱枫林集》卷九附录《翼运绩略》。
④ 《朱枫林集》卷九附录《翼运绩略》。
⑤ 《明史·刘基传》。
⑥ 《朱枫林集》卷九附录《翼运绩略》。

又转旆西征，大败陈友谅于鄱阳湖，陈友谅战死。朱元璋在出兵鄱阳湖之前，曾一度后悔不该北援，但事实证明，北援安丰和西征鄱阳并不矛盾。如果不是先除后顾之忧，即倾巢而出鄱阳，则有可能遭到两面夹击，如此，正如朱升所说"悔无及矣"。而鄱阳之战的胜负，还难以逆料呢！

朱升参与征战之功，朱元璋是铭刻在心的。所以后来在给朱升的《免朝谒手诏》中还说："征陈友谅，讨张士诚，取中原，谋猷多中，岂非知无不言，言无不验者乎！岂非受委心腹，辅运名世者乎！"并且把朱升参与军机之功，与"太公韬略兴周室"相比，这是极高的评价了。

三，"典章文物，多所赞画"。1368年朱元璋称帝金陵，朱升由侍讲学士进翰林学士，开国礼仪及典章制度，大多是由朱升、刘基、宋濂等相与计议的。早在朱元璋称吴王时，即命朱升兼仪礼官，朱升便建议登极"大事，当斟酌礼仪而行"。后来，朱升又奉命定祭祀、斋戒礼，纂修《女诫》；明初大封功臣，其诰词也多出朱升之手。在开国儒臣中，朱升是一位德高望重的人物。李善长在致朱升归新安书中称赞他："实儒流之老成，国家之重望。"①程好礼说朱元璋对待朱升，"其信任眷顾之隆，自韩国（李善长）、诚意（刘基）而下，一时文臣莫及也"②。

朱升虽是明初开国功臣，而又得到朱元璋的尊重与信任，但他并不以仕途宦味为乐。在朱元璋称帝之年，他就有归隐石门（在今歙县）之念。当时，他的一位同乡张伯谦，写了一篇《颜公梅谷隐居记》，叙述自己归隐颜公山麓的梅谷之乐。朱升为此写了《梅谷隐居序》，其中透露了他自己意图致仕还乡的思想。他说："余老且拙，惟目送车尘，而未获同游之乐。荣归有时，当共盘桓于梅谷，玩疏影暗香之奇趣，盖自此始。"署名"隆隐老人朱升"③。洪武二年春，他便正式辞归故里了。

朱升为什么在这"王室大兴新制作"④的时候，就急于挂冠归里呢？

① 《朱枫林集》卷十附《韩国季公书》。
② 《朱枫林集》卷十程好礼《枫林文集序》。
③ 《朱枫林集》卷四《梅谷隐居序》。
④ 《朱枫林集》卷十附陶安《赠归新安诗》。

老了，固然是一个原因，但我们只要阅过《朱枫林集》所附《翼运绩略》中关于朱升辞归时与朱元璋谈话的一段材料，便不难发现，更主要的原因并不在此。据载：洪武二年三月，朱升"请老归山"，当时朱元璋要赐他爵士，升不受，"理由"是："臣后人福薄，不敢叨天恩也。"朱元璋问他："卿子几何？即不受吾爵，独不使辅朕乎？"朱升顿时涕泪俱下，答曰："臣一子名同，事君之忠有余，保身之哲不足，臣所以不令其仕者，恐他日不得老死牖下也。"朱元璋说："恶，是何言欤！朕与卿分则君臣，情同父子，何嫌何疑而虑及此乎？"升曰："非臣过虑，数固然耳，但愿陛下哀怜老臣，臣子不免，赐以完躯，幸矣！"朱元璋看到这位"宗长"老泪纵横，为之"恻然"。于是赐"朱同免死券以慰之"。这件事，在朱同写的《生日祭先考文》中也有披露："先考终身劳瘁，见子甚迟，既而有子甚喜，所以托子者甚重，而期子者甚远。"① 《寄园寄所寄》引《稗史》亦载"允升踧，请曰'臣有子同，后得全躯死，即臣幸大矣！'"②

试问，朱升在告老还乡时，怎么想起要为儿子领得一张"免死券"？真的是因为朱同"保身之哲不足"吗？未必尽然。据与朱同幼时同学、壮而同仕的范平仲介绍："大同（朱同）既优于学，而机巧天成，故精于书，又善绘事，凡音律技艺之事皆能谙焉。"③ 如此精明能干、多才多艺的人，怎么能"保身之哲不足"呢？既然"事君之忠有余"，还能招来杀身之祸吗？很明显，朱升所忧虑的不是因为儿子不善于"保身"，乃是由于人主的猜疑刻毒。事实证明，最后还是不出朱升所料。朱同在礼部侍郎的任上，因被诬陷，朱元璋还是赐他自经死。"免死券"终不能免其死于非命。所能慰朱升于九泉之下的，不过是"赐"以完躯而已。从朱升请赐免死券这件事不难推知，朱升之所以在大明王朝开国伊始，便迫不及待地要辞官归里，乃是由于他不仅熟知历史上"鸟尽弓藏"的事例，而且也看清朱元璋猜疑刻毒的为人，因此功成身退乃为上策。正如吴鼎的诗所说："明哲

---

① 《覆瓿集》卷七《生日祭先考文》。

② 《寄园寄所寄》卷十一。

③ 《覆瓿集》卷八附录《范平仲书云溪归隐图后》。

保身归隐后，翰林声价胜封王。"事实正是这样。封王的后来大多遭逢厄运，身首异处，而这位翰林学士总算是得终天年，并且保全了声誉。明代中叶的程好礼对朱升归隐也有评论："逮天下既定，乃隐居山林，日以著述为事，终身不复出焉。其见机之明，犹非诸人所可及者。"①朱升确实是一位"见机之明"的有识之士。他辞官归里后不久，而"肺病乘之，不能出户"②。洪武三年冬十二月病卒于家。

《朱枫林集》评介

朱升一生"著述不辍"。他的经书旁注，据清人梅文鼎说：到明嘉靖间，"止存《易》《诗》《书》三种，余皆散佚"③。他的《朱枫林集》自明初以来，虽几次付梓，但流传下来的却也为数不多。

经查阅有关文献书目，我们发现《朱枫林集》自刊刻以来有两个系统共四种版本：

一是十二卷本。据《明史·艺文志四》著录："朱升《枫林集》十二卷"。清光绪年间陈田辑《明诗纪事》时，也说朱升"有《枫林集》十二卷"。但是，这个十二卷本的《枫林集》却不见其他公私家藏书目录，今存与否，尚不可知。据了解，有的同志曾亲眼见过"明黑口本"的《朱枫林集》④。据版刻的行款特征来看，这个"黑口本"也可能是十二卷本。这是一个系统版本的《朱枫林集》。

二是十卷本。这个系统的《朱枫林集》有三个不同版本。第一个版本是明景泰七年（1456年）程富编纂的。程富字好礼，号冰月道人，歙县人，永乐甲午以《春秋》领乡荐，官至右都御史。他在《枫林文集序》里说："景泰丙子（七年），公（朱升）之曾孙朱显访余于水月轩中，以其家

---

① 《朱枫林集》卷十程好礼《枫林文集序》。
② 《朱枫林集》卷四《送夏通判还金陵序》。
③ 《四库全书总目》卷十三《经部》。
④ 此据王春瑜同志介绍。见《学术月刊》1980年第9期《论朱升》一文中注②。

所藏文稿属余订正……然于公之勋德，景慕私淑，为日已久，焉敢辞，爰为诠次成编。"这就是景泰刻本。就在程富编《枫林集》的时候，朱升往日的著述已经散佚不少了。所以程富又说："惜乎其在朝也，有所拟议不存稿本；而平日所著诗文又遭煨烬散佚，俾后之学者不得睹其全书为憾。"这次编纂的《朱枫林集》的体例是："首圣旨及公卿诗文，次公撰庙谟及经书序跋，共成十卷。"①显然，这个十卷本的朱升文集，不包括作者的诗作。这个版本也不见于公私家藏书目录著录，存佚不可知。

第二个版本是万历四十四年（1616年）由朱升裔孙朱时新阅辑、朱时登参阅、范涞校订的十卷本。该本第一卷扉页题有"歙县朱府藏板"，范涞的序末署"黄伯符刻"，说明这是朱氏家刻本。这便是万历刻本。这个版本的编纂者范涞，字原易，号晞阳居士，休宁人，万历进士，官至福建右布政使。他是朱升弟子范准的后裔。范涞在《序》里对这次刻印的《朱枫林集》作了说明："今岁（万历四十四年）暮春，过榆村，乃偕程氏姻友由深麓逶迤三十里抵石门，会其裔孙时新甫、时登甫、庆臣甫，因获展拜先生遗像，阅所藏谱画图籍，挹拜撷华，师资自幸……惜各书刊板或朽或失……（时新）即其寄来先生（朱升）诗文暨礼部侍公（朱同）《覆瓿稿》。从子（范）檩云：'皆此友旁搜手录'，余益嘉之。"这就是说，朱升著述的版本已经"或朽或失"，必须重新镂版；同时朱时新还搜集了旧本以外的朱升诗文，及朱同的《覆瓿集》，一并付之梨枣。这次刻印的《朱枫林集》比旧刻本篇目有所增加了。

第三，是清初刊刻的十卷本。这个版本的《朱枫林集》见于新中国成立前柳诒征先生主编的《江苏省立国学图书馆总目·集部·别集类》著录。文曰："《朱枫林集》十卷，明歙县朱升。清初刻本"。并注有"善乙"字样。可知当时该馆已把它列为乙类善本了。现在这个清初刻本，也较为罕见。

据我们所知，国内部分图书馆收藏的《朱枫林集》，多是万历刻本。这个刻本的编次是，卷一："诰"、"诏"、"御翰"、"御洒"、代"玉言"、

---

① 《朱枫林集》卷十程好礼《枫林文集序》。

"表""笺";卷二:"赋";卷三:"序""跋"(多为经书旁注序跋);卷四:"序"(多为应酬文字);卷五:"五、七言诗";卷六:"策""记""说";卷八:"颂""赞""铭""书简""讲义";卷九:"传""象赞""翼运绩略";卷十:"附录"。《四库全书总目》的编者指出:"是编前八卷皆诗文,而以官诰及太祖手敕编入第一卷首,与升文相连,殊为非体。"殊不知这正是朱升的裔孙及后学程富、范涞等人特意为之的。因为他们生当本朝,把"高皇"赐朱升的诏、诰放在集子的卷首,这不仅抬高这个文集的身价,而翰林学士后裔的地位也借以提高了。

《四库全书总目》对《朱枫林集》评价不高,其实,这部集子还是有一定学术价值的。

首先,它是我们研究元明时期新安理学必须披阅的基本资料之一。在中国哲学史这门学科领域里,对新安理学的研究,目前几乎还是一个空白。应该看到,新安士人从朱熹继承发扬濂、洛之学,到戴震对唯心主义理学的批判,其间发展、变化,是很值得认真研究的。其次,朱升的学术思想体系,毋庸置疑是朱子嫡传,但也并非一成不变。他在某些方面正像列宁评述黑格尔那样:"转弯抹角地(而且还翻筋斗式地)紧密地接近了唯物主义,甚至部分地变成唯物主义。"[1]搜集在《朱枫林集》里的《〈大学〉〈中庸〉旁注序》《〈论语〉〈孟子〉旁注序》《跋〈大学〉旁注后》《跋〈中庸〉旁注后》《跋性理字训后》《书补正序》《易经旁注前图序》以及《六经源流》《四书异同》等篇,我们若披沙拣金,也还能发现有"转弯抹角地接近了唯物主义"之处。从而也可以窥见新安士人的学术源流以及演变的一个梗概。

原载《中国古代史论丛》第二辑,福建人民出版社1982年出版,有改动

(本文与刘尚恒合作)

---

① 列宁:《哲学笔记》第282页。

论朱升的从政和退隐

在元末群雄纷争中，朱元璋最后能打败陈友谅、张士诚、方国珍，推翻元朝，创建大明帝国，这不仅得力驰骋沙场的武将，而且也得助于运筹帷幄之中的谋臣。事实上决胜于千里之外，首先还在于运筹帷幄之中，从这个意义上说，谋臣的作用，是至为重要的。朱升便是朱元璋集团中的"启运之臣"，或称之"翼运之臣"。至正十七年（1357年），朱元璋大兵打下徽州，他所献呈的"高筑墙、广积粮、缓称王"三策，成为朱元璋削平群雄，创业建国的战略方针，由此得到朱元璋的礼遇。他参与军政要务十余年，功绩卓著。然而，朱元璋建国不久，朱升便一再提出"请老归山"，朱元璋着意挽留，他坚持不肯。对于他的功成身退，明代人赞之曰"见机之明"[①]，今人则谓这是"值得回味的悲剧"[②]。若问：朱升原先为什么那样乐于从政，后来又如此决然退隐？回答这些问题，既可以窥见元末明初间徽儒的政治思想，也可以看出朱元璋在建国前后对待知识分子的不同态度及其不同的反映。为此，我们愿提出自己的看法，不当之处，敬请方家教正。

一

朱升字允升，号枫林，休宁人，生于元成宗大德三年（1299年），卒

---

① 《朱枫林集》卷十程好礼《枫林文集序》。
② 王春瑜：《论朱升》，《学术月刊》1980年第9期。

于明洪武三年（1370年），他在元朝度过了一生的大部分岁月。作为一个封建时代的知识分子，原先他的仕途并不通坦，而他自己也不乐于仕进。朱升在四十六岁时，才登乡贡进士，后四年即五十岁，授池州路学正，五十二岁"始之官"。他任职三年，"秩满南归"，从此，便"僻在穷山"，"闭户著述不辍"。①

朱升在元朝之所以不乐于仕进，这与他所受的教育及宋元时期整个徽儒的政治态度的相互影响有很大关系。

从学术思想源流来看，自南宋以后，徽儒多宗朱子，所以有人说："文公为徽学正传"②。朱升也不例外。明正德年间，徽人唐皋在《祭朱升文》中也说："惟公之学，以定宇（陈栎）、资中（黄楚望）为之师，以东山（赵汸）、道川（倪士毅）为之友，而紫阳（朱熹）衣钵，世绪犹存。"③事实确是这样。他是陈定宇、黄楚望的及门弟子，陈黄之学受之于星溪滕万菊，万菊之父滕珙（德章）、伯父滕璘（德粹），"俱师朱子"。当此可知，朱升实为朱子之嫡传。

以朱熹为开山祖的新安学派，大多具有封建时代的爱国主义思想，他们不满女真、蒙古贵族"扰我华夏"，在政治上便是"远夷狄而外之也"④。在宋代，朱熹曾说过："金人之于我，有不共戴天之仇。"⑤因而主张"修政事，扰夷狄"，以期"复中原，灭仇虏"。到了蒙古贵族入主中国之后，新安士人"不欲仕元"的比比皆是。朱升的老师陈定宇，"踪迹未尝出乡里"；同乡好友赵汸曾"隐居休宁之东山"；倪士毅也是一生"教授黟阜下"，未尝出仕。朱升在元代当了三年池州学正之后，也过着隐居式的授徒讲学生活。他不满蒙古贵族的统治，表现在他的言论和行动中更为明显。他曾说："钟五行之秀者为人，吾同胞也。奚有华夷之分，内中国而外四夷也？惟中国尽其性而修其行也，夷狄戕其性而亏其行也，与禽兽

---

① 《学士宋升传》，原载《徽州府志》，《朱枫林集》卷九。
② 赵吉士：《寄园寄所寄》卷十一《泛叶寄·新安理学》。
③ 《朱枫林集》卷十附录《唐翰林（皋）祭文》。
④ 《朱枫林集》卷二《贺平浙江赋》。
⑤ 黄宗羲：《宋元学案》卷四十九《晦翁学案》。

奚择焉。"又说："元主中国，天厌之久矣。"这里所谓"天厌之"，实际上表达了新安士人的政治态度。

新安士人对蒙古贵族的不满，主要不是阶级意识所致，而是民族意识所致。所以当农民反元斗争的革命烈火在这里燃烧的时候，徽州的地主阶级及其知识分子，则又和蒙古统治者团结一致，共同镇压农民起义军了。我们从歙县《溪南江氏族谱》中所发现的资料，可以说明这个问题。

至正十二年（1352年），徐寿辉领导的红巾军经饶、信，打到徽州，便遇到这里的地方分子所纠集的"义军"顽强抵抗。其中地主分子江日新，江弘宗兄弟等，"追赶"起义军有"功"，得到元朝政府褒奖。这则完整的材料因不见于史志，兹摘录如下：

> "江日新字万全，歙人……（至正）十二年，蕲、黄贼由饶至歙，日新与弟弘宗、铨、宪度散财募众御之，贼不敢犯。十一月，蕲、黄贼复至，日新、铨、宪度力战死。事闻，赠日新进义校尉徽州路婺源州判官、铨进义校尉兰溪州判官、宪度进义校尉诸暨州判官，以日新子赛因为徽州路黄山巡检。"①

上面是对几个"力战死"的地主分子褒奖，而对于未战死的江弘宗则进行了提升。

> "窃见徽州路歙县二十五都义士江弘宗于至正十二年三月内蒙本路公文为剿捕反贼事，令好义之家，自募民义（义民），并力剿捕，验功升赏。江弘宗随募民义（义民）伍千余人，在于歙县溪南并二十六都把截，贼人不敢犯境。四月十二日，红巾贼人约有一万余众残破本路城池，六月初二日同亲兄江日新、弟江铨及项志道、孙朝哲等共募民义（义民）一万余人……其江弘宗奋不顾身，冒犯矢石，勇敢争先，将贼巢烧毁，追赶贼众出离城郭，杀死贼人数多，生擒到蕲、黄贼首伪钱元帅、鲁元帅二名……屡建殊勋，宜加优录。于是擢升江弘

---

① 《溪南江氏族谱》引《郡志忠节传》。

宗为徽州路婺源州同知。"①

朱升在《程国英墓表》中也表述了他对徐寿辉起义军态度："（至正）十二年，蕲、黄兵蹂郡邑，自是四五年间，胜复者六七，杀伤炳烬，东奔西避，所谓出百死一生者……"②程国英何许人？据《墓表》介绍，他与朱升同里。此人"幼不好弄，长而知向学。既冠，慕古人为壮游"，曾至山东薛城，师事一位致仕还乡的任某，于是"道德之懿，文章之粹，日有所得"。回休宁后，被邑宰唐子华所看中，"使佐治诘捕事"。因抵御红巾军特别卖力，"郡邑举之贤良"。朱升颂扬程国英捍卫乡里的事迹，实际上也反映了他对蕲、黄起义军的态度。而当朱元璋打下徽州之后，包括朱升在内的新安士人，其态度截然两样。他们或以物资相助，或告以古之"成败之迹"。兹举以下两例：

例一，赵汸以芋砖助军饷。据《寄园寄所寄》卷十一载：

"元末天下大乱，先东山公（赵汸）逆知将绝食，遂预以芋和粉，筑成砖形，砌墙东山。其后大饥，饥民望烟火而来，东山公取芋砖一片，置沸汤中则羹，饥民赖以存活。后太祖兵乏粮，公曰：'吾当助三日饷'，取砖与之。"

例二，唐仲实、姚琏向朱元璋讲述古代帝王"平一天下"的经验。据《明太祖实录》卷六载：

"至正十八年十二月，上自宣至徽，召故老耆儒，访以民事。有儒士唐仲实、姚琏者来见，上问之：'丧乱以来，民多失业，其心望治，甚于饥渴，吾深知之'。仲实对曰：'自大军克复，民获所归矣'……又问：'尔能博古通今，必谙成败之迹，若汉高祖、光武、

① 《溪南江氏族谱·武功传》附《诏授剿捕反贼举江弘宗充婺源州同知执照》，藏徽州博物馆。
② 《朱枫林集》卷八《程国英墓表》。

唐太宗、宋太祖、元世祖此数君者平一天下，其道何如？'仲实对曰：'此数君者，皆以不嗜杀人，故能定天下于一……然今日观之，民虽得所归，而未遂生息'。上曰：'此言是也。我积少而费多，取给于民，甚非得已，然皆军需所用，未尝以一毫奉己。民之劳苦，恒思所以息之，曷尝忘'。"

以上两例可以看出：赵东山、唐仲实、姚琏等徽州儒士对朱元璋不仅以物资相助，而且一见倾心。人们不禁要问：徽儒对徐寿辉领导的红巾军是那样的敌视，而对朱元璋及其领导的部队则是如此亲密，原因何在呢？考察一下这个问题，对于朱升在朱元璋"亲访"之后，即欣然从政的缘由，也就易于了解了。

首先，新安士人既一贯不满"夷狄"之入中国，必然希望恢复汉族地主阶级的一统天下。而朱元璋领导的反元斗争，正是打着反"夷狄"的旗帜，以争取深受阶级压迫和民族压迫之苦的广大人民群众和一部分汉族地主及其知识分子。大家知道，朱元璋在渡江之前，便与韩林儿、刘福通取得了联系；渡江之后，更是"假韩林儿年号，以为凭藉"[1]。韩林儿军旗上的联语是："虎贲三千，直抵幽燕之地；龙飞九五，重开大宋之天。"这是用民族斗争的口号，进行反元的阶级斗争。朱元璋也是举着这一民族斗争的旗号，提出："山河奄有中华地，日月重开大宋天"；"九天日月开黄道，宋国江山复宝图。"[2]他在实际行动中，则主要是为了建立汉族地主阶级政权，而主要矛头不是打击地主阶级。因此，一部分反对蒙古贵族统治的汉族地主及其知识分子，便把朱元璋看作是自己的代表；把朱元璋"重开大宋天"视为理想境地。朱升的看法就是如此。他认为朱元璋"驱胡虏而复圣域，变左衽而为衣冠，再造之功，于是为大，自开辟以来，帝王之兴，未有盛焉者也。"朱元璋的行动与包括朱升在内的新安士人的政治理想正好一致，所以朱元璋打下徽州，这里的一些硕学鸿儒无不"欣忭"之

① 《明鉴》卷一。
② 钱谦益：《国初群雄事略》卷一引俞本《纪事录》。

至。至正十七年（1357年），朱升奉召至金陵时，曾作一首七律，其中洋溢着欣逢机遇而夙愿可酬的快乐心情：

> 西风筢鼓东南来，国本应须老手裁。
> 净洗甲兵过练水，早随冠冕上云台。
> 传宣马系门前柳，作颂人磨石上苔。
> 机会到时须勇进，天边莫待羽书催。①

他认为，推翻蒙古贵族统治的"机会"已到，自应激流勇进，无须羽书催促，一旦功业垂成，自己也当和光武初年的功臣一样，名勒云台了。此刻，这位老儒士的心底深处是多么激动，多么高兴啊！

其次，朱升以及新安士人之所以不愿为蕲、黄红巾军效力，而乐于投奔到朱元璋的麾下，又是与朱元璋实行笼络地主阶级知识分子的政策分不开的。朱元璋在用兵过程中，知道必须要有知识分子为之谋略筹划，以致他"思贤若渴"。渡江前后，江南北一些名儒高士，在朱元璋的凡"贤人吾礼用之"的政策感召下，一时杖谒军门者接踵而至。渡江之前，除李善长、范常"留置幕下，有疑辄问"②外，还有为朱元璋所称赞的"文臣从渡江，掌薄书文字，勤劳十余年，无如杨元杲、阮弘道、李梦庚、侯元善、樊景昭者③。"渡江之后，太平的陶安与"耆儒李习率父老出迎"，"广德的儒生钱壬用"亦"来归"④。下集庆后，礼聘已"弃官归隐"的陈遇；下镇江时，命徐达访得"才器老成"的秦从龙；攻克浙江，浙东四贤——刘基、宋濂、章溢、叶琛亦为其所用。诚如《明史》作者说："太祖既下集庆，所至收揽豪隽，征聘名贤，一时韬光韫德之士幡然就道。若四先生者尤为杰出。"⑤朱升以及赵汸、唐仲实、姚琏，还有婺源的詹同等一批徽

---

① 《朱枫林集》卷二《题柏山齐祈寺和唐子华韵·丁酉赴召时作》。
② 《明史·范常传》。
③ 《明史·杨元杲传》。
④ 《明史·陶安传》。
⑤ 《明史》卷一百二十八《赞》。

州大儒，也正是由于受到朱元璋的"礼聘"才决心"誓效智力以谋国，竭耿耿之丹衷"①的。朱升在朱元璋创建帝业中，确实功勋煊赫。朱元璋在《免朝谒手诏》中曾历数其荦荦大者：

> "（朕）兵会新安，尔察历数，观天文，择主就聘，首陈三策，朕实嘉行。新安款降，不俟兵刃，四方之士，杖策来从，皆卿齿德俱尊唱之也。每奉征聘，即弃家从朕，亲率六军，东征婺州、诸暨、处州、巫子门、洋子江诸寨，俘获龙江；西伐铜陵、江州、洪都、武昌、安庆；北援寿春、金斗；南服猛蛮，著言趋吉避凶，往无不克。卫余难于禁江口，尔宁不顾己躯；足兵饷于鄱阳湖，众跃声震天地。及收抚黎庶，擒张贼，取中原，谋道多中，岂非知无不言，言无不验者乎！岂非受委心腹，辅运名世者乎！"②

朱元璋在这里历数了朱升在建国前的功绩，说明了朱升辅佐朱元璋建立帝王之业，是"竭耿耿之丹衷"的。

二

然而，就是这位"早随冠冕上云台"的朱升，当朱元璋称帝伊始，就有挂冠归里之念。洪武元年（1368年）五月，朱升在忙完登基大典之后，即"告归省丘墓"。朱元璋希望他不要在家久留，便对他说："开基垂统，创立政事，必使子孙可为世守。卿与我共事久，历练老成，今天下一家，正当创为之初，早时来京，弼立政教制作，朕则嘉汝。"③到了洪武二年（1369年）三月，朱升便正式"请老归山"，朱元璋欲"赐以爵士，（升）固辞不受"，只是老泪纵横地向朱元璋倾诉自己的一桩心事："臣一子名同，事君之忠有余，保身之哲不足，臣所以不令其仕者，恐他日不得老死

---

① 《朱枫林集》卷二《贺平浙江赋》。
② 《朱枫林集》卷一《免朝谒手诏》。
③ 《朱枫林集》卷九附《翼运绩略》。

牖下也。"对此，朱元璋感到"恻然"。经过他再三请求，朱元璋赐朱同"免死券"以慰之。

文官七十致仕，古制大抵如此。朱升此时已年逾七十，提出要辞官归里，本不足为怪。问题是：他在还乡之前，对儿子朱同为什么"不令其仕"？又为什么还要为他讨得一张"免死券"？他既已虑及其子，当然也会虑及自身，为此，我们认为，朱升归乡之请自有弦外之音了。

这里，可能有种种猜测：

是否朱元璋对朱升礼遇不隆？事实回答，恰恰相反。朱升是一位饱读经书，并具韬略真才的谋臣，朱元璋对他十分器重。许多军政机密都与之相商。他们结识的第二年，即至正十八年（1358年），朱元璋为他亲笔题写"梅花初月"四字命楼，此一"亲洒宸翰"，对朱升是极大的荣誉。他们因是同姓，朱升又长朱元璋二十九岁，因此，朱元璋在给朱升的函诰中，都尊称他为"宗长"。如吴元年（1367年），在给《朱升诰》中，即称"眷我同宗之老，实为耆哲之英"；在《赐朱升召书》中，称"允升宗长阁下"；甚至在明朝开国之后，朱元璋在朱升面前说："朕与卿分则君臣，情同父子"，这简直是尊之为至亲了。后来连户部奏征各地土产贡物时，朱元璋对于徽州应贡的莲心茶、马蹄鳖、清水鳗鲡等竟"洒翰蠲免"，为的是"使朱升乡里世世沾皇恩也"。所以后人曾评论朱升在明代开国前后，"其信任眷顾之隆，自韩国（李善长）、诚意（刘基）以下，一时文臣莫及也"。

那么，是不是朱升"身本元臣，曾膺爵禄"，因感自己历史不"清白"而心存疑虑呢？怕也不是。众所周知，朱元璋在打天下的过程中，十分善于罗致人才，并执行"不以前过为过"的用人政策。他任用过不少"仕元"的官吏，而且都以诚相待。朱元璋对他原来的劲敌方国珍来降，表示"吾当以投城为诚，不以前过为过"①。何况朱升在元代只做了三年池州学正，这个文职何云"前过"之有？朱元璋不仅曾经规定："凡仕元者"概

----

① 《明史纪事本末》卷五、八。

不追究，并且对"元之宗戚，皆善待之"。由此推之，朱元璋不会因朱升乃"身本元臣"而要算他的历史旧账；朱升自己也不致因此而萦萦于怀的。

是不是因为朱升精通天文、察历数，常常预测吉凶，这能煽惑人心，致使朱元璋把他视为危险人物，朱升则因此而不愿久留京师呢？朱元璋好猜疑这是事实。但从历史留下的材料来看，对于这个疑问，也难以作出肯定的回答。诚然，朱升是精通天文、历数的人，由于时代的局限，他所知道的天文、历数是与著龟占卜等求神问天的迷信活动糅合在一起的。而朱元璋是一个农民出身，也由于阶级与历史的局限，他在群雄逐鹿中，正需要有这种带有浓厚迷信色彩的天文、历数，以帮助他削平群雄，夺取天下。朱升也常常以此博得朱元璋的欢悦和赞赏。至正十九年（1359年），他在给朱升的一封信中说："去冬宗长著婺州，得贞屯、悔豫卦，云：'此主公得天下之象也。昔晋公子重耳得此卦而复国。'今伐婺州便得，果然。岂非天诱丹衷，使愚得天下益坚，诸将一心以辅佐欲？何得婺州之前知也。及议进兵处州，著得复卦二爻有变，占云：'直候十一月阳生阴消，其城可得。'蒙教据守阅九月矣。"①这不仅说明朱升著卜比较灵验，也反映了朱元璋非常相信这种著卜的预测。在伐诸暨战役中，朱升因著卜灵验，朱元璋称他料事如神：至正十九年（1359年）正月，朱元璋议伐诸暨，升曰："著数可伐也，但在土木相犯之日，有伤阴阳和气，干戈不旋踵而兴，惟豫严守备，修德以回天意，可保无虑也。"果不出所料，张士诚的部将吕珍引堰水灌（诸暨）城，由于事先有所预防，将吕珍击败。当朱元璋得知胜利的消息，高兴地夸奖："朱允升知几其神乎！"就是在朱元璋与陈友谅的鄱阳湖决战中，朱升也是"著得晋卦五爻有变，占云：'明日我主逢凶化吉，帝业自此成也。'"朱元璋为了求得更多的这种精天文、历数的人才，曾致书朱升："烦访山中有精天文著数者，邀请同来……必以佳宾右之。"上述事实足以证明朱元璋并非对精通天文、历数者有所猜

---

① 《朱枫林集》卷一《赐朱升召书》。

疑，以引起朱升的惶恐。

那么，朱升在"王室大兴新制作"的时候，就那样急于退隐，除"老"之外，其思想深处的原因究竟是什么呢？这是值得探索的。

我们认为，朱升的退隐，虽不是来自朱元璋对他通天文、历数的疑虑，但又是与他精天文、历数有关。这种看法，不是自相矛盾的吗？其实不是。

朱元璋在即位之初，恐怕还没有考虑到精天文、历数的人，对他的统治有什么危险，倒是朱升通过他的"历数"之学，觉察到了朱元璋猜疑刻薄的为人。我们知道，朱升是一位"耆哲"名儒，具有审时度势、识人知命的本领。他精通的天文、历数之学，其中虽包含着浓厚的迷信色彩，但与方士、日者术之流的迷信活动并非一样。他利用蓍卜所作的判断，往往是以一定的客观存在的事实为依据，并不都是术神问天。朱元璋称赞他"谋遒多中"，其奥秘也就在此。这里，我们不妨以刘基的事实为证。史载"基博通经史，于书无不窥，尤精象纬之学"。朱元璋"尝手书问天象，基条答甚悉而焚其草。""基佐定天下，料事如神。"[①]"象纬之学"也就是天文、历数之学。刘基和朱升都是人而不是神，其所以能"料事如神"，是因为他们把通"历数"与识"时务"结合在一起。"达人知命"，刘基也是在朱升退隐之后，即洪武四年（1371年）"归老于乡"的，他"还隐山中，惟饮酒弈棋，口不言功"，邑令求见他而不可得。"其踪迹如此"，难道不令人深思吗？从刘基"归老还乡"的举动，也就不难窥见朱升退隐的用心了。

朱升急于告老还乡的动因，我们从他为儿子朱同求得"免死券"这件事实中可见其端倪。由此而知这又与他通"历数"有关。

朱升老归田里，怎么还想起来为爱子朱同向皇上要一张"免死券"，以期得终天年呢？倒是他在与朱元璋的一席谈话时，无意中吐露了真实思想。那就是当他诉说怕儿子不得老死时，朱元璋责怪他："何嫌何疑而虑

---

① 《明史·刘基传》。

及此乎？"朱升曰："非臣过虑，数固然耳。"朱升所说的"数固然耳"，真的是说神话吗？根本不是。事实终于不出所料，后来朱同在礼部侍郎任上，因被人诬陷，朱元璋还是赐他自经死。当年朱升怕他"不得老死牖下"，确乎不为"过虑"了。这又进一步说明，朱升所谓"数"，并非完全臆测。而他急于要请老归山，难道不也是由"数"测定的吗？

"鸟尽弓藏"，古有明鉴。这是精通经史的朱升所熟知的，而他亲身经历和耳闻目睹的几件事，则直接为他察知"历数"提供了事实依据。

第一件事：吴元年（1367年）七月，朱升率乐舞生入见，"奏雅乐阅试之"。朱元璋亲击石磬，命朱升辨五音，朱升"误以宫音为徵音"，朱元璋便指责他："卿何以宫为徵耶？"这对朱升当是一次刺激。接着，君臣之间便来了名为谈乐，实为暗斗的一场对话。朱元璋说："古者作乐以和民，声格神人而与天地同其和。近世儒者鲜知音律之学，欲乐和固不难耶？"很明显，朱元璋讽刺朱升这类"近世儒者"不懂音律之学，因而不能以乐和民。这是把乐不和的责任推到"近世儒者"的身上；朱升针锋相对，他说："乐音不在外求，在人君一心，君心和则天地之气亦和，天地之气和，则乐无不和矣。"这就是说，以乐和民，首先在于君心和。言外之意，你这位人君若能"心和"，则乐自和，怎能"外求"于"近世儒者"呢？尽管他们之间是利用谈乐而旁敲侧击，但彼此在思想上却留下一道裂痕。尤其是朱升，在受到不辨五音的当面斥责后，正如有的同志所说：不能不在"心中投下阴影。"

第二件事：朱升有位里友叶宗茂（名保翁）于至正十二年（1352年）与婺源汪同谋起兵御"寇"，邓愈攻下徽州，授他为"婺源州守"。"时州境未定，非美官也"[1]他就职之后，"修城积粮，招抚流离，在任六载，为政有声"[2]。至正二十四年（1364年）升饶州知府，因受"守将诬，罢，谪居濡须"，至正二十七年（1367年）忧愤成疾而卒。对于叶宗茂被谪而死，朱升不禁感慨系之。他说："（宗茂）天性率直，不能曲为谦退推让，

---

[1] 《朱枫林集》卷四《叶宗茂哀诗序》。

[2] 弘治《徽州府志》卷八《人物·宦业》。

以苟悦人……宗茂之得毁言以此。"接着又说："甲兵钱谷，抚绥应对，岂一人之身所能备，一有不善，卒不得免焉。"这一事实，使他"垂念人间世之可悲也"。叶宗茂虽然"为政有声"，但一有"不善"，竟是这个下场，难怪朱升为此而发出兔死狐悲之叹！

第三件事：许存仁逮死狱中，对朱升也是一次震动。许存仁，名元，金华人。朱元璋克金华后，访得存仁，"命傅诸子，擢国子博士。吴元年擢祭酒。存仁出入左右垂十年，自稽古礼义事，至进退人才，无不与论议"①。正当朱元璋准备登大位之际，存仁告归，于是便以"忤旨"罪，下狱而死。许存仁死于狱，是朱元璋后来杀戮功臣的先兆。作为精通"历数"的朱升，看看存仁，想想自己，瞻念前途，不寒而栗。覆车在前，能不未卜先知吗？

上列事实，有的是朱升亲身经历，有的是他自己耳闻目见。因此，他觉察到朱元璋对儒士的态度不同往日了。从这里便可看出，他功成身退，也和刘基一样，主要是政治上的原因，即群雄削平了，帝业垂成了，"狡兔死，走狗烹"，自是"历数"所定。何况朱元璋一向效法汉高祖，而韩信、彭越的下场，也为朱升所熟悉。现实的事例，历史的教训，都为他提供了预测自己命运的依据，于是宁可不要朱元璋所赐爵士，还是"揣分甘作山中人"②吧。这就是朱升急于归隐的真正原因之所在。

我们这个看法，连当时人所作《送朱升归新安》诗中，就已有披露，兹录其中两首，并稍加分析以明其意。

第一首，作者汪强：

> 万国星罗拱帝京，紫霄宫殿近西清。
>
> 瑶阶芳草留春色，玉树飞花炫昼晴。
>
> 自是相如多宠渥，那知严助厌承明。
>
> 上章得请归来日，想得东风祖帐荣。③

---

① 《明史·许存仁传》。
② 《朱枫林集》卷五《赋梅花初月酬汪古义诸公》。
③ 《朱枫林集》卷十附录《汪强赠（朱升）归新安诗》。

　　这首诗的首联和颔联是歌颂明王朝开国之初、京城里呈现出一派兴旺景象。请看：四方宾服，殿宇辉煌，金銮前的芳草与飞花，都在辉映着这升平盛世。颈联则寓意深刻了。作者认为，朱升同汉代的司马相如一样，得到皇帝的宠命优渥，哪里知道朱升自己却不愿继续效力，而要仿效严助厌弃京城，怀归故土。把朱升退隐比之严助怀乡，那是大有文章的。

　　严助，会稽人，他与东方朔、枚皋、吾丘寿王、司马相如都是汉武帝的宠臣，并与淮南王刘安有私交。严助"厌承明之庐，劳侍从之事，怀故土"，不愿久留京师。后淮南王谋反，"事与助相连"，结果"助竟弃市。"[①]作者认为，朱升请归新安是与严助请归会稽的想法是一样的。严助请归而不可得，竟至弃市，深为可惜。而朱升请归获准了，值得庆幸。所以尾联便说朱升离京归里之日，还有"东风"为之送行，是多么荣幸啊！

　　第二首，作者吴鼎：

> 紫阳道统接河南，又得枫林继述完。
> 一脉真传今即古，千年秘学易而难。
> 掀天事业乾坤内，开国功勋宇宙间。
> 明哲保身归隐后，翰林声价胜封王。[②]

　　这首诗的前六句是叙述朱升的学术源流和他在明王朝开国中的功绩。而寓意之笔是在尾联二句，作者指明朱升"请老归山"是为了明哲保身，而非喜爱"梅花初月"。他认为这位翰林学士因为归隐未及封王，却又胜于封王。这是什么意思呢？后来的事实作了回答，那就是，明初封公封王的功臣名将，绝大多数都身遭诛戮，夷族灭家，而朱升功成身退，得以幸免，其"身价"自是在那些受封的人之上。

　　对于朱升的"请老归山"，景泰间休宁人程好礼（名富），也有如下评论："逮天下既定，乃隐居山林，日以著述为事，终身不复出焉。其见机

---

　　① 《汉书·严助传》。"承明"，据《汉书》注引张晏曰："承明庐在石渠阁外"，这里代表帝京或宫阙——笔者。
　　② 《吴鼎赠（朱升）归新安诗》。

之明，犹非诸人所可及者。"①程好礼称赞朱升的归隐，是有"见机之明"，这同汪强、吴鼎的看法是一致的。

通过上述事实的考察，我们可以清楚地看出：朱升的从政与退隐，实际上都是在不同时期不同形势下反映了他的政治态度。他乐于跟随朱元璋并为之效力，是认为"变左衽而为衣冠"的"机会"已到，看中了朱元璋在元末"风云际会"中必将成就大业；而他在开国之初，便及时隐退，则因为觉察到朱元璋是"可与共患难而不可与共安乐"的为人。他的进与退都是形势决定的，而他不过是以这种"数"来确定自己的行藏而已。从这里我们还可以认识到：封建时代的知识分子，当他们在乐于步入仕途的时候，总是呼喊"今上英明""皇恩浩荡"；而当退居岩穴之后，便又讴歌自己洁身自好，超然物外，其实，这不过是他们对现实政治的另一种态度。马克思恩格斯在《共产党宣言》里说过："人们的观念、观点和概念，一句话，人们的意识，随着人们的生活条件、人们的社会关系、人们的社会存在的改变而改变，这难道需要经过深思才能了解吗？"我们对朱升的从政与退隐，也当作如是观。

原载《安徽史学》1984年第4期，有改动

（本文与刘尚恒合作）

---

① 《马克思恩格斯选集》第一卷第270页。

左光斗的水利事业

左光斗字共之，一字遗直，号浮邱，又号苍屿，安徽枞阳人①。生于1575年（明万历三年），死于1625年（天启五年）。曾做过内阁中书舍人、御史台、浙江道监察御史、都察院左佥都御史。他为官比较清廉正直，与给事中杨涟以"清直敢言负重望"，当时人称之为"杨左"。明万历、天启之际，阉党专权，尤其是以魏忠贤为首的宦官集团，简直是无恶不作。左光斗、杨涟等联合"正派"官僚主要是东林党人的势力，与阉党进行了斗争。魏忠贤竟以无中生有的罪名，把左光斗及东林党的主要人物，逮捕下狱，左光斗惨死于狱中。

左光斗是封建统治阶级中比较开明的人物，他为了增加政府财政收入稳定封建统治秩序进行了一些有利于社会经济发展的工作，尤其是在兴修水利、改良北方农作物的生产方面，取得了一定的成效。

据记载，明万历四十八年（光宗泰昌元年——1620年），辽东地区受到后金的骚扰。当时明王朝政治极端腐败，驻守在东北国防边境的十几万军队，只靠东南地区向北转运的粮饷。可是，东南地区的人民，在统治阶级的残酷剥削之下，"搜而又搜"，"派而又派"，"民力已竭"，加之河水枯竭，漕运不畅，粮饷已接近无源。粮饷既然不足，必然会削弱抵御后金的力量。在这种情况下，左光斗提出了关于屯田北方的主张。他指出燕京

---

① 原籍现属枞阳县。

（今北京）东南，黄河南北地区有大片可以垦辟的土地，但没有很好利用，以致"高者为茂草，洼者为沮洳。"他分析之所以如此，是由于过去"惟知听命于天"，不知道兴修水利，来治理北方的水旱灾害。针对这种情况，他提出了兴屯田水利的办法——"三因""十四议"。

什么是"三因"？一是"因天之时"。他认为天生万物，不能缺水，而南方以水为利，北方竟以水为害，这是由于在北方没有掌握天生万物首要在于治水的道理。二是"因地之利"。这就是要根据自然地理条件，引水灌溉。三是"因人之情"。他认为广大人民是很注意水利事业的。所以"南人（南方人）惜水如惜血"，政府如果不提倡兴修水利，就是失人情，也就是失"因民之利"。

什么是十四议？一议浚川。他建议要把川河疏浚，使"下流既洩"，则"上流自安"；二议疏渠。凡靠近河渠的地方，要多方面疏通水源，如工程较大，政府就得帮助？费力较小，就"听民自举"。三议引流。对于没有河流的地方，要开水源，"凿地为港，掘地为井"，进行人工灌溉。四议设坝。有些河流，因地形渐下，不好进行自然引水，就拦河设坝，然后"平而引之"。这在支河浅流的地方最适宜。五议建闸。兴修水利，就必须有调节蓄水和排水的枢纽。因此，在堤防处应设斗门。于入水处，"旱则开之，涝则塞之"；于出水处"旱则塞之，涝则开之"。六议设陂。在靠山带溪的地方，往往山洪暴发，就造成沙石压衡的灾害，这就要顺水设陂，以阻住沙石。七议相地。只要水利工程兴修好，就要因地制宜，改良农作物，在北方可以改旱地为水田，这样每亩的生产值，就可增加三倍，并可改变干旱地区的面貌。八议筑塘。春夏之间，常苦水少，秋冬不用水，则嫌水多，因此，筑塘可以"储有余以待不足"，还可放鱼、种莲，增加收入。九议招徕。北方人不习惯兴修水利和种植南方的作物，就要招徕一部分南方人"以一教十，以十教百"。十议设"力田之科"。在北方兴水利推广水田，地方官应该提倡，奖励学习水利学，并要选择一部分人教授，这就必须像汉代那样，开设"力田之科"。十一议富民拜爵。鼓励官僚地主大贾富商投资垦辟。以垦田多寡加级，以期做到没有空白地，从而增加税收。十二议择人。掌管农事的官吏，要好好选择，应做到不烦劳人民，不损害庄稼。十三议择将。选择将领一方面率领军队练习军事技术，一方面进行屯田。十四议兵屯。要使军队能做到且耕且战，补充粮饷。

左光斗提出的"三因""十四议"，绝大部分都有新的创见，而且也大多符合于水利科学的基本原理。他所提出的具体做法，大大丰富了我国历史上的治水工程的经验。他不仅提出具体建议，而且还亲自领导实施。他曾督促官吏在今北京、天津之间，教人种植桑麻藻稿，其结果，这一地带，"彷佛江南"。当时邹元标到京师（北京）去，经过天津一带，看到那里种植水稻的情况，就非常惊讶地说："三十年前，都人不知稻草为何物，今遍地耶，左公之力也。"①

可是，在那种暗无天日的封建时代里，最高统治者哪里真正地注意农业的改良和水利的兴修，以致左光斗去后，"田复荒不垦"。后来他在回吴伯与信中说：我推行水利，虽没有完全实行，但是，可以看出在西北方是能够打破常规，大兴水利，改变农作物的种植。以后，由于政府及其继任者不重视，他非常感叹地说："将来大行之路，更无望矣！"

左光斗的屯田北方、兴修水利的主张，不能得以实现，是由那个罪恶的社会制度决定的。而他那种勇于打破常规的精神，还是值得我们记取的。

原载《合肥师范学院学报》1961年第1期，有改动

---

① 这一材料是引自马其昶：《左忠毅公年谱》，《明史·左光斗传》载："三十年前，都人不知稻草为何物，今所在皆种，水田利也。"

究竟应该怎样评价李岩

　　最近，学术界对李岩的评价问题展开了热烈的讨论。论争的焦点，在于李岩参加李自成的起义军后，是否改变了他的地主阶级的立场，他对农民革命究竟有何贡献。我们觉得，对李岩的讨论不单纯是对个别历史人物的评价问题，更重要的是通过对李岩的研究，正确地运用历史唯物主义、运用阶级分析法来估价地主阶级知识分子在农民起义军中的作用。特不揣简陋，提出几点不成熟的意见，与学术界的同志共同探讨。

李岩是怎样参加革命的

　　前几年，有人不同意李岩"被迫参加农民军"的说法，认为李岩"在思想上具备了一定程度的革命要求"，红娘子"和李岩从打仗到联姻，是促成李岩参加农民军的直接原因。"现在，杨宽先生在《文汇报》发表的文章，虽然也指出李岩参加农民军是"终于被迫"，但仍然强调"红娘子来救"一事，"使他思想感情上更发生急剧的变化"。事情果真是这样吗？看来，考察一下李岩参加革命的情况，是必要的。

　　李岩的出身，且不管他是不是"尚书李精白之子"，也无须考订他究竟是"杞县诸生""河南举人"，抑是"天启丁卯孝廉"。仅据他"家富而豪"的事实判断，他是一个封建地主阶级的知识分子，则是可以肯定的。在李岩的思想里，有没有"革命的要求"，有的同志作了肯定的回答。其主要依据，便是在大旱之年，他向邑令请求"暂休征比，设法赈给"，并自捐米二百石，又作《劝赈歌》："奉劝富家同赈济。"①应该看到的是，作为地主阶级知识分子的李岩，这种"劝赈"实质上只不过是封建士绅的一种所谓"好施尚义"的行为而已，它不仅不是与封建统治对立的革命要求，而且是意在麻痹人民的斗争意志，缓和阶级矛盾。饥民"哗于富室"，"群集署前"，李岩便向统治者出谋划策："速谕暂免征催，并劝富室出米，减价官粜，则犹可及止也。"这段记述可以说是十分清楚地说出了李岩的意图。

李岩后来是怎样参加农民军的？早在二十多年前，郭沫若同志在《甲申三百年祭》中就曾指出："李岩并不甘心造反"，是"被逼上了梁山"。但是，现在却有人认为李岩不是"受乡里士大夫的排挤，境遇困难而被迫参加农民军"的。查看《明季北略》卷十三《李岩归自成》的记载，由于李岩捐米赈饥，群众"引李公子为例"向富室作斗争，引起地主、豪绅和官僚的不满，他们"不悦岩"，诬告他"谋为不轨，私散家财，买众心以图大举"，将他逮捕下狱，群众劫岩出狱，他便参加了农民起义军。因此，说他是受乡里士大夫的排挤而"被迫"参加农民军的，有充分的事实根据。

在讨论李岩的文章中，曾经有人把李岩与红娘子结婚这件事的作用夸大到不适当的地步。王守义说："红娘子和李岩从打仗到联姻，是促成李岩参加农民军的直接原因。"②我们认为，联姻绝不是一个敌对阶级人物转变立场参加革命的决定性因素。何况历史材料清楚地告诉我们：红娘子获李岩，"强委身事之，信不得已而从，后乘间窃归。"③可见李岩与红娘子联姻，是出之于"不得已"的。怎么能认为是他参加农民军的直接原因呢？现在，杨宽先生仍然强调红娘子和群众把李岩从狱中救出，"使他思想感情上更发生急剧的变化"，于是"富户公子一变而为农民军将领"。李

---

① 《明季北略》卷十三、卷二十三。

② 王守义：《关于李岩的评价》，《光明日报》1962年8月4日。

③ 《绥寇纪略》卷九。

岩的下狱和出狱，在他的一生历史上诚然是一件大事。不过，他并没有由此转变原来的阶级立场。从这个意义上来看，"变化"并不是"急剧"的。我们只需引用李岩被救出狱，仍"初图自白，及是事不可已，适闯贼至，投之"①这样一条材料，就足以证明他参加革命，只是形势所迫，并无思想准备。而且历史文献清楚地记载他参加农民军的目的，是为了"可以免祸而致富贵"。这种"免祸""致富贵"的思想与农民革命的思想毫无共同之处。正是因为思想基础的不同，所以在感情上也很难一致。尽管红娘子很爱李岩，"强委身事之"，他却终于"乘间窃归"；尽管李岩参加到农民军中来了，并得到李自成的器重，他却看不惯农民军的行动，"辄甚鄙之"。从这些情况来看，认为李岩在思想感情上发生了急剧的变化，已经从地主阶级的立场转变到了农民的一边，显然是不正确的。

如何估价李岩对革命的贡献

现在我们再看李岩参加农民军以后的情况。李岩参加革命后，虽然为农民军提过一些建议，对革命有所贡献。可是，不能过分夸大它的作用。例如，过去有人认为有了李岩，才使明末农民战争走上了"正轨"，现在杨宽先生也说，李自成之所以成为众望所归的领袖，农民军所以能得到迅速发展，不断胜利，都是和李岩的建议"分不开的"。我们不同意这些说法。首先，在李岩没有参加农民军以前，农民军已经对封建官府和豪绅地主斗争了十三年，积累了丰富的斗争经验，在政治、军事等方面都已比较成熟，基本上从劣势转到了优势。李岩初见李自成时说："久钦帐下宏猷，岩恨谒见之晚。""将军冬日在人，莫不忻然鼓舞。"②这都足以证明在李岩投奔李自成的起义军时，革命声势浩大，李自成已成为众望所归的农民领袖了。其次，在制订政策时，李岩的想法和农民军的目标不是完全相同的。李岩所希望于李自成的，只不过是一个能够"痛革积习之陋"的"主

---

① 《怀陵流寇始终录》卷十五。
② 《明季北略》卷十三、卷十三。

公"①。他所建议的"均田免粮""不纳粮""除暴恤民""尊贤礼士"等政策，按其本质来说，都不过是一些封建秩序所容许的改革而已。只是农民军把这些建议，按照革命的斗争目标加以改造，定为政策，才具有了积极的革命意义。再次，农民军的某些进步政策措施，归根到底是社会矛盾日益激化和农民军英勇斗争的产物。况且，某些重大的革命政策措施，绝不只是个别人的建议，更多的是经过集体讨论才制订出来的。在李岩参加革命以前，农民军领袖曾在河南召开过著名的荥阳大会，集体研究过战略方针。这一事实，对于我们探索农民军的革命政策究竟是谁制订的，是一个很好的启示。因此，任何夸大个人，特别是地主阶级知识分子在农民军里的作用，都是不符合事实的。

试从农民军的"均田"政策来看，它就是在明末土地高度集中的情况下适应阶级斗争的需要出现的。还在李岩没有参加农民军的时候，明末农民起义军就根据广大农民"做梦也梦见土地"的要求，采用过程度不等、形式各异的方法，试图解决这个问题。例如，崇祯初年，农民军张元冲部在九连山中依其"土地膏腴"，"且耕且掠"；五年，农民军郝临庵等"耕牧铁角城"；十年，革里眼在大别山区"阻险种田"；十一年，罗汝才在房竹山区"自言不愿受官，并不愿食饷，愿为百姓耕田此中。"②后来，成为政策推行的，不仅有大顺军的"均田免粮"，而且大西军也曾下令：豪绅"霸占土田，查还小民。"③可知"均田"绝不是某个人的聪明才智和善良愿望的产物，即使没有李岩的建议，革命的需要终究是会有人提出的。在农民军的沉重打击下，当时某些地主阶级分子也自动提出过"井田""限田""均田"之议。崇祯十三年，曲阜举人孔尚钺曾上疏主张"均土田"，便是一例。封建地主分子提出"均田"，其目的乃在于缓和阶级矛盾，稳定封建统治。李岩的"均田"建议，从他的整个思想体系来看，我们有更多的理由认定他并没有脱离封建地主阶级的思想范畴。他的"均田"之议

---

① 《明季北略》卷十三、卷十三。

② 分别见《绥史》卷二、《明史纪事本末》卷七十五、《怀陵流寇始终录》卷十。

③ 《骨董琐记》全编第506页。

与农民军的"均田"主张，究其实质来说，不能同日而语。因此，我们与其把这个"均田"政策归于它的建议者李岩，远不如归功于它的制订者和这个伟大集体的代表者李自成。

"均田"的情况如此，李岩的其他建议也是如此。这里就不一一详述了。

李岩与李自成分歧的实质是什么

正是由于李岩仅仅是在反对腐朽的明王朝这一点上成为农民革命的同路人，因此，便不可避免地在一些重大原则问题上，与其他革命领袖发生意见分歧。学术界虽然也注意到了这个问题，但如何看待这种分歧？其分歧的实质是什么？还没有一致的看法。杨宽先生认为，"李岩最大的缺陷，就是没有根本摆脱封建思想和封建道德的支配。在行动中表现的立场不坚定，斗争不坚决，这就不能不和农民将领之间存在着若干分歧了。"我们认为，李岩和李自成之间的分歧，绝不仅仅是什么"思想""道德"上的分歧，而是两种立场、两条道路的分歧。从有关历史材料可以看出，李岩和李自成之间的分歧，曾不断发生。最明显的是，在入京以后，他提出"谏自成四事"，遭到李自成的反对。以后，就越来越严重了。我们只要具体地分析一下他的四项建议，就不难看出其分歧的实质。

李岩建议的第一条是劝李自成做皇帝。李自成在崇祯十七年三月十九日入京，李岩这项建议是四月初九提出的。当时的形势是：起义军推翻明朝腐朽政权仅仅二十天，一切巩固革命胜利成果的工作亟待进行，明朝的腐朽势力还在负隅顽抗，满洲贵族的铁蹄正踏入关内成为起义军的劲敌。李岩如果是真正的农民革命家，在这种紧要时刻，绝不会把革命的中心工作放在择期"登极"上。然而，他却按照地主阶级的政治蓝图，迫不及待地想做这新王朝的开国元勋，提出了一系列的劝进、登极计划。这与地主阶级知识分子冯国用、陶安、刘基等人一再向朱元璋建议："定鼎金陵"，可以说是如出一辙。

李岩建议的第二条是："文官追赃，宜分三等。"不少同志认为这个建议"符合农民军的基本要求"。杨宽先生虽然正确地指出若由刑官负责追赃，便"剥夺了起义军将领直接镇压地主阶级的权力"，但也认为这个建议"和许多农民军将领的意见基本一致"，而没有从实质上和行动上看到不一致的地方。根据《怀陵流寇始终录》和《绥寇纪略》的记载，李岩早就反对过刘宗敏和李过对赃官的"酷拷不已"；他自己却"用刑宽，所得少。""其在京师，宗敏日杀人，而岩于士大夫无所拷掠。"这就证明了李岩在行动上并不是如有的同志所说："他并不反对拷掠，也不反对严惩贪官污吏。"①而其结果，北京城里的地主、官僚，对刘宗敏等恨之入骨，对李岩却"人皆称焉"。②这正表明李岩和其他农民将领在这个问题上是不一致的。

关于李岩建议的第三点，"各营兵马，退居城外"。如果从李岩全部的思想行动来考察，仍不过是"欲收民心，须托仁义"，"大兵到处，秋毫无犯"③的具体化；是为他创立新王朝的政治目标服务的，并没有体现出农民革命的鲜明特征。

最后，说到李岩建议的第四条，"招抚吴镇"，"以大国封明太子"。

吴三桂是明朝镇守山海关的总兵，他同李自成起义军，岂止是"冲冠一怒为红颜"，而是有着刻骨的阶级仇恨。吴三桂虽然知道明朝大势已去，却还写信劝他的父亲吴襄要做一个"矫矫王臣"，表示"誓不俱生，以殉国难"④。后来，他竟至背弃民族利益，和满洲贵族合力镇压农民起义。而李岩却认为：许以吴镇父子封侯，"则一统之基可成，而干戈之乱可息矣。"这无疑是要农民军放弃武装斗争，和敌人友好相处。这完全不是农民革命家的革命策略，只是地主政治家的调和主张。

在对待明太子的问题上，有人认为李岩的建议和李自成最初封明太子

---

① 曹贵林：《李岩论述》，《历史研究》1964年第4期。
② 《怀陵流寇始终录》卷十五。
③ 《明季北略》卷二十三。
④ 《平寇志》卷十。

为宋王的措施"完全一样"①。据《明史纪事本末》卷十八的记载：李自成进京后，要负责京师军事的"提督城守"襄城伯李国桢投降，"国桢曰：有三事，尔从我即降。一祖宗陵寝不可发；一须葬先帝以天子礼；一太子二王不可害。自成悉诺之。"遂封太子为宋王。可以看出，李自成此时的葬先帝、封太子，皆出之于革命策略的需要。而李岩后来的"以大国封明太子"，却是要"奉祀宗庙"，"世世朝贡，与国同休"。这与李自成封王太子，截然不同。

根据以上简单的分析，李岩入京后的所作所为，处处表现出他是一个地主阶级的政治家，而不是一个真正的农民革命家。所以，李岩的上述建议提出之后，李自成"不甚喜"，"恶之不听"，"竟不行"，是完全可以理解和预料得到的。二李之间的分歧，绝非一般的意见不合，而是两种立场、两条道路的根本分歧。

李岩的悲剧根源在哪里

李岩以一个地主阶级知识分子参加到农民起义的队伍中，成为李自成的重要谋士，官至制将军，而最后却为李自成所杀。这在他个人历史上，不能说不是一出悲剧。

那么，李岩的悲剧根源在哪里呢？

杨宽先生认为，"由于历史条件的限制"，李岩的立场改变得"不彻底"，他"和农民将领之间还存在着隔阂甚至分歧"，以致最后被杀。而樊树志先生则认为，地主阶级在封建社会里，不可能改变立场，因为"剥削阶级的本性是不变的，它的知识分子也不例外。"这就是说，李岩的悲剧是他的阶级出身所注定的。对于这个问题。我们觉得有必要在这里稍作阐述。

马克思主义告诉我们：一切革命都需要知识分子，农民革命自然也不

---

① 东山：《有关明末农民战争的一个问题》，《光明日报》1961年3月1日。

能例外。在我国农民革命战争史上，知识分子参加革命的事例，屡见不鲜。其中有不少人在革命实践中，受到了教育和锻炼，对革命作出了一定的贡献。樊树志先生强调地主阶级知识分子不可能改变立场，这只是盯住一个人的阶级出身，没有考虑到一个人的实际表现。杨宽先生又把立场的转变看得太轻而易举，所以"富户分子一变而为农民军将领"。这都是由于没有正确运用马克思主义的阶级分析方法的缘故。

我们认为，李岩作为一个地主阶级知识分子，虽然参加了农民起义，但由于他对以下两个问题没有很好地解决，因此，就决定了他只能是农民革命的同路人，而不能成为农民革命家，并且最终导致了自己的悲剧。

第一，李岩是一个饱受儒家道德教育的人，他参加革命前后的一切活动，都是按照儒家的政治思想行事的。例如，他在参加革命前的"劝赈"，是出之于"好施尚义"的思想；参加革命后"以所掠散饥民"[①]，也不过是"劝赈"的发展。他曾说过："欲收民心，须托仁义。"这种"仁义"之道，乃是儒家政治思想的中心，李岩由于在这种思想的支配下，便决定了他对地主阶级也同样是"施德申恩"。最明显的是在入京以后，他对待官僚地主和富商的态度和其他农民革命将领迥然不同。儒家的政治思想和农民的革命思想是格格不入的。他参加革命以后，地主阶级的儒家思想在头脑里还是居于支配地位。因此，他最终为农民革命所唾弃，是不足为怪的。

第二，李岩是抱着个人的政治目的参加李自成的起义的。因此，他在革命队伍里一方面"心轻自成"，另一方面抬高个人的威望，在群众中造成"二李"并称。关于他抬高个人威望的情况，《明季北略》里《李岩说自成假行仁义》的一段材料，很值得我们细致地推敲：

> "岩密遣党作商贾，四出传言：'闯王仁义之师，不杀不掠。'又编口号，使小儿歌曰：'吃他娘，穿他娘，开了大门迎闯王，闯王来时不纳粮。'又云：'朝求升，暮求合，近来贫汉难存活。早早开门拜

---

① 《绥寇纪略》卷九。

闯王，管教大小都欢悦。'时比岁饥旱，官府复严刑厚敛，一闻童谣，咸望李公子至矣。第愚氓认李公子即闯王，而不知闯王乃自成也。"

这一段材料的后半段，是发人深思的。为什么李岩密遣党外出宣传后，"愚氓"只"咸望李公子至"？而不知闯王是李自成？通过对李岩这个人物的全面分析，我们有理由疑心他所派遣外出宣传的人，是有意识指派的亲信，企图通过宣传，一方面"收民心"，一方面大肆吹捧李岩，抬高他在群众中的威望。对于这一理解，还有很重要的旁证材料。卜算出身的宋献策，和李岩极友善，他曾作谶语："十八孩儿，当主神器。"入京以后，又私语人曰："马上天下，不满三年。"有一次他直接向李岩说："十八孩儿之谶，得毋为公乎？"李岩听了以后，"虽不敢应，然殊自喜。"[1]这就充分暴露了李岩的个人政治野心。所以《鹹闯小史》说李岩"居闯贼下，亦怏怏不乐"，是完全可信的。正因为李岩有着个人的政治野心，所以他对革命便不是"鞠躬尽瘁"，而是"心怀二三"；当革命遭到挫折，更需要将领之间同心协力的时候，他却"心知无成，怏怏不得志"[2]。终于发展到最后请兵河南，另图准备，走上了错误的道路。于是李岩的悲剧便造成了。而归根结底，李岩的悲剧所以造成，是应由他自己负责，是他的立场问题没有解决所得到的后果。

在封建社会里，地主阶级是农民革命的对象，作为他的知识分子要想背叛自己的阶级变为革命者，如果不在革命阵营中，经过"痛苦的磨练"，使自己的立场转变到农民阶级方面来，不在思想王国里和具体行动中，扬弃一切不利于革命利益的个人打算，就必将为革命所唾弃。李岩正是这样演出了自己的悲剧。

原载《光明日报》1965年10月20日，有改动

---

① 分别见《明季北略》卷十七、《怀陵流寇始终录》卷十八、《绥寇纪略》卷九。
② 《国榷》崇祯十七年六月丁丑条。

简论姚鼐的文学主张及其思想倾向

清代中叶，文苑中乍开一簇蓓蕾，那便是桐城古文派。对它，当时人誉之曰："天下文章其在桐城乎！"到了"五四"前夕，新文化运动浪潮滚滚，于是又有人毁之曰："桐城谬种。"为什么前后不及二百年，对桐城派的褒贬毁誉竟有如此霄壤之别？这除时异世迁而外，论之者均不免好恶随心，因而都不是精当的。

本文打算对姚姬传（鼐）这位桐城派巨将的文学主张及其思想倾向，进行粗略探讨。如果说有一点刍荛之见，不过作为进一步评论桐城派的引玉之砖！

一

姚姬传，桐城人，名鼐，字梦谷，因名其轩曰"惜抱"，故学者称惜抱先生。他出身于累世翰墨之家，同时又受桐城前辈学者的熏陶与教育，故"其学造诣自得。"乾、嘉之际，姚姬传在文坛上颇负盛名。清末马其昶在《桐城耆旧传》里是这样评述他的："先生宏识远抱，上以跻诸古仁圣贤人之列，而自附于私淑之徒，由是其学益大振。"这是说姚姬传继承和发展了前辈"仁圣贤人"的学术思想，取得了巨大的成就，从而把桐城派的文学理论，推向了一个高峰。因此，要研究桐城派，就要研究姚姬传，而研究姚姬传，首先要研究他在文学理论及其实践方面的师承与发展。

姚姬传也同桐城派其他学者一样，远以唐宋古文家为圭臬，近以明代归有光为"文章正轨"。在清代桐城这个范围来说，他是师承方望溪，直接受业于刘大櫆、方苳川（泽）和伯父姚姜坞（范），其成就则又在他们之上。

姚姬传师承其乡前辈的可贵之处，乃在于学而能变，不囿于师说，故能青出于蓝而胜于蓝。

姚姬传的少年与方望溪的老年相接，他曾"以不见先生为恨"，但"诵其文，盖尤慕之"①。他是把自己视为望溪的私淑弟子的。

"望溪立言必本义法。"所以，"义法"乃是桐城派的理论核心。所谓"义法"，是指文学的内容、形式及其相互关系。考其本源，"义法"二字系出自《史记·十二诸侯年表序》：孔子作《春秋》，"上记隐，下至哀之获麟，约其辞文，去其烦重，以制义法，王道备，人事浃（和洽的意思）。"春秋的义法之制，是用以褒贬善恶、贤贱不肖的；方望溪的义法虽是从文学理论角度提出来的，但桐城派的文章，也是"约其辞文，去其烦重"，对于论及历史上政治、学术以及人物活动的是非，也是"笔则笔，削则削"的，只是与《春秋》的"义法"标准不同罢了。所以方望溪说："《春秋》之制义法，自太史公发之，而后之深于文者亦具焉。"②《春秋》笔法后来也被应用到古文写作中来了。

姚姬传"因望溪之义法而不失之惌"③，同时，又认为为文章者，"有所法而后成，有所变而后大"④。他知道，没有"法"就没有准绳，不能"变"则得不到发展。他还说："大抵学古人，必始而迷闷苦毫无似处，久而能似之，又久而自得不复似之。"⑤模仿古人的文章，开始因难得入门而苦闷这是自然的；时间久了，功夫深了，必然学得很像；再继续努力，

① 《惜抱轩文后集》卷一《望溪先生集外文序》。

② 《方望溪集·书货殖列传后》。

③ 方宗诚：《桐城文录序》。

④ 《桐城耆旧传·姚姬传传》。

⑤ 《惜抱轩尺牍补编》卷一《与张翰宣》。

"功夫深处却平夷"，就能脱开前人的窠臼，超过前人，别开新面，这就是
"久而自得不复似之"了。学习前人只有达到有自己创见的地步，才可称
之为"善学"。要有创见，就要在"变"字上花大气力。他非常钦佩"退
之（韩愈）为文，学人必变其貌而取其神"，称颂苏轼学诗"皆出太白
（李白）而全变其面貌"①。姚姬传虽师承方望溪的"义法"，也同样是不
满足于义法，不拘泥于义法，并且指出："只以义法论文，得其一端而
已。"②这是说，作为散文理论，单取"义法"是不够的。因此，他在《古
文辞类纂·序》里提出："所以为文者八，曰神、理、气、味、格、律、
声、色。神理气味者，文之精也；格律声色者，文之粗也。然舍其粗则精
者亦胡以寓焉。"这里所说的"精"，是指文章的中心思想与意境、气势；
所说的"粗"，是指辞藻、音调与技巧。方望溪的"义法"恰恰是"舍其
粗"，所以他的文章，也就失之格律声色之美。桐城派的后学姚莹说：望
溪义法，"非文章之极诣"。这是很中肯的。

姚姬传对直接授业的老师刘大櫆、姚姜坞、方苇川，也是既有师承，
又有发展。

刘大櫆是继方望溪之后的桐城派散文家。他"虽游苞（望溪）门，传
其义法"③，但"侍郎（望溪）不为诗，先生（大櫆）则诗与文并至"，
"才调独出"④。他的文章"义理不如望溪之深厚，而藻采过之"⑤。以致
"世谓望溪文质恒以理胜，海峰以才胜"，即望溪长于义理，海峰长于词
章。姚姬传学文于海峰，"然自以所得为文，又不尽用海峰法"。这也是由
于他学而能变，不拘一法。他把望溪的义法与海峰的词章熔为一炉，故能
"理文兼至"⑥。至于他受经学于伯父姚姜坞，习诗文于方苇川，就学问而
言，那更是青出于蓝。

---

① 《惜抱轩尺牍补编》卷一《与张翰宣》及《与管异之》。
② 《惜抱轩尺牍》卷五《与陈硕士》。
③ 《清史稿·刘大櫆传》。
④ 《桐城耆旧传·刘大櫆传》。
⑤ 方宗诚：《桐城文录序》。
⑥ 姚莹：《东溟文集》卷六《惜抱先生行状》。

桐城派到了姚姬传的时候，理论成熟了，堂庑扩大了，声誉远扬了。姚姬传成为一代硕士鸿儒，当时"海内之士，争相推重，如泰山北斗"①。从清代中叶到清末，推崇姚姬传的人不胜枚举，这里我只想指出两个人对姚姬传的看法，与研究桐城派的同志谈一点异议。

一是袁子才对姚姬传的看法。袁子才（枚）是乾隆时期的江左诗人，也是士林中的佼佼者。他曾经在一首诗中说："一代正宗才力薄，望溪文集阮亭（王渔洋）诗"，他不把方望溪和王渔洋放在眼里。但是，长期以来，论坛上据此认为袁子才鄙薄桐城派，直到最近论述桐城派的文章仍持此说。②这实是误解。袁子才在学术观点上与桐城派是有门户之见，但他对桐城派的学者并非一概鄙薄。他虽看不起方望溪，可是对姚姜坞、姚姬传都很推重。据姚姬传的从孙姚莹记述，袁子才曾由京师乞归钱塘故里，行前，因姚姜坞当时亦在京师而未能临别赠言，乃作《怀人》诗曰："平生著书千万言，临别赠我无一语。"据姚莹分析："盖憾之也。"③如果说袁子才鄙薄姚姜坞，为什么还因未得临别赠言为憾呢？姚姬传也说："简斋（子才）先生与伯父姜坞先生故交友"④，这更不会有鄙薄之嫌的。至于袁子才与姚姬传之间，乃是由世交到至好。晚年，他们同居江宁，经常相互研讨。《惜抱轩文集》里，有三篇《复简斋书》，均与袁子才讨论学术问题，这也说明他们相互推重。所以姚莹说：在当时哪怕是学术观点与桐城派"相异趣"的人，对姚姬传也"见之必亲"⑤。袁子才对姚姬传正是这样。

二是曾国藩对姚姬传的看法。曾国藩是清王朝的"中兴功臣"，是镇压太平天国革命的刽子手。但他在学术上却推崇桐城派，尤具推崇姚姬传。他在《圣哲画像记》里说："国藩之粗解文章，由姚先生启之也。"曾国藩从学术上把姚姬传看作启蒙老师，无疑也提高了姚姬传的声望。尽管如此，我们却不应把曾国藩的政治反动与姚姬传的学术思想扯在一起。也

① 姚原绂：《惜抱轩文集序》。
② 《古代文学理论研究丛刊》1980年第1辑第305页。
③ 姚莹：《姚氏先德传·姚姬传传》。
④ 《惜抱轩文集》卷十四《随阅雅集图后记》。
⑤ 姚莹：《东溟文集》卷六《惜抱先生行状》。

就是说，政治与学术虽有联系但不能混为一谈。就是对曾国藩这个具体人物而言，他镇压革命固然有弥天大罪，但他在学术方面的是非，还应要作具体分析。既然如此，我们怎能因曾国藩的反动而殃及桐城派，又怎能因私淑弟子有罪而株连到未曾相识的"老师"呢！在学术上皈依桐城派的曾国藩，之所以推重姚姬传，说明姚姬传是桐城派中一位"宏识远抱"承先启后的大学者。

二

姚姬传采方、刘之长，并补其不足。方望溪仅主"义法"，循此说必质木无文；刘大櫆偏重词章，循此说必华而不实。且他们都不加分析地否定汉学，把古文与考证完全对立起来。姚姬传在继承总结方、刘文论的基础上，提出义理、词章、考证三者不可偏废。他在《复秦小岘书》中说："鼐尝谓天下学问之事，有义理、词章、考证三者之分，异趣而同为不可废。"姚姬传提出的这一主张，使桐城派的文学理论臻于完善，达于成熟。

以往评论桐城派的文章，大多从"政治"上批判这一理论，于是其结论除"反动""保守"而外，则无可取之处。应该说这也是"左"的思想的影响。姚姬传讲的是"学问之事"，论者则要对它进行"政治批判"，这是"不对口"。我们只有首先把"义理、词章、考证三者不可偏废"的主张，放在"学问之事"的天平上来分析考察，才能真正做到弃其糟粕，存其精华，克服继承文学遗产中的片面性。

义理、词章、考证本都是独立的学科，各有不同的特点，但在古代文学与学术没有截然分途的情况下，学文的人，欲有大成，"必兼收之，乃足为善"。所以姚姬传不仅提出对此三者要"兼收之"，而且认为要结合起来进行运用。他说："余尝论学问之事，有三端焉：曰义理也，考证也，文章也，是三者苟善用之，则皆足以相济，苟不善用之，则或至于相害。"①这就是说，运用得好，相得益彰；运用得不好，则相与为害。当时文坛上所存在的情况，正是后者。姚姬传指出："世有言义理之过者，其辞芜杂俚近如语录而不文，为考证之过者，至繁碎缴绕而语不可了当。"过犹不及，都是片面性。三者不可偏废，结合起来，就全面、完整了。

姚姬传主张义理、考证、词章三者不可偏废，但不认为三者是平列的。后来曾国藩为之解释说："姚先生独排众议，以为义理、考证、词章三者不可偏废，必以义理为质，而后文有所附，考证有所归。"②义理是主干，词章与考证是依附它的枝叶繁华，合起来便是郁郁葱葱的大树。

从治学的角度看待姚姬传的这一主张，应该说是有可取之处的。义理、词章、考证，近似我们今天所说的文、史、哲。义理为哲，词章是文，考证属史。文史哲的基础知识和基本训练，是"善为属文者"所不可缺少的。只有将此三者"兼收"而"善用"之，才能写出意境高、风格新、摒弃空言、不落俗套的好文章。

下面，我们将义理、词章、考证三者的关系，试作具体分析。

关于义理与词章的关系。义理是文章的主干，也即是主题。文章没有鲜明的主题，即使词藻再美，技巧再好，都不过是"饰其辞而遗其意"，如同往日的骈文一样，这是桐城派所不屑为的。但，徒有主干而无繁枝茂叶，也"索然无生意"。姚姬传认为，文章的写作必须是"陈理义必明当，布置取舍繁简廉肉不失法，吐辞雅驯不芜"③。而要"理义明"，又与"廉肉"得法，吐辞"清丽分不开的。他还说："达其词则道以明，昧于文则志以晦。"④这把"词"之于"道"，"文"之于"志"的关系，讲得极其精辟。只有用生动、准确的言辞，才能把观点、道理、主题说清楚。这是针对当时的理学空疏与汉学的枯燥而发的。关于词章与主题的关系，刘勰在《文心雕龙》里就说过："犀兕有皮，而色资丹漆。"兕皮之鼓涂以丹漆，

---

① 《惜抱轩文集》卷四《述庵文钞序》。
② 曾国藩：《欧阳生文集序》。
③ 《惜抱轩文集》卷六《复鲁絜非书》。
④ 《惜抱轩文集》卷六《复汪进士辉祖书》。

声音、色彩尽能娱耳悦目了。汉、唐、宋、明期间的古文家，不仅注意命意善、文字美，而且讲究气势的雄浑。姚姬传也提到文章的气势问题。他说："文字者，犹人之语言也，有气以充之，则观其文也，虽百世之后，如立其人而与之语；无气，则识字而已。"并且他认为文章的气势与言辞有密切关系："意与气相御而为辞，然后有声音节奏高下抑坠之度，反复进退之态，彩色之华。"①凡是有气势、彩色的诗文，"即之而光升焉，诵之而声闳焉，循之而不可一世之气勃然动乎纸上而不可御焉，味之而奇思异趣角立而横出焉"②。这样读来朗朗上口的诗文，非"吐辞雅驯"何能及此。

关于义理与考证的关系，考证即考据，它是一门独立的学科，在清代亦称汉学。姚姬传生活的时代，汉学大兴，汉学家们"专求古人名物制度训诂书数，以博为量，以窥隙攻难为功"③。他们往往考一字连篇累牍，辨一事洋洋万言。姚姬传针对汉学繁琐考据之弊，慨然叹曰："今天下相率为汉学者，搜求琐屑，征引猥杂，无研寻义理之味，多矜高自满之气，愚鄙窃不以为安。"④桐城派与汉学是相对立的门户，姚姬传与汉学家自也是凿枘相违。

但是，姚姬传诋毁汉学，并非一股脑儿否定考证。他所深感不安的只是汉学家们"搜求琐屑，征引猥杂"，如果不是"琐屑""猥杂"的考证，那是需要的。他在《与陈硕士》中说："以考证累其文，则是弊耳；以考证助文之境，正有佳处。"他把两种不同的考证区别开了。"以考证助文之境"，就是言之有物，持之有据，内容充实，更好地阐明主旨。方望溪在解释"义法"时就曾提到"言有物"与"言有序"，前者是指内容，后者是指形式。但怎样做到"言有物"，却没有具体阐述。姚姬传提出把义理、词章、考证结合起来，并"以考证助文之境"，这不仅比理学家空谈义理、

---

① 《惜抱轩文集》卷六《答翁学士书》。
② 《惜抱轩文集》卷四《海愚诗钞序》。
③ 《惜抱轩文后集》卷三《赠钱献之》。
④ 《惜抱轩文后集》卷三《复汪孟慈书》。

言之无物高出一筹，也把方望溪的"义法"进一步具体化、完善化了。

姚姬传主张"以考证助文之境"，也行之于他的写作实践。他自己写过一些考证著作，但与汉学家的"琐屑猥杂"则不同。他的《九经说》《三传补注》写成后，送给经学大师王念孙斧正，并在致王念孙书中说："鼐《九经说》《三传补注》刻本新就，即付呈教。鼐欲破门户偏党之见，遂不免以臆为断，恐当获罪于海内学者。先生试评论其谬妄，鼐必不敢专执自是也。"这里所说的"破门户偏党之见"，不仅是指在观点上与海内学者相异趣，也包括在写法上不同于汉学家支离破碎的旁征博引。他在《复谈孝廉书》中提道："尊著《斗建考》甚精当，然犹觉太繁，减其大半乃善。"对于考证文章，他是力求去繁从简的。《惜抱轩文集》里，有一部分散文、史论，也夹杂一点考证，那更是要言不烦，简洁明快，真正是"以考证助文之境，正有佳处"。

姚姬传提出把义理、词章、考证三者结合起来，以期文章的主题鲜明，内容充实，文字优美，这对我们仍有可供借鉴之处。何况在当时那种"家家许（慎）、郑（玄）"的汉学盛行时代，姚姬传及其桐城派学者，为了转变文坛上的荒凉枯槁的局面，总结过去古代散文的优秀遗产，独树旗帜于康、乾之世，并影响以后的近二百年，这难道没有一点值得肯定的东西吗？当然，对于桐城派的"文以载道"，那是要结合历史实际来进行分析的。

三

列宁在论及资产阶级的文学艺术时指出："生活在社会中却要离开社会而自由，这是不可能的。"①同样，桐城派也离不开当时的社会而能"自由"地提出超时代、超阶级的文学理论。桐城派服膺宋儒，因此他们的理论乃是旨在发挥程朱理学。姚姬传也是这样。他批评汉学，是认为汉学家"欲尽舍程朱而宗汉之士，枝之猎而去其根，细之蒐而遗其巨"②。这就是

---

① 《列宁选集》第一卷第650页。
② 《惜抱轩文集》卷七《赠钱献之序》。

说，理学是本，汉学为末，汉学家一点一滴地考证，是舍本求末，弃大就小。他还大声疾呼：学者"强闻博识以助宋君子之所遗则可也，以将跨越宋君子则不可也。"①对宋儒理学只可补其遗，而不可越雷池一步。他把程朱比作"师父"，指出"师父"的不足是可以的，舍弃"师父"之学就不能容忍了。他是主张为"文"必"载"程朱之"道"。

程朱理学，是维护封建统治的思想武器，桐城派推崇程朱，也是为了起到巩固清王朝统治的作用。姚姬传就说过："夫古人之文，岂第文焉而已，明道义，维风俗，以诏世者君子之志。"②所谓文章要"明道义，维风俗"，也就是要起到理学所应起到的作用。

桐城派出现于清王朝的"盛世"。清代自顺治福临入主中国，经康熙、雍正两朝的励精图治，社会局面呈现封建末世的回光返照。乾隆弘历继位后，还是晚霞灿灿，余烈犹存。但就在康、雍、乾的所谓"盛世"中，社会矛盾依然突出，除人民群众反清的阶级斗争从未停息之外，在知识分子和士大夫中，把"大清皇上"视为"夷狄"者也不乏其人。为了压制他们的反清思想，从康熙到乾隆不断兴起文字狱，增设了镇压知识分子的"特种刑庭"。随着文网严密，学风也因之一变，往日"处士横议"，讲历史、论时事的"经世"之学，因易触及文网而日趋寥落，代之而起的是不直接涉及现实政治的汉学。知识分子致力于考证，"专治古学，不问时事"，以保人生的安全。曾经有人说："今日所谓清代名儒者，皆不得已而托于破碎琐屑之考据训诂，以自藏其身者也。"③同时，知识分子钻进故纸堆里搞考证，不在学术上表露"异端"思想，也有利于社会安宁，对此，清代统治者自也积极提倡。不过，汉学只能消极地规避现实，而不能积极地"明道义，维风俗"，难以"有补于政教"，这样，理学的功用还不可缺少。桐城派之大倡程朱理学，正是为了"有补政教"的需要。姚姬传在分析宋元理学的作用时说："宋之时，真儒乃得圣人之旨，群经略有定说，元明守

---

① 《惜抱轩文集》卷六《复蒋松如书》。
② 《惜抱轩文集》卷六《复汪进士辉祖书》。
③ 洪允祥：《读史随笔》。

之，著为功令。当明佚君，乱政屡作，士大夫维持纲纪，明守节义，使明久而后亡，其宋儒论学之效哉。"①他把明王朝能延长寿命的原因，归之于宋儒理学。姚姬传和桐城派尊崇程朱，正是为了发挥理学的作用。康、乾之时，朝廷亦以理学为治国之根本，乾隆皇帝即位不久，就在一次诏书中说："（朕）必如古圣帝王，随时随地以义理为权衡。"姚姬传也提出："义理之学，尤为维持世道人心之大不可诬也。"②他是要以"义理之学"适应"以义理为权衡"之政的。其目的也是希望大清国祚久保而不坠。

姚姬传在学术上虽然和方、刘一样，都崇尚程朱理学，他们都是正统的封建文人，但在对待清王朝的政治态度上还有不完全相似之处。方望溪在康熙时因《南山集》案受到牵连，被逮下狱，后蒙"恩"免死，历雍正、乾隆均得到最高统治者的信任，他深"感三朝恩厚"，对清王朝涕零感激。他官至侍郎，直到衰老时才受"赐侍讲衔归里"，他是清王朝的一名御用文人。姚姬传则不完全这样。何以见得呢？我们只要看一看他的生平经历就清清楚楚。

姚姬传生于雍正九年（1731年），乾隆二十八年（1763年）举进士，授庶吉士，改兵部、礼部主事，三十三年（1768年）任山东副考官，第二年擢刑部广东司郎中，不久，被选入四库馆为纂修官。从他这一段经历来看，还是仕途通坦。尽管如此，他却"有超然之志"③，乾隆三十九年（1774年），他才四十四岁，便决意乞假归里。当时，相国梁楷平派人告诉他："若出，吾当特荐。"姚姬传竟未能遵命，直到八十五岁病死于江宁终不复出仕。他在《复张君书》中，陈述了不欲为官的"理由"。《复张君书》与李密的《陈情表》像是"姊妹篇"。一开始，他对大清"圣朝"也恭维一番，说自己"幸逢圣时"，"其为幸也多矣"；如今相国又打算"为奏而扬之于上，其幸抑又甚焉"，这与李密向晋武帝恭维的"逮奉圣朝""辱蒙国恩"是一样的语调。姚姬传又说："今日者幸依圣朝之末光。有当

---

① 《惜抱轩文集》卷七《赠钱献之序》。
② 引自姚莹：《姚氏先德传·姚姬传传》。
③ 姚莹：《东溟文集》卷六《惜抱先生行状》。

轴之褒采，踊跃鼓忭以冀进，乃其本心。"这同李密向晋武帝表白的"本图宦达，不矜名节""岂敢盘桓，有所希冀"也是一样的"想法"。既然如此，为什么又执意不肯受命呢？姚姬传说："老母七十，诸稚在抱，欲去而无与托。"这与李密说的"祖母今年九十有六""臣以供养无主""是以区区不能废远"何其相似！最后，他透露了一点真实思想："于今之世，非士所敢居也，有所溺而弗能自返，则亦士所惧也。"①原来"老母七十，诸稚在抱"，不过是托辞。在那文字狱迭兴的时候，知识分子往往"朝为座上客，暮为阶下囚"，身居官位，一旦横遭大难，便"溺而不能自返"，这不能不使他虽欲"振衣"但又"踯躅"不前。他在《与严半愚书》中还说："仕途宦昧，真如嚼蜡"，实在没有意思。从他的这种思想情况来看，充分反映了他对清王朝无大眷念之情。

在那封建君主专制的时代，"臣下"对"圣上"是少有不阿谀奉承投其所好的。姚姬传则不然，他对这类谄媚之徒嗤之以鼻。他有一篇《李斯论》，可以说是借古讽今之作。李斯是荀卿的学生，本是接受儒家教育，后来当了秦始皇的丞相，却以法家思想治政。为什么有如此转变？姚姬传的分析是：李斯"逆探始皇、二世之心，非是不足以中侈君而张吾之宠，是以尽舍其师荀卿之学而为商鞅（法家）之学"，这是"趋时而已"。像这种"趋时"之士，何代无之！于是他进一步贬斥那些"疾首蹙頞于私家之居，而矜夸导誉于朝廷之上"的人，指出他们"善探其君之隐，一以委曲变化从世俗之所好"，甚至"知其不义而为之"，不过是为了"安享荣乐"，"此其人，尤可畏哉！尤可畏哉！"他借评论李斯而讥讽如此"趋时"的人物，真是鞭辟入里的剖析。姚姬传的这种思想和行动，清楚地反映出他对清王朝若即若离的态度。这是在以往研究桐城派和姚姬传的论著中未能注意到的。

原载《艺谭》1981年第1期，有改动

---

① 《惜抱轩文集》卷六《复张君书》。

评吴晗同志的《明史简述》

吴晗同志是一位久享盛名的学者，他生前发表的专著、史论、杂文、书评等，早为大家所称颂。四年前，由中华书局出版的他的《明史简述》，也是一本新人耳目、启人思绪之作，值得一读。

《明史简述》（以下称《简述》）是吴晗同志1962年11月在中央高级党校讲课时的记录稿。他以通俗的语言，讲述了明史领域里"最基本的、最重要的、关键性问题"。一共讲了七个问题（《明太祖的建国》《明成祖迁都北京》《北"虏"南倭问题》《东林党之争》《建州女真问题》《郑和下西洋》《资本主义萌芽问题》），既扼要介绍了明代政治、经济、军事等方面的基本情况，又对明史中的一些重大事件，进行了深入浅出的分析。《简述》的特点是：在叙事中寓论断，在普及中有提高。

下面，拟从四个方面对它加以具体评述。

第一，坚持以马克思主义的理论为指导。明代的历史也和其他各个时期的历史一样纷繁复杂，有些现象看来似乎是迷离混沌难以理解，然而，吴晗同志运用马克思主义的理论进行由表及里的条分缕析，历史现象的本质被认识清楚了。在《明太祖的建国》这个专题里，他提出一个发人深思的问题："明太祖是从农民战争中起家的，他建立政权之后，马上就有农民起来反对他。这种斗争一直到明朝灭亡没有停止过……为什么？"事实正是这样。就在朱元璋称帝的31年中，规模大小不等的农民起义每年就有多起。有的同志曾初步统计，"洪武一朝全国各地农民起义次数至少在190

次以上"①。往后的农民起义，更是不绝如缕。明王朝就是被农民革命直接推翻的。吴晗同志在回答这种复杂的历史现象时，抓住社会矛盾的主要线索和根本问题，指出明朝建国后，朱元璋由"反对地主阶级"的农民领袖，变成了"全国最大的地主"。原来和他一道起兵的人，现在"都成了新的地主阶级"。由于阶级关系没有改变，土地问题没有解决，阶级矛盾就不会缓和，农民战争便不断爆发。他根据阶级和阶级斗争的理论，抓住农民革命的根本问题——土地问题，前面提出的"为什么"自然就回答清楚了。

《简述》对于历史人物的评价，也是坚持历史唯物主义原则的。在分析朱元璋的功过是非时，吴晗同志说：朱元璋原是一位农民领袖，最后"变质"了，成了地主阶级的总代表；但又指出："他结束了长达二十年的战争混乱局面，统一了中国。"明朝建国后，他又"采取了许多鼓励生产的措施"，"人口增加了，耕地扩大了，生产发展了"。从而肯定朱元璋"在历史上起了进步作用"。这不仅把阶级观点和历史主义结合起来，也把辩证法应用到研究历史人物中。

具体问题具体分析是马克思主义的灵魂。吴晗同志在《北"虏"南倭问题》中，对明朝与蒙古族关系的分析非常精当。他首先提出要尊重历史事实，即"明朝和蒙古是打了几百年的仗，这个历史事实不能改。"但这是"两个兄弟吵架"，是"内部矛盾"。当然，"兄弟吵架"也有是非之分。他说："蒙古人（统治者）要南下，明朝组织力量反抗，这是正义的。"同时，他又指出："汉族（统治者）经常欺侮一些小民族，打人家，这是非正义的。少数民族中的一些统治阶级为了自己的阶级利益。闹分裂，闹割据，打汉族，也同样是非正义的。所以要具体分析，不能笼统对待。"吴晗同志在研究历史问题时，强调具体问题具体分析，正是符合辩证法的要求的。

第二，叙事深入浅出，明白如话。吴晗同志在《灯光下集》前言中说

---

① 林金树：《洪武朝农民起义初探》，见《中国农民战争史论丛》第四辑，第430页。

过：写文章"文字要让人尽可能地读懂"，要"化艰深的道理为日常说话"。的确，他的著述是以明白如话见长。这也是他的文风特色之一。吴晗同志针对高级党校里的听课对象，在讲述历史问题时，非常注意交代清楚历史名词、概念。他讲"明太祖建国"，便提出："首先，我们应该弄清国家的涵义。"他把当时的"国"和现在的"国"作了区分：今天的国家"包括政府、土地、人民、主权各个方面，"而"历史上的国家只能是某一个家族的政权。"明代的"国"，不过是"朱家政权"。这样，"国"的本质也揭示出来了。在讲述"东林党争"的时候，也首先提出："应该明确这样一个问题"："历史上所谓党与我们今天所说的党是两回事。"历史上的党，"是指政治见解大体相同的一些人的集团，也就是统治阶级内部某些人无形的组合"，这与今天有组织、有纲领的阶级政党是不一样的。解释了"党"的涵义，"东林党争"的性质也不难分析了。此外，他对诸如"红巾""巡抚""巡按御史""监军""西洋""京察""争国本""三案""牛录""固山""八旗"等等这些组织名称、官名、地名、制度、事件，都以通俗的语言，恰当的比喻，逐个作了解释。乍看起来似乎浅显平常。然而，"功夫深处却平夷"，就在这种"平夷"的语言文字中，却显示出了他的学术功力之深。

吴晗同志在叙述历史问题时，常常注意联系人们所熟知的戏剧小说，引起大家学习历史的兴趣。他用历史剧来引出历史事实，又用历史事实来说明历史剧。史与剧结合，能更好地普及历史知识。例如：他从《游龙戏凤》这出戏谈到正德皇帝明武宗；从京剧《打渔杀家》讲到明代皇帝和大地主对人民的超经济剥削；讲述南明"复社"与阉党余孽斗争时，介绍了《桃花扇》及其中的主要人物；叙述仁宣时期的清官况钟与周忱，联系到清官戏《十五贯》；讲述明光宗死后所发生的"移宫案"，提到《二进宫》，等等。他在以剧述史时，并注意到扬弃"剧"的虚构、加工部分，还原历史真实。这既保持了历史的科学性，又加强了叙事的生动性。

第三，寓学术论断于叙事之中。《简述》虽是一本通俗的读物，但在叙事中却涉及许多学术问题，并吸收了作者以往的研究成果。这里，仅举两例：其一，明初的"胡惟庸案"，封建时代的官修史书都"确凿"地记载是因胡惟庸谋反所引起。吴晗同志在《简述》里分析这一事件时指出：由于"君权和相权的矛盾"，朱元璋便"假借一个罪名把胡惟庸杀了。"既云"假借"罪名，那么，胡惟庸谋反乃是子虚乌有。这一份前人之所未发的学术见解，最早是他在《胡惟庸党案考》一文中提出来的。其二，他在叙述明朝和建州族的关系时，指出建州族领袖"阿哈出和明成祖有过亲戚关系"。并说："这是从朝鲜历史记载中找到的材料，在汉文记载中没有。"实际上这条材料是他年轻时潜心披阅朝鲜《李朝实录》时发现的，后在他写的《朝鲜李朝实录中之李满住》一文中作了介绍。吴晗同志的上述学术见解和材料的发现，都是吸收了他30年代的研究成果。

在《简述》里，吴晗同志每讲到一些重大事件的产生、变化，常常提出一个问号："为什么？"他的学术见解也就在回答这些问题时阐述出来了。诸如他提出过："朱元璋出身于红军，他反对地主，而地主阶级为什么要支持他呢？""明太祖为什么建都南京？"明成祖迁都北京，他"当时为什么非迁都不可"？在叙述郑和下西洋时，他提出："为什么15世纪的前期中国能派出这样大规模的航海舰队，而不是别的时候？""郑和第七次下西洋后，为什么不去第八次？"等等。他提出的这些问题，不仅饶有趣味，也具有学术价值。而回答这些问题，实是进行学术探讨。在《简述》里，还涉及当时史学界展开"争鸣"的一些问题，如：朱元璋集团性质转变的时间和标志，农民能否建立自己的政权，中国农民革命有没有皇权主义，关于资本主义萌芽问题，建文帝的下落问题，等等。他在阐述这些问题时，在阐明自己的见解时，注意吸收前人和当时学术界的研究成果。

吴晗同志是我们史学界所公认的一位明史大家。他在学术研究中敢于创新，但并不主观武断。在提出某些新见解时，常常注意留有余地。他对"满洲"的解释便是一例。"满洲"一词是怎么来的，以往无人论及。吴晗同志根据《李朝实录》的材料，提出一种独具慧眼的见解："建州族信仰佛教，佛教里有一个佛叫'文殊'，满族人把文殊念作'满住'。""可能满洲就是从满住演变来的。"他虽然提出了这一新鲜的见解，但并不认为这是定论。他说:"从文殊演变为'满住',又从'满住'演变为满洲。这是一个试探性的解释,还不能说是科学的结论。"通过这个解释的"解释",也充分反映了他那谦虚谨慎、实事求是的严谨学风。

第四,联系现实,古为今用。清初顾炎武说过:"夫史学之作,鉴往所以训今。"这也是我国史学的传统。吴晗同志治史,正是以"训今"为目的。他曾在一篇文章里明确提出:"学习历史,研究历史的目的何在呢?是古为今用。"①"今用"实际上也就是"训今"。

新中国成立前,他常常通过"史学之作"来赞助革命,拥护共产党,热爱红军。他在《朱元璋传》和《简述》里都提到40年代初所碰到的一件难以忘怀的事:当时重庆的"国立编译馆"约他写一部《明史》,稿子交出去后,不久原样退回。编辑了附了一个条子,要他把书稿中的"红军"一律改为"民军",否则不能出版。吴晗同志则坚持不改,"不出版拉倒!""编译馆"为什么要改"红军"为"民军"呢?根据吴晗同志在《简述》里的分析:"他们怕红军,不但怕今天的红军,也怕历史上元朝的红军,因此要我改。"改"红"为"民",本是轻而易举,而吴晗同志在这里所表现的"傲骨"精神,不单纯只是尊重历史事实,同时,他歌颂历史上的"红军",是为了要表达对"今天的红军"的爱戴之情,这怎么能改呢!

历史和现实往往有许多惊人的相似之处。讲历史联系"相似"的现实,这对于揭示它们的本质,分析其产生的社会环境,是很有必要的。吴晗同志善于对历史与现实作这种必要的联系,有时寓意很深。例如:他在叙述《皇明祖训》的时候指出:朱元璋订的这个制度不许后代改变。接着,便联系到"蒋介石有一句话叫做'以不变应万变'。明太祖就是这样,以不变应万变。"运用这种类比的方法,把两种"相似之处"即唯心主义的本质都揭露出来了。同时,也无异告诉我们:朱元璋订的"祖训"早已为他的后代所破坏,而蒋介石"以不变应万变"的反动策略也早已破产了。

---

① 《厚今薄古与古为今用》,见《灯下集》第62页。

吴晗同志讲明史着重联系社会主义现实，并为这个现实服务。他在叙述明朝政府和蒙古族的敌对关系的事实时，便联系到现在的情况："今天情况就更不同了，国家性质改变了，我们采取民族团结、民族区域自治的政策，内蒙古自治区是我们中华人民共和国组成部分之一。"这样的联系，对于当前加强民族大家庭的团结是有益的。他在介绍明代万历年间的抗倭援朝战争时说："我们和朝鲜的历史关系很深远，在甲午战争前三百年，中国就出兵援助过朝鲜，共同反抗外来侵略。在中华人民共和国建立之后……我们又进行了抗美援朝运动，派出了志愿军支援了朝鲜人民。"通过过去和现在援朝战争的事实联系，人们可以知道，中朝友好合作关系是有其源远流长的历史的。

梁启超曾经说过："史学者，爱国心之源泉也。"历史是进行爱国主义教育的好教材。吴晗同志为了贯彻"古为今用"的目的，在《简述》里特意根据有关历史事实，采取中外对比的叙述方法，突出明代历史上的重大成就，以激发人们的爱国主义精神。例如：他在介绍明代重新营建北京城的事实经过之后，接着指出："和这个时期的世界其他各国比较，北京是当时世界各国首都中建筑比较合理、有规划的、最先进的城市。没有哪一个国家的首都比得上它。"同时，他又把明代修建故宫和我们建造人民大会堂作了比较：故宫的整个面积有十七万平方米左右，人民大会堂的建筑面积是十七万四千平方米。"明朝修了二十年，我们只修了不到一年的时间。"这个比较是很有意思的，通过把明代的北京和当时世界各国首都作比较，又把明代的故宫与今天的人民大会堂进行比较，读者至此，能不油然而生"翘首望京华"之感吗？再如：他在《郑和下西洋》这个专题里说：郑和的航海活动，"其规模之大，人数之多，范围之广，那是历史上前所未有的。"接着便进行了如下一系列的比较："郑和下西洋比哥伦布发现新大陆早八十七年，比第亚士发现好望角早八十三年，比奥斯达·加马发现新航路早九十三年，比麦哲伦到达菲律宾早一百一十六年。比世界上所有著名的航海家的航海活动都早。"像这样的比较，无疑是能增强人们的爱国心的。与此同时，他又根据郑和下西洋的目的、经过作了说明：

"我们这个国家有这样一个很好的传统，就是不去侵略人家。""这和西方资本主义国家（进行海外殖民）有本质的不同。"通过这个比较，又说明了我们中华民族是一个爱好和平与自由的民族。这对我们从事社会主义两个文明的建设，也是很有意义的。

在讲述历史过程中，进行合理的联系与比较，符合以史经世的原则。否则，正如恩格斯所说："历史至多不过是一部供哲学家使用的例证和插图的汇集罢了。"①吴晗同志"对伟大历史联系的合理看法"及运用，也是我们的楷模。

原载《史学史研究》1984年第3期，有改动

---

① 《马克思恩格斯选集》第四卷第225页。

徽学及历史学序跋

《明清徽商资料选编》前言

徽州是一个峰峦重叠、烟云缭绕的山区。这里，林木葱茏，河流清澈；山间鸟道，起伏萦回；川上樯帆，往来穿织。就在这风景如画的钟秀之地，曾经孕育了颇具特色的新安文明。它不仅被誉为"文献之国"，而且又为商贾之乡。明朝人王世贞说过："徽俗十三在邑，十七在天下。"这就是说，徽人从商，十居其七。

徽州商人在明代已经形成人数众多、势力较大的一个商帮，万历时人谢肇淛在《五杂俎》中说："商贾之称雄者，江南则称徽州，江北则称山右。"可见，徽州商帮和山西商帮已是当时"称雄"于商界的两支劲旅。到了清代前期，徽商势力达于高峰，尤其是两淮盐场，徽商几执诸盐商之牛耳。据《歙县志》载，康（熙）、乾（隆）之际，"两淮八总商，邑人恒占其四"，就是明证。自嘉（庆）、道（光）之后，随着封建生产方式逐渐发生变化，商业经营方式也渐渐异于往昔。于是，徽州商帮也就在外来资本和民族资本这两股潮流的冲击下跌落下来，并从此一蹶不振。

徽商在其兴盛的几百年中，其活动范围"几遍禹内"，所谓"山陬海涯无所不至"，尤其是在江南各地，向有"无徽不成镇"之谚。甚至远涉外洋，经商异国者，亦颇不乏人。徽商的经营内容，"其货无所不居"，然其中则"以盐、典、茶、木为最著"；徽商的资本也颇雄厚，所谓"下贾"二三十万，"中贾"四五十万，"上贾"有"藏镪百万"者。这样的一个商帮，在我国封建社会后期的经济发展史上，自有一定的地位。

徽商的一个重要特色是"贾而好儒"。他们或是"先儒后贾",或是"先贾后儒",或是"亦贾亦儒"。"贾为厚利,儒为名高",贾儒结合,儒政相通,这样徽商便和封建政治势力粘合在一起。他们相互影响,相互作用,从而也就决定了这个商帮的性质。

管斑窥豹。研究明清时期的徽商,可以从一个侧面考察我国封建社会后期的政治史、经济史、文化史。更重要的是,徽商所留下的踪迹,还为我们探索我国封建社会长期延续、资本主义萌芽缓慢发展的原因,提供了颇有价值的材料。

研究徽商,又是研究徽州学的一个重要内容。近几十年来,国内外学者在致力研究徽州社会史的过程中,形成了一门具有地域特色的徽州学。它既说明徽州社会史值得研究,也反映对徽州社会史的研究已取得了一定的成果。徽州学的内容,除要研究徽州的政治沿革、自然环境、语言、风俗习惯、土地制度、佃仆制度、宗族制度、历史人物、阶级斗争等课题外,还有诸如"新安学派""新安画派""新安医派"这些大的研究领域,更有待于学者们的纵横驰骋。而上述这些课题,往往又与徽商有密切的关系,在某种意义上说,徽商是其酵母。目前,在合肥和徽州两地已相继成立了徽州学学会,并制订了研究规划,明确了研究宗旨。据了解,在国际学者中,亦有成立徽州学研究会和召开国际性的徽商学术讨论会的动议。可以预期,随着徽州学研究的深入展开,徽商研究必将取得更加可喜的成果。

但是,大家在实际工作中都深感研究徽商所遇到的一个困难问题,就是材料比较分散。有的学者为了研究一个问题,只得穷年累月,东搜西索,披览摘抄;一些外国学者则是要远涉重洋,其劳神费力更可想见。值此"徽州学热"在国内外刚刚兴起之际,我们想,如能把分散的有关徽商资料进行摘录,汇集成编,这对大家的研究工作多少可以提供一点方便。为此,我们集研究室全体同仁之力,并借"地利""人和"的有利条件,在最近几年中,利用教学之余,冒寒暑,舍昼夜,到有关图书馆、博物馆、科研单位以及徽州各地,访求珍藏,广搜博采,从史籍、方志、谱牒、笔记、小说、文集、契约、文书、碑刻、档案中，进行爬梳剔取，初步摘录近四十万言，编辑成册，定名为《明清徽商资料选编》。

这部徽商资料集共涉猎各类书籍二百三十余种，其中徽州各姓的族谱、家规近百种。我们在搜集资料的过程中发现，徽商的事迹，谱牒所载往往比史、志更翔实而具体，有不少是史、志所不载而家谱记述之，正如有的"谱序"所说："编修家乘，可以补国史之不足"，这是不错的。况且徽州向来"有数十种风俗胜于他邑"，而"千载谱系，丝毫不紊"乃是其中之一。直到现在，这里保存的"家规""族谱"之多，仍为"他邑"所不能比。我们从所披阅的族谱中，采摘了不少徽商活动的资料，从而也使这部资料集别具特色。当然，族谱中不乏夸张溢美之词，但其史料价值则是必须肯定的。

这部资料集从某种意义上说，还是仓促编成的，有些问题需要说明如下：

第一，俗话说："钻天洞庭（商）遍地徽（商）。"因此，徽商的资料也必然散见于全国各地。我们由于时间、精力、水平所限，这里所汇集的则是挂一漏万。而分散于全国各地尤其是国外的资料，一时还难以寻觅，只好暂付阙如。不过，"千里之行，始于足下"。在迈开了这一步之后，我们还将继续努力，逐步求得完善。

第二，我们在采摘资料的过程中，本着"有闻必录"的原则，对于同一事实而记述有异的资料，亦都兼收并蓄。至于存真去伪，则有待于学者们自行辨析，选择采用。

第三，为了保持每一条资料的完整性，我们在摘录时，有意适当放宽一点篇幅。个别条目文字略多，但事实原委则较清楚，对大家的使用或许更为方便。

第四，在本集资料中，有一小部分系转引得来，凡可以查出原文进行核对者，均一一作了核对；个别出自稀见书籍的资料，一时无法查找原文，在出处均注明"转引"，大家在引用时，最好能查出原文进行核对。

我们在搜集这部资料的过程中，曾得到徽州地委宣传部、徽州地区博物馆、歙县县委宣传部、歙县博物馆、安徽省图书馆、安徽省博物馆、南京图书馆、南京大学图书馆、安徽师范大学图书馆的大力支持，在此，谨致谢意！

这部资料集，在编审过程中，黄山书社的同志亦注入了不少心血，我们亦深致谢忱！

这是研究徽商的第一部资料集，正因为它是"第一部"，由于经验不足，水平不高，取材、分类、编辑中的不当之处一定很多，敬希读者批评指正！

黄山书社1985年出版，有改动

《中国十大商帮》前言

商人、商品和商业资本，在社会发展中是一种积极因素，甚至在一定的历史时期里，"发生过压倒一切的影响"（《资本论》第3卷416页）。因此，我们研究历史上的商业活动，不仅对于探讨人类社会的过往历程，了解社会经济发展的轨迹，有其学术价值；而且对于正确认识现阶段商品经济的作用，从而促进社会主义市场经济的发展，也具有很大的现实意义。

我国是一个文明古国，有着悠久灿烂的历史。同样，我们的祖先从事商业活动的历史也是源远流长，为举世公认。据文献记载，"神农之时"，就已"日中为市，致天下之民，聚天下之货，交易而退，各得其所"了（《易·系辞》下）。及至尧舜禹之际，各地之间更是"得以所有易所无，以所工易所拙"（《淮南子·齐俗训》）。这虽是远古传说，不能视为信史，但它却与马克思主义经典著作所揭示的原始社会末期的历史正相吻合。

随着生产力的发展，私有制的出现，商业从农业、手工业中分离出来，商人出现了。夏代是我国私有制出现后的第一个奴隶制国家。据《史记·货殖列传》载，居于颍川、南阳的"夏人"，就是"俗杂好事，业多贾。"如果说上述材料不过是述古之词，不足为据的话，那么，在商代，商品交换已在较大范围内进行，商人的贩运已是"大车以载，利有攸往"（《易·大有》）；"特种商品"——货币从商品中开始分化出来，这在文献典籍和甲骨文中均有记载，地下出土的考古资料也可资印证。在中外学者中都有人认为，"商人"之名乃是因商朝人擅于经商得来。此说能否成立，尚待研究。但是，我国信史时代的商业史，第一章至少从商朝写起，应是没有问题的。

周秦之间，各地物资交流更趋活跃，商业空前兴盛。特别是在春秋战国这个大变革的历史时期中，"工商食官"的格局被打破，不少诸侯国对商人实行保护政策，主张"通商惠工"，"开关梁，弛山泽之禁"。社会上出现了一批集善经商与善从政于一身的人物，如管仲、子贡、段干木、范蠡、吕不韦等。郑国商人弦高犒师的事迹，千古传为美谈。同时，一些大商人还从经商实践中，总结出一套诸如"人弃我取，人取我与"，"时贱而买"与"时贵而卖"的经商经验，并被先秦诸子上升成为理论，对后世起到了指导作用。

秦汉以下，随着农业、手工业和科学技术的发展，地大物博的中国，商品经济更加发展，市场较前繁荣。尤其是在汉、唐、宋、明这几个统一的封建王朝中，商业都市"棋布栉比"，商品货币发达，管理商业的机构先后成立，对外贸易日益扩大，外商来我国者不绝如缕。在一个很长的时期里，中国几乎是国际商业中心。

不过，在明代以前，我国商人的经商活动，多是单个的、分散的，是"人自为战"，没有出现具有特色的商人群体，也即是有"商"而无"帮"。自明代中期以后，由于商品流通范围的扩大，商品数量和品种的增多，在商业中具有"龙头"作用的行业在一些地区兴起，传统"抑商"政策的削弱，商人地位的提高，人们从商观念的转变，商人队伍的壮大，商业竞争的激烈，以致在商业战线上出现了前所未有的喧闹局面。最明显的是，在全国各地先后出现了不少商人群体——商帮，它们是驰骋于商界的一支支劲旅，操纵着某些地区和某些行业的商业贸易。

商帮，是以地域为中心，以血缘、乡谊为纽带，以"相亲相助"为宗旨，以会馆、公所为其在异乡的联络、计议之所的一种既"亲密"而又松散的自发形成的商人群体。商帮的出现，标志着我国封建商品经济发展到了最后阶段，它的活动在商界产生了很大影响。在中国商业史中，值得一书。

近几十年来，明清商帮的研究，在国内外史学界都已成为引人瞩目的课题，并取得了一定的成果。但也毋庸讳言，到目前为止，学者们的注意力，仅仅只放在个别商帮的研究上，而多数商帮至今还受到冷落。就明清商帮这个大课题来看，大家还没有把个别研究与整体研究结合起来，没有把"帮"与"帮"之间的共同点与差异点找出来，没有揭示出商帮的兴衰原因和活动规律，没有全面地说清商帮的活动与明清社会发展的关系，等等。即使是在个别商帮的研究中，对于一些重要问题，也是聚讼纷纭，莫衷一是。仅以徽州商帮研究为例：徽商起于何时？徽商的性质是什么？徽商资本的出路何在？徽商与倭寇是什么关系？徽商的作用是什么？徽商是怎样衰落的？这一系列的问题，在学术界仁者见仁，智者见智。由此不难看出，关于明清商帮的研究还不过是开始。我们的任务是，对单个商帮进一步深入研究，进而展开对整个商帮的全面研究；否则便是只见"树木"而不见"森林"，或者虽见"森林"而看不清"树木"，而这都是我们研究中的缺陷。

基于上述认识，在中国商业史学会1987年第二届年会之后，学会会长吴慧教授、中国人民大学李华教授积极倡议、支持编写一部明清商帮的历史。于是在次年第三届年会上，与会同志经过协商、讨论，最后决定撰写较有影响的十个商帮，并成立了编委会，推选了各帮撰稿人。经过大家几年来的努力，书稿撰成，定名为《中国十大商帮》。各个商帮及其写作分工如下：

山东商帮——李华教授。

山西商帮——张海瀛教授通稿，张正明副研究员、黄鉴晖副教授、高春平助研执笔。

陕西商帮——田培栋教授。

洞庭商帮——罗仑副教授、范金民讲师。

江右商帮——方志远副教授。

宁波商帮——林树建副研究员。

龙游商帮——陈学文研究员。

福建商帮——陈支平副教授、胡刚同志。

广东商帮——黄启臣教授、邓开颂副研究员、肖茂盛讲师。

徽州商帮——由安徽师大王廷元副教授、唐力行研究员、王世华副教授、周晓光、李琳琦讲师执笔,王廷元通稿。

上述十大商帮,在明清三百余年中,都是称雄逐鹿于商界的商人群体。这些商帮中的商人,有远涉重洋者,有"以布衣交天子"者,有"藏镪百万""宛如世家"者,有商、儒、政兼通者。其所经营的项目几乎是百业俱备,而足迹所至则是"山陬海涯"。这十个商帮,堪为明清商帮的典型代表。我们把研究这十个商帮的成果,汇成专著,可以窥见明清商帮的概貌。

一个商帮,又是一方经济势力的代表。它们的活动,除与整个社会有一定的联系以外,更主要的是影响一个地区的方方面面。因此,对商帮的研究,也有助于研究区域的经济史、政治史、社会史、文化史。对于省志、市(地区)志、县志的编纂,则更有直接作用。

同时,在当前建设有中国特色的社会主义大潮中,市场经济日益繁荣,第三产业蓬勃发展。以史为鉴,可知得失。《中国十大商帮》中涉及的一些有代表性的商人,他们的发迹起家、经商经验、商业道德、亦商亦儒、利润积累、审时度势、或取或予等等"生财之道",对正在商业战线上既为国家聚财、又为消费者服务的各路大军,也许能起到一点借鉴作用。

本书各章在汇集起来以后,我们通阅修饰了全稿。由于时间匆促和水平有限,疏漏不当之处一定很多,欢迎方家批评指正!

黄山书社1993年出版,有改动

(本文与张海瀛合作)

《徽商与明清徽州地区教育发展》序

　　我国自唐代以后，经济重心就逐渐南移，与此同时，文化重心也踵继其后。由是东南半壁，迎来了由历史发展的形势而造成的"大发展"的新时期。历经五代、宋元，降及明清，无论经济的繁荣，文化的昌盛，就整体来看，南方都超过了北方。江南的徽州，便是一块较为典型的境域。

　　徽州本是一个"山限壤隔""民鲜田畴"的贫穷山区。"其人自昔特多以材力保捍乡土为称"，故"武劲之风"较盛。自从晋室南渡以后，这里才"渐染儒风"。到了宋代，人们的经济生活已"稍异于古"，而其俗也"益尚文雅"了。在明清时期，不仅"东南称饶，推吾新安"，且又被誉之为"文献之邦""东南邹鲁"。诚如曾国藩所言，徽州的"典章文物，固宜非他郡所敢望"。

　　徽州的发展变化，固然与几百年来全国经济、文化发展的走势有着密切的关系；但与此同时，却又有其内在的动力。若问：这内在的动力是什么呢？从事实来看，便是教育与徽商。据方志记载，徽人重教大约始于宋代。即州县立学，始自宋之庆历，而南渡后，"徽为朱子阙里，彬彬多文学之士"（乾隆《绩溪县志》卷三《学校》）。与此同时，由私人创办的书院亦相继建立。在今安徽境内创建最早的一所书院，即绩溪的桂枝书院，它建于北宋景德四年（1007年），比欧阳修在颍州时创建于皇祐元年（1049年）的颍州西湖书院还早四十多年（参见杭州徽学会编《徽学研究文集》第244—245页）。到了明清时期，徽州的书院、馆塾、书舍、学馆、书堂更是星罗棋布，致有"山间茅屋书声响"，"后渐户诵家弦矣"（康熙《祁门县志》卷一）。

教育的发达，使徽州社会发生了巨大的变化。从宋到清这里确实是"人文辈出，鼎盛辐辏，理学经儒，在野不乏"（道光《重修徽州府志·序》）。与此同时，也大面积地提高了人们的文化思想素质。明清时期，"称雄"于江南的徽州商帮，就是在这种文化教育气息较盛的社会环境中生活和成长起来的。他们大多自幼即接受官学或私学的教育，有的人甚至学养较深。他们在"弃儒就贾"之后，犹是"商而兼士"，即所谓"贾而儒者也"。他们正因为受到了良好的文化教养和儒学的滋润，因之在商场角逐中，能善于"操计然之划，审盈缩低昂"，在取予进退中，"每亿辄中"，于是很快"家业大饶"，即所谓"五年而中（贾），十年而上（贾）矣"。明清时期的徽州，之所以能"富甲江南"，就是富在这支"虽为贾者，咸近士风"的商帮；而徽州商帮的多数人能够很快致富，其主要原因乃是"富"在教育。唯物辩证法告诉我们，事物往往能够对产生它的原因发生反作用。在徽州，是教育造就了一支"儒商"，而这支"儒商"在"家业隆起"之后，又以他们的巨额利润反过来资助教育、发展教育。有的大商人为了支持桑梓的文教事业，往往一掷数千金。清乾隆间，为了重修徽州的紫阳书院，歙商徐士修一次捐银一万二千两，鲍肯园两次捐银一万一千两，他的孙子鲍均后来又捐银五千两。此种事例，在明清两代中，所在多有。用如此巨资来捐助教育，非巨贾则无有其财力，非"儒贾"则又无此情趣。至于一些中小商人在"创义塾""筑精舍""建书屋"中，也多乐于慷慨解囊。明清时期，徽州的书院、馆塾之类的学习场所，大多是由商人或官绅倡修，由商人捐资兴建的。诚如光绪《婺源县志》所记述的：郡邑"人文丕振，群藉兴育之力"。而在"兴育"中出力最大的还是商人。可以说，没有徽商便没有发达的徽州教育，更没有那斑斓璀璨的徽州文化。

综上所述，我们可以将徽州的教育与徽商之间的相互作用及其结果用以下公式表述出来：教育—徽商—教育—"江左望郡"。这也是明清徽州史之"纲"。

李琳琦同志从20世纪80年代中后期起即从事徽商研究。1996年，他又考入华东师范大学攻读教育史博士学位，侧重点是研究徽州教育史。因此，他对明清时期的徽商与徽州教育的一些重要方面，都作过较深入的探索，并发表了不少有质量的论文。他的博士学位论文就是把徽商与徽州教育融合在一起加以研究，题目为《徽商与明清徽州地区教育发展》（出版时改为《徽商与明清徽州教育》）。从研究的角度来看，这是抓住了研究徽州经济史和文化史的锁钥；对他个人来说，正是取其所长。如今，这项研究成果——一部20余万字的专著已经脱稿，不久将由湖北教育出版社付梓行世。日前，琳琦以书稿见示，并嘱作序，这是我乐意为之的。

李琳琦同志的《徽商与明清徽州地区教育发展》，读后，使人有耳目一新之感。它的新表现在：选择了新视角、采撷了新材料、提出了新问题、发表了新见解。我认为，这便是这部著作的主要特色。

《徽商与明清徽州地区教育发展》，就其内容的主体来看，它是一部区域教育史的专著。研究区域教育史，而且又是"断代史"，只是在近些年来的区域经济、文化研究的推动下，学者们才开始尝试的新课题。它不仅可以使研究的问题深入下去，更重要的是它适应了我国的地域辽阔、地区之间教育发展不平衡——这一"国情"特色的需要。就教育而言，历史上的徽州是一个崇儒重教的区域。在这里，"秀者入校，朴者归农""虽十家村落，亦有讽诵之声"，已成为一种社会风尚。因此，写一部徽州教育史，那是不乏新裁的。不过，徽州地区的教育不同于其他区域之处，还在于它和徽商是紧密联系在一起的。要全面、深入地探讨徽州教育，特别是明清时期徽州的教育史，其视野就不能单纯地局限在教育本身上，而必须把徽商与教育结合起来进行考察。只有这样，才能准确地把握徽州教育发展的原因、特点及其相互作用，才能把徽州区域教育史写出特色来。李琳琦同志因为有较厚的徽学功底，熟谙徽州的经济史、文化史、社会史、政治史，所以他在确定徽州教育史作为研究的课题时，便能选择这一具有开拓性的视角，从题目来看，就是一部前无古人的新作。

事实是写史的原料。徽商活动和徽州地区教育发展的事实，主要是记述在徽州文献以及志乘、谱牒、笔记、小说中。由于徽商的"足迹几遍天下"，因而记述他们活动事迹的材料也"几遍天下"。这样，要把分散于各地的一些深层次的有关资料搜集起来，斯非易事。李琳琦同志在搜集资料的过程中是肯下功夫的。在《徽商与明清徽州地区教育发展》中，他征引的主要文献、论著就有二百余种（篇），采用的资料有上千条。特别是征引的一些村志、镇志、书院志、文集、笔记，或是抄本、或是稿本、或是影印本，采摘的资料是第一次面世，因而更显得弥足珍贵。在这部著作中，不仅引用了大量前人留下来的资料，而且还介绍了今人的有关专著、论文，提供了有关学术研究的最新信息。这部著作中的不少论述，便是在学术界已取得的成果的基础上，通过大量资料进一步加深了论述，使论点更加鲜明，也更具说服力。

"论从史出"。这是前人治史的经验之谈。李琳琦同志在这部著作中，以翔实而丰富的资料为基础，提出了一些别人未曾提到、也未曾注意的新问题和新论点。应该说，这是著作中的闪光之处。诸如，宋代以来，徽州官学为何得到迅速发展？清代官居户部尚书的歙人曹文埴曾经说："新安之学所以著者，曰朱子故也。"这种解释虽无不对，但失之笼统。李琳琦同志根据所掌握的材料，进行了分析，"认为以下两点是非常重要的"：其一，地方官对教育的重视；其二，徽州士民对官学的热心支持。他从这个"具体层面"剖析徽州官学发展的原因，确有独到之处，也是未曾有人提及的。特别是地方官重视教育对徽州教育发展所起的作用，他引用了不少资料进行了论述，我觉得应是合乎事实的。在这里，我可以列举历史上与此相同的两个事例，作为它的旁证。（1）人所共知的"文翁化蜀"。文翁，今安徽舒城人，曾为蜀郡守，他见该地"僻陋有蛮夷风"，一方面选"开敏有材者"的郡县小吏到京师学习，一方面在成都修建学官，"招下县子弟以为学官弟子"，以致蜀地重教风气大开，"由是大化"而"比于齐鲁"。这是地方官重视教育而导致文教大兴的首例。"但见文翁能化俗"的事实，也因此而千古传为美谈。（2）这是一件既为人知又鲜为人知的事例。所谓既为人知，那便是从明末到清中叶，在今桐城、枞阳境内，兴起了以方（望溪）、戴（名世）、刘（大櫆）、姚（鼐）为代表的桐城古文派，在文坛上盛极一时，曾有"天下文章其出于桐城乎"之誉。若问：从明末到清初，桐城境内为何涌现出一大批饮誉海内外的文人？关于这一点，可能就鲜为人知了。如果从"具体层面"上来回答这个问题，就应追溯到明末的桐城重教之风。而此风之起又是与当时地方官的倡导分不开的。明代万历时的学者焦竑，在他的《玉堂丛语》中记录了当时桐城一位地方官的事迹："胡若思，宰桐城，以爱民为本……暇日辄诣学宫，劝督儒生。故桐城人才独盛，皆公教也。"正是因为在明末"桐城人才独盛"，才有清代桐城派的崛起。由此可知，地方官重教兴学，振兴教育，对一方人才的培养，是起着很大作用的。上列"文翁化蜀"和胡若思"劝督儒生"，"故桐城人才独盛"的事实同李琳琦同志提出的徽州教育发达的原因与地方官的重教密不可分的论点，恰相吻合。

再如，关于徽州书院经费的经营管理问题，李琳琦同志在把握事实的基础上，认为它是采取"商业化"经营管理的模式，从而与他郡书院经费的经营管理有所不同。这是客观事实，但以往却不为人注意，更未有人从"商业化"的角度来对其经营管理进行论述。徽人将募集得来的书院经费，不置或少置学田，而是采取存（运）库或存典生息，也有的采取购买店铺出租以收取租金。其所以如此，道理也很简单。其一，徽州是一个群山环抱的山区，自宋代以来，就是人多田少，在这里可谓乏田可置。徽州的一些富商大贾就很少在本地"广置田园"。据徽州的志乘、谱牒记载，这里的"学田"数量也不多。其二，徽州在明清时期，是一个著名的"商贾之乡"，这里的商业气息比较浓厚。商人为书院捐资的同时，又采取"商业化"的经营管理方式，以"利润"养学，这也是合乎商道的。而这种"商业化经营"的观点，是李琳琦同志第一次提出来的。

李琳琦同志在《徽商与明清徽州地区教育发展》中，提出新问题、发表新见解的地方还有很多。如：书中认为徽州的学术思想并非是单一的程朱理学的天下，明中后期的阳明心学也曾统治了徽州讲坛百余年；徽州书院的官学化途径并非表现在官府对掌教权和经济权的控制，而是表现在书院招生被纳入官学化的轨道、书院生徒管理官学化两个方面；徽州书院的发展也并非像学界所言的是因为官学衰败所致，而是因为官学规模一定，无法满足徽州士子的求学需求使然。书中对明清徽州社学、义学和塾学等基础教育的考察亦不乏新的深化之处。此外，书中对徽州学校教育发展与徽商经济关系的具体解剖、对徽商与徽州教育结合的社会心理分析，以及对明清徽州商业社会中的教育整体特色的阐述等，不仅颇有新意，而且揭示出徽商与教育相互依存的若干深层问题，给人以丰富的启示。这些，我在这里就不一一详述了。

近些年来，徽学研究越来越受到学术界的重视而成为一门"显学"，这是我们感到高兴的事情。但更使我们感到欣慰的是，一批年轻的徽学研究者正在茁壮成长，这是徽学研究进一步繁荣的希望所在。在这里，我也希望李琳琦同志今后能进一步虚心向学，刻苦努力，为徽学的发展作出更大的贡献。是为序。

原载《安徽师范大学学报》（人文社会科学版）2001年第1期，有改动

《中国传统文化论纲》序

中国传统文化，是我们勤劳智慧的祖先在往昔的沧桑岁月中创造、积累起来的文化宝藏，它记录着五千年华夏文明的发展轨迹，展示了我们中华民族的伟大与辉煌。这份丰厚的遗产，是中国人民特有的，也是中国人民的骄傲！

所谓"传统文化"，应该说是一种"大文化"的概念，它涵盖的内容，不只是哲学、史学、文学、医学、民族学、人类学、考古学以及音乐、绘画、书法、伦理、道德、教育、社会习俗、宗教信仰等精神方面的东西，同时也包括诸如农业、手工业、商业、建筑、交通乃至饮食、服饰等等外显或内隐的行为特征和现象。文化是象征的总和，是人类共同创造的产物，也是人类创造能力的具体体现。中国传统文化，便是中华民族在以往各个历史时期中创造能力的整合，当然包括物质与精神两个方面的结晶。不过，当代人在"传统文化"这座宝山上钻探、采掘、冶炼的侧重点则是精神方面的层面，也即是在"小文化"这个圈子里辛勤劳作。过去，中国文化史的范围也大致如此。今天，"文化"的概念放大了，但由"小"及"大"要有一个过程，同时，写"大文化"也不是这本书所要完成的任务。

当前，社会主义两个文明建设，是全党全国人民一项艰巨而光荣的任务，其中，精神文明建设更是处于关键时刻。如何把传统文化中一些有价值的东西与现代文化的精粹交融在一起，形成具有中国特色的社会主义精神文明，这是需要大家共同关心的一个重大课题。我们作为高等学校教师，又是从事人文科学的教学与研究工作，应当参加到这个大课题的宣传与研究之中，从而为社会主义精神文明建设增添一石一瓦。所以，几年前，我们便有撰写关于中国传统文化一书的愿望。

正巧，1994年秋，省教委高教一处同志与安徽教育出版社总编童本道和编辑彭克明同志来向我们约稿，他们希望出版一本弘扬中国传统文化的读物奉献给高校的学生和广大青年同志，使之获得有关传统文化的知识与智慧，并受到中国传统文化中真、善、美的教育与熏陶，从而在两个文明建设中发挥生力军的作用。这样，便和我们的想法不谋而合。

近十余年来，随着改革开放的深入和发展，两个文明建设所取得的伟大成就是举世周知的。但也毋庸讳言，在前进的征程中，也出现了一些负效应。在精神生活领域里，大家议论最多的是：许多早已扔进了历史垃圾桶里的东西，如今又沉渣泛起，传统的道德、礼仪在一些人的头脑中非常淡化，人与人之间的伦理、情谊比较稀薄，在社会生活中，不时觉察到"天下熙熙皆为利来，天下攘攘皆为利往"的不良风气，有的见利忘义，有的甘愿充当金钱的婢女。此外，在一些城乡"反文化"现象也屡屡出现。凡此种种，这同我们民族优秀的传统文化，同社会主义的国度，都是格格不入的。

中国传统道德，一向重视做人，注重人生价值，把"舍生取义"作为人生最高的价值取向。而做人就是从"修身"做起，然后"齐家"以至于"治国"，认为只有"身修"才能"家齐"以至于"国治"。往日的那一套修身、齐家、治国的具体内容虽多已成为历史的陈迹，但按照今天的道德准则，吸取其中的精华，提倡做人，提倡修身，提倡建立温馨和谐的家庭，提倡报效祖国，提倡"先天下之忧而忧，后天下之乐而乐"，这在当前来说，还是完全必要的。顾炎武曾经说："天下兴亡，匹夫有责。"我们认为，在我们这个时代，宣扬和提倡社会主义精神文明也是"匹夫有责"的。基于这样的认识，我们几位志同道合的同志便利用教学之余，抽出一些时间仓促草成了这部书稿。

我们之所以将这部书稿定名为《中国传统文化论纲》，是从以下两点考虑的。其一，中国传统文化是指具体的文化，或者是物质的，或者是精神的。如兵马俑、《四书》、《五经》就是一种传统的文化。它虽然包含着至今仍有生命力的活的东西，但毕竟是过去留下来的已经过时了的东西，是一个死的东西。同时，中国传统文化具有二重性："既是财富，又是包袱"，既有正面效用，又有负面效应，而且二者往往是交织在一起的。因此要从中国传统文化中剥取活的东西，有积极价值、起积极作用的东西，必须要借助于逻辑的分析和理论的论证。只有这样，才能真正做到弘扬传统文化的优秀成果。其二，前面已经提到，传统文化的内容丰富多彩，所涉及的面也很广泛，要想在这篇幅不大的书里把它的方方面面都囊括进来，那是不可能的。所谓"论纲"，意为"举要"，也即是在传统的精神文化领域里，有选择地写一些影响深远、内在联系比较密切、现实价值较高的内容；同时，目前书店关于中国传统文化的书已有好几种，为了避免过多的雷同，既是"举要"，则取舍的自由度也比较大些。

在研究和表达的方法上，本书作者力图做到如下几个"结合"：一是史与论的结合；二是历史方法与逻辑方法的结合；三是微观分析与宏观把握的结合；四是历史的解释与现实的评述的结合；五是比较分析与实证分析的结合。要做好这几个"结合"是不容易的，但我们认为，从这几个"结合"来探讨中国传统文化，无疑是一条正确的路子，今后，我们将沿着这个路子前进，待再版时，一定会把本书修改得更好一些。

当前，在学术界掀起的传统文化研究热方兴未艾，大家见仁见智，硕果丰盈。我们在撰稿过程中，也参考并吸取了同仁们的一些成果，在此，谨致谢忱！

这本《中国传统文化论纲》，是按照各人的专业特长分工执笔的：历史地理环境部分是裴士京教授撰写的，哲学和教育部分是臧宏、郑晓江两教授撰写的，史学部分是张海鹏教授撰写的，科技部分是胡炳生教授撰写的，语言和文学艺术部分是朱良志教授撰写的。在定稿过程中，安徽教育出版社童本道总编和责任编辑彭克明同志都投入了一定的精力。由于写作的时间非常短促，加上我们作者其他的任务又重，以致在书稿草成后来不及精雕细刻。我们作为本书的主编，由于水平的限制，也未及进行细致加工润色，书中的错误不当之处，欢迎读者的指正！

安徽教育出版社1996年出版，有改动

（本文与臧宏合作）

《历史学新论点》序

霜雪之后，必有阳春。自然现象是这样，社会现象往往也是这样。在"四人帮"肆虐的年月里，史学领域是个"重灾区"。这里，先是"秋风萧瑟"，继之则是"万马齐喑"。史坛上除了"大批判"和"评法批儒"还在打打敲敲而外，几乎偃旗息鼓了。"四人帮"戕害历史，终究逃不掉历史的惩罚。十一届三中全会以后，中华大地上科学的春天到来了。经过清理污浊，拨乱反正，史学领域里又逐渐呈现出千红万紫各具芳姿的繁荣景象。这是合乎规律的必然结果。

十一届三中全会后的十年，是值得回顾、值得总结的。在史学领域里，由于不断清除"左"的思想的束缚，人们的思想被解放，以往所设置的禁区被打破，于是"双百"方针得到了贯彻，学术上自由探讨的气氛形成了；同时，这十年，又是自然科学日新月异迅速发展的十年，哲学社会科学也硕果累累，这对史学无疑也产生积极的影响和推动。因之，传统的观念、方法以及研究的课题范围、框架都有所突破、有所更新，从内容到形式几乎也是"旧貌换新颜"。另外，在对外开放政策的促进下，中外学术交流频繁，国外现代史学流派的新观点、新方法不断传入，也促进了我国史坛上更加斑斓纷呈。总之，这些新的东西都是在十一届三中全会路线指引下取得的。

当然，新的东西不能说都是尽善尽美的，它还需要经过不断修饰、完善的过程。特别是前几年引进的某些所谓新论点，还要分析、鉴别、批判，有选择地消化吸收，方能有益于我国史学的自身建设，保持马克思主义史学的纯洁性。但我们应该看到，新的东西大多是具有生命力的，当前史坛上出现的新论点，正是我国史学蓬勃发展的重要标志。

我们想，如能把这十年里史坛上出现的新论点摘录出来，汇编成册，这无疑会给广大史学工作者的教学与研究带来方便。基于这一想法，便约请中国人民大学、武汉大学、山东大学、华东师范大学、西北大学等40余所高校的60多位同仁，分工合作，以较快的速度、较科学的方法、较优质的取舍标准，将散见于数百种报刊、著作中的新论点，进行网罗剔抉，按专业、按问题集中归类，分别成《中国古代史新论点》《中国近代史新论点》《中国现代史新论点》《历史学新论点》《中学历史教学新论点》，由黄山书社付梓行世。

《历史学新论点》是一部学术工具书，它不仅能给大家提供方便，同时也为大家提供了信息。通过掌握国内、国外史坛上的信息，不仅"秀才不出门，能知天下事"，更重要的是能够使大家进一步打开思维的窗扉，向更高、更深的方向发展，用更新的角度思考、研究一些新的问题，取得最新的科学成果。这是可以预料得到的。

新论点是创新的结果。汇编这部学术工具书，又是旨在推动创新。我们知道，在学术这块园地里，不创新就无以繁荣，不创新就难以发展。史学更是这样。我国史学的历史源远流长，丰富多彩，这是举世公认的。之所以如此，一个重要的原因，就是不断创新。也可以说，创新是我国史学的传统。司马迁提出的名言："究天人之际，通古今之变，成一家之言"这就是倡导创新。这对后世产生了很大的影响。后来的史家，莫不主张治史贵在能提出新的"史意""史识"和"史法"，因而才有大量的新的史学名篇、史学著作不断问世。这种治史的优良传统是值得我们继承和发扬的。《历史学新论点》的编纂，便是一个尝试。

由于成书的时间仓促，再加上我们缺乏经验，纰漏失识之处在所难免，敬希读者教正！

黄山书社1991年出版，有改动

《中国考试制度史资料选编》序

中国是考试制度的故乡。

早在一百六十多年前，一位曾在中国居留过的英国学者说过：考试是"中国发明的"，它将"和火药与印刷术一样，使欧洲国家发生另一次的大变化。"（转引自邓嗣禹纂著《中国考试制度史》附录）说考试的"发明"权在中国，或者说考试的故乡在中国，古代的文献典籍，记述甚详，彰彰可考。

最早在用人方面提到"考"与"试"的文献，当推《尚书·尧典》。据载：当尧之时，洪水横流，众推鲧主持治水事。帝尧认为鲧为人不好，表示不同意，四岳乃说："试可乃已"（一作"试不可用而已"）。后来，要寻求继承人，四岳推举舜，尧曰："我其试哉！"经过"试用"，在舜继位之前，尧召舜："格汝舜，询事考言，乃言底可绩"（一作"询事考言，乃底可绩"）。这里提到的"考"与"试"，其含义当然不同于后世作为一种制度的考试，但它却反映了当时用人要经过"试"与"考"了。

尧和舜，是我国远古传说中的两位"圣人"，儒家誉之为理想化的人物。由于当时尚无文字记述，其人其事无从查考。有的学者认为，尧之试舜，乃我国考试制度的滥觞。此说自难成立。但《尧典》（上、下）问世的时代，或在此之前，即已初行考试制度，则应无疑问。因为存在决定意识，有"考"与"试"的存在，才能据以产生对远古社会的遐想，才有可能把传说中古人事迹"现代化"。总之，尧之"试"鲧、"考"舜，不能视为信史，但《尧典》所载，对于研究中国考试制度的历史，却有参考价值。

西周实行"选士"制度，在先秦文献中记载较多。当时选士已有明确的要求，有较简单的程序，有主持考选的各级官员，这在《礼记》《周礼》《仪礼》《尚书大传》以及其他典籍中均有记述。后世的经学家、考据家、史家对上述典籍所记选士的事实，大多认为可信。因此，可以认为，西周的选士是我国考试制度的萌生阶段，它对后世的学校考试、用人考试产生了深远的影响。

从西周算起，我国考试制度的历史，大约已有三千年左右了。若问中国的考试制度为什么出现这样早？我们的答复是：这与中国文明开化之早是一致的。中国是世界文明古国之一，素以具有悠久灿烂的文化著称于世。所谓文明，不外是物质文明和精神文明。物质文明是精神文明的基础，精神文明又反作用于物质文明。考试制度是属于精神文明范畴的，它是在一定的经济基础和与之相适应的上层建筑的条件下产生的。就上层建筑这方面的条件而言，一是学校教育，一是任官制度。因为学校要衡量士子的学习成绩和文化知识水平，需要考试，也即是后世所谓的"考试经业"。任官要别贤愚，也要通过"考选"。根据有关文献记载，我国在进入"文明时代"的门槛之后，学校即已出现。《孟子》里所说的："夏曰校，殷曰序，周曰庠学者三代共之，皆所以明人伦也"，校、序、庠都是学校。三代的学校，包括大学在内，不仅"学书""学射""学礼习乐"，更重要的是"学德"，只有这样才达到"明人伦"的目的。西周时期，教育与政治结合在一起，君师不分。正如《礼记·学记》所云："能为师然后能为长，能为长然后能为君。"学校教育是附属于政治的，自然受到统治者的重视。

至于任官，在夏、商、周三代，官员世袭，亦即世卿世禄制。虽然史籍上有汤举伊尹于滕臣，武丁举傅说于版筑的记载，但具体做法如何，则不得其详。不过，上述事实却反映了"选贤与能"的思想由来已久。周代的"选士"制度也是在这种任贤的思想指导下产生的。只是当时所"选"

的主要是士以下，大夫以上仍是世袭。但"选士"制度的出现，说明当时在任官方面已注意任用"贤能"了。

无论学校育才、政府选官，都要有一定的标准，有一定的评判其优劣的方法。这在当时，最为"合理"的做法莫如"考校"与"考选"。《学记》载："比年入学，中年考校，七年小成，九年大成。"学校通过对士子的"考校"，将优秀者一级一级地上报，直至"献贤能之书于王"，这是"乡学"。中央的"国学"，那里都是贵族子弟，也要通过"考校"方能分出高低级别。从士以下"选"出来的"贤"者"能"者，可授以官职，"入使治之，出使长之。"官员的拔擢、升格，也要通过考察，"因其才而用之"（《礼记·王制》）。重教和尚贤，是我国古代精神文明中的两个特点，并因此而孕育出初期的考试制度，从而把育才、选才、用才有机地结合起来。

自周代初行"选士"制度以后，我国的考试制度几经演变，并在历史的推移中不断发展。

春秋战国是我国社会大变革的时代，同样，考试制度亦处于大变革之中。就教育而言，由于学在官府被打破，私家讲学之风盛行，原来在"乡学"和"太学"里的"考校"制度逐渐破坏；而私人设教，注重于平日的考察，所以孔子对他的弟子，特别是"七十二贤人"，哪个品行最好，哪个学业最好，哪个长于聚敛，哪个长于外交，哪个长于斗勇，他都了如指掌。从整体上讲，私学里的考察，主要也是激励弟子的学习。所以，"学而优则仕"，不仅是孔子的主张，而且也是当时业已存在的事实。就任官而言，世卿世禄制处于崩溃之中，任官是择善而用。那么，何者为善？按照齐桓公用人的标准，便是："有居处好学，慈孝于其父母，聪慧贤仁，发闻于乡里者"（《国语·齐语》）。他号召大夫们把这类人"举"出来。到了战国，处士横议，"养士"之风兴起，各诸侯国从"养士"、游士中选拔官员较为普遍。至此，不仅世卿世禄制不复存在，而周代的"选士"制度也成为历史了。

两汉时期，我国的考试制度正式建立。汉代的"察举制"，是一种承先启后的任官制度，并奠定了后来科举取士的基础。所谓"察举"，是察其贤能，举以授官。汉高祖十一年（前196年）下的求贤诏，是实行"察举制"的第一份官方文件。其后，文帝二年（前178年），又下诏举"贤良方正、直言极谏者。"由此而有"对策""射策"亦即考试之法。策试是"上书言事"和"口试"相结合，但在西汉时，"孝廉"不要策试，只要"举"出来了，即可授官。东汉顺帝时，尚书令左雄改制，规定各郡国"举"出的"孝廉"，"皆先诣公府，诸生试家法，文吏课笺奏"。先"举"而后"试"，"练其虚实，以观异能，以美风俗"（《后汉书·左雄传》）。至此，汉代的"察举"，实开后世任官考试制度化的先河。

两汉学校考试制度，亦已初具规模。在京师的太学和地方的郡国学里设有各种考试科目，考得好的"补官"或深造，差的"留级"，有的还要"补试"。光武中兴以后，不仅太学和郡国学里的学生要考试，就是太学里的老师——博士，也是"始试而后用，盖欲其为人之师范，则不容不先试其能否也"（《文献通考·太学》）。

魏晋南北朝时期，由于长期战乱，"人士流移，考详无地"；再加上原来的"察举"又弊窦丛生，于是改行"九品官人法"，即九品中正制。其做法是："郡邑设小中正，州设大中正。由小中正品第人才，以上大中正，大中正核实，以上司徒，司徒再核，然后付尚书使用"（《二十二史札记》卷八）。中正官是负责推选与铨叙，其方式是"评定"而不是考试。后来，由于"计资定品"，造成"上品无寒门，下品无世族"。但就在实行九品中正制的同时，察举也未全废。早在魏明帝时，杜恕即上疏坚持行"察举"，其中提道："其欲使州郡考士，必由四科，皆有事效，然后察举，试辟公府"（《三国志·魏志·杜恕传》）。结果，杜恕的建议未能实行。在东晋南朝时期，州举"秀才"，郡举"孝廉"亦间有经过策试的。梁武帝曾在一道诏书中规定："虽复牛监羊肆，寒品后门，并随才试吏，勿有遗隔（《梁书·武帝纪》中）。"这是在实行九品中正制的同时，"甲科间出"的实例。

这个时期，由于疆土分裂，战争频繁，政局不稳，以致文教不兴，故学校考试无可称道之处。

隋唐时期，废九品中正制，行科举考试制，这是我国考试制度史上划时代的一项改革。从隋末（607年）置"进士科"始，以迄于清末（1905年）废止，科举考试制在我国实行一千三百年。像延续这样长的一种制度化、规范化、系统化的考试制度，乃是举世所无唯我独有的。

科举考试创始于隋，而完备于唐。此后各个时期在考试科目、方式等方面虽不尽相同，但就这一制度的整体而言，均未出唐代的范围。科举考试大体分地方考试和京师考试。元明清各朝，在地方的考试为"乡试"，在京师的考试为"会试""殿试"。"乡试"及第可否任官，各代规定不一，但"会试""殿试"及第后，先是取得出身资格，然后即量能授职。由于科举考试是国家任官择人的主要途径，以致一千多年来，在这条仕进之路上，士子趋之若鹜，一旦金榜题名，富贵亦随之而至。

科举考试是学校教育的"指挥棒"，学校教育是科举考试的附庸。从隋唐到清末，学校教育也日益发展，教育制度也愈益完备。京师太学和地方府、州、县学，都有不同的培养目标和不同的教学内容。就学校考试而言，一般都有较为严格的"岁考""季考""月考""旬考"等。不仅有学业考试，而且还注重品德考查。重视德育，是这一千三百年中学校教育的一大特点。

清末，封建制度日薄西山，维新思潮汹涌澎湃。在此形势下，清政府被迫下诏"兴学堂，废科举"。民国建立后，文官考试一方面沿袭"本国固有"的考试陈规，一方面又采用了欧美考试的"良法"。并实行考试与行政、立法、司法、监察五权分立制度。设考试院主持全国考试，并颁行考试法，文官考试制度较为完备。

民国时期，各级各类学校均有较完整的考试制度。学校考试是为"育才"而设，它与选官授职一般不联系在一起。当时在苏区和解放区由于军事、政治的需要，在各类学校、训练班以及成人理论、文化知识学习班中，亦有相应考试制度，这对各级各类人才的培养与选拔，起了一定的作用。

上述事实告诉我们，几千年来，我国的考试制度，一直是瓜瓞绵绵，根深叶茂。它也是我国传统文化宝库中一份值得珍视的遗产。从一定意义上说，它对民族的繁盛，国家的统一，文化科学的发达，国民素质的提高，民族凝聚力的增强，都是功不可没的。

首先，考试不仅是"选贤与能"的一种手段，而且也是人们步入仕途的一种"平等竞争"的手段（在剥削阶级统治的社会里，是不可能做到真正的公平与平等的）。从周代"选士"制度产生的情况来看，当时官员世袭，他们的子弟，无论善恶贤愚，都是前辈爵禄的继承者。因此，王侯公卿与庶民百姓之间，有一条不可逾越的鸿沟。自"选士"制度出现以后，世卿世禄制即开始动摇。因为"世官"是据血统以继承，"选士"乃是依"贤能"而授职，亦即是"匹夫有善可得而举也"（《国语·齐语》）。用"善"的标准取代血统的标准，无疑是一种进步。同时，"选士"择贤制度也促进了"尚贤"思想的发展。在我国古代，贤才思想萌生较早，及至春秋战国之际，无论是政治家、军事家乃至儒法道墨诸家，莫不多从理论与实践上讲述"尚贤"的重要，提倡"有能则举之"。古代的"尚贤"思想与任官考试制度，是互为表里的。

其二，考试制度也促进了学校教育的发展。古代的考试制度，无论是"选士""察举""科举"，都离不开文化知识水平。先秦时期，提倡"积文学，正身行，能属于礼义，则归之卿相士大夫"（《荀子·王制篇》）。"察举"也要"举"那些"好学明经"之士。至于科举，非有较深的学识莫敢问津；即使是武科，也要举"通晓兵法，谋勇出众者。"举出来后，考试是"先策略，后弓马。""通晓兵法"和考试"策略"，没有一定的知识基础也是不能中试的。而应试者的知识、学问又多赖学校的培养。因此，学校教育与考试制度是相辅而行的。在"察举"和"科举"时代，学校教育内容、培养目标，差不多都是随着"察举"和"科举"这块磁石而转动。例如：唐代中央六学——国学、大学、四门学、律学、书学、算学，与科举常科考试科目——秀才、明经、进士、明法、明书、明算大致是"对口"的。地方的郡（州）、县学校，也主要是培养"贡举"人才，有一部分是升入太学。再如：明代"科举必由学校"，因此，兴科举也必先兴学校。在明初，"监生与荐举人才参用"，以致太学和府州县学蓬勃兴起。"一再传之后，进士日益重。""宦途升沉，定于谒选之日"（《明史·选举志》一）。在以科举考试为获得官宦的主要途径的情况下，学校教育更加发展。有明一代，"自儒学外，又有宗学、社学、武学。"这类学校的设立，也多是适应科举考试的需要。《明史》作者早就指出：明代"科举视前代为盛"，而"明代学校之盛，唐、宋以来所不及也。"由此可知，当时的科举考试与学校教育是同步发展的。

学校教育（包括私人办学）的发展，是科学技术和学术研究创新，发展的前提条件。我国古代，无论哲学、史学、文学和科学技术，一向居于世界前列，这与学校教育的发展是一致的。特别是汉、唐、明这几个"盛世"，学校教育促进了文化科学的发展更为明显。而考试制度在一定程度上既影响学校教育，又影响了文化科学和学术研究。例如：宋、元、明时期的经学研究，取得了巨大的成果，不能不与当时的"经义取士"有一定关系。尽管早就有人指出：以"经义取士"并非"善制"。

其三，在我国几千年的历史长河中，考试制度对于民族的融合和国家的统一，也起了一定的作用。在我们这个地域辽阔、民族众多的国家里，各民族长期聚合于一个大家庭中，虽也出现过短暂的分裂局面，但总是离而不散，分而后合。这除历史的因素和经济、政治的纽带作用以外，还有一个不容忽视的文化思想并由此而形成共同心理的纽带作用。而这种作用的产生，考试制度在客观上是有"一臂之力"的。何者？因为通过考试制度，把各个时期的任官制度、取士标准、教育内容大体上统一起来了。自秦代大一统的封建集权国家建立以后，凡是由中央实行的考试制度，都远播边陲。散居于边境的各少数民族，也大多依照中央关于开科取士的规定，参加"竞争"式的考试。即使在分裂割据时期，少数民族的政权，也是仿照中原王朝的制度选官设教。至于考试内容，自汉代"独尊儒术"以后，无论"对策""射策""科举"，莫不多以儒家经典及其注疏释义为教本。翻开我国古代史乘，即可发现，历史上的各个封建王朝和一些少数民族建立的政权，大都是尊孔崇儒的。究其原因，当与考试制度不无关系。在将近两千年中，考试本于儒家经学，学校教授的也主要是"子曰""诗云"之类的儒家经典，尊儒成为社会风尚。因之儒家倡导的伦理道德、大一统思想、仁政主张、中庸之道等等观念，在人们的思想领域里扎下根来，形成具有特色的共同心理素质。统一的文化思想和共同心理素质中的精华部分，则是民族凝聚力的"添加剂"。

其四，中国的考试制度，对西方产生了积极的影响。中国考试制度的西传，据考证，较集中的时间大体是两次：第一次是明末耶稣会士来华，他们归国后，介绍了中国的考试制度；第二次是鸦片战争前后，英国人把有关我国考试制度的文献资料，带回本国，旋即建立一种公职竞争的考试制度。此后，英国的考试制度传到了欧洲其他国家和美国。诚如孙中山先生曾经指出的："现在各国的考试制度，差不多都是学英国的。穷流溯源，英国的考试制度，原来还是从我们中国学过去的"（《总理全集》第一集（下册）845页）。历史事实正是如此。当我国实行"察举"制的时候，欧洲还处在野蛮落后的奴隶制阶段，尚不知考试为何物；当我国科举考试制已实行一千多年时，欧洲在用人方面还在搞"个人瞻询"与"政党分肥"。我国考试制度的西渐，则使西方的任官制度、教育制度为之一新！

当然，回顾我国几千年的考试制度史，自亦有其暗淡的一面。在剥削阶级掌权的时代，考试不可能有真正的"平等""公正"的竞争，不可能通过考试使"贤才""人才"都能脱颖而出。不论哪个朝代，都是"朝有倖进之臣，野有抑郁之士。"诸如大家所熟知的："举秀才，不知书；举孝廉，父别居。""上品无寒门，下品无世族"，乃至"贿通关节"、窃取功名的情况，在在多有。特别是明清时期的科举考试，其考试的文体、内容、方式都极大地禁锢了知识分子的头脑、阻碍了民主思潮的产生。实际上那是用考试来强化思想统治，巩固封建专制制度。在这个时期，科举制也扼抑了科学技术的发展，阻滞了生产力变革生产关系的进程。但所有这些，主要是出在社会制度，而不在作为衡量、评价人才优劣、高下的一种手段——考试本身。因此，作为一种手段来说，我国的考试，确实是"最古"的，也是"最好"的（孙中山语）。

纵观我国考试制度的历史，犹如一座蕴藏丰富的宝藏。从"古为今用"的角度出发，是值得开发、值得提炼的。本着这个目的，我们组织安徽师范大学的裘士京、周怀宇、李琳琦、谢青、谭文凤、吴徽英、房列曙、刘灿华诸同志，先行搜集材料，并从中筛选出一百四十余万言，按时代分类编排，定名为《中国考试制度史资料选编》，由黄山书社付梓行世。在编辑这部资料过程中，责任编辑程德和同志出力甚多，在此，谨致谢意！

黄山书社1992年出版，有改动

（本文与杨学为、朱仇美合作）

《明史论文集》序

  1995年8月，中国明史学会和朱元璋研究会在凤阳召开第六届明史国际学术讨论会，这本集子便是从与会学者提交的论文中选编的，自然也是这次学术会议的一项成果。

  在凤阳召开明史学术会议，几乎是学者们的共同夙愿。记得1985年秋，第一届明史国际学术讨论会在黄山汤泉宾馆召开时，就有不少与会同仁提出"回到老家"开一次明史会的建议，而且希望殷切。相隔整整十年，大家的愿望终于成了现实，这是值得庆幸的。

  说凤阳是明朝的"老家"，乍听起来，似乎是带有风趣意味的话，其实，这是史家说史。人所共知，凤阳是明朝开国君主朱元璋的"帝乡"，当年那些驰驱疆场、洪武新贵中的淮西集团，便是从这里发迹的。按照以往的说法，她是一代王朝的"龙兴"之地，如果要写一部明朝开国史，那是应当从这里下笔的。从这个意义来说，凤阳当然是明王朝的"老家"了。

  我们在几天的会议中，凤阳——这个古钟离之域，每天都沉浸在浓郁欢快的气氛之中。通过会前传媒的连续介绍，对于这次会议的召开，凤阳城乡几乎是家喻户晓。"老家"的领导和人民为能首次迎来180多位中外嘉宾而深感无比兴奋与自豪；治明史的中外学者对在明代"老家"受到盛情友好的接待也感到十分快慰而赞不绝口。实事求是地说，这是一次异乎寻常的学术盛会。

　　会议结束后，"老家"的几位领导又组织人力编辑了这本论文集，算是为这次盛会画上了圆满的句号。在此，谨代表学会和与会同仁再次向凤阳的领导和人民表示真诚的谢意！

　　在论文集付梓之前，主编要我写几句开头语。在这里，我没有涉及论文集的内容，也没有从学术的角度对这次盛会进行总结。我之所以如此简单地记述一下这次会议的前前后后，只是想对第六届明史国际学术讨论会留下一点"实录"。这虽曰"序"而实际上是不能成为"序"的。

黄山书社 1997 年出版，有改动

《红巾军领袖刘福通》序

元朝末年，四海鼎沸，群雄纷起，其性质各有不同，但从农民革命来看，刘福通称得上是叱咤风云并为"天下倡"的首领人物。他领导红巾军起义后，纵横驰骋，"官军无如之何"。在异常激烈的反元斗争中，刘福通拥立韩林儿建立宋政权。事实上"林儿徒拥虚名，事皆决于福通"①，刘福通是宋政权的实际领导者。在农民革命斗争史册上，刘福通的活动事迹，留下了光辉的一页。

披览史乘，我们即可发现，六百多年来，对刘福通其人其事的评价竟是毁誉各异的。在明初，辱骂韩林儿、刘福通最厉害的是以朱元璋为首的当权者。他们在榜文、诏诰、文书、史籍中，都用恶毒的言辞对他进行攻击和诬蔑。在1366年的《平周榜》中，就大骂韩林儿、刘福通"根据汝、颍，蔓延河、洛"，"焚烧城郭，杀戮士夫，荼毒生灵，无端万状。"称红巾军为"妖贼"，并将所谓"妖党之祸"与"胡兵之毒"并提②。后来，他在即位文告中，竟将刘福通与左君弼、熊天瑞乃至陈友谅、张士诚并列为"戡定"的对象，其评价可想而知。明王朝建立后，朱元璋急忙下令修《元史》，而担任元史"监修""总裁"的李善长、宋濂、王祎等人，又是朱元璋统治集团中的人物，因之《元史》里凡提到刘福通领导的红巾军，都一无例外地斥之为"贼""安丰贼""妖贼""妖寇"。不仅如此，在明

---

① 高岱：《鸿猷录》。
② 《明太祖实录》卷二十，二十九。

初，就是私人写的野史、笔记，也都称刘福通的起义是"造乱"，刘福通是"汝颍盗"之首，这与当时的政治气候是保持一致的。对此，明人曾有评论曰："得则为王，失则为虏。"①明初的政治家们，之所以如此辱骂红巾军起义，诬蔑攻击刘福通，还在于为了"洗清"他们与宋政权的关系，表白与韩林儿、刘福通划清了界限，以示大明王朝的建立是受命于"天"而非借之于"贼"。以往史书中的"曲笔"，都是源于政治背景，明初的政治家、史家对刘福通的贬斥，也是一种"曲笔"，是完全出之于政治的需要。

到了明代中期以后，出之于史学家之笔，对刘福通的评价则与明初不同了。因为此时"讳言龙凤事"的政治气氛已不复存在，一些饱学之士不仅敢言"当代史"，而且想用史学服务于"经国安邦"，于是对元末明初这段历史，能够比较客观地进行述评，也比较敢于"直书"。下面拟介绍几位有代表性的人物对刘福通的评论，以见一斑。

其一，高岱的评价。高岱，嘉靖进士。所著《鸿猷录》，对"我皇祖之开创，劳心金革者二十余年"之事迹，非常重视。在该书《宋事始末》一节中，肯定了刘福通的功绩。他说："然则刘福通者，盖将为我圣祖先驱定中原者乎！不然察罕之兵，且萃于江南矣。虽然，我圣祖之开创，于宋无所毫发藉，抵以和阳一命，奉之终身。盖自癸卯（至正二十三年）以前，惟南剪群雄，而未尝加一矢北向者，以有韩林儿在颍、亳间，故弗与争雄耳。否则，中原形胜之地，岂在所后耶！"他肯定宋政权对朱元璋"南剪群雄"所起的屏蔽作用。这同朱元璋和明初的一些儒臣们歪曲和回避宋政权与朱元璋之间关系的这段历史，诋毁韩林儿和刘福通的活动就迥然不同了。

其二，李文凤的评价。李文凤，嘉靖进士。所著《粤峤书》《月山丛谈》在《明史·艺文志》中均有著录。《中国史学家辞典》将他列为史家。他对刘福通评价之高，是前所未有的。他说："秦民暴虐，陈胜、吴广斩

---

① 《国初群雄事略》卷一引李文凤语。

竿揭木以为天下先。虽寻就覆亡，后之议者犹曰秦民之汤、武也。胡元非我族类，重以庚申不君，民不聊生。韩氏父子、君臣起义，号召天下，天下云合响应。群雄并争，不谋而同。然当是时，据河南，荡山东，躏赵魏，跞上都，入辽东，略关西，下江南，大抵尽宋之将帅，不谓之中国之汤武不可也。真人龙兴，定鼎建业，处汉、吴二强寇之间，东西扫荡，从容指挥。元之不能以匹马只轮临江左者，以有宋为捍蔽也。韩氏君臣非特有功于中国，其亦大有功于我大明也乎"！李文凤把韩林儿、刘福通比之汤、武和胜、广，指出他们揭竿起义，不仅有"功"于打击元朝的统治，也有"功"于"我大明"的建立。这种评价，基本上是合乎事实，持论也是新颖的。

其三，朱国桢的评价。国桢，万历进士，撰有《皇明开国臣传》《大政记》等多部明初史著作。他虽也称元末"群盗叠起"，但他对刘福通还是基本肯定的。他说："福通虽以韩氏父子为名，实用事倡始……即太祖亦称其年号，藉其声势……龙凤年号用之几十余年，乃克剪灭（群雄）。"朱国桢也同样认为刘福通起义，是有"功"于朱元璋消灭群雄、推翻元朝统治的。

从上述三例中即可看出，史家在不受政治过多干扰的情况下，他们叙述史事、评论人物，大抵还是较为客观、公允的。在这里，我还想介绍万历时人编的《朱枫林集》所附《翼运绩略》中的一则记述，看看当时是用什么样的言辞来述说刘福通的。《翼运绩略》中关于朱元璋援救安丰一事是这样记载的：当刘福通派人来请援的时候，朱升和刘基的看法不同，刘基谏勿"轻出"，朱升则劝朱元璋"亲征"。他说："福通纳款求救，若迁延坐视，不惟阻豪杰修好之心，且示弱于敌也。"这一事实为其余史书所不载，因此，是否为朱升当时所言，现已无从稽考。但我们至少可以得知，万历时人已认为刘福通遣人前来求救是"豪杰修好之心"，足见他们对刘福通是赞颂的。

明代中后期史家，之所以如此评说刘福通领导起义的功绩，是由于他们生当明王朝国运衰微之际，为了要叙述"大明"的江山得来不易，因而便较为真实地介绍了朱元璋与宋政权之间相互关系的历史，从而肯定了刘福通的起义对明王朝建立所起的作用。也就是说，他们是从提醒朱元璋的"龙孙"们要注意守成这一目的来写这段历史的。高岱明确表示他写《鸿猷录》的动机："岂独为往已哉"，而是为了现实。

当然，要对刘福通其人其事作出真正合乎科学的评价，是马克思主义史学在我国传播以后。近几十年来，史学工作者在"重新研究历史"的思想指导下，把刘福通放在农民革命的戥盘上，用科学的理论来分析具体事实，指出他领导的起义是一场反抗民族压迫和阶级压迫的阶级斗争，继承和发扬了中国农民革命的光荣传统，从而肯定了他的历史地位。

1996年3月，界首市为了弘扬当年在本地区爆发的这场农民革命的历史，主持召开了"刘福通学术讨论会"，与会学者在总结以往研究成果的基础上，对刘福通起义的性质、历史作用和历史地位进行了深入的探讨，既扬弃了封建时代对刘福通的诬蔑，也纠正了以往不适当的过高评价，从而取得了可喜的收获，进一步推动了元末农民战争史的研究。

在这次学术讨论会上，学者们还就过去未曾搞清楚的一些历史事实问题，结合新发现的材料，通过考辨取得了新的成果。诸如：

一，关于刘福通的生地问题。以往史书的记载多是大范围的地域且不一致。这次与会的学者们，以历史文献材料为线索，证以《刘氏家谱》和出土文物，找到了刘福通在今界首市的故居，从而把刘福通生地问题解决了。

二，关于刘福通首义地点问题。十几年前，邱树森先生曾撰文提出这次首义地点不在河北永年而在颍州。这一新的见解，引起了学术界的重视。在这次会议上，大家不仅根据文献记载并参考新的资料进一步证实邱先生的看法是正确的，而且明确了这次首义的地点就是在今界首市境，从而澄清了以往记述不确切的一个事实，这也是研究元末农民战争史的一大收获。

刘福通领导的起义，纵横驰骋十余年，其活动事迹很多，"惜载籍泯泯，莫究万一"①。因此，在以往记载中歧异之点也比较多。其中，刘福通是怎么死的，有两种记载。在这次界首学术会议上，大家也是见仁见智，看法不一。从编辑在这本文集中的文章来看，则是持刘福通与韩林儿一同沉于瓜埠的看法居多。对此，我想占用一点篇幅，排比有关史料，谈一点意见，供大家进一步讨论。

关于刘福通之死，最早的记载是：一，《明太祖实录》谓：至正二十三年（1363年），张士诚将吕珍攻刘福通于安丰，入其城，杀福通等。《通鉴博论》仅提廖永忠沉韩林儿于瓜埠，未提有刘福通，对他的死未作交代，似与《实录》同。二，《国初事迹》和《庚申外史》记张士诚遣吕珍围安丰，福通奉林儿弃安丰遁于滁州居之，后韩林儿与刘福通"俱亡"于瓜埠。俞本《纪事录》所记本此二书。

对于以上两种说法，我觉得尚难肯定后说为是，其理由如下：

一，如何看待《明太祖实录》的可信度。持刘福通死于瓜埠说者的主要理由是《明太祖实录》的"舛误"之处很多，因而所载刘福通死于安丰的事实不可信。关于《明太祖实录》的"舛误"处，前人已有"辨证"，但所记刘福通的死未必也是"舛误"。因为：（一）刘福通的死距离朱元璋称帝只有几年（无论是死于安丰还是死于瓜埠），朱元璋在即位文告中还提到刘福通，《实录》所记当是根据原来的档案材料，不大可能是误记。（二）我们今天见到的《明太祖实录》是永乐时两次修订的。原《太祖实录》修于建文朝，当时记韩林儿、刘福通事迹，已无必要篡改这一事实；况且参与篡修《太祖实录》的儒臣，有的就是从元末群雄纷争中过来的，属于当时人记当时事，所记未必不可信。至于永乐初篡改《太祖实录》也无必要篡改刘福通死的记载。（三）《明太祖实录》既然记载了廖永忠沉韩林儿于瓜埠，如果刘福通也与林儿同死，为什么不记福通？反正林儿沉于江，"帝以咎永忠"了，如果再加一个刘福通，其"咎"还是由永忠负。通过"赐永忠死"，表明太祖是不昧于大"义"的，官修《实录》可以堂

---

① 《国初群雄事略》卷一引李文凤语。

而皇之地记载这一事实。（四）清初钱谦益曾专题作过《明太祖实录辨证》，但都未"辨"刘福通的死，这也值得我们思考。

　　总之，无论是朱元璋或者是他的儿孙，均无必要在刘福通死的问题上歪曲事实，因而《明太祖实录》对此事的记载很难说不可信。

　　二，关于《庚申外史》和《国初事迹》的可信度。这两部书都是私人写的野史。《庚申外史》的作者权衡，元末隐居于太行山、彰德府黄华山，所记元顺帝时史事，前人已经提出："所言多与元史相合"，但也有"渺无可据"者[①]。清初钱谦益也说："《庚申外史》以北人记南事，多所未核。"[②]因此，他记刘福通的死，当得之于传闻，未必就属实。《国初事迹》的作者刘辰，金华人，汝颍红巾军起义后，他在南方任吴王典签，并常走于两浙。所记刘福通事迹，又属南人记北事，亦未必皆可信。关于该书所记刘福通死于瓜埠事，明人王世贞在《史乘考误》中即已指出："（刘）辰所记福通奉林儿退居滁固误，意者，林儿得脱之后，尚拥虚器于滁耶？"他是否定刘辰的记载的。

　　三，明代其他史书关于刘福通死的记载。这里，先介绍郎瑛的《七修类稿》。该书在"刘福通"条记："至正二十三年，（福通）为张士诚将吕珍入安丰袭杀之。"在"韩山童"条记："福通奉伪主遁安丰，寻俱败死，独林儿至正二十七年（当为二十六年）方死。"就是说，瓜埠沉舟，林儿"独"死，没有福通。其次，再看看高岱的《鸿猷录》，其中关于刘福通死的记载，完全同于《太祖实录》："癸卯（至正二十三年）二月，张士诚遣将吕珍率兵攻安丰，杀刘福通据其城。"明末，谈迁的《国榷》亦载吕珍攻安丰，杀福通。关于叙述瓜埠沉舟事件时，引了王绂的《感古》诗，其中有"宜兴杨统帅，其义亦堪怜。兴言感龙凤，连贬勿自全"句。"杨统帅"即杨国兴，其时任"右翼元帅，守宜兴。"据说杨国兴得知廖永忠沉林儿及其全家，深感这是不义，认为"当存其后"。如果这首《感古》诗记事有据的话，说明杨国兴也只义"怜"林儿后代，而未提及福通，这也

① 《四库全书总目》卷五十二。
② 见黄云眉《明史考证》第四册第1127页。

是福通非死于瓜埠的一条旁证。在明代，记述福通死于安丰的还有陆深的《平胡录》等书。

四，清代史家在著作中关于刘福通死的记述。清代史家考证明朝史事和著述明史的很多，其所记刘福通的死，多采自《明太祖实录》。诸如：《明史纪事本末》《明史稿》《明史》《明书》（系指傅维鳞著）《罪惟录》《明通鉴》以及《续资治通鉴》等一些有代表性的明史著作，都是记刘福通死于安丰之战。这里，要特别提到的是官修《明史》。关于刘福通与韩林儿的死，它是这样记载的：至正二十三年，"张士诚将吕珍围安丰，林儿告急于太祖。太祖……遂亲帅师往救，而珍已入城杀福通，太祖击走珍，以林儿归，居之滁州。明年，太祖为吴王。又二年，林儿卒。或曰太祖命廖永忠迎林儿归应天，至瓜步，覆舟沉于江云。"《明史》多取材于《明实录》，这是毫无疑问的，但是，《明史》馆的史臣们对《明实录》并非一概照搬。他们在修史过程中，"聚官私之记载，核新旧之见闻"，"文期共喻"，"事必可稽"。对于有些记述歧异而又难于稽考的事，则加"或曰"，将几种说法并存。《明史》在《韩林儿传》中，就是把"林儿卒"加"或曰"舟沉瓜步。而对刘福通的死则未加"或曰"了。由此可以看出史臣们是不赞成刘福通死于瓜步的说法的。史学和考据学向有不解之缘，且清朝又是考据学大兴的时代。清人修明代的史书，未有不经过"博考"的。像万斯同、王鸿绪、查继佐、傅维鳞、夏燮诸大家写史都较为严谨。他们都未认为《实录》所记刘福通的死成为疑问，尤其是夏燮的《明通鉴》中附有《考异》，竟也未"考"刘福通的死，恐怕也不是由于疏忽。

清人考明史的著作也不少。如：潘柽章的《国史考异》则采刘辰《国初事迹》说，认为"福通盖非死于珍者也。"钱谦益在《国初群雄事略》中，对刘福通的死摘录了各家之说后，未下断语。他说："据《实录》，刘福通为吕珍所杀。《国初事迹》则云，福通奉林儿遁于滁州。《庚申外史》则云：丙午冬，与小明王俱沉于瓜洲。二说未知孰信。《史乘考误》以刘辰所记为非，然《洪武实录》多舛误，又讳言龙凤事，吾亦未敢以为信也。"钱谦益对"二说"是持谨慎态度的，因而没有能轻信一说。

从事实的分析来看，说刘福通在安丰之战中被吕珍杀死，并非不可信。因为这次战役，吕珍率二十万大军压境，安丰城内乏食，饥饿严重。刘福通的疲困之卒，何能敌二十万之众？因之城破被杀很有可能。退一步说，设福通未死，在朱元璋率军打败吕珍之后，刘福通完全可以收拾残部，重整旗鼓，仍奉林儿于安丰，而朱元璋还不便把他们两人都"迁"到滁州来。再说，此时朱元璋的劲敌是西陈东张，而与韩林儿、刘福通，还可以继续维持一段时间的"修好"关系，到必要的时候再来"戡定"他们，也为时不晚。对此，清人赵翼分析得很透辟。他说："按是时群雄多奉林儿龙凤年号，明祖亦因之……已居天下共主矣。福通其宰相也，权位并在明祖之右。吕珍已为明兵所败，并获元将忻都，走左君弼，使福通不死，必仍奉林儿居大位，以号召天下，其肯退居于滁，寄人篱下耶？是珍之杀福通，自是事实。福通既死，明祖奉林儿于滁，则已在掌握中。"[①]上述分析不无道理。

我在粗读这本论文集的校样稿之后，受到启发，于是重新披阅了有关刘福通之死的各种记载。掩卷深思，感到史籍上的两种说法，都还存有疑窦，未敢从其一说。于是我便想起王世贞在《史乘考误》引言中说的一句话："其龃龉而两有证者，吾两存之。"对于刘福通的死，我也觉得两说都有依据，不妨两存其说。至于进一步究明事实真相，则可以俟诸异日。

界首的同志和黄山书社赵国华同志在编辑这本论文集时，嘱我写几句话置于弁首。便不揣简陋，罗列了一些史料，并略作分析。所提一点粗浅的看法，不过是大家引玉，我来抛砖而已。是为序。

黄山书社1996年版，有改动

---

① 《廿二史劄记》卷三十六。

《洪武皇帝大传》评介

朱元璋是中国历史上一个引人瞩目的重要人物，他不仅是明王朝的开国君主，而且有着从小行童到大皇帝的不寻常经历。六百多年来，学者们以他为题材，撰写过不少的文章、专著。近读陈梧桐新著《洪武皇帝大传》（河南人民出版社出版，以下简称《大传》），深感这是一部有较高学术价值又有较强可读性的历史人物传记。

《大传》洋洋五十余万言，诚为朱元璋传记中前所未有之巨制。与原有的同类著作相比，它不仅挖掘了许多新的史料，订正了不少史籍记载的错误，而且大大拓宽了研究的领域，加深了论述的深度，具有重要的学术价值。

据初步统计，该书征引的史籍近三百种，引用史料三千多条。其中，有些还是作者首次发掘、征引的。例如，朱元璋在审理"蓝玉党案"时，曾敕命翰林院官录取蓝玉党人供词，辑为《逆臣录》公布于众。但此书流传下来的极少，仅有几个大图书馆的善本室藏有手抄本，过去从未有人征引过。《大传》首次征引了此书的材料，使细节的叙述更加具体而准确。

在掌握大量史料的基础上，作者大大拓宽了朱元璋研究的领域。翻开《大传》，人们便可发现，其中"任用贤才与开通言路""开明的民族政策""睦邻外交与御倭斗争"等几个专章以及"转化为地主阶级代表人物""宽猛结合、恩威兼济的统治策略""居安虑危，处治思乱"等几个专节的内容，是前人写的朱元璋传记著作所没有的。

　　《大传》的学术价值，还在于作者具有深厚的理论修养，对许多重大历史问题和历史事件的分析很有深度，很有独到的见解。例如在"任用贤才与开通言路"这一章中，作者叙述了朱元璋既大力网罗、培养人才又往往残暴地摧残、压抑人才，既一再表示愿意诚恳纳谏又常常执拗地拒谏的这种现象之后，指出这是"既互相矛盾又彼此统一的，统一在维护朱家王朝的封建专制统治这一点上"，寥寥数语，就一针见血地把它的本质揭示出来了。在论述朱元璋扫灭群雄、统一中国及其由农民领袖转化为地主阶级政治代表的原因，在评论朱元璋强化封建专制制度、恢复和发展生产的措施及其一生功过的评估等问题时，作者也都能从深层次上去进行分析。

　　　　　　　　　原载《人民日报》1994年3月23日，有改动

《皇子传》序

　　为皇子立传，始于司马迁的《史记》。盖因古代帝王子弟率多封王封侯，其身份、地位及其事迹均具入史资格。所以，自《汉书》以后的纪传体史书，大多仿照《史记》，篇名、人物组合虽不尽一致，但"列传以志人物"之例"遂不能出其范围"[1]。应该说，这是我国纪传体史书的一个特色。

　　在中国封建社会里，皇帝是至贵、至尊、至大的人神混合物，他们的儿孙由于出之"龙种"，自然也就与常人有异。皇家的子弟们，无论是幽居青宫，抑或封王、封侯、领兵、辅政，其地位都是超等级的；他们的生平事迹无论是叱咤风云，抑或平庸无奇，都与一时的政治形势息息相关。从这个意义上来看，以往的史家为皇子立传确实保存了许多极有价值的材料，对我们研究中国封建社会的历史大有裨益。

　　翻开二十五史，披览各史书中有关皇子的记述，便可发现每一个王朝或者每一个帝王的众多子弟，其贤愚善恶都各不相同。诚如《明史》的作者所云："宗姓实繁，贤愚杂出。"[2]封建帝王多妻多子，在那些众多的皇子中，有能佐国家安社稷者；有心怀异志弄权窃国者；有能体恤民情关心生民疾苦者；有纵情挥霍荒淫无度者；有潜心著述嘉惠后人者；有萁豆相煎骨肉相残者；有秉性敦厚宽以待人者；有仗皇室之威凌辱臣民者；有志

---

　　① 《廿二史札记》卷一。
　　② 《明史》卷一百一十六。

安淡泊以终天年者；有欲壑难填死于非命者……总之，皇子们的立身行事和结局留在青史上是善恶各异，史家的评论自然也是褒贬不一的。

当我在综览史籍之余，亦曾掩卷深思：为什么同是帝王家的子弟，其贤愚善恶竟有如此霄壤之别？这是值得我们研究的一个课题。

从整体来看，帝王家的子弟，"生于深宫之中，长于妇人之手，未尝知忧知惧。"[1]这些人大多是特殊的寄生者，是骄淫奢靡之徒，乃至成为败国亡家之辈。唐太宗就曾说过："古来帝子，生于深宫，及其成人，无不骄逸，是以倾覆相踵，少能自济。"历史事实正是这样。往昔的皇子，的确是贤的少，愚的多；善的少，恶的多；能够保全的少，不能自济的多。从他们的出身、生活环境以及所处的时代来考察，这是毫不奇怪的。

但是，事物从来都不是千篇一律的。不可否认，古代的皇子也有少数是出乎其类、拔乎其萃的人物，他们在当时和后世都享有令德和令名，乃至青史流芳。考察一下这些皇子是如何成长的，那么，皇子们"贤愚杂出"的原因，也就洞若观火了。

细研史实，历史上有极少数皇子之所以能鹤立鸡群，不外以下原因：

其一，庭训有方。帝王家的子弟，生活于禁城之内与世隔绝，特别是在童年和青年时代，所接触的除了服侍他们的太监、仆役之外，首推父皇、母后，而能得沾教养的首先也自然是皇家的"庭训"了。事实上，在皇子们的眼里，也只有自己的父母才有几分威权，才有训导、管束他们的资格。庭训是否有方，在一定程度上影响着皇子的未来，关系着帝王家的千秋大业。因此，有些比较聪明睿智的封建帝王，特别是开国之君与中兴之主，非常重视对子弟的教育，而且能"教以义方。"唐太宗就曾为教育儿子们感到焦虑。他曾说："朕年将五十，已觉衰怠。既以长子守东宫，诸弟及庶子数将四十，心常忧虑在此耳。"为什么"忧虑"呢？因为儿子们教育不好会"倾败家国"。朱元璋与他的马皇后也重视亲教太子诸王，而且和唐太宗一样是庭训有方的。他们采取的教育方式也是得体的。

---

① 《贞观政要》卷四。

以史为鉴。历史是现实的一面镜子。唐太宗、朱元璋这些帝王都雅好历史，他们不仅善于总结古代盛衰隆替的经验教训，用以作为治国的借鉴，而且还用以作为齐家的借鉴。唐太宗有一次对魏徵说："自古侯王能保全者甚少，皆由生长富贵，好尚骄逸，多不解亲君子远小人故尔。朕所有子弟欲使见前言往行，冀其以为规范。"①"前言往行"就是历史，他是要以历史上的具体事例来"规范"儿子们的言行。于是命魏徵辑录古来帝王子弟成败的事例，编成一书，名曰《自古诸王善恶录》，要皇子们阅览。魏徵在辑录史籍的过程中，"考其成败，察其兴减"，在亲撰的《序言》里提出自己的见识："凡为藩为翰，有国有家者，其兴也必由于积善，其亡也皆在于积恶。"唐太宗看了这部《自古诸王善恶录》和魏徵写的《序》，大为称赞，要诸王"置于座右，用为立身之本。"唐太宗还亲自给儿子们讲述有关的历史。有一次，他把荆王李元景、汉王李元昌、吴王李恪、魏王李泰叫到跟前，向他们讲述汉、晋以来帝王子弟为善为恶的事迹，要他们对"有令名"的应当"效法"，对为恶的应当引为"鉴戒"。朱元璋也曾向太子诸王讲述"周公教成王克诘戎兵，召公教康王张皇六师"和汉初"七国之乱"的历史，以勉励诸皇子居安思危。

言传身教。有些帝王对儿子们常常采取言传身教。再以唐太宗李世民和明太祖朱元璋为例，这两个开创帝业的皇帝，常以亲身经历告诫皇子们须知创业之艰难。唐太宗对儿子们说："朕每一食，便念稼穑之艰难；每一衣，则思纺绩之辛苦"，从而要他们也能体察百姓之艰辛。朱元璋对太子朱标说："吾自有天下以来，未尝暇逸，于诸事务恐毫发失当，以负上天付托之意。戴星而朝，夜分而寝，尔所亲见，尔能体而行之，天下之福也。"②他还要朱标在回凤阳省墓之际，访问家乡父老，了解当年他起兵和渡江的事实，"以知吾创业不易"③。

遇物而教。李世民和朱元璋对于太子诸王还"遇物必有诲谕"，李世

---

① 《贞观政要》卷四。
② 《明太祖实训》卷二。
③ 《明史》卷一百一十五。

民在太子吃饭的时候便问他："汝知饭乎？"太子曰："不知。"李世民说："凡稼穑艰难，皆出人力，不夺其时，常有此饭。"看到太子乘马，问道："汝知马乎？"答曰："不知。"便告诉太子："能代人劳苦者也，以时休息，不尽其力，则可以常有马也。"当太子乘船的时候，问他："汝知舟乎？"答曰："不知。"于是对他说："舟所以比人君，水所以比黎庶，水能载舟，亦能覆舟。而方为人主，可不畏惧！"①朱元璋有一次带太子朱标观郊坛，见到长在路边的荆楚便告诉太子：古用此为刑杖，"虽伤不杀人"，以教导他日后能行"仁政"。这种遇物而教的教育方法是值得肯定的。

皇家的庭训，也包括母后的教育在内。唐太宗的长孙皇后和明太祖的马皇后都是历史上著名的贤后。他们对皇子的教育与要求都比较严格。有一次，唐太宗的太子李承乾的乳媪请增东宫的什器，长孙皇后就不同意，她说："太子患无德与名，器何请为？"②她所关心的是太子缺少令德与令名，而不是东宫里缺少陈设。朱元璋的马皇后经常告诫太子诸王："生长富贵，当知蚕桑之不易"，以"戒其骄纵"。她贵为皇后，却注意俭朴，"衾裯虽弊不忍易"，并用以教育诸王、公主要"为天地惜物"。③

在唐太宗、明太祖这类帝王之家，由于庭训有方，故能培育出像李恪、李泰以及朱标、朱椿等一些为史家称颂的皇子。

其次，师教有术。帝王家的子弟，都有专设的师保、师傅进行教诲。史载周成王年幼的时候，周公为太傅，召公为太保，因为这两位师傅教诲有术，成王后来成了有名的天子。汉文帝时，晁错为太子（景帝）老师，他要求太子能有"临制臣下""听言受事""安利万民""忠孝事上"的能力和德行，认为"此四者，臣窃为皇太子急之"。④晁错以上述四点要求太子，后来汉景帝也不失为一位明君。足见老师的教育也非常重要。所以唐太宗说：自古"明王圣帝，曷尝无师傅哉？"他不仅重视择师教子，而且

---

① 《贞观政要》卷四。

② 《新唐书》卷七十六。

③ 《明太祖实录》卷一百四十七。

④ 《汉书》卷四十九。

提倡尊师，他告诫诸子见到老师"如见我面"。这样，师傅才敢对皇子从严要求。少师李纲每次教诲太子，皆辞色慷慨，有不可夺之志，太子未尝不耸然礼敬①。朱元璋也曾"征四方名儒教太子诸王，分番夜直"②。特别是太子朱标的老师宋濂，对朱标的一言一行，均以"礼法讽劝"。"名师出高徒"，皇家的师保往往也能把个别皇子培养成"高徒"，使之走上"正道"。

其三，自立有道。庭训、师教虽然重要，但都是"外力"，如果皇子们不注意自励自立，纵有严父名师也是无益的。反之，则可以超群。西汉一代皇子的事例可为明证。"汉兴，至于孝平，诸侯王以百数，率多骄淫失道。何则？沉溺放恣之中，居势使然也……夫唯大雅，卓而不群，河间献王近之矣。"这是班固所作的概述。西汉一代上百个皇子大多"失道"，而河间献王刘德独能卓然超群，原因何在呢？原来，"王身端行治，温仁恭俭，笃敬爱下，明知深察，惠于鳏寡"③。河间献王能成为历史上颇有"令名"的皇子，就是由于他自己注意"身端行治"，谦让恭谨。这说明"自立"也是非常重要的。东汉光武帝的皇子东平王刘苍，一生"好善"。光武帝非常钟爱他，不要他就藩封国，而令他任职朝廷，"位在三公之上"。他在朝数年，由于"至亲辅政，声望日重"，自感不安，乃坚决请求"归职"，到自己的封国去。他自觉让权，自愿离开繁华的京都到地方，要不是从严律己是不能做到的。元世祖忽必烈的太子真金，在为燕王时，便能以"欲治身，先治心，欲责人，先责己"的"祖训"砥砺自己。立为天子后，能自奉俭约，不尚奢侈，非分之财不受，非应得之"分地"不取。史家称颂他"一生盛德"。

综上所述，庭训、师教、自立对那些生于深宫的皇子得以"弗纳于邪"，乃至扬名于后世是至为重要的，而且此三者又是缺一不可。

历史还告诉我们，帝王子弟中有极少数如刘德、刘苍、李恪、真金、

---

① 《贞观政要》卷四。
② 《明史》卷一百一十五。
③ 《汉书》卷五十二。

朱椿这类凤毛麟角者，乃大多出之于王朝的开国之初或中兴之年，这似乎是一条规律。其实，也不难理解。大凡一个王朝的上升时期，王室大兴，诸事尚能振作，庭训、师教都能从严，个别皇子也能注意自励自立。当一个王朝兴盛时代过去之后，王室衰颓，政府腐败，帝王子弟根本不知道创业的艰难，只知道纵情享乐，这必然是"率多骄淫失道"。对此，古代的一些明君贤臣也能察知。魏徵就曾说过：以往的帝王子弟，"功成名立，咸资始封之君；国丧身亡，多因继体之后"。原因是"始封之君"生活于王朝的开国之际，知道父兄创业的艰辛与勤政，故能不骄不纵。那些嗣君子弟，坐享太平，不知稼穑的艰辛，更不知居高思危，整天和"小人"鬼混，与"君子"疏远，违义背理，荒淫无度，最后必然走入"迷途"①。朱元璋也曾指出"创业之君"的子弟与"守成之君"的子弟不一样。他们的这些看法是合乎历史事实的。

我们编撰的这部《皇子传》，介绍了七十多个皇子的事迹，其中，为贤为愚、称善称恶的都有。这是从往昔无数个皇子中挑出来的，又是这无数个皇子的缩影。通过这部《皇子传》，大体可以窥知我国历史上整个皇子事迹的梗概，从而也填补了当今史坛上的一块空白。限于水准，疏漏之处在所难免，敬希读者批评指正！

河南人民出版社 1991 年出版，有改动

---

① 《贞观政要》卷四。

《秦桧传》序

中国的传统史学，值得称颂之处很多，而其中"寓褒贬，别善恶""嘉善矜恶，取是舍非"的"春秋笔法"，至今仍然闪烁着耀眼的光辉。

史家褒贬善恶，主要是对人而不是对事。即使是写事，也离不开人。不论什么体裁的史书，其记事、记言、记行，实际上都是记人物的活动事迹。人类的历史，本是由人们各种活动"编织"起来的。它犹如一座大舞台，在这座舞台上，曾经有多少人以各种形式演出过一幕又一幕喜剧、闹剧和悲剧。其中的重要角色，有被史家誉之为圣主贤相、英雄豪杰、忠臣义士、孝子仁人、鸿儒硕学者，这大抵属于"正生"之类；亦有被史家斥之为暴君污吏、佞幸奸黠、乱臣贼子、枭桀叛逆者，这都是"丑角"之类。无论"正生"或"丑角"，既然都在历史舞台上作过表演，他们留在青史上的不是"业绩"便是"劣迹"。而把每个朝代、每个时期、每个地域一些有较大影响人物的"业绩"或"劣迹"记载下来，或使流芳，或使遗臭，这便是史家的责任所在。

自从司马迁创立纪传体史书之后，作为"正史"的二十四史在人物传中大多将某一部分事迹相近的特殊人物，分类立传。一类如《循吏传》《忠义传》《诚节传》《孝友传》等，所记为被褒扬的人物；另一类如《佞幸传》《奸臣传》《叛臣传》《逆臣传》《僭伪传》等，则录被贬斥的人物。因此，青史上的人物传，大多是褒贬分明的。由于时代和阶级的局限，以往史家列入上述各传中的人物，评价并不完全准确允当，但从整体上来看，或者说从多数人物的一生事迹来裁量，还是比较公允、比较恰当的。有的人"盖棺论定"，是经得起时间检验的。

南宋的秦桧人所共知，史家对他所作的"定论"就很恰如其分。秦桧在宋高宗时两居相位，在宋金对峙中，他是主和派的代表人物，是杀害岳飞和其他一些主战派的元凶。《宋史》把他列于《奸臣传》，认定他是一名奸臣。不过，《宋史》中的《秦桧传》，只有八千余字，这样的篇幅，只能勾勒出这位奸臣脸孔的大致轮廓，而不可能全面、深入、细致地把他的"劣迹"介绍出来，并加以分析、批判、比较，引为鉴戒。有关秦桧的事迹，还散见于其他史籍、志乘和笔记中。虽然《宋史》的作者们对这位奸臣也作了一些斥责，诸如："劫制君父，包藏祸心，倡和误国，忘仇斁伦"；"开门受赂，富敌于国"；"阴险如岩阱，深阻竟莫测"，等等。仅此数语，是不足以评论这位奸臣人物全部罪恶生涯的。在这里，我无意苛责前人，因为《宋史》是二十四史中部头最大的一部断代史，其中的《秦桧传》，又是《宋史》人物传中篇幅较长的一篇。限于体例和篇幅，不得不如此。而欲弥缝其缺，则有待于后人了。

时逢盛世，史坛报春。近十余年来，历史人物传记之作，恰似雨后春笋，纷纷破土而出。环视书店，令人眼花缭乱。但是，我们若把已经问世的历史人物大致分一下类的话，就可发现，呈现我们眼前的大多是业绩煌煌的人物。他们或为明君，或为贤臣，或为廉吏，或为名将，或为政治家，或为改革家，或为思想家，或为民族干城，或为文坛泰斗。总之，他们大多属于"正生"之类的人物。而历史上那些大奸大猾、罪恶深重的"丑角"被写成传记的却很少。应该说这是美中不足的。

历史是一部教科书。写正面人物，固然可以起到正面教育甚至起到楷模的作用；而写反面人物，也可以起到"反面教员"以及引为鉴戒的作用。以往的"正史"之所以把一部分人物分类立传，正是为了"劝善惩恶"，亦即"书美以彰善，记恶以垂戒"。"书美"与"记恶"都是为了达到同一个目的。例如，用传记史学的体裁，写一部《岳飞传》，宣传他那"精忠报国""还我河山"的爱国主义思想和见义勇为的民族气节，无疑是能起到良好的教育作用的。同样，写一部秦桧传记，以犀利的笔墨，将这位奸臣的劣迹，全面、系统地介绍出来，这不仅能使这位奸臣在新的历史时期里，更加"遗臭遍天涯"，而且也能让读者在与岳飞等英雄人物的比较中进一步受到教育，得到启示，从而有助于培养人们爱憎分明的爱国主义情感。

说来也巧。当我萌生上述想法的时候，安徽省社科院韩西山研究员以其新著《秦桧传》书稿见示，并嘱为作序。接读这部书稿，真令我喜出望外。因为在当代史坛上，尚未有人为这个奸臣写传，这部新著乃是填补了这块空白。不过，令我作序，确感下笔艰难。原因是我对宋史知之肤浅，对秦桧其人更无研究。但在友谊的驱使下，只好从命。

西山同志的《秦桧传》，是一部全面系统地评述秦桧生平的传记之作，它的问世，打破了"不为反面人物写传"的这块"禁区"。在这部人物传里，《宋史》未载的许多事实材料，都尽可能加以网罗；对以往史家未尝论及的一些问题，也作了恰当的分析和评论；对后人有关秦桧的评价，也有据有理地阐述了自己的看法。总之，作者是在占有大量资料的基础上，本着历史唯物主义观点，采取寓论于叙事的方式，运用细腻而富有文采的笔墨，把这位奸臣的罪恶生涯如实地揭露出来。我认为这是写反面人物的一部好书。

读了这部《秦桧传》，使人又一次感受到，历史是既有情又是无情的。在历史上不知有多少忠臣良吏惨遭冤害，但在一定的时间里大多平反昭雪了，因此，历史是有情的；唯独那些丧权辱国、残害忠良的大奸大恶，却不可能得到翻案，所以，历史又是无情的。岳飞和秦桧便是这两种不同人物的典型。岳飞是爱国名将，是民族英雄，同时又是一位含冤而殁的冤臣。他在身陷狱中的时候，就有人"言飞无罪"，并为他申冤。岳飞被杀害于绍兴十一年（1142年）十二月，他沉冤而死，曾有多少人为之掩面流泪，还有不少人用诗词悼念他。陷害他的秦桧死于绍兴二十五年（1155年），此后不久，为岳飞昭雪的呼声日高，所以到了绍兴末，朝廷宣布流放到岭南的岳飞妻儿听其"自便"，"于是飞妻李氏及子霖等皆得生还"，此时距岳飞被害不过十多年。实际上这是岳飞第一次被昭雪。到宋孝宗即位后，由于这位皇帝"志在恢复"中原，加上他在即位前即与秦桧有隙，秦桧死后，他于绍兴三十二年（1162年）"受禅"，因此更有条件以遂其志。史载"孝宗锐志复古，戒晏安之鸠，躬习鞍马，以习劳事"。这说明主战的势力有所抬头，因而对昭雪岳飞这桩冤案更为有利。加上当时的朝野纷纷提出"剖秦桧之棺而戮其尸""复岳飞之官爵而录用其子孙"的要求，于是孝宗即位不久，便"诏复飞元官，以礼改葬"；淳熙六年（1179年），谥武穆。至此，岳飞的冤案便彻底平反了，这距他的被害也只有三十余年。此后八百多年来，人们对这位英雄一直称颂不绝。

杀害岳飞的奸臣秦桧，尽管他在身居相位之日，可以高下随心，荣辱在手，可以上挟君王，下残僚庶。但他一旦权势失去之后，人们便以各种方式对他进行讽刺、嘲弄、控诉和唾骂。他由于罪孽深重，不仅祸延子孙，甚至辱及秦姓。所谓"当日弄权谁敢指，而今忆得姓依稀。"一位秦姓的士人路过岳坟前，别人代他写了两句诗："人于宋后羞名桧，我到坟前愧姓秦。"这就生动地说明，秦桧其人真正是不齿于人类的狗屎堆。

青史是能定是非的。大凡功在国家、利在社稷的英雄豪杰和志士仁人，他们如遭冤屈，不过是冤于一时，而不会冤沉海底。像岳飞这类冤臣，在青史上终于留下光彩照人、流芳百世的一页。于此可得出这样一个结论：冤臣最终不冤。相反，奸臣之所以为奸，是因为他采取一切阴险刻毒的手段残害忠良，殃民祸国。当他一旦失去权势的光环之后，其卑鄙龌龊的罪恶行径终将大白于天下，他的名字永远被钉在历史的耻辱柱上，只能遗臭千秋，而不能得到翻案。于是我们又可以得出这样一个看法：奸臣永久是奸臣。历史之所以成为教科书，其原因之一，便是它通过对不同人物的叙述和评论，从正反两个方面对后人起到了教育作用。

深信这部《秦桧传》利用秦桧这个反面人物作为教材，也同样会收到良好的社会效果。

上海古籍出版社 1999 年出版，有改动

洪武六百年祭

——在第一届朱元璋国际学术讨论会上的讲话

各位领导、各位专家、学者、世界朱氏联合会的代表，同志们、先生们、女士们、朋友们：

由中国明史学会和朱元璋研究会主办，明孝陵管理处、明皇陵管理处、明祖陵管理处承办，世界朱氏联合会协办的"第一届朱元璋国际学术讨论会"，经过一段时间的筹备，今天在朱元璋的故乡——当年的濠州、现在的凤阳县开幕了，我代表主办单位向来自海内外的专家学者以及朱氏家庭的嘉宾聚首凤阳，表示最热烈的欢迎和最亲切的致意！

朱元璋是明朝的开国皇帝，他于1398年去世，至今整整六百年了。当此之际，我们举办这次会议，既是学术讨论会，也是追忆这位历史人物的纪念会。

朱元璋是我国历史上一位较为特殊的人物，也是对我国历史发展进程有一定影响的人物，是值得纪念的。

让我们先来看看他的特殊在哪里？

在中国历史上，从贫苦农民出身而登上统一王朝的皇帝宝座，朱元璋其人其事，那是仅有的。在此之前，南朝宋的开国皇帝刘裕，也是采樵于京口（镇江）的农民出身，他取代东晋建立刘宋政权。但刘宋不过是一个偏安江左的王朝，且他在位只有三年，他的子孙继承王业，刘宋共计只存在62年。而朱元璋不仅出身贫寒，而且"托身缁流"，地位卑下。他登上的是统一王朝的皇帝宝座，在位31年。他的"圣子神孙"继承大业，明王朝一共存在277年。这都是刘裕所建立的宋所不能相比拟的。至于刘宋政权在历史上的地位，和明王朝更是不可同日而语。

朱元璋不仅与宋的刘裕相比有其特殊的一面，而且与汉朝开国皇帝刘邦相比，也有他特殊的一面。朱元璋起兵以后，他的一些谋士如李善长、冯国用、陶安等都要他学习汉高祖刘邦，他自己也以汉高祖自况。其实，论出身、论创建帝业的艰难，刘邦也不能与朱元璋相比。对此，以往的史家曾有过评论。明人何乔远说："高帝所由起与汉高同，抑不似其为亭长。"谈迁说："汉高虽起徒步，尚藉亭长……上不阶寸土一民，呼吸响应，以有天下，方册所载，未之有也。"的确，朱元璋起兵时无寸土一民，比之刘邦出身亭长，条件自然差得多。同时，刘邦从起兵到逐鹿中原，最后登上帝位，只经过不到六年，而朱元璋从起兵到建立明王朝，经过了十余年的戎马生涯。刘邦在称帝前与之较量的主要是项羽，即所谓"两虎斗中原"；而朱元璋当年所面临的劲敌很多，战斗的艰巨性也比较大。当时，除元朝的势力外，东有张士诚，西有陈友谅，对他构成了极大的威胁。朱元璋在做了皇帝以后，还曾谈过与张、陈对峙的那段历史。他说："朕当取天下之初，论智不如张士诚之狡，论力不如陈友谅之众……"接着他得意洋洋地自矜："然二人卒被吾擒"，那是"良可感也"。上述事实都告诉我们，无论是将朱元璋与刘邦相比，还是将朱元璋与张士诚、陈友谅相比，他都是有特殊之处的。

再从朱元璋推翻元朝、开创大明王朝来看，他在我国历史发展的进程中，也是一位有影响的人物。

元朝是蒙古贵族建立的政权，到了中期以后，政治腐败不堪，经济残破至极。以致整个社会，"人情汹汹"，"四海鼎沸"。推翻元朝是有利于历史发展的。他接过元朝庚申帝统治的"烂摊子"，艰难立业。在他统治的三十余年中，紧紧抓住"足衣食、明教化"这一"治国之要"，实行一系列关于休养生息、劝课农桑、惩贪倡廉、去奢尚俭、整肃吏治、巩固边防、振兴文教、敦厚习俗等政策措施，在封建主义的物质文明和精神文明建设中，取得显著的效果。因而，在明初，出现了"洪武之治"的局面。明代前期，在中国二千多年的封建社会中，曾被史家誉之为几个"盛世"

时代之一。至于明王朝在中国历史上的地位，过去有人说它"远迈汉唐"。实事求是地说，明与汉唐确实是难分轩轾的。

当然，朱元璋毕竟是一位封建帝王，是六百多年前的封建政治势力的总代表。他的所作所为，其目的，无非是为了巩固他的封建政权，维护和发展封建制度，为他的子孙建所谓万世之业。他不可避免地有其黯淡的一面，有其需要批判的一面，有其早为历史所唾弃的一面。诸如加强封建专制主义、滥施独裁统治的淫威、屠戮功臣、闭关锁国，等等。但是，我们从历史发展的角度来审视朱元璋其人其事，他事迹的特殊和在历史上产生的影响，那是否认不了的。

正是因为如此，我们这次会议的地点选择在朱元璋从"僧钵"到"从戎"的发迹之地召开，从某种意义上说，也是有着纪念意义的。把学术活动与纪念活动融合在一起，是这次朱元璋国际学术讨论会的特点之一。

这次会议的特点之二，是中外学人的结合。所谓"中外学人"的涵义，有其特殊性，那就是与会的"外"人，都不是"洋"人，而是华人，同是炎黄的后代。因此，名义上是国际学术会议，实际上又是中外华人的一次联谊会。会议期间，大家聚首在一起，不仅可以展开学术交流，相互学习，而且还可以增进彼此的了解，加强祖国与散居于海外华人的亲密合作与联系。可以肯定，这次会议的收获与实际意义，将会超出学术领域之外。

这次会议的特点之三，是把学术活动和祭扫皇陵结合起来，这是以往的学术会议很少有的。大家知道，我们的炎黄子孙向来是崇尚尊祖敬宗，重视血缘亲族，认同血浓于水。几千年来，共祖同源的观念，根植于人们的思想深处，并成为传统文化的一项重要内容。在今天，它往往又是联系海外华人的一条纽带。朱氏联合会的成员代表，都以十分喜悦的心情不远千里、万里来到凤阳，就明显地体现了我国传统文化的动力作用。

这次学术会议是有特色的一次盛会，我相信一定会开得圆满、成功！祝与会代表身体健康！精神愉快！

南方出版社2001年出版，有改动